编委会

浙江省
国土资源利用与
高质量发展

主　编◎徐志红　　副主编◎徐芝英　章　鸣　王建锋　封　宁

LAND RESOURCES UTILIZATION AND

HIGH QUALITY DEVELOPMENT OF ZHEJIANG PROVINCE

ZHEJIANG UNIVERSITY PRESS
浙江大学出版社
·杭州·

图书在版编目（CIP）数据

浙江省国土资源利用与高质量发展 / 徐志红主编.

杭州 : 浙江大学出版社, 2025. 6. -- ISBN 978-7-308

-25241-6

　Ⅰ. F129.955

中国国家版本馆CIP数据核字第20248CA465号

浙江省国土资源利用与高质量发展

徐志红　主编

策划编辑　吴伟伟

责任编辑　葛　超

责任校对　金　璐

封面设计　雷建军

出版发行　浙江大学出版社

　　　　　（杭州市天目山路148号　邮政编码310007）

　　　　　（网址：http://www.zjupress.com）

排　　版　杭州林智广告有限公司

印　　刷　杭州高腾印务有限公司

开　　本　787mm×1092mm　1/16

印　　张　23

字　　数　350千

版 印 次　2025年6月第1版　2025年6月第1次印刷

书　　号　ISBN 978-7-308-25241-6

定　　价　168.00元

审 图 号　浙S（2024）13号

序 言

　　土地是国家重要的战略资源。土地作为人类社会的载体，在支撑人类生存、承载社会经济活动与提供生态系统服务方面发挥着重要作用。土地利用方式的改变见证了人类文明的演进。当前，生态文明下的可持续发展、高质量发展理念使得土地更多承载着青山绿水的自然属性，生态保护对土地利用提出了新的要求。在中国从高速发展向高质量发展转变的过程中，土地利用的形态与特征也发生着剧烈的变化，其现状反映了当代国家社会发展的基本模式，其变动反映了未来国家社会发展的基本走向。所以定期开展国土调查对土地资源进行摸底汇总，对探究我国自然资源利用现状与变动的社会经济逻辑、检验自然资源发展规划的落实情况，分析未来我国高质量发展的目标愿景具有重要意义。

　　具体而言，人—地—城乡经济发展关系发生的变化引发了土地利用状况的变化。与先前土地调查成果相比，浙江省第三次全国国土调查中反映出的土地利用现状的改变，背后有其人地关系变动的深层次逻辑。在人地系统中，"地"并非总是被动的压力承受者，其承压能力并不会伴随人类活动强度增加而无限增长，它通过生态环境系统约束人类活动的强度和调节资源要素供给能力的方式，影响人地关系状态。现代人地关系的实际状态应该是人类活动强度、资源要素支撑、生态环境约束以及区际转移等多方面因素共同作用的结果[1]。通过不断增加投入来提高单位土地面积的产出，即土地利用集约化，保障人类土地产品和功能需求，有效减少边际土地开发，是保护生态环境的一条根本途径[2]。

　　2010年至2020年，浙江省常住人口数量增长了近1000万人，这使得浙江省的人地关系更加紧张。伴随着浙江省的城镇化进程，城镇人地关系与乡村人

① 杨宇,李小云,董雯,等.中国人地关系综合评价的理论模型与实证.地理学报,2019(6):1063-1078.
② 朱会义,孙明慧.土地利用集约化研究的回顾与未来工作重点.地理学报,2014(9):1346-1357.

地关系形成了新的格局，城镇人口密度的增大使得城镇人地关系更加紧张，乡村面积的减少也对人口要素的流动产生了推力。人地关系紧张使得土地具有稀缺性，土地的空间固定属性进一步强化了土地的稀缺性。在市场经济中，土地的区位特征使其成为几近完全异质化的商品①。土地要素作为支持经济增长的重要投入之一，使得浙江省社会经济发展模式转变背后蕴藏着自然资源与国土利用逻辑的转变。在"五位一体"的高质量发展目标下，自然资源的集约化利用尤为重要。集约化的第一个维度是集中性，即通过改善人地关系，整合人口要素与土地利用格局，充分发挥要素集聚带来的规模效应，提高各产业生产效率。集约化的第二个维度是约束性，即通过有限度地开发利用现有资源，在气候变化背景、"绿水青山就是金山银山"理念以及"双碳"目标下提高建设用地资源利用效率并保护各类自然资源，从长期视角下提高浙江省国土资源利用的可持续性。在现有的人类活动格局下，如何优化浙江省不同区位特征的土地利用，使得国土资源的开发效率得以提高、人类活动得以持续，是浙江省人地关系得以协调、人地矛盾得以缓解的重要议题。

土地利用的优化在浙江省高质量发展建设共同富裕示范区的过程中也具备十分独特的作用，是推动浙江城乡一体化建设，打造共同富裕、高质量发展"重要窗口"的重要公共治理抓手。城乡收入差距较小、居民人均可支配收入高是浙江省高质量发展建设共同富裕示范区的重要优势。在人口要素的流动以及乡村经济发展模式的转变形成的浙江省人地关系新格局下，研究如何从优化国土空间开发保护格局视角出发，坚持最严格的耕地保护制度，强化耕地数量保护和质量提升，发挥各地区比较优势，促进各类要素合理流动和高效集聚，实现浙江省城市发展中的建设保障以及乡村振兴，促进人与自然和谐共生，提高国土资源利用效率，对于浙江省探索推进区域高质量发展、实现共同富裕具有重要意义。

气候变化是人类面临的全球性问题。"十四五"规划明确提出，积极应对气候变化要制定2030年前碳排放达峰行动方案，提升生态系统碳汇能力，这对浙

---

① 龙花楼,陈坤秋.基于土地系统科学的土地利用转型与城乡融合发展.地理学报,2021(2):295-309.

江省国土资源利用模式提出了新的要求。"绿水青山就是金山银山"理念为浙江省国土资源利用模式转型提供了方向。贯彻落实生态优先的发展理念，充分发挥浙江省绿水青山的固碳作用，将土地的粗放式开发转变为精准开发利用，关系到浙江人口资源环境与经济社会可持续发展，也将为我国实现"碳达峰""碳中和"提供浙江经验。

按照国家统一标准，浙江省以 2019 年 12 月 31 日为标准时点，积极开展土地利用现状、土地权属、土地条件及其变化情况的调查，以全面掌握 2019 年度浙江省的地类、面积、属性及相关单独图层信息的变化情况，保持国土调查数据的现势性，为浙江省自然资源的日常管理提供支撑。

本书基于浙江省第三次全国国土调查成果，立足于全面掌握浙江省国土变化情况，以及在耕地保护、生态建设、节约集约用地等方面存在的问题，同时提炼出具有浙江特色的土地利用优化与转型发展的创新模式，以习近平新时代中国特色社会主义思想为指引，探究浙江高质量发展建设共同富裕示范区的人口—土地—产业与经济社会高质量发展的新范式，力求为各级政府部门制定经济社会发展重大战略规划、重要政策举措，增强决策的科学性，建立土地信息化、网络化、社会化管理新机制提供参考借鉴，助力浙江高质量发展建设共同富裕示范区。

CONTENTS

目　录

第一章　区域状况　/ 1

　　第一节　土地自然构成要素　/ 2

　　第二节　社会经济发展　/ 33

第二章　国土资源利用现状　/ 45

　　第一节　历次土地调查体系变迁　/ 45

　　第二节　地类体系变迁　/ 67

　　第三节　国土资源利用状况　/ 87

第三章　耕地保护与粮食安全　/ 96

　　第一节　"三调"耕地现状分析　/ 97

　　第二节　"二调"至"三调"耕地变化回顾　/ 106

　　第三节　基于人口快速增长条件下的粮食安全状况评估　/ 115

　　第四节　基于耕地恢复的浙江省未来耕地供需预测　/ 135

　　第五节　耕地保护路径探索及政策建议　/ 146

第四章　建设用地保障与高质量发展　/ 150

　　第一节　"三调"建设用地状况　/ 150

　　第二节　"二调"至"三调"建设用地变化回顾　/ 155

　　第三节　面向高质量发展的建设用地评价　/ 161

　　第四节　高质量发展视角下建设用地供需仿真预测　/ 170

　　第五节　高质量发展下的建设用地保障对策　/ 181

第六节　专题一——建设用地节约集约评价分析　/ 184

第七节　专题二——大都市区建设用地发展分析　/ 196

第五章　"绿水青山就是金山银山"理念与土地生态文明建设　/ 212

第一节　"三调"生态用地分析　/ 214

第二节　生态用地变化分析　/ 229

第三节　土地生态系统服务价值评估　/ 235

第四节　浙江生态承载能力供需平衡分析　/ 275

第五节　城镇化与绿色经济发展　/ 284

第六节　政策建议　/ 291

第六章　乡村振兴和共同富裕　/ 294

第一节　基于"三调"的乡村现状分析　/ 294

第二节　聚焦土地资源配置推动乡村振兴　/ 311

第三节　深化土地制度改革促进共同富裕　/ 327

第四节　山区 26 县共同富裕土地综合施策　/ 339

第五节　激发全域土地综合整治新动能　/ 350

第一章 区域状况

　　浙江省地处长江三角洲南翼，为中国东南沿海省份，东临东海，北与江苏省和上海市接壤，西与江西省、安徽省毗邻，南接福建省，海湾、岛屿众多，海岸线曲折。境内最大的河流钱塘江，因江流曲折，被称为之江，又称浙江，省以江名，简称"浙"，省会杭州。

　　浙江是中国面积较小的省份之一，东西和南北的直线距离均为 450 千米左右，陆域面积为 10.55 万平方千米，仅占全国的 1.1%。浙江省境内地形起伏较大，东北地区地势较低，山地集中在西南和西北地区，中部和东南以丘陵、盆地为主。在全省陆域面积中，山地占 74.6%，水面占 5.1%，平坦地占 20.3%，故有"七山一水两分田"之说。浙江海域面积 26 万平方千米，面积大于 500 平方米的海岛有 2878 个，大于 10 平方千米的海岛有 26 个，是全国岛屿最多的省份，其中，浙江省的舟山岛为我国第四大岛。浙江省的海岸线总长 6715 千米，居全国首位，其中，大陆海岸线 2218 千米[①]。

　　浙江省是一个人口大省、经济强省，又是一个地域小省、资源小省。2019年，浙江的GDP为62351.74亿元，位居全国第四。根据第七次全国人口普查（以下简称七普）结果，浙江常住人口 6456.76 万人，与第六次全国人口普查（以下简称六普）相比增加了 1014.07 万人，增量位居全国第二。浙江人多地少，2019 年人均耕地面积仅 0.30 亩，只有全国人均水平的 22%，耕地后备资源匮乏。浙江水资源总量为 1321.36 亿立方米，人均水资源量为 2280.76 立方米，在全国平均水平上下。浙江历来是缺煤少电的省份，尽管在非金属矿方面在全国有一定优势，但其他矿产很少。浙江捕捞业较发达，目前海洋渔业资源已得到了大规模的初级开发，但海洋油气、海洋矿产及沿海港口资源的开发水平有待提升。同时，海洋污染与传统渔业资源开发过度，以及海洋开发产业发展不足与技术含量不高等问题较为突出。

---

① 浙江省统计局. 浙江省情.[2025-06-01].https://tjj.zj.gov.cn/col/col1525489/index.html.

第一节 | 土地自然构成要素①

一、地质

地质是构成土地的基础要素，浙江省地质基础较为复杂，地质构造运动的长期性、岩浆活动的频繁性和岩石性状的多样性，对浙江省土地自然综合体的构成及其发生、发展、形成起到了多方面的作用。

（一）地层发育

浙江省总沉积厚度为 10402～43473 米，地层发育基本具有自下元古界至新生界第四系的特征，出露面积为 92494.60 平方千米。其中，第四系松散堆积地层面积 19758.90 平方千米。

浙江省地质历史可分为地槽—地台—陆缘活动三大发展阶段，并且分别形成了不同的建造系列。浙江省以绍兴—江山深大断裂为界，分为浙西北和浙东南两个性质不同的地层区域。浙西北区属于江南地层区，主要以古生代地层发育为特征；浙东南区属于华南地层区，主要以中生代地层发育为特征，是我国东南部一个特别类型。

浙西北区域地层自元古代以来长期接受沉积，各系地层发育良好，厚度大，沉积比较连续。浙东南区域地层由于受燕山运动岩浆喷发作用影响，中生界火山岩发育显著，分布面积占区域面积的 70% 以上。

（二）岩类性状

根据岩石性状与成因，浙江省岩石可分为碎屑岩、碳酸岩、红层（红色碎屑岩）、火山岩、玄武岩、侵入岩、变质岩和第四系松散沉积物等岩类（见表 1.1）。

表 1.1 浙江省岩类性状分布情况

类型	分布
碎屑岩	出露面积 12432.36 平方千米，占浙江省基岩面积的 15.70%，主要分布在浙西北地区。其大多是古生界沉积的砂岩、砂砾岩、砾岩、砂页岩、页岩、泥岩及含煤岩系等。

① 本节内容主要参考《浙江土地资源》《浙江通志·自然环境志》。

续表

类型	分布
碳酸岩	出露面积 3560.69 平方千米，占浙江省基岩面积的 4.49%，主要分布在浙西北地区，其一般发育成坡度较陡的山丘坡地。
红层（红色碎屑岩）	出露面积 7414 平方千米，占浙江省基岩面积的 9.36%，主要分布在浙江省内 40 余个红层盆地。其中，金（华）衢（州）盆地面积为 2980 平方千米，是浙江省面积最大的一个红层盆地。
火山岩	分布广泛，出露面积达 42250 平方千米，占浙江省基岩面积的 53.38%，此类岩石较为坚硬，常形成群上峻岭，如浙江省最高峰黄毛尖。
玄武岩	出露面积 701.57 平方千米，占浙江省基岩面积的 0.87%，主要分布在新昌、嵊州、江山等地。玄武岩四周柱状节理发育，常形成直立的陡崖和顶面平坦的台地或岗地。
侵入岩	各类侵入岩共有 1435 个岩体，出露面积 6430.65 平方千米，占浙江省基岩面积的 8.12%。岩体产状以岩株、岩枝为主，大于 100 平方千米的岩基甚少。
变质岩	出露面积 2100 平方千米，约占浙江省基岩面积的 2.65%。浙西北地区常见的变质岩有片理化砂岩、泥岩类。片理化火山岩类、千枚岩类，零星出现在开化、淳安、临安、安吉等地。浙赣交界处的江山、常山等地一般为浅变质的砂岩、板岩等。浙东南地区常见的变质岩有属角闪岩相的片岩类、片麻岩类、斜长角闪岩类等。
第四系松散堆积物	浙江省海相、陆相沉积类型分布广泛，分布面积达 19758.90 平方千米，有冲积、洪积、残积、坡积等各种成因类型，沉积厚度 3 ～ 329 米，区域分布差异明显。山地丘陵地区受山溪性河流及沟谷水流作用，是以冲积、洪积为主的陆相地层，分布面积不大，地层厚度也不大；平原地区地势平坦，以河湖相沉积为主，间夹湖相及海相地层，地层厚度 20 ～ 329 米，分布面积达 17000 平方千米，约占第四系松散堆积物分布面积的 85.85%。

（三）地质构造

浙江地壳运动经历了地槽—地台—陆缘活动三大阶段和神功、晋宁、加里东、华力西—印支、燕山、喜马拉雅六个构造运动旋回。从大地构造位置看，浙江省位于我国东部新华夏系构造一级隆起带，介于秦岭、南岭两个东西向复杂构造带之间，以"多"字形构造为骨架，相应发育"山"字形构造、旋卷构造和东西向构造。从构造体系看，华夏构造体系是全省构造体系中，规模最大、发展历史最悠久的一种类型，出现于元古代末，表现为大型隆起和凹陷。"多"字形构造方位和生成时期不同，分属华夏、新华夏两个构造体系。

浙东南隆起，长期裸露，遭受剥蚀；浙西北凹陷，控制了古生代地层的沉积。新华夏系构造以断裂活动为主，强度自东向西减弱，在浙西北地区发育不明显，浙东南地区新华夏构造形迹十分明显，形成几个北东向构造密集带，其中上虞—庆元、镇海—温州两大断裂带即重要表现。白垩系沉积盆地的形成和中酸性岩浆活动都受这一构造体系的控制，新（昌）嵊（州）等盆地中有多次玄武岩流漫溢。东西向构造是境内出现最早的构造体系，金（华）衢（州）盆地的形成始于印支期，主要受东西向构造的控制，到燕山期受华夏系构造的干扰，处于浙西北区的昌化—临安东西向断裂带，它向东延伸成了控制浙北平原的南部界限。

扭动构造体系主要包括"山"字形与旋卷构造两类。"山"字形构造出现在临安、泰顺等处，形成于燕山运动前后，定形于白垩纪末。旋卷构造多以帚状构造形式出现，以压扭性质为主、规模较大的有诸暨芙蓉山和衢州衢江区尚苍岗等，在南田附近也有小的帚状构造。帚状构造多分布在规模较大的北东向断裂带的两侧，与这些断裂的活动有关。

二、地貌

（一）地貌形态成因类型及其基本特征

浙江地貌形态类型多样，成因复杂。成因与形态相结合，可将全省划分为山地、丘陵、台（岗）地、盆（谷）地、平原5个形态组合类型；依据组合类型各自不同的形态特征与成因，具体划分为12个地貌基本类型。

1.山地

浙江山地面积有51801.83平方千米。为了便于山地土地资源的综合开发利用，将山地组合类型分为中山、低中山和低山三种基本类型（见表1.2）。

表1.2　浙江省山地类型分布情况

基本类型	分布
中山	分布面积28577.47平方千米，占山地面积的55.17%，主要分布在浙西的天目山、龙门山，浙南的仙霞岭、洞宫山、括苍山等地区。具有山高坡陡、沟谷纵横、地面崎岖、土层浅薄的特点，一般为林地、灌丛草坡。

基本类型	分布
低中山	分布面积8011.11平方千米，约占山地面积的15.45%，集中分布在浙西和浙东地面。山峰海拔分布为800～1000米，相对高度为200～500米。组成岩性主要是火山岩和沉积碎屑岩。浙东地区的低中山由火山岩组成，呈块状分布；浙西地区的低中山，由沉积碎屑岩组成，呈北东—南西向条带状分布。地面坡度在25°以上的低中山占97.52%，山坡较陡，切割较深，切割密度为3千米/千米^2～4千米/千米^2。
低山	分布面积15213.25平方千米，占山地面积的29.38%，主要分布在浙东和浙西北地区。山峰海拔分布在800米以下。其岩性组成主要是火山岩，约占低山面积的16.20%。低山相对高度为200～300米，形态特征是山低，坡面缓倾，地面切割较缓，为林果产品的主产地。

2.丘陵

丘陵是浙江省重要的地貌之一，面积18844.85平方千米。在浙江省境内，按丘体高差与丘间谷地形态特征，丘陵可分为高丘、低丘两种形态类型（见表1.3）。

表1.3　浙江省丘陵类型分布情况

基本类型	分布
高丘	分布面积12801.60平方千米，主要分布在盆谷地边缘与山麓地带，丘体相对高差150～200米，坡度较陡，残积、坡积物发育显著，水土流失较严重。在农业开发布局上，高丘为浙江省单季稻与连作稻的过渡带。
低丘	分布面积6043.25平方千米，集中分布在金（华）衢（州）、武义、永康、新（昌）嵊（州）、天（台）仙（居）、丽水、诸暨和泗安等红层盆地周边及龙泉、安吉等地的变质岩、碎屑岩出露的地段。海拔300米以下，丘体相对高差50～150米，坡面坡度15°以下，丘顶浑圆，丘间坳沟发育，是旱地和经济林、果树重要种植地段。

3.台（岗）地

台（岗）地分布面积3956.37平方千米。一般为坡坎较陡、台（岗）面呈缓状起伏的平坦地。浙江省常见的台地有熔岩台地、玄武岩台地及洪积扇台地、海蚀台地等形态成因类型，常见的岗地有梁状岗地、缓丘状岗地、垄状岗地等形态成因类型。由于坡面平缓（坡度6°～15°），土层深厚，常是农、林、果生产的主要场地。根据形态特征及地面组成物质分布特点，台（岗）地可区分为岗地、台地两种形态类型（见表1.4）。

表 1.4　浙江省台（岗）地类型分布情况

基本类型	分布
岗地	分布面积 2260.74 平方千米。主要分布在山丘坡麓延向盆（谷）地边缘的交接地段，呈梁状或垄状起伏，相对高差 50 米左右，坡度平缓。地面组成物主要为红层，约占岗地面积的 82.18%；其次为碎屑岩，占岗地面积的 13.17%。由于岗地地势倾斜平缓，土层深厚，排水流畅，通透性强，肥力较好，是发展旱地粮食、经济作物及经济林、果的好场所。但是，红层岩性松软，易造成水土流失。
台地	分布面积 1695.63 平方千米，集中分布在浙南山区（占台地面积的 80% 左右）。按照台地分布高度及台坡高差与台面坡度变化，台地呈梯级分布：浙南山区海拔 1000 ～ 1200 米和 650 ～ 750 米二级层状台地（或称山地夷平面）较为普遍；浙东丘陵山区有海拔 300 ～ 450 米和 150 ～ 200 米等级台地。此外，在新昌、嵊州、天台、宁海、磐安等地分布的玄武岩台地，相对高度在 50 ～ 100 米。

4. 盆（谷）地

全省盆（谷）地面积有 10158.89 平方千米。按形态特征与分布范围的差别，盆（谷）地可分为盆地、谷地两种形态类型（见表 1.5）。

表 1.5　浙江省盆（谷）地类型分布情况

基本类型	分布
盆地	分布面积 9174.13 平方千米，沿钱塘江、瓯江、曹娥江等干流流动方向两侧分布，分布面积较大的有金（华）衢（州）、新（昌）嵊（州）、诸暨、天（台）仙（居）、丽水等 40 余处。
谷地	面积有 985.76 平方千米，主要分布在山涧溪流、河沟沿岸，呈树枝状延伸，或呈条带状散布。

5. 平原

平原是浙江省种植业分布最集中的地方。全省平原面积 20629.01 平方千米，地势平坦。根据形态成因、地面物质的不同特征，平原可分为河口平原、湖沼平原、滨海（滩涂）平原（见表 1.6）。

表 1.6　浙江省平原类型分布情况

基本类型	分布
河口平原	主要分布在钱塘江、曹娥江、椒江、瓯江、飞云江等水系的河口段，面积 3184.87 平方千米。

续表

基本类型	分布
湖沼平原	分布于太湖南缘，杭（州）嘉（兴）湖（州）和萧（山）绍（兴）宁（波）及温（岭）、椒（江）、瑞安一带，面积有 10159.86 平方千米。地势低洼，地面在海拔 4 米以下，河网密度 2.6 千米 / 千米^2 ～ 3.8 千米 / 千米^2。
滨海（滩涂）平原	主要分布在杭州湾沿岸的滨海地带，地面在海拔 4 ～ 5 米。面积有 7284.28 平方千米。

（二）地貌形态类型组合分布格局及其区域分异特征

地势变化与地面起伏和坡面坡度在相当大的程度上制约着土地质量，也是造成土地区域差异的关键因素。浙江省山脉属南岭山系，山脉走向从省境西南向东北延伸，插入舟山海洋岛屿，地势西南部高，东北部低，总体趋向由西南向东北倾斜。境内山脉走向与河流流向呈纵横交错分布，地面起伏，此起彼落，从而构成了浙江省地貌形态类型组合分布的基本格局。浙江省地貌区域分为 3 个一级区、9 个二级区。

1. 浙西北丘陵中山区

本区位于长江流域南岸，区域地貌主要特征是丘陵起伏，一般海拔 200 ～ 1000 米，浙赣、浙皖边境分散的块状山地，海拔 1000 米以上，主要有白际山、千里岗、昱岭、天目山、百丈峰等中山山地，其中，浙皖交界的清凉峰海拔高达 1787 米，天目山海拔超 1500 米，再向东北到莫干山海拔仅 718 米。地面相对高差 500 米以上。河谷盆地和沟谷在区域内广泛分布，地面相对高差 100 米左右，以 30 ～ 50 米最为常见。本区进一步划分为天目山—百丈峰中山丘陵区、浙西丘陵区、浙中西金（华）—衢（州）丘陵盆地区 3 个二级区（见表1.7）。

表 1.7　浙西北丘陵中山区二级区域地貌情况

二级区	分布
天目山—百丈峰中山丘陵区	东部以长兴—杭州一线与太湖流域平原分界，地貌形态类型以低山丘陵和盆地为特色；浙赣边境山峰海拔 1000 米以上的中山，呈分散分布，其中，百丈峰海拔 1600 米以上，天目山海拔 1500 米以上，相对高度亦多在 500 米以上，成为江南丘陵一带河流的分水岭。

续表

二级区	分布
浙西丘陵区	浙西北丘陵中山区以浙西丘陵区分布最广。浙西丘陵区南界与金（华）衢（州）丘陵盆地相接。本区海拔在 200～1000 米，相对高度在 500 米以下。丘陵地区地面坡度一般在 25°以下。土地开发利用以发展林业为主，耕地面积较少，农田主要分布在河谷地带、岩溶洼地和丘陵缓坡地带。
浙中西金（华）—衢（州）丘陵盆地区	包括衢州衢江区、金华等自西南向东北延伸的窄长形盆地，与东阳盆地、浦江盆地相连接，为全省最大的一个串联盆地，是典型的江南丘陵红层盆地。衢江—金华江贯穿其间，沿江两侧分布有较宽广的河漫滩、超河漫滩、一级阶地和零星分布的二级阶地，堆积深厚的第四系松散物，广布平畈地，除作为水田外，尚有大面积的旱地。

2. 浙北平原区

本区包括太湖南岸和钱塘江—杭州湾两岸平原及萧（山）—绍（兴）—宁（波）平原。地面平坦，除零散的缓坡孤丘以外，一般海拔 5～10 米，地面起伏相对高差 4.5 米。水系密布、湖塘众多、水体宽阔。地质基础方面，杭州湾以北及萧山—绍兴平原一带在大地构造上与江南丘陵区相联系，杭州湾以南的绍兴、慈溪、宁波一带平原与东南沿海丘陵区相联系。第四系以来，本区呈下降趋势，下降量由西南（接近江南丘陵、东南沿海丘陵）向东北增大，杭州湾附近疏松沉积层厚 40～50 米，嘉兴附近在 100 米以上，在此基础上，连片沉积，形成一个独特的地貌区域。根据区内地貌形态变化与地面组成物特征，浙北平原又可进一步分为杭（州）嘉（兴）湖（州）湖沼平原、钱塘江口—慈北滨海平原、绍（兴）—宁（波）湖沼平原 3 个二级区（见表 1.8）。

表 1.8　浙北平原区二级区域地貌情况

二级区	分布
杭（州）嘉（兴）湖（州）湖沼平原	位于太湖平原南缘，南抵杭州湾北岸，东沿滨海平原内侧，属长江中下游平原的一部分，分布范围包括长兴、德清、嘉兴及余杭等地，区内地势低洼，海拔在 10 米以下，部分地段不到 5 米，是浙北平原中地势最低洼的区域。其间河网密布，湖塘众多，水深 1～2 米，径流速度缓慢，地下水位很高，一般为 0.5～1 米。湖沼淤积层厚，与湖泊淤积连成一片，广辟为圩田，素为江南"鱼米之乡"。在低洼湖沼区，筑堤围田形成了水中有田、田中有水的"圩荡田"。河堤堆土植桑养蚕，从而构建了"桑基鱼塘"的农业地域类型。

二级区	分布
钱塘江河口—慈北滨海平原区	分布在钱塘江河口以及曹娥江河口和杭州湾南岸慈北平原沿岸。钱塘江河口平原外形呈漏斗状。平原上零星分布缓坡孤丘，集中在平湖乍浦、海宁黄湾、澉浦。孤丘海拔一般在200米以下，坡麓发育为规模不大的海蚀崖、海蚀阶地及海积滩地等。分布于杭州湾南岸的慈北平原由潮流挟带的泥沙堆积而成，平原组成物质主要为粉砂，透水性强，地势十分平坦，大片海滩被开辟为养殖坑塘和耕地，土地资源开发潜力较大。平原之上点缀的小孤丘，有浒山（镇）、观城镇的卫山、营房山等，孤丘坡麓存有海蚀痕迹。
绍（兴）—宁（波）湖沼平原区	分布于钱塘江—杭州湾南部的萧山—绍兴—上虞—余姚—宁波一带，与太湖潟湖湖沼平原的成因相似。境内有余姚江、奉化江、甬江贯穿其间，地势低平，沿萧甬地带河网密布，水域较广，水质肥沃，土地连片。北侧有呈东西断续分布的孤丘。海拔一般在250米以下，具有以粮食为主的种植业和以渔业为主的水产业综合发展的自然优势；南侧沿会稽山、四明山麓地带分布着众多湖泊，如绍兴鉴湖、余姚牟山湖、宁波（鄞州区）东钱湖等，由于近山麓一带地势比较低洼，存在易受洪涝及台风暴雨侵袭等不利因素。

3.浙东南沿海丘陵中山区

本区地貌类型复杂，地面起伏变化比浙西北丘陵山地区更为显著，东濒海洋，东北部有曹娥江流域、甬江流域及沿海丘陵岛屿，地势低伏，除沿海港湾平原及少数河谷低地外，连片平原极少。西南部瓯江、飞云江及鳌江流域，山高谷深、地面崎岖。根据地貌形态类型组合分布特点，浙东南沿海丘陵中山区可划分为：四明山—会稽山丘陵低山区、仙霞岭—洞宫山中山区、象山港—沙埕港港湾平原及丘陵岛屿区3个二级区（见表1.9）。

表 1.9　浙东南沿海丘陵中山区二级区域地貌情况

二级区	分布
四明山—会稽山丘陵低山区	包括会稽山、天台山及四明山、大盘山和括苍山等。一般海拔为 200～800 米，被称为浙东丘陵低山区，仅有少数山峰超过 1000 米，如东白山（海拔 1194 米）、四明山（海拔 1018 米）、华顶山（海拔 1095 米）、括苍山（海拔 1382 米，为浙东第一大山峰）。地面切割深度一般为 200～500 米，局部地区可达 500 米以上。新昌、嵊州、天台、仙居和诸暨等县（市）境内，有众多的丘陵盆地分布。盆地边缘山麓地带，普遍发育有洪积扇台地或洪积阶地。玄武岩发育的台地，主要分布于新昌、嵊州等县（市）境内，按其相对高度变化可分为 50 米、150 米、250 米、350 米和大于 450 米 5 级。盆地内的白垩系红砂岩，在垂直节理发育和岩层软硬相间的地段，常形成"丹霞地貌"（如永康市方岩附近），在这些地方如不合理开垦，易引起严重的水土流失，形成劣地。
仙霞岭—洞宫山中山区	包括瓯江、飞云江、鳌江流域中、上游地区，主要山脉为仙霞岭、洞宫山和雁荡山，南界直至浙闽边境，被称为浙南中山区。在景宁、庆元、泰顺、龙泉、云和、遂昌等县（市）境内，海拔 1500 米以上的山峰屡见不鲜，如百山祖海拔 1856 米、披云山海拔 1675 米、白马山海拔 1621 米、南雁荡山海拔 1237 米等，海拔 1000 米以上的山峰连绵不绝，相对高差达 700～800 米，地面坡度在 25°以上，地势高峻陡峭，河流切割强烈，山地梯状分布，普遍保存有三级夷平面，即 1000～1200 米、650～800 米和 400～500 米左右。少数山峰顶部残留小块状准平原，如文成县南田百丈漈一带为海拔 650～750 米的古准平原，遂昌、松阳、丽水、龙泉、云和等境内，错落分布规模不大的山间盆地。盆地内主要为白垩系粉砂岩、泥岩等红色沉积碎屑岩，由于岩性软弱，常被侵蚀切割，形成坡度和缓的丘陵坡地。
象山港—沙埕港港湾平原及丘陵岛屿区	北自舟山群岛，由内陆象山港—三门湾，经台州湾、隘顽湾，南至乐清湾、温州湾沙埕港，与浙闽边境沿海地带毗邻。在区域地貌结构上，为天台山—四明山丘陵低山地，及洞宫山—雁荡山地的延伸，但由于受新构造运动和海平面变化的影响，地貌形态类型为大大小小的丘陵与滨海平原相继，海岸蜿蜒曲折，港湾岬角相间，港湾内有海湾潮流或潟湖淤积而成的平原，地面组成物质黏重，一般为泥质黏土和亚黏土。河口常分布有沙堤（或贝壳堤），如温（岭）黄（岩）平原的海门至横街沙堤长达 15 千米，但由于沿海带受海洋的直接作用，岛屿星罗棋布，局部发育有连岛沙坝、沙坝、沙堤及沙滩等，成为具有独特个性的地貌区域。

三、气候

　　气候是土地自然类型分类和分析土地自然类型区域结构与土地生物生产力的一项不可忽视的构成因素。浙江省位于我国东南沿海长江三角洲南翼，海陆交接，处于欧亚大陆与西北太平洋的过渡地带，介于北纬 27°02′—31°11′，东经

118°01′—123°10′，是典型的亚热带季风气候区。与此同时，浙江省地貌类型多样，自然资源的生物气候条件与生物生产力呈现出较大的差异性。

（一）气候要素

浙江地处东亚季风剧烈活动地带，具有典型的亚热带季风气候特征，不仅全省光照、热量、降水资源比较丰富，而且光照、热量、降水在时空配合上呈现水、热同步，光、温互补的特征，从而为多种生物和农作物的生长发育创造了十分有利的条件，同时也为土地等自然资源的充分利用提供了有利条件。

1. 气温

浙江省年平均气温在 16.1～18.9℃，自北而南随纬度降低而升高。年平均气温 17℃等温线西起开化与常山之间，经淳安、建德、浦江南部、义乌与东阳北部，穿天台、三门入海，终于大陈岛一线。该等温线为浙北与浙中、浙南的分界线。浙西北丘陵中山区和浙北平原、浙东丘陵和东部海洋丘陵岛屿为低值区，年平均气温在 17℃以下，其中安吉 16.1℃，为全省最低。浙西南瓯江流域广大丘间谷地和浙东南沿海丘陵平原区为高值区，年平均气温在 18℃以上，其中温州最高，达 18.9℃。其余地区包括中部金衢盆地及其周围河谷地区、浙中沿海丘陵平原以及东南沿海大陈、坎门、洞头等海岛地区，年平均气温在 17.0～18.0℃。在季节分布上，1 月为全年最冷月份，月平均气温在 3.4～8.7℃，分布趋势为西北丘陵山区最低，东南沿海丘陵平原最高，自西北向东南逐步递增；7 月为全年最热月份（除东部少数海岛为 8 月外），月平均气温在 28.0～30.0℃，分布特点为中部内陆丘陵盆地高，东部海洋岛屿与西部丘陵山区低，南北差异不明显。

2. 日照

浙江省日照充足，全省年平均日照时数在 1600～2000 小时，日照百分率（实际日照时间与可能日照时间之比）在 36%～46%，较同纬度内陆省份多。总的日照分布趋势是浙北多，浙南少，东部海岛多，西部内陆山区少。钱塘江口以北的嘉兴东部平原、浙东沿海丘陵平原、舟山群岛以及浙中浙南沿海平原与海岛区为日照丰富区，年平均日照数为 1850～2000 小时，嵊泗最多，达 2012 小时。湖州平原区、萧绍平原、浙东丘陵以及金华衢州低丘盆地区为日照次丰富区，日照数为 1750～1850 小时；长兴、安吉西部山区、杭州西部以及衢州西北部等浙西北丘陵山区和浙东南沿海丘陵山区为少日照区，日照数不足 1750 小时；温台西部山区以及丽水地区为最少日照区，日照数不足 1650 小时。

3. 降水与湿度

浙江年平均降水量 1100～2050 毫米，降水丰富，为全国降水较多的省份之一。降水量空间分布不均匀，南部多北部少，陆上多海岛少，山区多平原少，总体趋势为自西南向东北减少。浙北平原、舟山群岛和中部南部海洋岛屿地区降水量在 1400 毫米以下，为全省降水量最少地区。其中嵊泗群岛降水量最少，年平均 1105.8 毫米。浙东南沿海丘陵平原区、浙西浙西北丘陵山区以及江山、常山、柯城、衢江、龙游等西部内陆丘陵盆地地区降水量在 1600 毫米以上，浙南泰顺、文成及浙西开化等山区降水量最多，年平均达 1800 毫米以上。降水量年内分布呈双峰型，全省大部分地区年内有两个相对雨季（3—6 月春雨期与梅汛期，9 月秋雨期）与两个相对干季（7—8 月盛夏干旱期与 10 月至次年冬旱期）。浙江空气湿润，平均相对湿度为 73%～83%，其中 6 月份相对湿度较高，约为 80%～90%。从空间分布上看，浙中内陆盆地地区年平均相对湿度最小，仅为 73%～74%，沿海平原及丘陵山区与东部海岛地区、天目山、括苍山与开化山区相对湿度最大，在 80% 以上。

4. 积温

积温是在一定时期内，每日的平均温度或符合特定要求的日平均温度累积的和，它是衡量一个地区热量资源优劣的重要标志。一般认为日平均温度 0℃ 以上为农耕期；5℃ 以上为多种牧草类植物开始生长的时期；稳定通过 10℃ 为喜温作物开始生长期；20℃ 和 22℃ 则分别是粳型和籼型水稻抽穗扬花安全期。浙江省农耕期很长，平均持续日数 347～365 天，平均积温为 6600～8200℃，除杭嘉湖平原北部与浙西北丘陵山区有 10～20 天的休眠期外，其余地区几乎全年均为农耕期。全省日平均气温稳定通过 5℃ 的平均持续期为 282～339 天，东南沿海丘陵平原和岛屿地区达 330 天以上，为全省最多，浙西北丘陵山区、浙北平原、浙东丘陵盆地地区 282～300 天，为全省最少。全省日平均气温稳定通过 10℃ 的平均持续期为 233～269 天，平均积温为 5080～5983℃，浙西北丘陵山区及杭嘉湖平原最少，少于240天，浙东南沿海丘陵平原及洞头等海岛地区最高，高于260天。

（二）气候特征

浙江省的主要气候特征为：光照充足，热量较优，年温适中，四季分明，雨量丰富，空气湿润，气候条件优越，土地的生物生产力较高。受东亚季风的影响，浙江省冬季和夏季的盛行风向有明显变化，四季分明，雨热季节变化同步，气候资源配置多样。

浙江省全省陆域面积不大，但境内自然地理环境条件差异十分明显。浙江省境域海陆皆备，地貌类型多样，自东部海洋岛屿至沿海港湾平原至内陆丘陵盆地，至浙西北、浙西南丘陵山地，呈阶梯状递变，使浙江省气候类型变化在纬向、经向水平地带分布和垂直地带分布上都有明显的差异。此外，浙江省地貌类型多样，局地气候变化复杂，全省较大的40余个盆地，受所处地理位置与盆地形状及盆周山地屏障等因素的综合影响，形成了不同类型的盆地气候特征，导致浙江省土地立地条件有着"十里不同天""一山分四季"的分异现象。

1.冬冷夏热、四季分明

浙江冬季受强大的蒙古冷性高压控制，夏季受太平洋副热带暖性高压控制，呈现冬冷夏热、四季分明的特征。气候学按照日平均气温划分季节，日平均气温小于10℃为冬季，介于10℃与22℃之间为春、秋季，稳定大于22℃为夏季。浙江省春夏长，秋冬短，春季持续70～100天，夏季持续140～160天，秋季持续60～75天，冬季持续60～85天。随着气候持续变暖，浙江省冬季时间持续缩短，春季和夏季时间延长。春季回暖最早、最快的地区为丽水、温州一带西南山间谷地；回暖最迟、最晚地区是浙北平原和东北部沿海丘陵岛屿地区。

2.降水丰富、雨热同季

全省平均年降水量为1100～2050毫米。春季气温上升，雨水增多，平均气温为13.1～14.9℃，降水量为240～566毫米。夏季辐射全年最强，初夏高温高湿，盛夏干旱酷热，平均气温为25.1～26.3℃，降水量为600～1200毫米。初夏时期，浙江进入梅雨期，梅雨量年平均270毫米左右，约占年降水量的27%；盛夏时期，受副热带高压控制，炎热少雨，气温高达28.0～30.0℃，降水量为 300 ～ 500 毫米。秋季多晴少雨，平均气温为 13.9 ～ 15.4℃，降水量为 120 ～ 215 毫米。冬季在蒙古高压控制下，寒冷干燥，平均气温为 4.6 ～ 8.2℃，降水量为 100 ～ 190 毫米，为全年降水最少季节。

3. 空气湿润、日照充足

浙江濒临海洋，水汽充沛，空气湿润，全年相对湿度在 80% 上下，除浙中内陆盆地地区相对湿度为 73% ～ 74% 外，全省大部分地区在 80% 以上。全年日照在 1600 ～ 2000 小时，日照百分率在 36% ～ 46%，较同纬度内陆省份多。

4. 气象灾害多，台风旱涝频繁

浙江省属于亚热带季风气候，因季风进退时间和强弱不同，气候存在不稳定性，容易引发各种气象灾害。台风、干旱、洪涝、寒潮、海上大风等是浙江省危害最大的气象灾害。

（三）热量条件

浙江省存在北亚和中亚两大热量带。采用 ≥ 10℃ 积温 5300℃ 作主导指标，以最冷月平均气温 4℃ 和年极端最低气温多年平均值 -6℃ 作限制性指标，依照上述主导指标和限制性指标值，并以温度等值线的实际走向为准，将浙江省划分为中、北亚热带两大热量带，其分界线西起常山，经淳安、建德、诸暨、嵊州、三门至石浦一线。其北为北亚热带，≥ 10℃ 积温为 5000 ～ 5300℃；其南为中亚热带，≥ 10℃ 积温为 5300 ～ 5983℃，揭示出浙江省南北之间在热量上的本质差异。

中亚热带的气候特点是冬季暖和，夏季炎热，雨量充沛，沿海地区海洋性气候强，无霜期长，热量资源丰富。北亚热带的气候特点是冬季寒冷，夏季酷热，降雨较多，大陆性气候显著，无霜期较长，为全省热量资源的次丰地区。中亚热带作物以双季稻为主体，一年三熟或两年五熟，春花作物以小麦为主，晚稻以籼型杂交稻为主，浙东南沿海还能栽培双季连作杂交稻。典型的亚热带经济林果如柑橘、枇杷、糖蔗、油桐、乌桕等能广泛种植，植被群落主要是常绿阔叶林。北亚热带作物也以双季稻为主，一年三熟或两年五熟或一年两熟，晚稻以粳型稻为主。春花作物以大麦为主。典型的亚热带经济林果只能凭借有利的局地的小气候条件生长，不具备中亚热带经济林果适生范围广的优势条件。

植被群落主要是常绿落叶阔叶混交林。全省 ≥ 10℃积温在 5600℃以上的温热地区，仅为玉环、乐清、永嘉一线以南，青田、文成一线以东，极端最低温度多年平均值-3℃，作物以双季稻为主，宜大面积种植籼型杂交晚稻，三熟制以迟熟品种为主，品种搭配自由；适宜多种喜暖果木，如柑橘、文旦、四季柚和黑荆树，南端局部地区还可驯化引种南亚热带果木。出现作物渗透现象的地区，是浙江省热量条件特别是越冬条件最优的地区。

浙东北海岛（包括定海、岱山）、宁波东部沿海（镇海、鄞州）及象山港、三门湾一带为中、北亚热带过渡区。这一地带，从暖季的热量条件看，主导指标年积温在 5000 ～ 5250℃，达不到中亚热带标准，对三熟制有一定影响，但越冬条件比较优越，极端最低气温多年平均值达-4.5 ～ -3.3℃，符合中亚热带低温标准，有利于茶、桑、果生产，舟山普陀佛茶享誉全国；水仙花为适生南亚热带气候栽培的花卉（如福建漳州水仙），在舟山引种获得成功，证明中、北亚热带过渡区冬季气候比较温暖。

（四）气候分区

浙江省全省上半年，随着气温上升，降水量同步增加，对各种喜温需热的农林果作物的生长发育都十分有利；下半年，随着气温降低，降水量亦趋减少。秋冬时节，尽管雨水、热值趋于减少，但光温配合较好。省内秋季低温的出现时间，一般要比同纬度其他地区迟。冬季冷空气活动并不剧烈，全省 1 月平均温度仍在 3.4 ～ 8.7℃，且日照时数比较充足。光、温互补的气候特征，是全省各种秋熟作物和越冬作物生长的有利条件，但由于季风气候的不稳定性，每年冬、夏季风进退时间和强度不同，气候多变，往往导致气温异常或雨水失调，进而造成洪涝、台风、高温、干旱、低温冰冻等气象灾害，对土地、水等自然资源开发利用起着强大的破坏作用。综合各地温度、积温以及越冬条件的差异性和相似性，将全省划分为 4 个气候区域，各区域的主要特征如下。

（1）浙西北丘陵山地温凉冬寒区。本区位于浙江省的西北部，北起长兴，南至开化，与安徽省、江西省毗邻。本区为全省热量和越冬条件最差的地区，熟制上两熟有余，三熟不足。自北而南年均温度为 15.0 ～ 16.5℃，1 月份平均温度为 2.5 ～ 4.5℃，极端最低温度平均-10 ～ -8℃，极值为-17.4℃，≥ 10℃

积温 5000～5300℃，喜温作物易受冻害，对粮食作物早熟性、耐寒性要求高，亚热带不耐寒林木和柑橘等不宜栽培，但适于栽培落叶型果木和茶、桑、油桐、板栗、毛竹、山核桃、银杏、榧子、杉木等。

（2）浙北平原、浙东北海洋丘陵岛屿温和冬冷区。本区包括杭嘉湖平原和萧绍宁平原。西起长兴，北连江苏省、上海市，东至宁（波）奉（化）平原，东北至海洋岛屿，南至四明山、会稽山和龙门山麓。本区为全省热量和越冬条件较差的地区，年均温度为 15.5～16.5℃，极端最低温度为 -8.0～-5.5℃，≥10℃积温 5000～5200℃，能基本满足"麦—稻—稻"三熟制，区域内光照充足，雨水较少，比较有利于春花、棉、麻、桑及青梅、杨梅等果品的优质高产。东北部海洋岛屿区，越冬条件较内陆同纬度地区为优，光照充足，雨量较少，风能资源丰富，非常有利于渔盐生产和啤酒大麦栽培。浙中东龙门山、会稽山、四明山、天台山及诸暨、新（昌）嵊（州）、天台丘陵盆地区，年均温度为 16.0～17.0℃，1月平均温度只有 3.5～5.0℃，越冬条件较差，但 ≥10℃积温为 5000～5300℃，不仅具有栽培"麦—稻—稻"三熟的优势，还具有栽培茶、桑、果、药材及毛竹等多种经济作物的良好条件。籼型杂交晚稻的农事季节较紧，柑橘不能大面积栽培。

（3）浙中、浙南丘陵山地温暖区。本区分布范围较广，西至金衢丘陵盆地，东至括苍山山地、台州湾沿岸，南至仙霞岭、洞宫山山地。本区的热量条件较优，≥10℃积温达 5300～5983℃，年均温度为 17.0～18℃，1月均温为 5.0～7.0℃，三熟制作物品种搭配较自由。金衢丘陵盆地越冬条件较差，利用局地气候优势，也可以栽培柑橘。东部台州港湾丘陵平原和瓯江谷地适于栽培柑橘，局部地区还可栽培甜橙等喜暖果品。丘陵山地区光、热、水条件组合较好，适宜发展林业和经济特产行业。

（4）浙东南丘陵平原温热区。本区包括东南沿海的温（州）瑞（安）平原及港湾丘陵平原。≥10℃积温达 5600℃以上，年均温度为 18.0℃，1月平均温度为 7.0～8.0℃，为浙江省热量最丰富、越冬条件最优越地区，三熟制作物品种搭配自由，可大面积栽培籼型杂交稻；有利于栽培柑橘、甜橙、四季柚、枇杷及黑荆树、木麻黄、麻竹等喜暖的亚热带经济果木。

四、水文①

水文因素与水利条件（排水条件）是划分土地自然类型与评价土地质量的要素之一。水既是土地的物质组成，又是土内物质转化的动力。

（一）水文环境

1.水系

浙江省境内河流众多，集水面积在 10 平方千米以上的河流多达 2442 条，其中集水面积在 1500 平方千米以上且独立入海（湖）者有 8 条，即钱塘江、瓯江、椒江、曹娥江、甬江、苕溪、飞云江、鳌江。就水系而言，主要有钱塘江、瓯江、椒江、苕溪、甬江、飞云江、鳌江、京杭运河（浙江段）等 8 条水系。

（1）钱塘江水系。钱塘江为浙江省第一大江，发源于安徽省休宁县龙田乡江田村。干流长 609 千米，浙江省境内 586 千米。流域面积 55491 平方千米，其中浙江省境内 44466.9 平方千米。钱塘江入海口杭州湾呈喇叭状，河口内又有巨大拦门沙坎，加上潮汐作用，形成举世闻名的钱江涌潮。

（2）瓯江水系，位于浙江省南部，发源于龙泉市屏南镇南溪村的百山祖。干流长 377 千米，流域面积 18165 平方千米，其中浙江省境内 18085.6 平方千米。瓯江具有山溪性河流特征（山区占 80%），水流落差大，水力资源丰富。

（3）椒江水系，位于浙江省东南部，发源于仙居县安岭乡石长坑公有山。干流长 220 千米，流域面积 6672 平方千米。

（4）苕溪水系，位于浙江省北部，是长江流域太湖水系的 2 级河流，发源于杭州市临安区太湖源镇白沙村，干流自西向东再折北注入太湖。干流长 160 千米，流域面积 4678 平方千米，其中浙江省内流域面积 4614.9 平方千米。

（5）甬江水系，位于浙江省东部，发源于奉化、余姚、嵊州交界的大湾岗东坡。干流长 119 千米，流域面积 4522 平方千米。

（6）飞云江水系，发源于景宁畲族自治县景南乡忠溪村，干流长 191 千米，流域面积 3712 平方千米。

（7）鳌江水系，浙江省最南部水系，发源于苍南县桥墩镇天井村，干流长

---

① 本部分内容主要参考《浙江省水域调查主要数据公报》《浙江通志·自然环境志》。

81千米，流域面积1426平方千米。

（8）京杭运河（浙江段）水系，指杭嘉湖东部平原河网，属长江流域太湖水系。流域面积7500平方千米，其中浙江省境内6367平方千米。

浙江河流的水文特征是源短流急，流量丰富，含沙量少，水位变化幅度大和入海河口都受潮汐影响。

2.湖泊

2020年，浙江全省有湖泊329座，水域面积149.72平方千米，主要分布在杭嘉湖平原和宁绍平原。其中，1平方千米以上湖泊共55座，水域面积91.75平方千米，全部为淡水湖。杭州西湖、嘉兴南湖、宁波东钱湖、绍兴东湖为浙江四大名湖。

（1）杭州西湖，位于杭州城区西部，南北长3.2千米，东西宽2.8千米，水域面积6.39平方千米，平均水深2.50米，总容积1598万立方米。西湖三面环山，湖中被孤山、白堤、苏堤、杨公堤分隔，按面积大小分别为外西湖、西里湖、北里湖、小南湖及岳湖等五片水面。

（2）嘉兴南湖位于嘉兴市南湖区，南北长、东西狭，水面面积0.58平方千米。南湖自古以来是嘉兴境内主要河道的蓄泄枢纽。南湖风景名胜区内自然景观与人文景观交相辉映，其中中共一大嘉兴南湖会址是全国重点文物保护单位。

（3）宁波东钱湖，位于宁波市东侧，湖的东南背依青山，湖的西北紧依平原，系远古时期地质运动形成的天然潟湖。水面面积22平方千米，为全省面积最大的湖泊。

（4）绍兴东湖，位于绍兴城东的箬篑山麓，是浙东运河及浙东唐诗之路的重要节点，具有山石湖水组成的自然风光与丰富的人文景观。

3.水利工程

（1）水库。水库是在河道、山谷、低洼地及地下透水层修建挡水坝、堤堰或隔水墙，形成蓄积水量的人工湖，是调蓄洪水的主要工程措施之一。水库规模通常按库容大小划分，分为小型、中型、大型等。2020年，浙江全省有水库4296座，水域面积1625.04平方千米。其中，大型水库34座，水域面积981.06平方千米；中型水库160座，水域面积308.14平方千米；小型水库4102座，水域面积 335.84 平方千米。大中型水库水域面积占水库总水域面积的 79.3%。千岛湖即新安江水库，位于浙江省杭州市淳安县境内，小部分连接杭州市建德市西北，是为建新安江水电站拦蓄新安江上游而成的人工湖，面积约 580 平方千米，蓄水量可达 178 亿立方米，在最高水位时拥有 1078 座大于 0.25 平方千米的陆桥岛屿，并以 2 平方千米以下的小岛为主，岛屿面积共 409 平方千米。

（2）山塘。山塘是指在山区、丘陵地区建有挡水、泄水建筑物，正常蓄水位高于下游地面高程，最大蓄水量在 10 万立方米以下（不含）的蓄水工程。山塘是山间蓄水良方，水质极优。2020 年，浙江全省有山塘 18027 座，水域面积 134.77 平方千米。其中，高坝山塘 1366 座，水域面积 11.98 平方千米；屋顶山塘 4998 座，水域面积 46.35 平方千米；普通山塘 11663 座，水域面积 76.44 平方千米。

（3）人工水道。人工水道包含引水渠道、灌溉骨干渠道。2020 年，浙江全省人工水道长度 3806 千米，水域面积 18.51 平方千米。其中，灌区骨干渠道长度 1840 千米，水域面积 8.50 平方千米；引水渠道长度 1966 千米，水域面积 10.01 平方千米。

（二）水文条件

1.降水

浙江省多年平均降水量为 1603.8 毫米，折合水量 1665 亿立方米。2019 年，浙江省年平均降水量 1949.9 毫米，较上年降水量偏多 18.9%，较多年平均降水量偏多 21.6%。浙江省多年平均降水量地区差异明显，自西向东、自南向北递减，其中山区大于平原、沿海山地大于内陆盆地。山区多年平均为 1800 ~ 2200毫米，平原为 1100 ~ 1300 毫米，海岛为 950 ~ 1300 毫米。浙江省降水受季风进退时间、台风活动影响，年内分配不均匀。从历年变化看，浙江省降水量年际差异明显，存在明显的丰水期与枯水期。

2.蒸发

蒸发量是指一定时段内水分蒸发散布到空中的量，可分为水面蒸发量与陆面蒸发量。浙江省多年平均年水面蒸发量由沿海向内陆、由南向北递减，东部沿海地区多年平均年蒸发量为 850 毫米左右，西北部山区为 700 ~ 750 毫米。

水面蒸发量年内分配受季节变化和温湿条件不同影响，以 7—8 月最大，占全年水面蒸发量的 27.0% ～ 31.6%；1—2 月最小，占 6.0% ～ 9.9%，水面蒸发量年际变化不大。浙江省陆面蒸发量分布趋势与水面蒸发量一致，沿海大于内陆，平原大于山丘，沿海约 800 毫米，山区为 600 ～ 700 毫米，金衢盆地为 750 毫米，陆面蒸发量年内与年际差异不大。

3. 径流

浙江的河川径流主要由降水形成，除耗于蒸发外，浙江省多年平均年河川径流量为 943.85 亿立方米（其中年地表径流量 744.71 亿立方米），折合径流深 909.4 毫米。浙江省径流深分布趋势为山区大于平原，同纬度地区内陆大于沿海及海岛。浙江东南部山地丘陵地区多年平均年径流深较大，为 1300 ～ 1800 毫米，浙西北丘陵地区多年平均年径流深 1000 ～ 1400 毫米；平原地区与丘陵海岛地区平均年径流深为 300 ～ 600 毫米，金衢盆地为 700 ～ 900 毫米。浙江省径流受降水和下垫面条件分布不均影响，年内分配不均性明显，其中 5—9 月最大，占全年径流量的 60% ～ 70%。受降雨影响，浙江省径流年际变化较降水更为剧烈，丰水期和枯水期差异明显。

（三）水资源

浙江省多年平均年水资源总量 955.41 亿立方米，其中地表水资源量 943.85 亿立方米，地下水资源量 221.10 亿立方米，其中地下水资源与地表水资源间重复计算量 209.53 亿立方米。2019 年，浙江省水资源总量 1321.36 亿立方米，较多年平均水资源总量偏多 38.3%。其中，地表水资源量 1302.90 亿立方米，地下水资源量 235.72 亿立方米，重复计算量 217.27 亿立方米。

浙江省水资源区域分布很不均匀。苕溪、运河、浦阳江、曹娥江和甬江流域一带耕地面积占全省 70%，人口占全省 45% 以上，工农业产值占全省 70% 以上，但水资源量只占全省的 20.5%，而浙西南山丘地区人口比较少，工农业生产相对滞后，水资源却较为丰富。

浙江省单位面积水资源量较丰富，全省多年平均单位面积年水资源量为 92.1 万立方米每平方千米。人均水资源紧缺，2019 年人均水资源拥有量 2280.8 立方米，使土地资源开发利用受到制约。

五、土壤

土壤是构成土地的主要物质基础，又是划分土地资源类型的主要依据。在社会主义市场经济条件下，为了合理开发利用土地、扩大耕地面积、改土培肥、提高农作物产量，都需要研究土壤分类及其分布规律。根据土壤的发生和演变及其肥力特征，浙江省陆地上的各种土壤分为 10 个土类、21 个亚类、99 个土属和 277 个土种。

（一）土壤分类与地域分布特征

由于浙江省境内海陆皆有分布，地貌形态类型多样，生物气候条件复杂，农业开发历史悠久以及受人类生产活动的综合影响，浙江省土壤类型及其分布有着明显的地域分布特征。

根据地貌类型与土壤类型的耦合分布关系，全省可概分为滨海滩涂地区、河网平原区、河谷盆地区和丘陵山地区 4 个土壤地域类型。浙西北、浙西南和浙东丘陵山地区地带性土壤以红壤、黄壤为主；浙西北丘陵山地区为石灰（岩）土；浙东、浙西南山地区为粗骨土。浙北水网平原和浙东南滨海平原以水稻土为主。滨海平原的外缘狭长地带为潮土和滨海盐土。红层盆地分布紫色土（见表1.10）。

表 1.10 浙江省平原类型分布情况

土壤类型	分布
红壤	红壤是浙江省的水平地带性土壤，是全省分布面积最大、范围最广的土类，其分布面积达 388.07 万公顷，是浙江省茶、果等经济特产，玉米、番薯等旱粮作物，以及松、杉、竹等用材林的主要生产基地。
水稻土	水稻土是浙江省最重要的耕作土壤，广泛分布在全省各地，以杭嘉湖、宁绍、温台平原最为集中，为全省第二大土类，分布面积为 212.58 万公顷，是浙江省粮、油作物的主要生产基地。
粗骨土	粗骨土类面积 136.47 万公顷，主要分布在坡度较陡、植被稀疏、暴雨频率较大的丘陵山地，与红壤、黄红壤、黄壤呈交错分布状态。地域分布上，以浙东丘陵低山和浙西南山地面积较大。
黄壤	黄壤分布在中山或低山的中上部，黄壤面积为 102.87 万公顷，分布在海拔较高的山地。

续表

土壤类型	分布
滨海盐土	滨海盐土类面积为 39.77 万公顷，主要分布在杭州湾、象山港、三门湾、台州湾、隘顽湾、乐清湾、温州湾及其他滨海港湾狭长地带和岛屿地区。其中，处在淤积中的潮滩盐土面积为 28.86 万公顷，涂面相对稳定并已围堤的有 10.91 万公顷。
潮土	潮土类面积为 36.83 万公顷，主要分布在滨海平原、水网平原和河谷平原。其中，分布在江河两岸及杭嘉湖平原高墩上的潮土面积有 23.75 万公顷，是浙江省蚕桑与蔬菜作物主要生产基地；分布在杭州湾两岸及滨海平原外缘的钙质潮土面积有 8.75 万公顷，是浙江省棉麻主要生产基地。
紫色土	紫色土类的面积为 34.29 万公顷，集中分布在金（华）衢（州）、永康南马、新（昌）嵊（州）、天台、仙居、泗安等低丘盆地内缘，并与红壤、水稻土等交错分布。
石灰（岩）土	石灰（岩）土类面积为 15.87 万公顷，零星分布在浙西北石灰岩丘陵山地地区。
基性岩土	基性岩土面积为 1.87 万公顷，主要分布在新（昌）嵊（州）、江山等丘陵盆地，与红壤交错分布。
山地草甸土	山地草甸土面积仅 0.04 万公顷，零星分布于临安、丽水、遂昌等海拔 1100—1200 米的中山洼地中。

由于生物气候条件的影响，北亚热带和中亚热带的土壤垂直地带谱，都以红壤为建谱类型。红壤主要分布在低山丘陵区，而且分布上限由南而北有规律地下降，浙南山地红壤海拔在 600～850 米，而浙西北山地在 400～600 米以下。浙江省丘陵山地土壤垂直地带演替规律为：浙中和浙南一带，由基带土壤（红壤）开始，随山体升高依次出现红壤—黄红壤—黄壤；在浙西北一带依次出现棕红壤—黄红壤—黄壤。黄壤海拔分布下限：浙西北为 500～600 米，浙南为 800～900 米。在同一山体，黄壤海拔分布下限，南坡高于北坡，相差 50～100 米。黄壤分布下限与年平均 14℃等温线分布高度接近。黄红壤分布界线在浙西为 400～500 米，在浙南为 350～500 米，并因基岩母质的影响和红壤交错分布。

（二）土壤类型性状及其开发利用条件

1.红壤

红壤形成于热带、亚热带生物气候条件下，是经过强风化、强淋溶发育的地带性土壤，具有黏、酸、瘦等主要特征。浙江省属亚热带东部湿润气候，地带性土壤以红壤为主，但红壤的风化强度和富铝化及赤铁矿化程度，与热带砖红壤相比程度要低。不同的成土母质，由于矿物组成不同，其富铝化程度也有差异。由玄武岩、石灰岩等基性岩发育的红壤，其淋滤系数、分布系数、铝化和铁化系数的相对值都高于由花岗岩等酸性岩发育的红壤。红壤质地为壤质黏土，黏粒中铁铝氧化物含量较高而腐殖质含量较低，使得红壤的田间持水量小，凋萎系数大，有效水少，在旱季保水性很差，不利于作物高产；红壤荒地植被稀疏，耕层浅薄，对蓄水保水性能更加不利。红壤原生植被为亚热带常绿阔叶林，每年凋落于地表的枯枝落叶干物质，为土壤物质循环与养分富集提供了基础。浙江省红壤广泛分布在低山丘陵与台地类型地区，农作物可一年二熟，并适于多种亚热带经济作物的生长，是浙江省发展粮食与亚热带经济林、经济作物的重要基地。金衢丘陵盆地为浙江省典型的红壤地区，现已成为浙江省重要的粮食和经济作物生产基地，农业综合开发潜力很大。

2.黄壤和山地草甸土

（1）黄壤。黄壤同红壤在山地垂直带上逐渐过渡而属于同一发生系列。浙江省黄壤分布在中山或低中山地类型区，以浙西北丘陵山地和浙西南山地分布面积较大，在浙东丘陵山地分布较少。黄壤形成于湿润的亚热带生物气候条件下，这种气候条件与山体下部的红壤地区相比，雾日多而日照少，雨量大且湿度大，所接受的太阳能比红壤要低。黄壤的自然植被为亚热带常绿—落叶阔叶混交林。浙江省除天目山、九龙山、凤阳山和乌岩岭等自然保护区外，黄壤地区原始植被保存很少，大部分为次生植被。浙江省黄壤处在山地特定的生物气候条件下，形成强风化、强淋溶的富铝化土壤。土壤形成过程具有强烈的生物富集作用和游离氧化铁的水化作用。黄壤的质地，多为粉砂质壤土或黏壤土，质地较粗，粉砂性较显著，矿质土粒的风化度远低于红壤。黄壤全年处于湿润之中，水分供应充分，土壤有机质分解慢而含量高。生态环境适合多种林木生长，种植的树种有马尾松、杉、黄山松以及常绿落叶阔叶树青冈、木荷等，在安吉、莫干山等地有大面积的毛竹分布。此外，黄壤地区也是浙江省茶叶和中草药的重要产地。

（2）山地草甸土。山地草甸土又称山地灌丛草甸土，与黄壤交叉分布。其海拔分布为700～1200米，零星分布在低中山的顶部及山坳的局部，连片面积很少有超过百亩的。临安、丽水、龙泉、龙游和余姚等地中低山类型地区有较大面积分布。山地草甸土所处海拔较高，气温低，降水多，湿度大，自然植被以耐湿的草甸灌丛为主，如杜鹃、箭竹、白茅，并散生马尾松、黄山松等林木，由于山势高、风大，林木稀疏矮小。山地草甸土的成土母质，多是富铝风化物的再积物，表层有机质呈半腐解状态，土层浅薄，土壤矿物质组成中，盐基成分很低。而且，由于降雨较多，土地中盐基成分淋失，土壤中盐基饱和度低。因此，山地草甸土也被称为生草黄壤。山地草甸土虽然有机质含量高，氮、磷、钾养分丰富，但由于交通不便，气温偏低，目前多处于荒芜状态。今后，可因地制宜开发种植夏季蔬菜或多种药材；有条件的地方，可开辟为夏季牧场，放养食用牛。

3. 紫色土

紫色土为紫色岩上发育的一种岩性土，主要分布在红层盆地。成土母岩由白垩系紫红色砂页岩、紫红色砾岩及少部分凝灰质紫红色粉砂岩、侏罗系紫色砂岩等的残坡积物发育而成。这些成土母岩含有 1%～10% 的碳酸钙、镁质，其石灰岩性反应明显。紫色土的母岩，岩性软弱，易风化，而且风化物易遭冲刷。紫色土的土壤颗粒粗大，组织疏松，土壤基质之间结持力弱，结构不稳定，其片蚀和沟蚀现象十分严重。紫色土所分布的丘陵坡地，一般坡度平缓、水源充足，大部分被开辟为水田或坡耕地。一部分紫砂岩为秃裸地和疏林草地，属于难利用地。紫色土是一种比较肥沃的土壤，酸碱度适中，富含钙、磷、钾、锌等养分，尤其紫色土丘陵坡地，土层深厚，通气透水性良好，蓄水能力较强，多辟为林果园，如在此种土壤上种植的义乌南枣、东阳金丝蜜枣、兰溪琥珀金丝蜜枣，产品远销国外，久负盛名。紫色土的田边、地角，素有栽种乌桕的传统。人们在紫色土丘陵坡地上栽培黄桃、红心梨、柑橘等果树，以及种植油茶等经济作物，产品质量较优，取得了良好的生态经济效益。

4. 石灰（岩）土

石灰（岩）土为发育于石灰岩、呈盐基饱和的一类岩性土类。石灰土的形成与石灰岩风化体经富铝风化形成的地带性红壤、黄壤不同，它的发育与石灰岩的出露及溶蚀作用有密切联系。石灰（岩）土的特征是富含碳酸钙，物质黏细，近中性或碱性，表层粒状结构发达，有大量的腐殖质凝聚积累，使土色暗黑，肥力较高。浙西北丘陵山地分布着相当广泛的弱碳酸石灰岩类，包括震旦系硅质灰岩、白云质灰岩、白云岩、寒武系硅质灰岩、碳质灰岩、泥质灰岩、白云质灰岩等，灰岩质地不纯，其发育而成的石灰（岩）土，土体浅薄，土体内残留非石灰性基岩碎片较多，土壤与基岩的接界清晰可见，其砾石含量都在25%以上，土质属于重砾石质土壤。浙西北石灰（岩）土地区，可垦地有限，多数被过伐而成为疏林荒山，土壤侵蚀也比较严重，有的基岩裸露，石芽嶙峋，已无多大利用价值。山核桃、板栗、银杏等干果，石灰（岩）土为其主要生长地，也是浙西北丘陵山地的特产。可以合理开发油桐、乌桕、柏木等喜钙植物以及山茱萸、杜仲、厚朴等石灰（岩）土适生的药材。

5.粗骨土和基性岩土

（1）粗骨土。浙江省的粗骨土是由酸性岩浆岩、沉积碎屑岩和变质岩风化物发育而成，呈显著的薄层性和粗骨性[未包括薄层的石灰（岩）土和石灰性紫色土]，一般粉砂含量高，土体松散，黏结力差，容易遭受侵蚀。粗骨土为灌丛草坡，局部坡麓平缓地段开垦种植较耐旱的粮、油作物或经济果木。一些处在河谷阶地和低丘缓坡地的粗骨土，有开垦种植粮油作物和桑、茶、果等经济作物的价值。由于页岩、片岩、板岩等风化物富含钙、钾、磷等营养元素，适于种植豆科作物。种植豆科作物既能增加有机质含量，又能提高地面覆盖度，减轻降雨对地表的淋刷力，防止水土流失。

（2）基性岩土。由玄武岩风化残坡积物发育形成，呈现灰棕色至暗棕色（或棕泥土），主要分布在新（昌）嵊（州）盆地地区玄武岩台地边缘，在武义宣城盆地、江山盆地（新塘边）等地也有分布。其属性与玄武岩风化物发育成的红壤土截然不同。基性岩土表层疏松，含少量有机质和砾石；心土层较紧，块状结构，无砾石；母质层夹有半风化岩石碎屑。基性岩土质地为壤黏土，呈微酸性至中性反应，盐基过饱和，土壤风化淋溶和脱硅富铝化程度弱，能提供较多的矿物质养分，富集磷、钙、锌、铜等营养元素。在新昌嵊州盆地玄武岩发育的棕泥土上所生长的花生（"小京生"）、牛心柿、桑叶等，品质特别好，"小京生"壳薄，肉脆，具有独特的风味；植桑养蚕，蚕种优质高产，出丝率高。但棕泥土多处于玄武岩台坡地边缘，表面土体疏松，加之开发利用比较充分，易遭水土冲刷，亟须做好水土保持工作。

6.潮土

潮土为洪积物、河流冲积物、河湖沉积物及河海、浅海沉积物受地下水活动及人为灌溉作用，经过耕种熟化而形成的土壤。浙江省的潮土大部分分布于滨海平原和水网平原，以及河谷盆地，其形成过程包括了脱盐淡化、潴育化和耕作熟化三个阶段。由于潮土母质来源广，质地变幅大，涵盖砂质壤土至黏土的多种类型。根据沉积环境的不同，潮土质地可分为两种性状：一是分布在滨海、水网平原和河谷盆地底部，土体质地均一，一般无砾石，在钱塘江河口和杭州湾两岸平原以砂质壤土至粉砂质壤土为主，江口以南滨海平原以粉砂黏质壤土至粉砂质黏土为主；二是分布在河谷盆地的河漫滩和洪积扇上，土体中夹有粗砂层、砾石层或泥、砂、砾混石，质地为砂质壤土至砂质黏壤土。在河谷盆地、水网平原的潮土，均无石灰性反应，不含可溶性盐。滨海平原的潮土，处于浅海沉积体进行脱盐淡化和脱碳酸钙的过程，1米土体的含盐量平均小于0.1%，一般情况下，底土层的含盐量略高于表土、心土层。分布在滨海平原外缘的潮土，1米土体内上、下层都有石灰性反应；滨海平原内侧的潮土，随着耕作熟化和土壤发育，潮土表土层无石灰性反应，而心底土层仍有石灰性反应。潮土地势平坦，土层深厚，水源丰富，土质肥沃，成为浙江省种植粮食、棉麻、蚕桑、蔬菜、瓜类等作物及栽种经济林果的重要生产基地的优质土壤。

7.滨海盐土

滨海盐土是由近代海相、河海相沉积物不断受海水浸淹、盐渍化后形成的一类土壤。滨海盐土的性状特征表现在1米土体内含盐量＞0.1%。盐分组成以氯化物为主。浙江省沿岸海水的含盐量受长江和本省入海江河淡水的影响，不同的地段相差较大。滨海盐土的盐渍化与脱盐过程，在分布上以最外的一条海塘（堤）为界：海塘（堤）外侧处于潮间带，随潮涨、潮落，土体发生间歇浸淹作用，以积盐过程为主；海塘（堤）内侧即为滨海盐土，由潮滩盐经修筑海塘（堤）后发育而成，围塘后土体脱离了海水的浸淹，经过脱盐，含盐量较低，1米土体平均含盐量为0.1%～1.0%，随着围垦年限的增加，盐分组成逐渐由氯离子占优势变为重碳酸根占优势。滨海盐土是浙江省重要的土地后备资源，滨海滩涂地是发展水产养殖业的理想场所，应合理开发利用。

8.水稻土

水稻土是浙江省最重要的耕作土壤，广泛分布于全省各地，以杭嘉湖、宁绍、温（岭）黄（岩）、温（州）瑞（安）水网平原和滨海平原最为集中。水稻土是由红壤、紫色土、粗骨土（含岩性土）、潮土和滨海盐土等多种起源土壤（母土）或其母质经过长期平整土地、修筑排灌系统、施肥、耕耘、轮作而逐步形成的，其分布于多种多样的水田，如山丘坡地的梯田、丘陵谷地的垄田（坑田）、低丘坳沟的冲田、低丘盆地的坂田、湖沼平原的圩田和宽谷冲积平原的平田等。根据水稻土土体内的水分类型和运动方式，以及土壤类型发生层的性态特征，浙江省的水稻土共分为淹育、渗育、潴育、脱潜和潜育5个亚类。

（1）淹育水稻土。大量分布在丘陵山地基岩风化物上，多为梯田，靠降水和引水灌溉种植水稻，土体内水分移动以单向的自上而下的渗透淋溶为主，不受地下水的影响。少数为平原区的潮土与滨海盐土，虽受地表水和地下水的双重影响，但起源母土尚未脱盐脱钙，发育成水稻土后，仍在进行脱盐脱钙过程，氧化还原作用所显示的铁、锰斑纹淀积较弱，氧化铁的迁移不明显，属幼年水稻土。

（2）渗育水稻土。主要分布在宽谷冲积平原的河漫滩及低阶地上，其次分布在水网平原及滨海平原地势稍高地段。起源母土主要是潮土，少部分为红壤，种稻历史较淹育水稻土为长，水耕熟化程度较好。土体内以降水和灌溉水的自上而下渗透淋溶为主，氧化还原作用较为频繁，渗育层发育较好，铁、锰斑纹淀积较多。发育于潮土的常含有碳酸钙和盐分，发育于红壤上的不含碳酸盐分。

（3）潴育水稻土。主要分布在杭嘉湖、宁绍、温（岭）黄（岩）、温（州）瑞（安）等水网平原区及滨海平原，其次分布在河谷盆地、山溪河流谷地及洪积扇上，是浙江省最主要的水稻土类型之一，分布面积92.74万公顷，占水稻土类面积的43.63%。潴育水稻土的起源母土，主要为平原区的潮土，少部分为其他土壤的再积物。由于耕作管理精细，水利设施较好，水耕熟化程度较高，种植历史悠久，成为浙江省最主要的粮食生产基地的土壤。

（4）脱潜水稻土。主要分布在杭嘉湖、宁绍、温（岭）黄（岩）、温（州）瑞（安）水网平原低洼地；其次分布在水网平原与滨海平原过渡地段的较低地处；最后，诸暨盆地"湖田区"稍高地段也有分布。起源母土为湖海相或湖相沉积物。因所处地势较低，地表排水困难，加之地下水位较高，土壤长期处于潜育过程。在整治河网、疏通、排涝防渍、降低地下水位、促进土体脱潜过程中逐渐发育。由于长期的水耕熟化，人为调节排灌，土体内氧化还原作用频繁交替进行，铁、锰斑纹密集，为保蓄性和供肥性较好的高产土壤。

（5）潜育水稻土。主要分布在水网平原、滨海平原和河谷盆地地势低洼处，其次分布在山丘地区的山垄、山坳的低洼处。起源母土为红壤、黄壤的沉积物、冲积物，湖沼或湖海相沉积物等。由于所处地势低洼，地表排水困难，地下水位较高，或者受冷泉水和侧渗水的影响，土壤长期处于潜育过程，属于幼年水稻土。除发育较好的犁底层为块状结构外，土体糊烂，无结构，通气性差。土体中亚铁反应强烈，氧化铁的蚀变和迁移现象不明显，保蓄性能尚好，供肥性差。

六、植被

植被不仅是土地这个自然综合体的重要构成因素，也是土地生态系统的有机组成部分。浙江省地处亚热带东南部湿润季风气候区，在全国植被区划中，浙江省属亚热带常绿阔叶林区域—东部湿润常绿阔叶林亚区域—中亚热带常绿阔叶林地带。

（一）植被类型与分布特点

1.针叶林

针叶林是浙江省分布面积最大、范围最广泛的森林植被类型，大多分布在丘陵山地的酸性红壤、黄红壤、黄壤地带。常见的针叶林树种有马尾松、杉木、黄山松、柳杉、黑松和人工种植的水杉、金钱松和柏木等。针叶林为层次单一的纯林，除金钱松落叶之外，均为常绿树种。

（1）马尾松。为针叶林乔木主要树种，占全省乔木林地的50%以上，性喜光、耐旱、耐酸、耐贫瘠，能在干燥贫瘠的土地上生长，是良好的荒山造林先锋树种。林下层的树种结构一般为马尾松—甜槠、木荷群落；马尾松—白栎、檵木群落及马尾松—芒萁骨群落等。马尾松地域分布区间为：浙南山地海拔 800 米以下，浙西北山地海拔 600 米以下。

（2）杉木。中等喜光，要求土层深厚、湿润、肥沃、排水良好的酸性土壤环境。海拔分布为 900～1500 米（分地区）以下的山麓坡地和山谷地。杉木林在浙江省内分布面积较广，各地林场普遍栽培，在浙南山地杉木与马尾松、毛竹、甜槠、枫香混生，在浙中、浙西北山地，杉木与木荷、马尾松、檫树等乔木混生。

（3）柳杉。喜温暖、湿润气候，要求酸性、肥沃而排水良好的土壤条件。主要分布在西天目山、天台山和浙西南山地龙泉、云和、丽水、遂昌等地。林内混生有金钱松、杉木、紫楠、青冈栎、天目朴、银杏、麻栎、枫香等乔木树种，林下灌木为箬竹、马棘等。

（4）黄山松。一般分布在海拔 750～900 米的山地，上限可达1750 米。在浙西北山地（天目山）分布海拔能到1300 米；在浙南山地分布海拔为1100 米，混生的乔木树种有木荷、甜槠、光叶石楠、青皮木等，林下灌木主要有满山红、杜鹃等；在浙东分布在海拔 1000 米以下的低山山地，伴生乔木有青冈栎、苦丁茶、绵槠等，林下灌木有云锦杜鹃、毛叶石楠等。

（5）黑松。具有抗风耐盐的优良性能。在浙江沿海岛屿地区广为分布。一般为单一纯林，伴生乔木树种较少，林下散生低矮的灌木草类。

2.针叶、阔叶混交林

针叶、阔叶混交林是浙江省山地垂直带系列由针叶林向阔叶林过渡阶段的一种天然林类型。按树种的生态特性与分布环境，针叶、阔叶混交林可区分出如下两种类型。

（1）暖性针阔叶混交林。分布于海拔 600 米的低山丘陵，针叶树种有马尾松、杉木、福建柏、江南油杉等，阔叶树种有栲、青冈、石栎、樟、山茶、杜鹃等。

（2）温性针阔叶混交林。分布于海拔 800～1600 米的中山山地，针叶树种有黄山松、南方铁杉等；阔叶树种有甜槠、木荷、小叶青冈等耐寒的常绿阔叶树，以及栎属、栗属、鹅耳枥属、槭属等落叶树种。常见的针阔叶混交林有马尾松灌木林、马尾松甜槠林、黄山松甜槠木荷林、黄山松茅栗林，还有南方铁杉阔叶树混交林、江南油杉阔叶树混交林等。

3.阔叶林

阔叶林可具体分为以下三种类型。

（1）常绿阔叶林。为浙江的基带林，分布在海拔650～1300米的丘陵山地。常见的常绿林树种有甜槠、苦槠、丝栗栲、米槠、青冈栎、小叶青冈、樟树、华东楠、闽楠、细柄树、深山含笑、蚊母树等。分布面积较小，仅占乔木林面积的10%。其林相趋势是由北而南常绿的树种比例逐渐增加。常见林下灌木有山茶、杜鹃及苦竹等。草本植物以耐阴湿的蕨类和地下茎繁殖的草本为主。

（2）落叶阔叶林。为浙江的非基带林，或为山地常绿阔叶林遭到破坏后出现的一种次生类型。一般分布于海拔1000～1500米处，在浙西北石灰岩丘陵山地分布比较集中。主要的落叶阔叶优势树种有白栎、锐齿槲栎、茅栗、栓皮栎、亮叶水青冈、枫香、短柄枹栎等。林下分布有多花黄精、连翘、桔梗、地榆、南方大叶柴胡等药用植物。

（3）常绿阔叶落叶阔叶混交林。分布在山地垂直系统中，是处于常绿阔叶林之上、落叶阔叶林之下的一种过渡性植被类型。分布于浙西北山地海拔650～1000米处、浙南山地海拔1300～1600米处。植物群落结构也因地而异，在海拔较低处，以常绿阔叶树种为主；海拔较高处，落叶阔叶树种的比重相应增加。

4.竹林

竹林为一种喜温凉湿润气候、深厚肥沃土壤的特殊类型的阔叶林，是浙江亚热带植被类型的特色之一。

（1）热性竹。包括水竹、麻竹、单竹、簇竹等多种，主要分布在苍南、平阳、瑞安、乐清、洞头、泰顺、文成、青田、玉环、温岭、三门、宁海及舟山群岛，一般分布在江河两岸与沿海港湾平原，尤以温州水竹栽植最广。

（2）暖性竹。包括毛竹、刚竹、苦竹、箬竹等，以毛竹分布最广，安吉、临安、余杭、德清、长兴、富阳、奉化、龙游、龙泉、庆元、遂昌等县（市、区）分布最为集中，天目山区域是全国商品毛竹重要基地。

（3）温性竹。包括玉山竹、赤竹等，分布于海拔800米以上处，呈灌木状或形成林下植被。

5.灌木草本

灌木草本是灌木占优势并与禾本科植物混生的一种植被类型，是一种不很稳定的群落。由于亚热带森林植被遭受人为破坏，该群落生态环境处于低劣状态，或处于高地，风力大，气温低，影响森林的恢复。但在采取封山育林措施后，生态环境趋向稳定，该群落仍可逐渐向森林植被演化。

（1）灌木。常见的灌木有麻栎、胡枝子、茅栗、山楂、菝葜、杜鹃、黄荆、藿香、山合欢、各类小竹以及攀缘在灌木上的葛藤、岩豆藤等。很多灌木的嫩枝和叶片都是牲畜的饲料，尤其是胡枝子、葛藤等豆科植物，粗蛋白质含量较高，嫩叶可作为生饲料用以喂畜、饲兔，又可制成干粉作为配合饲料的原料。灌木分布以浙东南、浙西北丘陵山地为多，浙西南山地少见。

（2）草本。草本是饲料资源中最主要的一类，其中以禾本科、豆科为主，其次有蕨类、莎草科、菊科、蔷薇科等。芒草、野古草、金茅、鸭嘴草、狼牙根、莎草是浙江草山草坡最常见的品种，遍及全省各地。在不同海拔分布着不同的草本群落，山地草甸所特有的群落分布于海拔800米以上的低中山；在海拔800米以下的低山丘陵，白茅是常见的群落，由于开荒扩种，农林隙地，被芒萁群落取而代之，芒萁除作柴火燃料之外，难作他用。

6.水生植被

水生植被广泛分布于浙江省滨海滩涂及江河、溪沟、湖泊等淡水水域中，由于水体生长环境的均一性，水生植物的种类和产地比较均一。

（1）滨海滩涂草丛。主要有大米草、互花米草、海三棱藨草、细叶结缕草、碱草、芦苇、牛鞭草、斑茅以及盐蓬等群落，还有海边的海带、紫菜、苔条等。

（2）湿地与水生植被。江、河、湖及塘边湿地常有大片的空心莲子草（革命草）群落及为数不少的双穗雀等群落，还有零星分布的苔藓、地衣层。水生植被主要有莲藕、茭白等挺水植物群落；水葫芦、大槐叶萍、满江红、紫萍、菱等浮叶水生植物群落；水中还有金鱼藻、黑藻等沉水植物群落，都是农家养猪的好饲料。

7.其他

其他植被包括人工栽培植被，主要有粮、棉、麻、菜、绿肥等草本栽培植被，桑、茶、果等木本栽培植被等；人工水生种养植被，包括上述可作为绿色食品、饲料及绿肥等用途的各种水生植被。

（二）森林植被与森林资源[①]

森林是陆地生态系统的主体，是人类社会赖以生存的物质基础之一，也是陆地上最大的生物群落。森林在保护生物多样性、维持生态平衡、落实减排增汇、保障水资源安全、促进经济社会发展、应对气候变化等方面具有不可替代的作用。

1.森林面积与森林资源概况

2019 年浙江省的森林面积为 607.88 万公顷，森林覆盖率达 61.15%，其中乔木林 432.15 万公顷（其中乔木经济林 10.78 万公顷），灌木经济林 81.64 万公顷，竹林 94.09 万公顷。

全省活立木蓄积量达 4.01 亿立方米，其中森林蓄积量为 3.61 亿立方米；毛竹总株数 32.36 亿株。全省乔木林单位面积蓄积量 83.51 米³/公顷，其中天然乔木林 80.51 米³/公顷，人工乔木林 91.83 米³/公顷；乔木林分平均郁闭度 0.64，毛竹林每公顷立竹量 3597 株。

2.森林生物量、碳储量与生态功能

2019 年，全省森林植被总生物量 56691.59 万吨。其中乔木林群落 44136.22 万吨，竹林群落 7036.95 万吨，灌木林群落 1931.82 万吨，其他类型 188.13 万吨，散生木及四旁树（竹）3398.47 万吨。

全省森林植被总碳储量 28070.43 万吨。其中乔木林群落 21893.92 万吨，竹林群落 3444.69 万吨，灌木林群落 941.45 万吨，其他类型 94.27 万吨，散生木及四旁树（竹）1696.10 万吨。

全省森林生态服务功能总价值为 6845.55 亿元，林地平均每公顷年生态效益

[①] 本部分内容参考浙江省林业局. 2020 年浙江省森林资源及其生态功能价值公告.（2021-01-28）[2022-04-05]. http://lyj.zj.gov.cn/art/2021/1/28/art_1275964_59003933.html.

10.38 万元。其具体构成为：固碳释氧价值 882.24 亿元，涵养水源价值 1783.95 亿元，固土保肥价值 362 亿元，积累营养物质价值 80.86 亿元，净化大气价值 192.17 亿元，保护森林生物多样性价值 1195.99 亿元，森林旅游年价值 2348.34 亿元。

3.森林生物多样性

截至 2019 年，浙江省有高等植物 5500 余种，居全国第 15 位，在我国东南植物区系中占有重要的地位，有 130 余种正处于濒危甚至灭绝的状态，其中列入国家重点保护的有 52 种，浙江特有种 28 种。根据《国家重点保护野生植物名录（第一批）》分类，百山祖冷杉、普陀鹅耳枥、天目铁木等 12 种为国家一级保护野生植物，金钱松、羊角槭、天台鹅耳枥等 43 种为国家二级保护野生植物。

第二节 │ 社会经济发展①

自 21 世纪以来，浙江省进入了加快推进工业化、城镇化，提前基本实现现代化、进入高质量发展建设共同富裕示范区的新发展阶段。作为沿海经济最为发达的省份之一，浙江省的未来经济社会发展问题最终都是由人口的数量、结构、素质和分布及其与资源环境、地理空间的相互关系模式所呈现的区域性、复杂性和多样性所决定的。

一、经济发展状况

改革开放以来，浙江着力优化经济结构，转变经济发展方式，全省经济社会持续保持平稳较快发展，经济综合实力显著增强，社会和谐稳定，民生不断改善，在全面建设社会主义现代化国家的道路上迈出了坚实的一步。

---

① 本节社会经济数据均来源于浙江省统计局及《浙江统计年鉴》。本书基于浙江省 2019 年"三调"数据展开，因此社会经济数据截至 2019 年。

（一）经济发展水平

1. 生产总值飞速提升

根据浙江统计年鉴，浙江省 2019 年地区生产总值 62462 亿元，居全国第 5 位。其中，第一产业增加值 2086.7 亿元，第二产业增加值 26299.51 亿元，第三产业增加值 34075.77 亿元，三次产业增加值结构比例为 3.3∶42.1∶54.6。相较 2009 年，2019 年浙江省生产总值增长了 173.55%，生产总值 10 年间平均增速为 8.2%（按可比价计算），高于全国 GDP 平均增速。浙江省人均生产总值由 43543 元增至 98770 元（见图 1.1），增长了 82.46%（按可比价计算）。

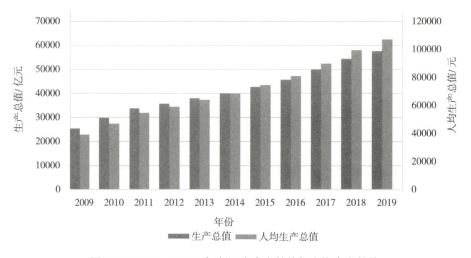

图 1.1　2009—2019 年浙江省生产总值与人均生产总值

2. 居民生活水平日益提高

2019 年，全省居民人均可支配收入 49899 元，城镇、农村常住居民人均可支配收入分别为 60182 和 29876 元，较 2009 年分别增长 145% 和 199%，年均增长 9.35% 和 11.56%，城乡居民收入倍差由 2009 年的 2.46 缩小至 2.01（见图 1.2）。全省居民人均可支配收入为全国平均水平（30733 元）的 1.6 倍，居全国第 3、省（区）第 1 位；城镇常住居民人均可支配收入为全国平均水平（42359 元）的 1.4 倍，连续 19 年居全国第 3、省（区）第 1 位；农村常住居民人均可支配收入为全国平均水平（16021 元）的 1.9 倍，居全国第 2 位，连续 35 年居省（区）第 1 位。

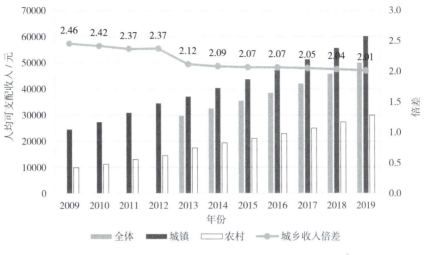

图 1.2　2009—2019 年浙江省居民人均可支配收入①

3. 数字经济引领增长

党的十八大以来，浙江大力推动经济转型升级，新经济、新业态蓬勃发展，特别是实施"数字经济一号工程"以来，数字经济发展始终保持领跑姿态，已成为高质量发展的重要引擎。2019 年，全省数字经济增加值由 2015 年的 1.48 万亿元增至 2.7 万亿元，占 GDP 的比重由 34.6% 提升至 43.3%，数字经济"三新"经济增加值占 GDP 的比重由 21.2% 提升至 25.7%。浙江数字经济核心产业实现增加值 6228.94 亿元，同比增长 14.5%。农业、制造业、服务业等行业数字化对于经济发展的倍增作用不断释放，数字经济成为浙江高质量发展的重要引擎。

4. 民营经济活力释放

作为民营经济大省，浙江民营经济活力不断增强，2019 年新设民营企业 47.0 万户，比上年增长 15.8%，占新设企业总数的 94.4%。浙江在册民营企业 233.4 万户，占全部企业总数的 92.0%；民营经济贡献了 GDP 增加值的 65.5%，民营经济出口 18415 亿元，占出口总额的 79.8%，民营企业入库税收 8470.8 亿元，占总税收的 74.4%。规模以上工业中，民营企业工业增加值增长 7.9%，增

---

① 自 2013 年起浙江省统计局开展了城乡一体化住户收支与生活状况调查，与 2013 年前的分城镇和农村住户调查的调查范围、调查口径有所不同。

速比规模以上工业高 1.3 个百分点，占规模以上工业增加值的比重为 62.5%。

（二）城镇化发展水平不断提升

城镇化是经济社会发展水平的重要标志，是实现现代化的必由之路。改革开放 40 年来，在浙江经济社会持续较快发展的同时，城镇化也进入了崭新的发展时期。经过数十年不懈努力，尤其是 2006 年在全国率先提出走新型城镇化道路以来，浙江坚持统筹发展、集约发展、和谐发展、创新发展，城镇化发展质量不断提高，是改革开放以来浙江经济社会发展取得的巨大成就之一。

1. 城镇化水平位居全国前列

浙江历来高度重视城镇化发展，是全国城镇化工作的先导省份，也是最早提出新型城镇化战略的省份。2019 年浙江省城镇化率首次突破 70%，比全国平均水平高 8.87%，城镇化水平列广东、江苏之后，位居全国省区第 3。浙江省各市常住人口城镇化率均超 55%，杭州市、宁波市、温州市城镇化率超全省平均水平，其中杭州城镇化率最高，达 82.64%（见图 1.3）。

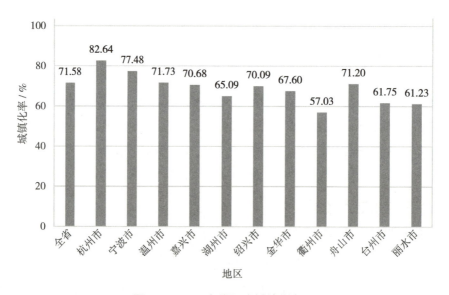

图 1.3　2019 年浙江省城镇化水平

2. 城市规模和功能不断完善

浙江通过撤扩并等行政区划调整，不断完善城市规模和功能，形成空间分布合理、不同城市功能互补、大中小城市和小城镇协调发展的格局。浙江着力构建以城市群为主体形态，大中小城市协调发展新格局，推进环杭州湾、温台和浙中三大城市群发展，推动四大都市区建设，加强中心镇和小城市建设，培育特色小镇，推进杭州钱江新城等产城联动新城区、省级产业集聚区等建设。2019 年，全省设区市和县级市数量 31 个，城市区划面积超过 5 万平方千米，占总区划面积 50% 左右。城镇人口由 2009 年的 3054.5 万人增至 2019 年的 4563.2 万人，年均增长 4.10%，是常住人口年均增长速率的 2 倍。全省城镇建设用地面积由 2009 年的 35.31 万公顷增长为 52.26 万公顷，增长率达 48%，年均增长率为 4%。

3. 城乡居民生活质量明显提升

随着国民经济的持续较快发展和城镇化进程的不断推进，全省城乡居民收入快速增长，生活水平得到极大提高。2019 年浙江居民人均消费支出比全国平均水平（21559 元）高 10467 元，居全国 31 个省（区、市）第 3 位，在各省（区）中居首位，并连续 17 年居全国各省（区）第 1 位。同时，城镇居民消费多元性、多样性及个性化特征日益明显，生活质量明显提升。城镇居民人均生活消费支出由 2009 年的 16683 元增至 37508 元，增幅达 124.83%；农村居民人均生活消费支出由 7375 元增至 21352 元，增幅达 189.52%。城镇居民家庭恩格尔系数则由 2009 年的 33.6% 降至 2019 年的 27.1%，降幅超过 6 个百分点。

（三）乡村振兴

2018 年 8 月 20 日，农业农村部和浙江省共同签署了部省共建乡村振兴示范省合作协议，浙江省成为全国唯一的部省共建乡村振兴示范省。2019 年，全省上下深入贯彻党中央关于实施乡村振兴战略的决策部署，全面落实农业农村优先发展总方针，以部省共建乡村振兴示范省为统领，纵深推进乡村振兴建设。

1. 农业经济结构不断优化

浙江坚持农业农村优先发展，坚持农业现代化与农村现代化一体推进，坚持科技和改革"双轮驱动"，多措并举，高水平推进农业产业振兴，农业经济实力不断增强。2019 年，浙江农林牧渔业总产值 3355.25 亿元，较 2009 年增长了 79.10%。农、林、牧、渔业、农林牧渔专业及辅助性活动产值占总产值比重由 2009 年的 46.9%、6.3%、21.6%、23.2%、1.9% 演变为 47.5%、5.5%、11.8%、32.2%、

2.9%。2019 年，全省第一产业劳动生产率由 2009 年的 1.86 万元/人增长至 8.54 万元/人，增长了 3.59 倍。

2.农村居民收入不断提升

浙江深入实施万元农民收入新增工程，挖掘增收潜力、转换增收动能、健全增收机制。全省农村居民人均可支配收入 29876 元，同比增长 9.4%，扣除价格上涨因素后，实际增长达 6%。全省农民收入超过 30000 元的设区市从 6 个增加到 8 个，所有市均跨上 20000 元台阶。最低县农民收入 18805 元。农民人均可支配收入增速连续 13 年快于城镇居民，城乡居民收入比缩小至 2.01∶1，为各省区最小。低收入农户人均可支配收入 12546 元，增长 13.1%，比全省农民收入增速高 3.7 个百分点。

3.粮食安全根基全方位夯实

浙江深入实施"科技强农、机械强农"行动，全省累计建成高标准农田 1900.4 万亩，严格保护 810 万亩粮食生产功能区，提标改造粮食生产功能区 50 万亩，农田水利设施高效节约，农业科技支撑明显增强。2019 年，全省农作物播种面积 1999.62 万亩，其中粮食播种面积 977.44 万亩，粮食产量 592.19 万吨，粮食单产达 6058 公斤/公顷。

4.新时代美丽乡村建设与全域农村土地综合整治

2018 年，浙江省启动乡村全域土地综合整治与生态修复三年行动，推进"山水林田湖草"系统治理，发挥耕地的多种自然生态功能，实现耕地数量、质量和生态"三位一体"保护新格局，统筹产业发展，高水平建设绿色高效的现代化农业，推进产业融合、产村融合，强化农村第一、二、三产业融合用地保障；深化"千村示范、万村整治"工程，探索以未来村庄建设为载体绘制浙江大花园"富春山居图"。修复行动首批工程 150 项，涉及 148 个乡镇（街道）、657 个行政村，土地面积 408 万亩，计划总投资 339 亿元。截至 2019 年 12 月，浙江省已新增集中连片耕地超过 2000 处，建成高标准农田 10 万亩，开展各类生态系统整治修复 19 万亩，农民新增土地租金收入超过 1.5 亿元。

二、人口状况

（一）人口变迁与流动

人口自然变动是指人口出生和死亡所引起的人口数量的增减和人口年龄、性别构成变化的过程，它不仅受生理因素所制约，也受一定的社会生产方式及其政治、经济、文化、思想意识等因素的影响。浙江省陆域面积相对狭小，人口密度较高。总体来看，浙江省劳动年龄人口和育龄妇女比重均有下降，老龄化程度逐步加深，生育率持续处于超低水平。但随着生育政策的优化调整，二孩、多孩生育率有所增加，总和生育率（TFR）逐步企稳回升。

1.人口总量与密度

自1990年以来，浙江省常住人口持续增长，年均增加1.4%。至2019年末，浙江省常住人口为6375万人，与2009年末常住人口5275.5万人相比，10年间常住人口增加了1099.5万人。2019年末全省常住人口中，城镇人口为4563万人，农村人口为1812万人，城镇人口占总人口的比重（即城镇化率）为71.58%。

浙江陆地面积10.56万平方千米，2019年常住人口6375万人，人口密度为603人/千米^2。浙江是人口的强虹吸省份，相比2009年，浙江省每平方千米增加了104人。浙江坚持新发展理念，经济社会高质量发展势头良好。与此同时，高效、便捷的政府公共管理和服务体系吸引了大量省外人口的流入。从全国范围看，省际流动人口越来越集中在长三角地区，而浙江正成为长三角人力资源集聚的新高地。2019年末，浙江以6375万人的常住人口总量在全国居第八位，占全国总人口的4.5%。根据第七次全国人口普查数据，浙江省人口比第六次全国人口普查增加了1014.07万人，10年间年平均增长量为101万人，年平均增长率为1.72%，位居全国第二，仅次于广东省。

2.人口变迁

2011—2014年，由于大规模推动机器换人、加快产业结构转型升级，浙江常住人口呈小幅净流出态势。自2015年以来，随着产业的转型升级，浙江省常住人口转为净流入，且净流入的人口规模不断增加，由2015年的3.3万人增至 2019 年的 84.1 万人。2017—2019 年，浙江省总人口的增量分别为 103 万人、102 万人和 93 万人，连续三年居全国第二位，仅次于广东省；浙江人口净流入量分别为 31.3 万人、49 万人和 84.1 万人，除 2017 年和 2018 年次于广东，居全国第二位外，其余年份人口净流入量居全国第一位，吸引了中西部地区（主要来源地为安徽、河南、江西、四川、贵州）大量劳动力就业。

3. 分地区人口

2019 年，杭州年末常住人口最多，为 1161.3 万人；温州为 956.1 万人；宁波 929.4 万人；嘉兴、湖州、绍兴、金华、衢州、舟山、台州和丽水年末常住人口分别为 533.5 万人、332.7 万人、526.0 万人、691.1 万人、226.3 万人、116.5 万人、654.8 万人和 247.5 万人。

（二）城乡人口变动

随着浙江省经济社会的快速发展，人口向城市群集聚的趋势仍在延续，城镇化水平稳步提升。2019 年末浙江省全省常住人口中，城镇人口为 4563 万人，农村人口为 1812 万人，相比 2009 年，浙江省城镇人口增加了 1508.7 万人，农村人口减少了 409.2 万人（见图 1.4）。2019 年，浙江省城镇化率为 71.58%，较 2009 年提高 13.7 个百分点。受各种保障条件和制度的制约，户籍人口城镇化水平还大幅低于常住人口城镇化水平。

浙江省各地级市常住人口城镇化率均超 55%，杭州市、宁波市、温州市城镇化率超全省平均水平，其中杭州城镇化率最高，达 82.64%，其次为宁波市，达 77.48%；相较 2009 年，嘉兴市、丽水市、衢州市城镇化率提高最快，分别提高了 19.48、19.43 和 15.93 个百分点。2009—2019 年期间，杭州市城镇人口增加最多，增加了 380.5 万人，其次为宁波市，增加 256.7 万人，舟山市、衢州市城镇人口增加最少；全省除金华市农村人口增加外，其余 10 个地市农村人口均减少，其中温州市、嘉兴市、宁波市、杭州市农村人口减少超过 50 万人。

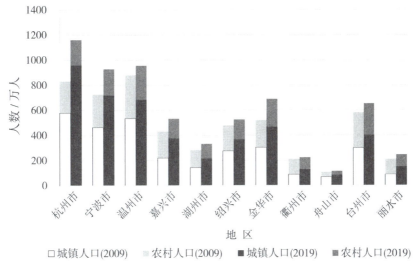

图 1.4　浙江省各地级市 2009 年、2019 年城镇人口、农村人口

（三）人口的生育率与老龄化

浙江省比全国大部分省份大约提前十年步入老年型社会，是人口老龄化问题最突出的省份之一。浙江 2019 年人口出生率为 10.51‰，在 31 个省份中居于第 13 位，生育率处于超低水平，人口发展的结构性矛盾日益凸显，随着育龄妇女比重的下降，浙江省的老龄化程度逐渐加速，人口老龄化将会给社会经济发展和人口发展带来深远影响。

自 20 世纪 80 年代以来，浙江人口平均寿命稳步提高，人口结构也不断变化。在 2019 年末全省常住人口中，0—15 岁的人口为 824.9 万人，占总人口的14.1%；16—59 岁的人口为 3820.0 万人，占总人口的 65.3%；60 岁及以上的人口为 1205.1 万人，占总人口的 20.6%。其中 65 岁及以上的人口为 830.7 万人，占比为 14.2%。按照联合国的标准，浙江已进入深度老龄化社会。与 2009 年相比，浙江省 60 岁及以上常住人口增加 442.7 万人，60 岁及以上常住人口占比提高 4.4 个百分点；65 岁及以上常住人口增加 312.26 万人，65 岁及以上常住人口占比提高 3.2 个百分点。未来，浙江省将加快迈向超老龄化阶段。

（四）人口的受教育水平

受高等教育人口比重可以在一定程度上反映劳动年龄人口的素质。从全省来看，2019 年 20—59 岁受高等教育人口的比重为 38.1%，其中男性为 39.7%、女性为 36.5%。从该指标看，各地市的情况存在较大差异（见图 1.6）。杭州的这一指标遥遥领先于其他地市，可见杭州集中了大量的高学历人才，总体劳动力素质为省内最高。除杭州以外，宁波、湖州、绍兴、金华等地的这一指标也相对较高，这几个市作为新兴都市圈的代表，对高端人才的吸引力也比较大。

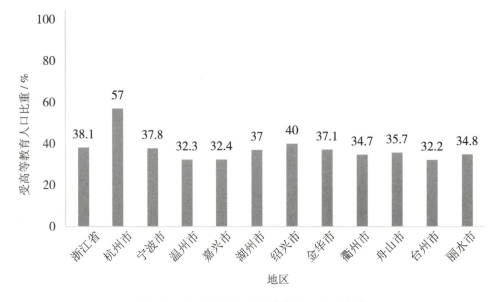

图 1.6 2019 年浙江省受高等教育人口比重

三、交通建设与重大建设

（一）交通建设

从 2011 年超 1000 亿元到 2017 年超 2000 亿元，再到 2019 年超 3000 亿元，浙江综合交通投资持续高速增长。2019 年，浙江综合交通建设投资占中国的十分之一，其中公路水运投资 1745 亿元，居华东地区首位。全省交通基础设施（铁路、都市区轨道交通、公路、水运、民航）建设再创新高，全年完成投资 3019.7 亿元，为年度计划的 121.7%，同比增长 19.37%；其中铁路建设完成投资 297.32 亿元、都市区轨道建设完成投资 856.54 亿元、公路建设完成投资 1579.23 亿元、水运建设完成投资 202.67 亿元、民航建设完成投资 83.94 亿元。

在综合交通建设方面，浙江 2019 年建成舟山绿色石化基地等 14 个万吨级以上码头泊位、龙丽温文瑞段等长度共计 225 公里的高速公路、350 公里普通国省道和宁波机场三期新航站楼工程等。截至 2020 年 5 月，浙江共拥有沿海万吨级以上泊位 254 个、铁路里程 2877 公里、高速公路里程 4646 公里、内河高等级航道里程 1595 公里、机场航站楼面积 75 万平方米。

（二）长三角一体化建设

2018 年，长三角一体化发展上升为国家战略。长三角包括江苏、上海、安徽和浙江四个省份。在推进长三角一体化发展战略下，浙江省作为四大责任主体之一，努力发挥数字经济领先、生态环境优美、民营经济发达等特色优势，大力推进大湾区大花园大通道大都市区建设，整合提升一批集聚发展平台，打造全国数字经济创新高地、对外开放重要枢纽和绿色发展新标杆。

（三）"四大"建设

统筹推进大湾区大花园大通道大都市区建设（简称"四大"建设），是浙江省第十四次党代会和省十三届人大一次会议作出的重大决策和战略部署。作为"富民强省十大行动计划"之一，"四大"建设是浙江省推进"两个高水平"建设的大平台，也是浙江省推动高质量发展的主战场。现代化浙江，以大湾区为空间特征，以大花园为普遍形态，以大通道为发展轴线，以大都市区为发展极。在宏观层面，浙江大湾区总体布局是"一环、一带、一通道"，即环杭州湾经济区、甬台温临港产业带和义甬舟开放大通道。浙江大湾区建设聚焦产业、创新、城市、交通、开放、生态六大重点领域，实施六大建设行动——现代产业高地建设行动、"互联网+"科创高地建设行动、现代化国际化城市建设行动、湾区现代交通建设行动、开放高地建设行动、美丽大湾区建设行动。浙江的大花园建设致力于打造全国领先的绿色发展高地、健康养生福地和有国际影响力的旅游目的地。浙江全面建立绿色低碳循环发展的经济体系，让绿色经济成为富民强省的有力支撑，绿色产业发展、资源利用效率、清洁能源利用水平等位居全国前列，国际化和现代化水平不断提高。浙江大通道建设包含开放通道、湾区通道、美丽通道"三大通道"，包括建成省域一小时交通圈、市域一小时交通圈和城区一小时交通圈，基本建成标准化、网络化、智能化的现代物流体系，构建海陆空多元立体、无缝对接、安全便捷、绿色智能的现代综合交通运输网络，率先基本实现交通运输现代化。浙江大都市区建设的总目标是成为长三角世界级城市群一体化发展金南翼，具体目标是成为"参与全球竞争主阵地、长三角高质量发展示范区、浙江现代化发展引领极"，在空间格局上，呈现"四核、四带、四圈"，即以杭州、宁波、温州、金义四大都市区核心区为中心带动，以环杭州湾、甬台温、杭金衢、金丽温四大城市连绵带为轴线延伸，以四大都市经济圈为辐射拓展的"四核、四带、四圈"网络型城市群空间格局。

（四）"一带一路"建设

浙江处于"一带"和"一路"有机衔接的交会地带，是"一带一路"的重要枢纽。2019 年，浙江省进出口总值首次突破 3 万亿元大关，其中，对"一带一路"共建国家进出口额首次突破万亿元大关，达 1.05 万亿元，增长 16.7%。2019 年，义新欧中欧班列共开行 528 列，共发运 42286 个标箱，分别同比增长 65% 和 68.7%。班列开通了义乌—马德里、义乌—布拉格、义乌—明斯克、义乌—莫斯科、中亚（中亚五国和阿富汗）、义乌—列日等 11 条线路。同时，浙江与满洲里海关签署《服务"一带一路"建设 促进中欧班列便利化通关合作备忘录》，推出班列货物企业商业封志代替海关封志等便利化举措，共同促进跨关区监管协同，提高货物提离准备和查验准备效率，进一步压缩通关时间。

第二章　国土资源利用现状

第一节 | 历次土地调查体系变迁

　　新中国成立以来，浙江省先后开展过土壤普查、土地普查、土地概查、土地详查、土地变更调查、土地更新调查、第二次全国土地调查和第三次全国国土调查。1979—1986 年，全省开展了第二次土壤普查和土地概查。1984—1998 年，全省开展了土地详查，获得了比土地概查内容更全面、精度更高的土地利用现状数据。为保持土地详查数据的现势性，从 1996 年开始，全省以 10 月 31 日为统一时点，每年进行一次土地变更调查。2003 年起的土地更新调查相比以往几次调查，在技术方法和管理措施上均有所改进与创新。通过采用高科技的信息技术，全省土地利用现状调查成果的准确性、现势性和信息化水平显著提高。

一、第一次土壤普查（1958—1960 年）

　　1958—1960 年，根据全国土壤普查鉴定工作现场会议和农业部关于开展人民公社土地利用规划工作的通知精神，浙江省委、省人大常委会发布了《关于开展土壤普查和土地利用规划工作的指示》，决定在全省开展土壤普查工作。全省参加土壤普查的人员达 21.9 万人，先后完成了 53 个县、674 个公社、近 3000 万亩耕地土壤的详查和近 9700 万亩非耕地土壤的概查，基本完成全省耕地面积的清丈，并统一使用"市亩"制；省、专、县、公社分别编写土壤普查鉴定和土地利用规划报告或土壤志；分别汇编了 1∶50 万、1∶20 万和 1∶5 万的土壤图和土地利用规划图。这些成果为浙江省制定农业生产规划提供了科学依据。

二、改革开放初期的土地普查与土地概查（1979—1986 年）

　　1979 年春—1986 年，根据国务院国发〔1979〕111 号《国务院批转农业部全国土壤工作会议报告和关于开展全国第二次土壤普查工作方案》要求，浙江省开展了全省土地资源调查（简称土地普查）和土地概查。

（一）土地普查（1979—1983 年）

1980 年，国家农委以国农区划字〔1980〕5 号发出了《关于商请参加组织全国土地资源调查制图工作的函》，提出"利用卫片在两年内初步查清全国主要土地资源的面积和分布，编制成图，供中央和省一级使用"。同年 6 月 19 日，从国家测绘总局、林业部、农业部、农垦部所属有关单位抽调的 88 名技术人员，成立了全国土地资源调查制图研究室，在全国农业区划委员会的领导下，承担全国土地资源调查任务。这次土地资源调查性质为普查，其工作主要由国家承担，被称为土地普查。全国以省（区、市）为单位开展土地普查，最终汇总出全国土地资源资料。

（二）土地概查（1983—1986 年）

由于土地普查采用的比例尺较小，调查较为粗放，其调查结果对省级以下行政单位没有大的实用价值。为了满足市、县级对土地调查数据的需要，1983 年全国农业区划委员会第一次会议纪要提出"为了配合制订'七五'计划，1985 年要提出分县不同精度的土地利用现状面积数据"。为了实现这一目标，相关单位与第二次土壤普查结合开展了土地资源调查，称之为土地概查。

（三）浙江省土地概查工作

浙江省土地概查工作，初期由各级农业资源区划部门负责组织领导，统筹安排，1983 年 7 月，浙政办〔1983〕34 号文件下达，专业归口，各级农业部门承担任务，由省土壤普查办公室具体实施。1982—1984 年，全省大部分县结合土壤普查进行土地概查，少数县单独开展土地概查，在土壤普查外业结束后开展。临安等个别县采用林业、土地调查相结合的方法进行土地概查。1985 年全省县级土地概查基本完成。据统计，全省参加土地概查的人员达 3432 人。

1.技术方法

（1）分类方法

土地普查把土地利用分为农地、林地、草地、水域、城镇居民点及工业交通用地、沙漠、永久性积雪和冰川、海涂、裸地及其他等类型。

土地概查采用二级制划分：一级分为耕地、园地、林地、草地、城乡居民点及工矿用地、交通用地、水域（不含海涂）、其他用地 8 个土地利用类型，二级划分为 46 个亚类，如耕地分为水田、旱地、菜地、田埂 4 个二级类，园地分为果园、桑园、茶园、其他园地 4 个二级类。

（2）调查方法

土地普查以省份为单位开展，利用 1 ： 25 万、1 ： 5 万或 1 ： 10 万地形图作底图，采用抽样卫片判读方法测算各类土地的面积，最终汇总出全国土地资源资料。经过两年多的工作，到 1983 年土地普查任务基本完成。

土地概查的技术方法是以乡为基本调查单位，土地利用类型采用小比例尺航片和 1 ： 5 万地形图或土壤图，进行外业补充调查和内业面积量算。通过土地概查，浙江省基本摸清了全省各类土地面积，绘制了土地利用现状图，撰写了浙江省土地利用现状概查报告，为各市（地）、县（市、区）编制农业区划和发展规划提供了基础数据和可靠依据。

2. 主要成果

土地概查主要成果包括：

（1）省、市（地）、县（市、区）各级土地利用现状图；

（2）省、市（地）、县（市、区）各级土地利用现状概查报告。

3. 主要数据

根据 1983 年土地普查汇总数据，浙江省土地总面积（不包括海涂）为 10.12 万平方千米（折合 10120 千公顷），其中农地为 3418.9 千公顷，约占全省土地总面积的 33.8%。

根据 1985 年土地概查汇总数据，浙江省土地总面积为 10.53 万平方千米（折合 10530 千公顷），其中陆域土地总面积为 10.24 万平方千米（折合 10240 千公顷）（见表 2.1），潮间带（海涂）面积为 0.29 万平方千米（折合 290 千公顷）。

表 2.1　1985 年浙江省土地概查汇总数据（陆域各地类面积及占比）

地类	面积 / 千公顷	占总面积比重 /%
耕地	2618.3	25.55
园地	410.7	4.01

续表

地类	面积 / 千公顷	占总面积比重 /%
林地	5466.2	53.35
草地	27.6	0.27
城乡居民点及工矿用地	360	3.51
交通用地	88.7	0.87
水域（不含海涂）	535.3	5.22
其他用地	739.3	7.22

三、20 世纪 80 年代的土地详查（1984—1998 年）

改革开放初期完成的土地概查提供的是各类土地利用类型面积概数和土地利用的概况，与国民经济发展的需求不相适应。1984 年，国务院国发〔1984〕70 号文件批转农牧渔业部、国家计委、林业部、城乡建设环境保护部、国家统计局联合呈报的《关于进一步开展土地资源调查工作的报告》，要求各省、自治区、直辖市人民政府统一领导和部署，积极开展土地利用现状调查（简称土地详查）。1984 年 9 月，全国农业区划委员会组织有关部门，制定了全国统一的《土地利用现状调查技术规程》并颁布实施。

1984 年，根据国家统一部署，在浙江省农业区划委员会领导下，省土壤普查办公室组织浙江省第一个县（桐乡）进行土地详查试点。省政府于 1986 年 5 月 21 日正式发文，要求切实贯彻国务院〔1984〕70 号文件的精神，各地积极创造条件，努力完成土地详查任务，同年成立了浙江省土地资源调查办公室。1987 年 1 月，《浙江省土地利用现状调查技术规范》出台。浙江省土地详查历时 10 年多，约有 5000 名专业人员和约 10 万名乡、村干部参与，耗资 5000 多万元。1998 年 9 月，浙江省土地详查成果通过国家土地管理局验收。土地详查进一步摸清了全省土地利用类型、数量、质量和分布特点，采集了一套完整、准确的土地数据，改变了浙江省土地数据统计口径不一、数量不清、质量不明、分类不科学的局面。

（一）组织阶段

浙江省土地详查分为组织准备、县级土地详查实施和市（地）、省汇总三个阶段。

1.组织准备阶段（1984—1987 年）

组织准备阶段，浙江省组织协调有关部门，做好航片、地形图等基础资料供应工作，在 1984—1987 年开展了 7 个县（市、区）的土地详查试点，在全国《土地利用现状调查规程》基础上，联系浙江省实际，结合试点经验，制定了《浙江省土地利用现状调查技术规范》，培训省、市级技术骨干。

2.县级土地详查实施阶段（1988—1993 年）

县级土地详查实施阶段，相关单位以县（市、区）为基本调查单位，以村为基础开展外业调查、面积量算、数据汇总、图件编制及报告编写。在 1988—1993 年，全省县级土地详查工作由当地土地管理部门组织的专业队伍承担，实行"五定"（定工作任务、定质量指标、定完成时间、定奖罚政策、定报酬金额）的承包责任制，有效地加快了土地详查进度、提高了调查质量。

3.市（地）、省汇总阶段（1993—1998 年）

市（地）、省汇总阶段将全省县级土地详查成果汇总到市（地）级与省级。1992 年绍兴市被列为全国市（地）级汇总试点单位。到 1996 年，全省县级土地详查以及市（地）级土地详查汇总相继完成，省级汇总开始。1998 年 9 月，浙江省土地详查省级汇总通过国家土地管理局验收。

（二）技术方法

1.分类方法

土地详查是在查明土地利用类型、数量及分布状况的同时，查清土地权属和行政界线。浙江省土地详查采用的土地利用现状分类在不打乱全国统一编码的基础上，结合本省土地利用实际，采用三级制分类体系。一级类划分为耕地、园地、林地、牧草地、居民点及工矿用地、交通用地、水域和未利用土地 8 类，二级类划分为 44 类，三级类划分为 32 类。

2.调查方法

土地详查采用比例尺不小于 1 : 2 万的航片、正射影像图和 1 : 1 万地形图等作为调查底图。绍兴、宁波、衢州、湖州、杭州、温州、台州和嘉兴 8 市共计 33 个县（市、区）采用新摄航片进行外业调查，新摄航片覆盖面积达 3.9 万平方千米，约占全省土地总面积的 1/3 以上。此外，还有 20 余个县（市、区）

采用 1∶1 万正射影像图纸进行外业调查，覆盖面积 4 万多平方千米，约占全省土地总面积的 40%。

绝大多数县（市、区）采用手工转（摹）绘、面积量算、图幅理论面积控制平差和逐级汇总地类面积的内业处理方法，仅台州市 8 个县（市、区）借助计算机完成数字转绘成图和面积计算，以矢量数据文件和统计表格形式提交县级土地详查成果。在图斑面积量算的基础上，本次详查逐类、逐级汇总统计全省市（地）、县（市、区）、乡（镇）、村、场，以及土地权属单位的各类土地利用现状面积。

（三）主要成果

土地详查取得了图件、数据、文字报告相配套的调查成果，获得 1999 年度浙江省人民政府科技进步一等奖，具体包含如下内容。

1.表格成果——省、市（地）、县（市、区）

（1）按行政单位分类土地面积汇总表；

（2）按权属土地利用现状分类面积汇总表；

（3）国有土地按部门分类面积汇总表；

（4）耕地坡度分级面积汇总表；

（5）境界争议地分类面积汇总表；

（6）分入地分类面积汇总表。

2.图件成果——省、市（地）、县（市、区）

县级包括：

（1）1∶1 万国际标准分幅土地利用现状图；

（2）1∶1 万国际标准分幅土地权属界线图；

（3）1∶1 万国际标准分幅坡度分级图；

（4）1∶1 万国际标准分幅等高线图；

（5）1∶1 万乡级土地利用现状图、部分县（市、区）编制 1∶5000 村级土地利用现状图；

（6）1∶5 万县级土地利用现状图，部分县（市、区）编制 1∶2.5 万县级土地利用现状图。

派生图件有土地利用分区图和其他专题调查图等。

市（地）级包括：

（1）1：10万国际标准分幅土地利用现状图，1：25万国际标准分幅土地利用现状图；

（2）市（地）级土地利用现状挂图；

（3）派生的土地利用分区图。

省级包括：

（1）1：25万国际标准分幅土地利用现状图；

（2）1：50万国际标准分幅土地利用现状图；

（3）全省土地利用现状挂图；

（4）派生的土地利用分区图。

3.报告成果

（1）《土地利用现状调查工作报告》；

（2）《土地利用现状调查技术报告》；

（3）《土地利用现状调查专题报告》。

4.出版成果

（1）《浙江土地资源》；

（2）《浙江土地资源调查技术研究》；

（3）《土地资源调查研究——浙江省土地资源调查论文选》等。

（四）主要数据

土地详查全面查清了土地利用类型的数量、质量和分布特点，改变了浙江省土地数据统计口径不一、数量不清、分类不规范的局面。根据1996年土地详查数据的统计汇总（见表2.2），全省土地总面积为10.54万平方千米（折合10540千公顷）。

表2.2 1996年浙江省土地详查各地类面积及占比

地类	面积/千公顷	占总面积比重/%
耕地	2125.3	20.17
园地	607.5	5.76

续表

地类	面积 / 千公顷	占总面积比重 /%
林地	5536.2	52.54
牧草地	1.3	0.01
居民点及工矿用地	557.3	5.29
交通用地	104.7	0.99
水域	909.0	8.62
未利用土地	697.8	6.62

四、土地变更调查（1996—2009 年）

国家土地管理局于 1996 年 6 月 17 日下发了《关于完成全国土地普查将土地详查数据变更到 1996 年 10 月 31 日同一时点的紧急通知》（〔1996〕国土〔籍〕字第 109 号），要求在完成土地详查的基础上，进行土地变更调查，将土地详查数据时点统一变更到 1996 年 10 月 31 日。1995 年浙江省已完成县级土地详查的县（市、区），先行开展了土地变更调查。1996 年浙江省土地资源调查办公室制定了《浙江省土地利用变更调查技术规定》，省人民政府下发了《关于切实做好全省土地变更调查工作的紧急通知》，在浙江省范围内部署开展土地变更调查，此后每年开展一次土地变更调查。

2002 年，按照国土资源部的统一要求，浙江省结合土地变更调查，顺利实现了原土地利用现状分类（一级类为八大类）向全国土地分类（过渡期间适用）（一级分类为三大类）的转换。

2008 年，浙江省根据《关于开展 2008 年度土地变更调查工作的通知》（国土资厅发〔2008〕118 号）将变更调查汇总时间统一调整至 2008 年 12 月 31 日。2009 年，根据《关于开展第二次全国土地调查标准时点统一更新的通知》（国土调查办发〔2009〕30 号），在第二次全国土地调查标准时点统一更新成果基础上，提取 2009 年 1 月 1 日至 12 月 31 日土地利用变化信息，逐级汇总统计形成 2009 年土地变更调查成果。

每年的土地变更调查，全面调查土地利用类型、权属和行政界线变化，重点查清耕地、建设用地变化，系统开展新增建设用地、土地开发复垦整理、农业结构调整、生态退耕、灾毁耕地、农用地变更为未利用地等统计分析，实现了调查成果的年度更新。

五、土地利用现状更新调查（2003—2006 年）

　　根据《关于加强土地利用更新调查工作有关事项的通知》（国土资发〔2003〕296 号），2003 年起浙江省作为国家试点开展了全省范围的土地更新调查。2003 年 6 月至 2006 年 10 月，土地更新调查历时 3 年 4 个月，共投入 1.8 亿余元，组织了 5 万余名乡村干部和技术人员参加，调查了 4.6 万个权属单位，查明了 500 多万个地类图斑的面积、权属和利用现状，获取了图件、数据和实地相一致的调查成果。

（一）组织阶段

1.前期准备

　　2002 年 9 月，浙江省国土资源厅组织了土地更新调查试点，温岭、嘉善、奉化、海盐、桐乡等县（市、区）率先展开了土地更新调查。2002 年 10 月，浙江省土地资源调查办公室组织有关人员编写了《浙江省土地利用更新调查工作方案》。2003 年 4 月 28 日，浙江省人民政府办公厅下发《关于开展全省土地更新调查工作的通知》（浙政办发〔2003〕18 号），在全省统一部署开展土地更新调查工作。2003 年 5 月 31 日，浙江省国土资源厅成立浙江省土地更新调查领导小组，统一协调全省土地更新调查工作。

　　2003 年 5 月，浙江省国土资源厅下发《关于开展全省土地利用现状更新调查工作的实施意见》（浙土资发〔2003〕50 号），明确全省土地更新调查的技术路线、质量管理制度等。2003 年 10 月—2005 年 10 月，相继出版了《浙江省土地利用现状更新调查技术规范》和《浙江省 1 ∶ 1000、1 ∶ 2000 土地利用现状调查技术规范》，制定了《浙江省土地利用现状更新调查外业调查实施细则》《〈浙江省土地利用现状更新调查技术规范〉补充规定》和《浙江省土地利用现状更新调查市级汇总技术规定》。2003 年 8—11 月，举办了四期土地更新调查技术培训班，对全省 400 多名专业技术人员进行全面系统的业务培训；2004—2006 年，举办多期土地利用现状管理信息系统培训班，据统计，该时期全省有 530 多名土地利用现状管理信息系统操作人员。

2.县级土地更新调查

2006年6月省国土资源厅在青山湖召开全省土地更新调查工作会议，统一部署开展县级土地更新调查。为切实加强县级土地更新调查工作的领导，各县（市、区）人民政府都成立了土地更新调查领导小组及其办公室，组织、协调部门之间的关系，研究解决调查工作中的重大问题，具体处理日常工作。

县级土地更新调查分为组织准备、外业调查、内业处理三个阶段。组织准备主要是落实队伍，收集资料，制定工作方案、技术方案，举办技术培训，开展乡镇试点等；外业调查主要是地类调查和境界、权属复核，要求以影像为准进行全野外调绘或复核；内业处理包括外业调绘图件矢量化、面积计算和汇总，专题图件制作以及编写县（市、区）土地更新调查报告，数据库和信息系统建设。

3.县级成果汇交与市级、省级汇总

2003年12月浙江省国土资源厅下发浙土资发〔2003〕9号文件，要求县级土地更新调查完成后，相关单位及时进行成果数据汇交。2005年10月，宁波、绍兴等市下辖县（市、区）的土地更新调查全部结束，绍兴率先开展土地更新调查市级汇总试点。至2006年底，全省县级土地更新调查成果汇交全部完成，市级土地更新调查汇总成果汇交也基本完成。2005年12月，浙江省国土资源厅正式启动土地更新调查省级成果汇总工作，至2007年6月基本完成数据汇总、图件编制、报告撰写。

（二）技术方法

1.分类方法

2002年，按照国土资源部的统一要求，全省实现了全国土地分类（过渡期间适用）转换。土地更新调查的分类体系依照《浙江省土地分类》（过渡期间适用）划分，将土地利用划分为农用地、建设用地与未利用地三大类。其中，农用地分为耕地、园地、林地、牧草地、其他农用地5个二级类；建设用地分为居民点及独立工矿用地、交通运输用地、水利设施用地3个二级类；未利用地分为未利用土地、其他土地2个二级类。

2.调查方法

为科学实施土地更新调查，浙江省组织编制了《浙江省土地利用现状更新调查技术规范》《浙江省 1 ： 1000、1 ： 2000 土地利用现状调查技术规范》等一系列技术规范。调查实施过程中，实行"统一部署、统一技术标准和工作流程、统一开发管理软件、统一启用行政勘界成果、统一数据汇交"的"五统一"方法，落实"技术方案论证审查备案制度、调查作业单位质量管理制度、工作任务分级负责制度、数据分析制度、三级质量控制制度"的"五项制度"，为浙江省开展第二次全国土地调查积累了宝贵经验。

县级外业调查过程中，绝大多数县采用航摄正射影像图作为外业调查底图，开展外业调查和矢量数据采集，更新土地利用基础图件，建立土地利用数据库和县级土地利用现状管理信息系统。部分县（市、区）购买了现势性强、分辨率高的 QuickBird、SPOTS 等卫星遥感数据，通过实测控制点或利用 1 ： 1 万地形图制作卫星遥感正射影像图，开展外业调查。海盐、桐乡、临海、玉环和天台等采用放大航片（1 ： 2000）作为外业调查底图。

浙江省国土资源厅制定《浙江省县级土地利用现状更新调查成果检查验收办法》实行县自查、市检查与省预检验收的三级质量控制制度。县级单位在调查中建立工序检查制度，每道工序必须经过检查人员检查合格并签字，方可进入下道工序，调查工作完成后县（市、区）国土资源局对成果进行自查。市级对县（市、区）进行技术业务指导，掌握调查工作进度，并对一些关键环节及时进行抽查。省级组织专门人员对县级成果进行预检和验收。

（三）主要成果

1.表格成果

（1）土地利用现状面积汇总表；

（2）可调整土地面积汇总表；

（3）土地利用专项调查面积汇总表；

（4）飞入地面积汇总表；

（5）土地利用现状面积按权属性质汇总表；

（6）耕地坡度分类面积汇总表。

2.图件成果

县级成果包括：

（1）1：1万、1：2000土地利用现状线划分幅图；

（2）1：1万、1：2000土地权属线划分幅图；

（3）1：1万、1：2000线划影像套合分幅图；

（4）1：1万乡（镇）土地利用现状挂图；

（5）1：5万县（市、区）土地利用现状挂图。

市级成果包括：

（1）1：25万（或1：10万）土地利用现状标准分幅图；

（2）1：25万（或1：10万）土地利用现状挂图。

省级成果包括：

（1）1：50万土地利用现状分幅图；

（2）1：50万浙江省土地利用现状挂图。

3.报告成果

县级包括：

（1）《土地利用现状更新调查报告》；

（2）《土地利用现状更新调查自检报告》。

市级包括：

（1）《土地利用现状更新调查报告》；

（2）《土地利用现状更新调查成果质量评价报告》。

省级包括：

《浙江省土地利用现状更新调查报告》。

4.数据库成果

（1）土地更新调查数据库；

（2）土地利用现状管理信息系统。

5.出版成果

《浙江省土地利用更新调查》。

（四）主要数据

根据土地更新调查成果省级汇总统计（见表2.3），浙江省土地总面积约10.53万平方千米。

表2.3 2006年浙江省土地更新调查各地类面积及占比

一级地类	二级地类	面积 / 千公顷	占总面积比重 /%
农用地	小计	8726.6	82.8
	耕地	1916.5	18.2
	园地	692.3	6.6
	林地	5644.9	53.5
	牧草地	0.5	0.0
	其他农用地	472.5	4.5
建设用地	小计	974.8	9.3
	居民点及独立工矿用地	754.0	7.2
	交通运输用地	85.7	0.8
	水利设施用地	135.1	1.3
未利用地	小计	838.2	7.9
	未利用土地	281.6	2.6
	其他土地	556.6	5.3

六、第二次全国土地调查（2007—2009 年）

根据国务院部署，浙江省于 2007 年起全面开展了第二次全国土地调查（以下简称"二调"）工作。"二调"按照"国家整体控制，地方细化调查，各级优势互补，分级负责实施"的组织模式，充分运用遥感卫星技术，采取统一采用土地利用分类国家标准、统一应用高分辨率航空正射影像为调查底图、统一组织启用行政勘界界线和海陆分界线、统一组织测算田坎系数和坡度级数据的工作方法，经过"三下两上"的工作流程，综合了实际调查与人工举证方式，历时 3 年，全面完成了调查任务。同时，"二调"以 2009 年 12 月 31 日为标准时点汇总数据，全面查清了全省土地利用状况，掌握了各类土地资源家底。

（一）组织阶段

1.准备工作

根据国家统一部署，2007 年 4 月 9 日，浙江省政府下发《关于开展第二次全省土地调查的通知》（浙政发〔2007〕15 号），决定自 2007 年开始开展浙江省"二调"工作。同年 6 月 22 日，在国务院召开"二调"工作电视电话会议后，浙江省政府召开了全省"二调"电视电话会议，全面部署了浙江省"二调"工作。印发《浙江省人民政府办公厅关于成立浙江省第二次土地调查领导小组的通知》（浙政办发〔2007〕53号），成立了浙江省第二次土地调查领导小组（以下简称省二调办），负责调查工作的组织和领导，协调解决重大问题。2007—2008年，相继编制了《浙江省第二次土地调查实施方案》《浙江省第二次土地调查工作底图制作技术方案》《浙江省第二次土地调查宣传方案》《浙江省第二次土地调查培训实施方案》《浙江省第二次土地调查田坎系数测算技术方案》《浙江省第二次土地调查坡度分级图制作方案》等，为地方开展工作提供技术指导。2007—2008年，浙江省先后举办了三期"二调"业务培训班，采用考核方式确定了331人获得土地调查上岗资质；后续还组织了4次土地调查业务培训，参训人员达1800余人次。

2.统一基础工作

2007年，省二调办落实了全省调查工作底图，明确全省统一采用高精度航空正射影像开展农村土地调查，其中重新组织航摄面积约6.5万平方千米，采用已有航摄资料约4.5万平方千米，制作航摄影像4206幅、卫片影像157幅、快鸟影像44幅。基于1：1万DEM（数字高程模型）数据（部分1：5000），统一制作了全省坡度分级图；按照浙西山地丘陵区、浙东盆地丘陵岛屿区、浙中丘陵盆地区、浙南丘陵山区、浙北及浙东平原区五大区域，全省选取960个样方，统一测算了田坎系数；严格采用国家下发的调查控制范围界线、控制面积矢量数据、零米线、海岸线与岛屿数据。

3.调查实施

2008年9月，全省90个县（市、区）开展"二调"工作，并于2009年5月全部完成农村土地调查。调查工作主要包括收集资料、内业预处理、外业调查、数据采集建库分析、标准时点统一更新、成果上报、系统建设等环节，即在以土地更新调查为基础的年度土地变更调查数据的基础上，套合航空正射影像图，进行细分地类标注，制作外业工作底图；根据国家要求，开展逐村、逐地块土地利用现状调查，做好相关记录，所获数据经核实后形成外业调查成果；根据外业调查成果，对变化信息进行内业采集、图形编辑和属性录入，建立农村土地调查数据库，形成相应数据、图件及表格。根据国家要求，以2009年12

月 31 日为标准时点，浙江省组织开展了全省农村土地调查统一时点更新工作，完成了全省 90 个县（市、区）农村土地调查标准时点统一更新成果，还运用现代信息技术建立了土地利用数据库和土地利用现状管理信息系统，实现了图、数与实地相一致。

4.成果检查核实与验收

浙江省"二调"成果历经国家、省、市、县四级核查。自 2007 年起，浙江省二调办成立农村土地调查成果质量核查组，开展省级 100% 核查，对全省各县级成果进行内业逐图斑地类一致性核查与数据库和面积汇总计算检查，累计完成 3.9 余万个村级行政区、468 万余个地类图斑核查，同步开展集中督查，在进行内业图斑及资料审核的基础上开展外业实地核查，确保成果质量。2010 年 5—8 月，开展了以市为单位的"二调"验收工作。

5.成果汇总分析

2010 年上半年，在完成全省 90 个县（市、区）"二调"成果基础上，浙江省完成市级汇总分析，建立了市级调查成果管理信息系统。2010 年底，完成了省级数据汇总、图件编制和报告撰写，完善了浙江省土地利用现状管理信息系统。

（二）技术方法

1.分类方法

浙江省"二调"采用《土地利用现状分类》（GB/T 21010—2007）的分类方法，其在《中华人民共和国土地管理法》农用地、建设用地和未利用地三大类的基础上，统一采用一级、二级两个层次的土地利用分类，并将 05、06、07、08、09 一级类和 103、121 二级类归并为城镇村及工矿用地，在其下划分城市、建制镇、村庄、采矿用地、风景名胜及特殊用地 5 个二级类，形成《第二次全国土地调查工作分类》。其中一级类划分为耕地、园地、林地、草地、城镇村及工矿用地、交通运输用地、水域及水利设施用地、其他土地等 8 个类别，二级类划分为 40 个类别。

2.调查方法

围绕"二调"总体目标和主要任务，按照土地调查技术规程，充分利用现有土地调查成果，采用无争议的权属资料，运用航天航空遥感、地理信息系统、全球卫星定位和数据库及网络通信等技术，采用内外业相结合的调查方法，形成集信息获取、处理、存储、传输、分析和应用服务于一体的土地调查技术流程，获取全省每一块土地的类型、面积、权属和分布信息，建立连通的省—市—县多级土地调查数据库。

（1）充分利用土地更新调查以来形成的土地利用现状成果。以土地更新调查以来形成的土地更新调查、土地变更调查等土地利用现状成果为基础，开展数据更新、补充调查和修改完善，全面查清土地更新调查以来的土地利用现状变化情况。

（2）采用现势性强的航摄数字正射影像作为基础图件。采用2005年1月1日以后的航空、航天正射影像图作为调查基础图件，其中全省北纬28°以南1.4万平方千米地区（浙南山区）采用2004年11月航摄影像，沿海岛屿等困难地区可以使用已有的符合"二调"要求的航天数字正射影像。

（3）对耕地和建设用地开展重点外业调查。结合年度土地变更调查开展全野外调查，对耕地和建设用地等进行重点核查，查清土地利用现状，补充完善现有的土地利用现状成果。

（4）转换土地分类。"二调"土地分类与土地变更调查采用的《全国土地分类》（过渡期间适用）不一致，为确保成果数据一致性，综合考虑分类转换的难度及工作量，在农村土地调查的外业调查和内业数据更新中，暂按《全国土地分类》（过渡期间适用），对内业难以直接转换的独立工矿用地、菜地和其他未利用土地在外业调查中按照"二调"土地分类进行备注；在数据汇总时，按照两套分类对应关系，统一进行土地分类转换，整体过渡到"二调"土地分类体系。

（三）主要成果

1. 表格成果

（1）农村土地利用现状一、二级分类面积汇总统计表；

（2）农村土地利用现状一级分类面积按权属性质汇总统计表；

（3）耕地坡度分级面积汇总统计表；

（4）基本农田情况汇总统计表；

（5）飞入地面积汇总统计表；

（6）飞出地面积汇总统计表；

（7）"批而未用"面积汇总统计表；

（8）可调整地类面积汇总统计表；

（9）海岛土地利用现状面积汇总统计表。

2.报告成果

（1）《第二次土地调查工作报告》；

（2）《第二次土地调查技术报告》；

（3）《第二次土地调查数据库建设报告》；

（4）《第二次土地调查成果分析报告》；

（5）《基本农田调查报告》；

（6）其他专题报告。

3.图件成果

（1）标准分幅土地利用现状图；

（2）有影像的标准分幅土地利用现状图；

（3）标准分幅基本农田分布图；

（4）标准分幅耕地坡度分级图；

（5）县、乡级土地利用现状图；

（6）县、乡级基本农田分布图；

（7）县、乡级耕地坡度分级图；

（8）图幅理论面积与控制面积结合图表。

4.数据库成果

（1）第二次土地调查数据库；

（2）第二次土地调查数据管理系统。

5.出版成果

《浙江省第二次土地调查技术与方法》。

（四）主要数据

根据《关于浙江省第二次土地调查主要数据成果的公报》，浙江省土地总面积为 10.55 万平方千米，主要地类为林地、耕地、城镇村及工矿用地等（见表2.4）。

表2.4　2009 年浙江省第二次土地调查主要地类面积及占比

地类	面积 / 千公顷	占比 /%
耕地	1986.7	18.83
园地	629.0	5.96
林地	5687.3	53.90
草地	103.8	0.98
城镇村及工矿用地	889.0	8.43
交通运输用地	212.7	2.02
水域及水利设施用地	859.7	8.15
其他土地	182.4	1.73

七、第三次全国国土调查（2018—2020 年）

浙江省于 2018 年 9 月起全面开展了第三次全国国土调查（以下简称"三调"）工作。采用优于 1 米分辨率的航天遥感影像和优于 0.2 米分辨率的航空遥感影像，利用第二次全国土地调查及年度土地变更调查、城镇村庄地籍调查、集体土地所有权确权登记，以及其他相关成果资料，采取国家整体控制和地方细化调查相结合的方法，利用影像内业比对提取不一致图斑，以"互联网+"和"3S"（地理信息系统、遥感、全球定位系统）一体化技术为支撑，以内业预判、外业核实和现场举证为工作模式，准确调查全省城乡每一块土地的利用类型、面积、权属和分布情况，充分运用大数据、云计算和互联网等技术，逐级建立国土调查数据库。开展调查成果汇总与分析、标准时点统一更新以及调查成果事后质量抽查评估等工作，全面完成调查任务。"三调"以 2019 年 12 月 31 日为标准时点，汇集了 789 万个调查图斑，全面查清了全省国土利用状况，掌握了各类国土资源家底。

（一）组织阶段

浙江省"三调"工作分为准备工作、统一基础工作、调查实施、统一时点更新、质量控制、汇总分析等六个阶段。

1.准备工作

2017 年，国土资源部地籍管理司牵头组织了"三调"总体技术路线试点研究工作，浙江省宁波市鄞州区被列为试点区域之一，基于试点经验，对"三调"组织模式、工作程序、技术路线与方法等内容进行总结和优化，系统验证了"三调"总体技术路线的可行性。2018 年 1 月，浙江省政府印发《浙江省人民政府关于开展第三次土地调查的通知》（浙政发〔2018〕4 号），决定开展全省"三调"工作。同年 3 月 20 日，成立第三次全国国土调查领导小组，6 月 1 日成立浙江省第三次全国国土调查领导小组办公室（以下简称省三调办）。2018 年 9 月，在国务院召开"三调"工作电视电话会议之后，召开了全省"三调"电视电话会议，全面部署浙江省"三调"工作。2018—2019 年，相继印发了《浙江省第三次国土调查实施方案》《浙江省第三次国土调查成果省级核查方案》《浙江省第三次国土调查初步成果提交要求》，为地方开展"三调"工作提供技术指导。2018 年 6 月，举办了浙江省"三调"培训班，采用考核方式确定了 450 人获得土地调查上岗资质，此外先后组织了 4 次国土调查业务研究培训，参训人员累计达 1800 余人次。

2.统一基础工作

全省统一基础工作是完成浙江省第三次全国国土调查各项工作任务的基础，其主要内容包括：开展全省基础数据从 1980 西安坐标系向 2000 国家大地坐标系转换，基于 2m 分辨率 DEM 数据开展坡度图制作，根据国家下发的省级行政区界线开展全省 1∶5000 控制面积计算并制作标准分幅接合图表，建设县级内业建库和外业调查系统、省级"互联网＋"举证云平台及无人机平台开发等。

3.调查实施

在调查实施方面，2018 年 9 月起，全省 89 个县级自然资源部门按照规程开展了第三次全国国土调查工作。经过全省各级三调办的努力和相关部门的配合，2020 年 11 月全省 11 市 89 县（市、区）全部完成国土调查工作。其中包括收集资料、内业预处理、外业调查、数据采集、建库、分析、构建县级国土调查管理信息系统等程序，即基于最新土地变更调查数据套合最新遥感影像，按照《第三次全国国土调查技术规程》开展图斑预判与提取工作，并制作土地利用现状调查底图。地方根据内业处理提取的图斑开展外业调查，实地调绘图斑边界，逐图斑进行地类认定与实地举证，同步对遥感影像未能反映的新增地物进行补测；参照外业采集的土地利用现状信息、照片，对地类边界进一步细化调查，建设数据库与管理信息系统。

4.统一时点更新

统一时点更新是在"三调"初始调查成果基础上，通过全面内外业补充调查，将"三调"成果反映的国土空间利用状况更新到 2019 年 12 月 31 日统一时点上，满足国民经济和社会发展对于国土利用基础数据的需要。根据全国三调办《关于开展第三次全国国土调查统一时点更新调查的通知》（国土调查办发〔2019〕24 号）文件有关要求，省三调办及时组织开展了"三调"统一时点更新工作，开展了统一时点更新的部署和培训与专题调研工作，收集了全省 2019 年 0.2 米航空正射影像、0.5 米遥感正射影像、2020 年一季度 2 米遥感正射影像与 2019 年地理国情监测成果等下发地方辅助开展图斑提取工作，完成了县级时点更新软件和省级核查软件对增量更新功能的开发并新增了无人机智能举证功能。2020 年 6 月初，全省 89 个县（市、区）全部完成统一时点更新调查底图制作以及外业调查举证工作并提交至省三调办，省三调办开展了核查工作，经县级整改后，全省统一时点更新成果于 7 月底全部提交至全国"三调"办。

5.质量控制

在质量控制方面，浙江省第三次全国国土调查成果经国家、省、市、县四级土地调查人员反复核查，成果质量真实可靠。为确保浙江省"三调"成果整体质量，根据《第三次全国国土调查实施方案》要求，省三调办成立专门的省级成果核查组（以下简称"省核查组"），并设置专门的工作场地，对全省 89 个县（市、区）提交的"三调"成果进行全面核查。省级核查根据"三调"要求，利用遥感影像和"互联网+"实地举证照片，采用内、外业相结合的方式，全面核查县级报送成果的图斑地类、边界、属性标注信息等与遥感影像、举证照片和实地现状的一致性。对存在问题的图斑，省核查组反馈给省三调办，省三调办责成地方修改完善。对通过核查的县级调查成果，利用全国统一的数据库质量检查软件，采用计算机自动检查与人机交互的方法，检查数据库逻辑正确性、空间关系正确性、面积正确性及相关汇总表格成果的正确规范性等内容，质量检查不通过的，组织修改完善县级数据库成果。

6.汇总分析

汇总分析方面，在全省89个县（市、区）第三次全国国土调查成果基础上，相关部门开展了市级和省级汇总分析。各地级市在市辖县际等同坐标串接边的基础上，汇总分析全市土地利用面积、分布和土地权属状况，完善县级1∶5万土地利用现状图，编制全市1∶10万或1∶25万土地利用现状图，总结全市土地利用经验和存在的问题，提出全市土地合理利用的途径，以及应采取的措施。省级汇总工作主要内容为对县（市、区）"三调"成果以及11个地级市汇总成果进行整理汇总，系统分析全省地类面积、分布、权属和利用状况，探讨土地合理利用的途径及采取的对策措施，为全省科学修编国土利用总体规划、合理确定土地供应计划、落实土地调控目标、挖掘土地利用潜力、推进节约集约用地等提供基础数据。

（二）技术方法

1.分类方法

第三次全国国土调查土地分类采用《第三次全国国土调查工作分类》。工作分类以GB/T21010—2017为基础，对部分地类进行了细化和归并。

2.调查方法

采用高分辨率的航天航空遥感影像，充分利用现有土地调查、地籍调查、集体土地所有权登记、宅基地和集体建设用地使用权确权登记、地理国情普查、农村土地承包经营权确权登记颁证等工作的基础资料及调查成果，采取国家整体控制和地方细化调查相结合的方法，利用影像内业比对提取和3S一体化外业调查等技术，准确查清全国城乡每一块土地的利用类型、面积、权属和分布情况，采用"互联网＋"技术核实调查数据真实性，充分运用大数据、云计算和互联网等新技术，建立国土调查数据库。

（1）提升调查精度。全面采用优于1米遥感影像，进一步细化调查，明确建设用地、设施农用地、农用地、未利用地的最小上图面积分别为100平方米、200平方米、400平方米和600平方米，为浙江省现代化治理提供了精细的基础数据。

（2）内外业一体化核查。充分运用遥感、地理信息系统、全球导航卫星系统和国土调查云等技术手段，采用计算机自动比对与人机交互检查相结合，全面检查和抽样检查相结合，内业核查、"互联网+"在线核查和外业实地核查相结合的方法，对"三调"成果数据与遥感影像、举证照片和实地现状的一致性、准确性开展检查，提高了成果核查的工作效率，保证了成果的准确性。

（3）"互联网+"在线举证技术。采用"互联网+"、3S技术、大数据技术以及移动GIS技术，开发浙江省"三调""互联网+"在线举证平台，通过云存储实现全省海量用户在线举证，保证调查数据、图件、实地三者一致性，确保"三调"成果的真实性和准确性。

（4）无人机举证技术。开发无人机举证APP，发挥无人机远程批量作业、对环境依赖程度低、操作简单等优势，减少外业举证工作时间，提高工作效率。

（三）主要成果

第三次全国国土调查成果主要包括：数据成果、图件成果、报告成果、数据库成果和出版成果等。

1. 数据成果

（1）各类土地分类面积汇总数据；

（2）各类土地权属信息数据；

（3）城镇村庄土地利用分类面积数据；

（4）耕地坡度分级面积数据；

（5）耕地细化调查数据；

（6）海岛调查数据。

2. 图件成果

（1）标准分幅土地利用现状图；

（2）城镇土地利用现状图；

（3）各类专项调查专题图。

3. 报告成果

（1）《第三次全国国土调查工作报告》；

（2）《第三次全国国土调查技术报告》；

（3）《第三次全国国土调查数据库建设报告》；

（4）《第三次全国国土调查成果分析报告》；

（5）《城镇村庄土地利用状况分析报告》；

（6）《第三次全国国土调查数据库质量检查报告》；

（7）《耕地资源质量分类工作报告》。

4.数据库成果

（1）第三次国土调查数据库；

（2）第三次国土调查数据库管理系统。

5.出版成果

（1）《浙江省第三次国土调查技术》；

（2）《浙江省国土资源利用与高质量发展》；

（3）《浙江省土地利用现状图集》；

（4）《浙江省第三次国土调查》。

第二节　地类体系变迁

一、土地概查分类

土地概查的土地利用类型采用二级制划分：一级分为耕地、园地、林地、草地、城乡居民点及工矿用地、交通用地、水域、其他用地8个土地利用类型，二级划分46个亚类，如耕地区分为水田、旱地、菜地、田埂4个二级类，园地区分为果园、桑园、茶园、其他园地4个二级类。

二、土地详查分类

全国农业区划委员会1984年颁发的《土地利用现状调查技术规程》中，《土地利用现状分类及含义》采用两级分类，统一编码排列，其中一级分8类，二级分46类。此种分类也被称作详查分类。浙江省土地详查采用的土地利用现状分类为1984年9月发布的《浙江省土地利用现状分类及其地类含义》中的土地利用现状分类，其在不打乱全国统一编码的基础上，结合本省土地利用实际，采用三级制分类体系。一级类划分为耕地、园地、林地、牧草地、居民点及工矿用地、交通用地、水域和未利用土地 8 类，二级类划分为 44 类，三级类划分为 32 类（包括按坡度级划分的耕地类型 22 个）（见表 2.5）。

表 2.5　浙江省土地详查的土地利用分类

一级地类	二级地类	三级地类
耕地	灌溉水田	平坡灌溉水田、微坡灌溉水田、缓坡灌溉水田、斜坡灌溉水田、陡坡灌溉水田
	望天田	平坡望天田、微坡望天田、缓坡望天田、斜坡望天田、陡坡望天田
	水浇地	平坡水浇田、微坡水浇田、缓坡水浇田、斜坡水浇田、陡坡水浇田
	旱地	平坡旱地、微坡旱地、缓坡旱地、斜坡旱地、陡坡旱地
	菜地	平菜地、坡菜地
园地	果园	柑橘园、其他果园
	桑园	
	茶园	
	其他园地	
林地	有林地	用材林、防护林、经济林、竹林、薪炭林、特殊用途林
	灌木林	
	疏林地	
	未成林造林地	
	迹地	
	苗圃	
牧草地	天然草地	
	改良草地	
	人工草地	
居民点及工矿用地	城镇	
	农村居民点	
	独立工矿用地	
	盐田	
	特殊用地	
交通用地	铁路	
	公路	

续表

一级地类	二级地类	三级地类
交通用地	农村道路	
	民用机场	
	港口、码头	
水域	河流水面	
	湖泊水面	
	水库水面	
	坑塘水面	
	苇地	
	滩涂	滩地、海涂
	沟渠	
	水工建筑物	
未利用土地	荒草地	
	盐碱地	
	沼泽地	
	沙地	
	裸土地	
	裸岩、石砾地	
	田埂（坎）	
	其他未利用地	

三、土地变更调查的土地利用分类

1996—2001 年，浙江省土地变更调查采用的是土地详查期间的土地利用现状分类（八大类）。随着《中华人民共和国土地管理法》的颁布实施，为进一步明确农用地、建设用地和未利用地的范围及土地分类的衔接，国土资源部制定了城乡统一的土地分类《全国土地分类》（过渡期间适用）。《全国土地分类》（过渡期间适用）中，一级分为农用地、建设用地和未利用地三类，也就是《中华人民共和国土地管理法》的三大类；二级分为耕地、园地、林地、牧草地、其他农用地、居民点及独立工矿用地、交通运输用地、水利设施用地、未利用土地和其他土地 10 类；三级细分为 52 类。

2002 年，按照国土资源部的统一要求，浙江省结合土地变更调查，在《全国土地分类》（过渡期间适用）的基础上，结合浙江省土地利用特点制定了《浙江省土地分类》（过渡期间适用），实现了原土地利用现状分类（一级类为八大类）向全国土地分类（过渡期间适用）（一级类为三大类）的转换，为实施全省城乡地政统一分类和管理奠定了基础。具体而言，《浙江省土地分类》（过渡期间适用）与《全国土地分类》（过渡期间适用）的一级类、二级类相同，三级类中剔除了橡胶园、冰川及永久积雪。2002 年之后的土地变更调查与 2003 年开始的土地利用现状更新调查均采用了该分类体系。

四、土地利用现状更新调查土地利用分类

浙江省土地利用现状更新调查主要统计农用地、建设用地和未利用地共计三种土地类型。其中，农用地是指直接用于农业生产的土地，建设用地是指建造建筑物、构筑物的土地，未利用地是指农用地和建设用地以外的土地。具体而言，分一级类 3 个，二级类 10 个，三级类 50 个（见表 2.6）。

表 2.6 《浙江省土地分类》（过渡期间适用）

一级地类	二级地类	三级地类
农用地	耕地	灌溉水田、望天田、水浇地、旱地、菜地
	园地	果园、茶园、桑园、其他园地
	林地	有林地、灌木林地、疏林地、未成林造林地、迹地、苗圃
	牧草地	天然草地、改良草地、人工草地
	其他农用地	畜禽饲养地、设施农业用地、农村道路、坑塘水面、养殖水面、农田水利用地、田坎、晒谷场
建设用地	居民点及独立工矿用地	城市、建制镇、农村居民点、独立工矿用地、盐田、特殊用地
	交通运输用地	铁路用地、公路用地、民用机场、港口码头用地、管道运输用地
	水利设施用地	水库水面、水工建筑用地
未利用地	未利用土地	荒草地、盐碱地、沼泽地、沙地、裸土地、裸岩石砾地、其他未利用土地
	其他土地	河流水面、湖泊水面、苇地、滩涂

五、第二次全国土地调查土地利用分类

在《中华人民共和国土地管理法》农用地、建设用地和未利用地"三大类"的基础上，2007年8月10日《土地利用现状分类》（GB/T 21010—2007）国家标准正式发布实施，全国统一采用一级、二级两个层次的土地利用分类体系。《土地利用现状分类》（GB/T 21010—2007）将土地类型分为12个一级类、56个二级类（见表2.7）。在此基础上，将有关建设用地的05、06、07、08、09一级类和103、121二级类进行归并形成"城镇村及工矿用地"类，并在其下划分城市、建制镇、村庄、采矿用地、风景名胜及特殊用地5个二级类（见表2.8）。

表2.7 《土地利用现状分类》（GB/T　21010—2007）

一级类		二级类		含义
编码	名称	编码	名称	
01	耕地			指种植农作物的土地，包括熟地，新开发、复垦、整理地，休闲地（含轮歇地、轮作地）；以种植农作物（含蔬菜）为主，间有零星果树、桑树或其他树木的土地；平均每年能保证收获一季的已垦滩地和海涂。耕地中包括南方宽度＜1.0m、北方宽度＜2.0m固定的沟、渠、路和地坎（埂）；临时种植药材、草皮、花卉、苗木等的耕地，以及其他临时改变用途的耕地。
		011	水田	指用于种植水稻、莲藕等水生农作物的耕地，包括实行水生、旱生农作物轮种的耕地。
		012	水浇地	指有水源保证和灌溉设施，在一般年景能正常灌溉，种植旱生农作物的耕地。包括种植蔬菜等的非工厂化的大棚用地。
		013	旱地	指无灌溉设施，主要靠天然降水种植旱生农作物的耕地，包括没有灌溉设施，仅靠引洪淤灌的耕地
02	园地			指种植以采集果、叶、根、茎、汁等为主的集约经营的多年生木本和草本作物，覆盖度大于50%或每亩株数大于合理株数70%的土地。包括用于育苗的土地。
		021	果园	指种植果树的园地。
		022	茶园	指种植茶树的园地。
		023	其他园地	指种植桑树、橡胶、可可、咖啡、油棕、胡椒、药材等其他多年生作物的园地。
03	林地			指生长乔木、竹类、灌木的土地，及沿海生长红树林的土地。包括迹地，不包括居民点内部的绿化林木用地，铁路、公路征地范围内的林木，以及河流、沟渠的护堤林。

续表

一级类		二级类		含义
编码	名称	编码	名称	
03	林地	031	有林地	指树木郁闭度≥0.2的乔木林地，包括红树林地和竹林地。
		032	灌木林地	指灌木覆盖度≥40%的林地。
		033	其他林地	包括疏林地（指树木郁闭度≥0.1、<0.2的林地）、未成林地、迹地、苗圃等林地。
04	草地			指以生长草本植物为主的土地。
		041	天然牧草地	指以天然草本植物为主，用于放牧或割草的草地。
		042	人工牧草地	指人工种植牧草的草地。
		043	其他草地	指树木郁闭度<0.1，表层为土质，生长草本植物为主，不用于畜牧业的草地。
05	商服用地			指主要用于商业、服务业的土地。
		051	批发零售用地	指主要用于商品批发、零售的用地。包括商场、商店、超市、各类批发（零售）市场，加油站等及其附属的小型仓库、车间、工厂等的用地。
		052	住宿餐饮用地	指主要用于提供住宿、餐饮服务的用地。包括宾馆、酒店、饭店、旅馆、招待所、度假村、餐厅、酒吧等。
		053	商务金融用地	指企业、服务业等办公用地，以及经营性的办公场所用地。包括写字楼、商业性办公场所、金融活动场所和企业厂区外独立的办公场所等用地。
		054	其他商服用地	指上述用地以外的其他商业、服务业用地。包括洗车场、洗染店、废旧物资回收站、维修网点、照相馆、理发美容店、洗浴场所等用地。
06	工矿仓储用地			指主要用于工业生产、物资存放场所的土地。
		061	工业用地	指工业生产及直接为工业生产服务的附属设施用地。
		062	采矿用地	指采矿、采石、采砂（沙）场，盐田，砖瓦窑等地面生产用地及尾矿堆放地。
		063	仓储用地	指用于物资储备、中转的场所用地。
07	住宅用地			指主要用于人们生活居住的房基地及其附属设施的土地。
		071	城镇住宅用地	指城镇用于生活居住的各类房屋用地及其附属设施用地，包括普通住宅、公寓、别墅等用地。
		072	农村宅基地	指农村用于生活居住的宅基地。

续表

一级类		二级类		含义
编码	名称	编码	名称	
08	公共管理与公共服务用地			指用于机关团体、新闻出版、科教文卫、风景名胜、公共设施等的土地。
		081	机关团体用地	指用于党政机关、社会团体、群众自治组织等的用地。
		082	新闻出版用地	指用于广播电台、电视台、电影厂、报社、杂志社、通讯社、出版社等的用地。
		083	科教用地	指用于各类教育，独立的科研、勘测、设计、技术推广、科普等的用地。
		084	医卫慈善用地	指用于医疗保健、卫生防疫、急救康复、医检药检、福利救助等的用地。
		085	文体娱乐用地	指用于各类文化、体育、娱乐及公共广场等的用地。
		086	公共设施用地	指用于城乡基础设施的用地。包括给排水、供电、供热、供气、邮政、电信、消防、环卫、公用设施维修等用地。
		087	公园与绿地	指城镇、村庄内部的公园、动物园、植物园、街心花园和用于休憩及美化环境的绿化用地。
		088	风景名胜设施用地	指风景名胜（包括名胜古迹、旅游景点、革命遗址等）景点及管理机构的建筑用地，景区内的其他用地按现状归入相应地类。
09	特殊用地			指用于军事设施、涉外、宗教、监教、殡葬等的土地。
		091	军事设施用地	指直接用于军事目的的设施用地。
		092	使领馆用地	指用于外国政府及国际组织驻华使领馆、办事处等的用地。
		093	监教场所用地	指用于监狱、看守所、劳改场、劳教所、戒毒所等的建筑用地。
		094	宗教用地	指专门用于宗教活动的庙宇、寺院、道观、教堂等宗教自用地。
		095	殡葬用地	指陵园、墓地、殡葬场所用地。
10	交通运输用地			指用于运输通行的地面线路、场站等的土地。包括民用机场、港口、码头、地面运输管道和各种道路用地。
		101	铁路用地	指用于铁道线路、轻轨、场站的用地。包括设计内的路堤、路堑、道沟、桥梁、林木等用地。
		102	公路用地	指用于国道、省道、县道和乡道的用地。包括设计内的路堤、路堑、道沟、桥梁、汽车停靠站、林木及直接为其服务的附属用地。

续表

一级类		二级类		含义
编码	名称	编码	名称	
10	交通运输用地	103	街巷用地	指用于城镇、村庄内部公用道路（含立交桥）及行道树的用地。包括公共停车场，汽车客货运输站点及停车场等用地。
		104	农村道路	指公路用地以外的南方宽度≥1.0m、北方宽度≥2.0m的村间、田间道路（含机耕道）。
		105	机场用地	指用于民用机场的用地。
		106	港口码头用地	指用于人工修建的客运、货运、捕捞及工作船舶停靠的场所及其附属建筑物的用地，不包括常水位以下部分。
		107	管道运输用地	指用于运输煤炭、石油、天然气等管道及其相应附属设施的地上部分用地。
11	水域及水利设施用地			指陆地水域，海涂，沟渠、水工建筑物等用地。不包括滞洪区和已垦滩涂中的耕地、园地、林地、居民点、道路等用地。
		111	河流水面	指天然形成或人工开挖河流常水位岸线之间的水面，不包括被堤坝拦截后形成的水库水面。
		112	湖泊水面	指天然形成的积水区常水位岸线所围成的水面。
		113	水库水面	指人工拦截汇集而成的总库容≥10万 m^3 的水库正常蓄水位岸线所围成的水面。
		114	坑塘水面	指人工开挖或天然形成的蓄水量<10万 m^3 的坑塘常水位岸线所围成的水面。
		115	沿海滩涂	指沿海大潮高潮位与低潮位之间的潮浸地带，包括海岛的沿海滩涂。不包括已利用的滩涂。
		116	内陆滩涂	指河流、湖泊常水位至洪水位间的滩地；时令湖、河洪水位以下的滩地；水库、坑塘的正常蓄水位与洪水位间的滩地，包括海岛的内陆滩地。不包括已利用的滩地。
		117	沟渠	指人工修建，南方宽度≥1.0m、北方宽度≥2.0m用于引、排、灌的渠道，包括渠槽、渠堤、取土坑、护堤林。
		118	水工建筑用地	指人工修建的闸、坝、堤路林、水电厂房、扬水站等常水位岸线以上的建筑物用地。
		119	冰川及永久积雪	指表层被冰雪常年覆盖的土地。
12	其他土地			指除上述地类以外的其他类型的土地。
		121	空闲地	指城镇、村庄、工矿内部尚未利用的土地。
		122	设施农用地	指直接用于经营性养殖的畜禽舍、工厂化作物栽培或水产养殖的生产设施用地及其相应附属用地，农村宅基地以外的晾晒场等农业设施用地。
		123	田坎	主要指耕地中南方宽度≥1.0m、北方宽度≥2.0m的地坎

续表

一级类		二级类		含义
编码	名称	编码	名称	
12	其他土地	124	盐碱地	指表层盐碱聚集,生长天然耐盐植物的土地。
		125	沼泽地	指经常积水或渍水,一般生长沼生、湿生植物的土地。
		126	沙地	指表层为沙覆盖、基本无植被的土地。不包括滩涂中的沙地
		127	裸地	指表层为土质,基本无植被覆盖的土地;或表层为岩石、石砾,其覆盖面积≥70%的土地。

表2.8 "二调"城镇村及工矿用地土地分类

一级		二级		含义
编码	名称	编码	名称	
20	城镇村及工矿用地			指城乡居民点、独立居民点以及居民点以外的工矿、国防、名胜古迹等企事业单位用地,包括其内部交通、绿化用地。
		201	城市	指城市居民点,以及与城市连片的和区政府、县级市政府所在地镇级辖区内的商服、住宅、工业、仓储、机关、学校等单位用地。
		202	建制镇	指建制镇居民点,以及辖区内的商服、住宅、工业、仓储、学校等企事业单位用地。
		203	村庄	指农村居民点,以及所属的商服、住宅、工矿、工业、仓储、学校等用地。
		204	采矿用地	指采矿、采石、采砂(沙)场,盐田,砖瓦窑等地面生产用地及尾矿堆放地。
		205	风景名胜及特殊用地	指城镇村用地以外用于军事设施、涉外、宗教、监教、殡葬等的土地,以及风景名胜(包括名胜古迹、旅游景点、革命遗址等)景点及管理机构的建筑用地。

六、第三次全国国土调查土地利用分类

2017年,国土资源部重新组织修订,经国家质检总局、国家标准化管理委员会批准后,发布了《土地利用现状分类》(GB/T 201010—2017)(见表2.9)。新版本秉承生态用地保护需求、明确新型产业类型、兼顾监管部门管理需求的思路,完善地类含义,细化了二级类划分,调整了地类名称,增加了湿地归类,将土地分为12个一级类、73个二级类。2018年,自然资源部组建以后,土地调查和水资源调查、森林调查、草原调查和湿地调查等相关调查的管理职责都

被整合到了新组建的自然资源部，因此第三次全国国土调查的分类需要满足对山、水、林、田、湖、草、海等自然资源统一进行调查的要求。因此，在工作分类中，首次将"湿地"单独列为一级类进行统计调查。

"三调"对部分地类进行了细化和归并，形成了《第三次全国国土调查工作分类》，共分为 13 个一级类、56 个二级类，部分二级类细化成三级地类。为便于与"二调"衔接，对工作分类中 05、06、07、08、09 各地类，0603、1004、1005、1201 二级类，以及城镇村居民点范围内的其他各类用地进行归并，形成城镇村及工矿用地类，在其下划分出城市、建制镇、村庄、盐田及采矿用地、特殊用地等 5 个二级类（见表 2.10、表 2.11）。

表 2.9 《土地利用现状分类》（GB/T 201010—2017）

一级类		二级类		含义
编码	名称	编码	名称	
01	耕地			指种植农作物的土地，包括熟地，新开发、复垦、整理地，休闲地（含轮歇地、休耕地）；以种植农作物（含蔬菜）为主，间有零星果树、桑树或其他树木的土地；平均每年能保证收获一季的已垦滩地和海涂。耕地中包括南方宽度＜1.0m，北方宽度＜2.0m固定的沟、渠、路和地坎（埂）；临时种植药材、草皮、花卉、苗木等的耕地，临时种植果树、茶树和林木且耕作层未破坏的耕地，以及其他临时改变用途的耕地。
		0101	水田	指用于种植水稻、莲藕等水生农作物的耕地。包括实行水生、旱生农作物轮种的耕地。
		0102	水浇地	指有水源保证和灌溉设施，在一般年景能正常灌溉、种植旱生农作物（含蔬菜）的耕地。包括种植蔬菜的非工厂化的大棚用地。
		0103	旱地	指无灌溉设施，主要靠天然降水种植旱生农作物的耕地，包括没有灌溉设施，仅靠引洪淤灌的耕地。
02	园地			指种植以采集果、叶、根、茎、汁等为主的集约经营的多年生木本和草本作物，覆盖度大于50%或每亩株数大于合理株数70%的土地。包括用于育苗的土地。
		0201	果园	指种植果树的园地。
		0202	茶园	指种植茶树的园地。
		0203	橡胶园	指种植橡胶树的园地。
		0204	其他园地	指种植桑树、可可、咖啡、油棕、胡椒、药材等其他多年生作物的园地。

一级类		二级类		含义
编码	名称	编码	名称	
03	林地			指生长乔木、竹类、灌木的土地，及沿海生长红树林的土地。包括迹地，不包括城镇、村庄范围内的绿化林木用地，铁路、公路征地范围内的林木，以及河流、沟渠的护堤林。
		0301	乔木林地	指乔木郁闭度≥0.2的林地，不包括森林沼泽。
		0302	竹林地	指生长竹类植物，郁闭度≥0.2的林地。
		0303	红树林地	指沿海生长红树植物的林地。
		0304	森林沼泽	以乔木森林植物为优势群落的淡水沼泽。
		0305	灌木林地	指灌木覆盖度≥40%的林地，不包括灌丛沼泽。
		0306	灌丛沼泽	以灌丛植物为优势群落的淡水沼泽。
		0307	其他林地	包括疏林地（树木郁闭度≥0.1、小于0.2的林地）、未成林地、迹地、苗圃等林地。
04	草地			指生长草本植物为主的土地。
		0401	天然牧草地	指以天然草本植物为主，用于放牧或割草的草地，包括实施禁牧措施的草地，不包括沼泽草地。
		0402	沼泽草地	指以天然草本植物为主的沼泽化的低地草甸、高寒草甸。
		0403	人工牧草地	指人工种植牧草的草地。
		0404	其他草地	指树木郁闭度＜0.1，表层为土质，不用于放牧的草地。
05	商服用地			指主要用于商业、服务业的土地。
		0501	零售商业用地	以零售功能为主的商铺、商场、超市、市场和加油、加气、充换电站等的用地。
		0502	批发市场用地	以批发功能为主的市场用地。
		0503	餐饮用地	饭店、餐厅、酒吧等用地。
		0504	旅馆用地	宾馆、旅馆、招待所、服务型公寓、度假村等用地。
		0505	商务金融用地	指商务服务用地，以及经营性的办公场所用地。包括写字楼、商业性办公场所、金融活动场所和企业厂区外独立的办公场所；信息网络服务、信息技术服务、电子商务服务、广告传媒等用地。
		0506	娱乐用地	指剧院、音乐厅、电影院、歌舞厅、网吧、影视城、仿古城以及绿地率小于65%的大型游乐等设施用地。
		0507	其他商服用地	指零售商业、批发市场、餐饮、旅馆、商务金融、娱乐用地以外的其他商业、服务业用地。包括洗车场、洗染店、照相馆、理发美容店、洗浴场所、赛马场、高尔夫球场、废旧物资回收站、机动车、电子产品和日用产品修理网点、物流营业网点，及居住小区及小区级以下的配套的服务设施等用地。

续表

一级类		二级类		含义
编码	名称	编码	名称	
06	工矿仓储用地			指主要用于工业生产、物资存放场所的土地。
		0601	工业用地	指工业生产、产品加工制造、机械和设备修理及直接为工业生产等服务的附属设施用地。
		0602	采矿用地	指采矿、采石、采砂（沙）场，砖瓦窑等地面生产用地，排土（石）及尾矿堆放地。
		0603	盐田	指用于生产盐的土地，包括晒盐场所、盐池及附属设施用地。
		0604	仓储用地	指用于物资储备、中转的场所用地，包括物流仓储设施、配送中心、转运中心等。
07	住宅用地			指主要用于人们生活居住的房基地及其附属设施的土地。
		0701	城镇住宅用地	指城镇用于生活居住的各类房屋用地及其附属设施用地，不含配套的商业服务设施等用地。
		0702	农村宅基地	指农村用于生活居住的宅基地。
08	公共管理与公共服务用地			指用于机关团体、新闻出版、科教文卫、公用设施等的土地。
		0801	机关团体用地	指用于党政机关、社会团体、群众自治组织等的用地。
		0802	新闻出版用地	指用于广播电台、电视台、电影厂、报社、杂志社、通讯社、出版社等的用地。
		0803	教育用地	指用于各类教育用地，包括高等院校、中等专业学校、中学、小学、幼儿园及其附属设施用地，聋、哑、盲人学校及工读学校用地，以及为学校配建的独立地段的学生生活用地。
		0804	科研用地	指独立的科研、勘察、研发、设计、检验检测、技术推广、环境评估与监测、科普等科研事业单位及其附属设施用地。
		0805	医疗卫生用地	指医疗、保健、卫生、防疫、康复和急救设施等用地。包括综合医院、专科医院、社区卫生服务中心等用地；卫生防疫站、专科防治所、检验中心和动物检疫站等用地；对环境有特殊要求的传染病、精神病等专科医院用地；急救中心、血库等用地。
		0806	社会福利用地	指为社会提供福利和慈善服务的设施及其附属设施用地，包括福利院、养老院、孤儿院等用地。
		0807	文化设施用地	指图书、阅览等公共文化活动设施用地，包括公共图书馆、博物馆、档案馆、科技馆、纪念馆、美术馆和展览馆等设施用地；综合文化活动中心、文化馆、青少年宫、儿童活动中心、老年活动中心等设施用地。

一级类		二级类		含义
编码	名称	编码	名称	
08	公共管理与公共服务用地	0808	体育用地	指体育场馆和体育训练基地等用地，包括室内外体育运动用地，如体育场馆、游泳场馆、各类球场及其附属的业余体校等用地，溜冰场、跳伞场、摩托车场、射击场，以及水上运动的陆域部分等用地，以及为体育运动专设的训练基地用地，不包括学校等机构专用的体育设施用地。
		0809	公用设施用地	指用于城乡基础设施的用地。包括供水、排水、污水处理、供电、供热、供气、邮政、电信、消防、环卫、公用设施维修等用地。
		0810	公园与绿地	指城镇、村庄范围内的公园、动物园、植物园、街心花园、广场和用于休憩、美化环境及防护的绿化用地。
09	特殊用地			指用于军事设施、涉外、宗教、监教、殡葬、风景名胜等的土地。
		0901	军事设施用地	指直接用于军事目的的设施用地。
		0902	使领馆用地	指用于外国政府及国际组织驻华使领馆、办事处等的用地。
		0903	监教场所用地	指用于监狱、看守所、劳改场、戒毒所等的建筑用地。
		0904	宗教用地	指专门用于宗教活动的庙宇、寺院、道观、教堂等宗教自用地。
		0905	殡葬用地	指陵园、墓地、殡葬场所用地。
		0906	风景名胜设施用地	指风景名胜景点（包括名胜古迹、旅游景点、革命遗址、自然保护区、森林公园、地质公园、湿地公园等）的管理机构，以及旅游服务设施的建筑用地。景区内的其他用地按现状归入相应地类。
10	交通运输用地			指用于运输通行的地面线路、场站等的土地，包括民用机场、汽车客货运场站、港口、码头、地面运输管道和各种道路以及轨道交通用地。
		1001	铁路用地	指用于铁道线路及场站的用地，包括征地范围内的路堤、路堑、道沟、桥梁、林木等用地。
		1002	轨道交通用地	指用于轻轨、现代有轨电车、单轨等轨道交通用地，以及场站的用地。
		1003	公路用地	指用于国道、省道、县道和乡道的用地，包括征地范围内的路堤、路堑、道沟、桥梁、汽车停靠站、林木及直接为其服务的附属用地。
		1004	城镇村道路用地	指城镇、村庄范围内公用道路及行道树用地，包括快速路、主干路、次干路、支路、专用人行道和非机动车道，及其交叉口等。

续表

一级类		二级类		含义
编码	名称	编码	名称	
10	交通运输用地	1005	交通服务场站用地	指城镇、村庄范围内交通服务设施用地，包括公交枢纽及其附属设施用地、公路长途客运站、公共交通场站、公共停车场（含设有充电桩的停车场）、停车楼、教练场等用地，不包括交通指挥中心、交通队用地。
		1006	农村道路	在农村范围内，南方宽度≥1.0m、≤8m，北方宽度≥2.0m、≤8m，用于村间、田间交通运输，并在国家公路网络体系之外，以服务于农村农业生产为主要用途的道路（含机耕道）。
		1007	机场用地	指用于民用机场、军民合用机场的用地。
		1008	港口码头用地	指用于人工修建的客运、货运、捕捞及工程、工作船舶停靠的场所及其附属建筑物的用地，不包括常水位以下部分。
		1009	管道运输用地	指用于运输煤炭、矿石、石油、天然气等管道及其相应附属设施的地上部分用地。
11	水域及水利设施用地			指陆地水域，滩涂、沟渠、沼泽、水工建筑物等用地，不包括滞洪区和已垦滩涂中的耕地、园地、林地、城镇、村庄、道路等用地。
		1101	河流水面	指天然形成或人工开挖河流常水位岸线之间的水面，不包括被堤坝拦截后形成的水库区段水面。
		1102	湖泊水面	指天然形成的积水区常水位岸线所围成的水面。
		1103	水库水面	指人工拦截汇集而成的总设计库容≥10万㎡的水库正常蓄水位岸线所围成的水面。
		1104	坑塘水面	指人工开挖或天然形成的蓄水量<10万㎡的坑塘常水位岸线所围成的水面。
		1105	沿海滩涂	指沿海大潮高潮位与低潮位之间的潮浸地带，包括海岛的沿海滩涂。不包括已利用的滩涂。
		1106	内陆滩涂	指河流、湖泊常水位至洪水位间的滩地；时令湖、河洪水位以下的滩地；水库、坑塘的正常蓄水位与洪水位间的滩地。包括海岛的内陆滩地。不包括已利用的滩地。
		1107	沟渠	指人工修建，南方宽度≥1.0m、北方宽度≥2.0m用于引、排、灌的渠道，包括渠槽、渠堤、护堤林及小型泵站。
		1108	沼泽地	指经常积水或渍水，一般生长湿生植物的土地。包括草本沼泽、苔藓沼泽、内陆盐沼等。不包括森林沼泽、灌丛沼泽和沼泽草地。
		1109	水工建筑用地	指人工修建的闸、坝、堤路林、水电厂房、扬水站等常水位岸线以上的建（构）筑物用地。
		1110	冰川及永久积雪	指表层被冰雪常年覆盖的土地。

续表

一级类		二级类		含义
编码	名称	编码	名称	
12	其他土地			指除上述地类以外的其他类型的土地。
		1201	空闲地	指城镇、村庄、工矿范围内尚未使用的土地。包括尚未确定用途的土地。
		1202	设施农用地	指直接用于经营性畜禽养殖生产设施及附属设施用地；直接用于作物栽培或水产养殖等农产品生产的设施及附属设施用地；直接用于设施农业项目辅助生产的设施用地；晾晒场、粮食果品烘干设施、粮食和农资临时存放场所、大型农机具临时存放场所等规模化粮食生产所必需的配套设施用地。
		1203	田坎	指梯田及梯状坡地耕地中，主要用于拦蓄水和护坡，南方宽度≥1.0m、北方宽度≥2.0m 的地坎。
		1204	盐碱地	指表层盐碱聚集，生长天然耐盐植物的土地。
		1205	沙地	指表层为沙覆盖、基本无植被的土地。不包括滩涂中的沙地。
		1206	裸土地	指表层为土质，基本无植被覆盖的土地。
		1207	裸岩石砾地	指表层为岩石或石砾，其覆盖面积≥70% 的土地。

表 2.10 第三次全国国土调查工作分类

一级类		二级类		含义
编码	名称	编码	名称	
00	湿地			指红树林地，天然的或人工的，永久的或间歇性的沼泽地、泥炭地，盐田，滩涂等。
		0303	红树林地	沿海生长红树植物的林地。
		0304	森林沼泽	以乔木森林植物为优势群落的淡水沼泽。
		0306	灌丛沼泽	以灌丛植物为优势群落的淡水沼泽。
		0402	沼泽草地	指以天然草本植物为主的沼泽化的低地草甸、高寒草甸。
		0603	盐田	指用于生产盐的土地，包括晒盐场所、盐池及附属设施用地。
		1105	沿海滩涂	指沿海大潮高潮位与低潮位之间的潮浸地带。包括海岛的沿海滩涂。不包括已利用的滩涂。
		1106	内陆滩涂	指河流、湖泊常水位至洪水位间的滩地；时令湖、河洪水位以下的滩地；水库、坑塘的正常蓄水位与洪水位间的滩地。包括海岛的内陆滩地。不包括已利用的滩涂。
		1108	沼泽地	指经常积水或渍水，一般生长湿生植物的土地，包括草本沼泽、苔藓沼泽、内陆盐沼等，不包括森林沼泽、灌丛沼泽和沼泽草地。

续表

一级类		二级类		含义
编码	名称	编码	名称	
01	耕地			指种植农作物的土地，包括熟地，新开发、复垦、整理地，休闲地（含轮歇地、休耕地）；以种植农作物（含蔬菜）为主，间有零星果树、桑树或其他树木的土地；平均每年能保证收获一季的已垦滩地和海涂。耕地中包括南方宽度＜1.0米，北方宽度＜2.0米固定的沟、渠、路和地坎（埂）；临时种植药材、草皮、花卉、苗木等的耕地，临时种植果树、茶树和林木且耕作层未破坏的耕地，以及其他临时改变用途的耕地。
		0101	水田	指用于种植水稻、莲藕等水生农作物的耕地。包括实行水生、旱生农作物轮种的耕地。
		0102	水浇地	指有水源保证和灌溉设施，在一般年景能正常灌溉，种植旱生农作物（含蔬菜）的耕地。包括种植蔬菜的非工厂化的大棚用地。
		0103	旱地	指无灌溉设施，主要靠天然降水种植旱生农作物的耕地，包括没有灌溉设施，仅靠引洪淤灌的耕地。
02	种植园用地			指种植以采集果、叶、根、茎、汁等为主的集约经营的多年生木本和草本作物，覆盖度大于50%或每亩株数大于合理株数70%的土地。包括用于育苗的土地。
		0201	果园	指种植果树的园地。
		0201K	可调整果园	指由耕地改为果园，但耕作层未被破坏的土地。
		0202	茶园	指种植茶树的园地。
		0202K	可调整茶园	指由耕地改为茶园，但耕作层未被破坏的土地。
		0203	橡胶园	指种植橡胶树的园地。
		0203K	可调整橡胶园	指由耕地改为橡胶园，但耕作层未被破坏的土地。
		0204	其他园地	指种植桑树、可可、咖啡、油棕、胡椒、药材等其他多年生作物的园地。
		0204K	可调整其他园地	指由耕地改为其他园地，但耕作层未被破坏的土地。
03	林地			指生长乔木、竹类、灌木的土地。包括迹地，不包括沿海生长红树林的土地、森林沼泽、灌丛沼泽，城镇、村庄范围内的绿化林木用地，铁路、公路征地范围内的林木，以及河流、沟渠的护堤林。
		0301	乔木林地	指乔木郁闭度≥0.2的林地，不包括森林沼泽。

续表

一级类		二级类		含义	
编码	名称	编码	名称		
03	林地			0301K	可调整乔木林地	指由耕地改为乔木林地，但耕作层未被破坏的土地。
		0302	竹林地	指生长竹类植物，郁闭度≥0.2的林地。	
				0302K	可调整竹林地	指由耕地改为竹林地，但耕作层未被破坏的土地。
		0305	灌木林地	指灌木覆盖度≥40%的林地，不包括灌丛沼泽。	
		0307	其他林地	包括疏林地（0.1≤树木郁闭度、<0.2的林地）、未成林地、迹地、苗圃等林地。	
				0307K	可调整其他林地	指由耕地改为未成林造林地和苗圃，但耕作层未被破坏的土地。
04	草地			指以生长草本植物为主的土地。不包括沼泽草地。	
		0401	天然牧草地	指以天然草本植物为主，用于放牧或割草的草地，包括实施禁牧措施的草地，不包括沼泽草地。	
		0403	人工牧草地	指人工种植牧草的草地。	
				0403K	可调整人工牧草地	指由耕地改为人工牧草地，但耕作层未被破坏的土地。
		0404	其他草地	指树木郁闭度<0.1，表层为土质，不用于放牧的草地。	
05	商业服务业用地			指主要用于商业、服务业的土地。	
		05H1	商业服务业设施用地	指主要用于零售、批发、餐饮、旅馆、商务金融、娱乐及其他商服的土地。	
		0508	物流仓储用地	指用于物资储备、中转、配送等场所的用地，包括物流仓储设施、配送中心、转运中心等。	
06	工矿用地			指主要用于工业、采矿等生产的土地。不包括盐田。	
		0601	工业用地	指工业生产、产品加工制造、机械和设备修理，及直接为工业生产等服务的附属设施用地。	
		0602	采矿用地	指采矿、采石、采砂（沙）场，砖瓦窑等地面生产用地，排土（石）及尾矿堆放地，不包括盐田。	
07	住宅用地			指主要用于人们生活居住的房基地及其附属设施的土地。	
		0701	城镇住宅用地	指城镇用于生活居住的各类房屋用地及其附属设施用地，不含配套的商业服务设施等用地。	
		0702	农村宅基地	指农村用于生活居住的宅基地。	

续表

一级类		二级类		含义
编码	名称	编码	名称	
08	公共管理与公共服务用地			指用于机关团体、新闻出版、科教文卫、公用设施等的土地。
		08H1	机关团体新闻出版用地	指用于党政机关、社会团体、群众自治组织,广播电台、电视台、电影厂、报社、杂志社、通讯社、出版社等的用地。
		08H2	科教文卫用地	指用于各类教育,独立的科研、勘察、研发、设计、检验检测、技术推广、环境评估与监测、科普等科研事业单位,医疗、保健、卫生、防疫、康复和急救设施,为社会提供福利和慈善服务的设施,图书、展览等公共文化活动设施,体育场馆和体育训练基地等用地及其附属设施用地。
		08H2A	高教用地	指高等院校及其附属设施用地。
		0809	公用设施用地	指用于城乡基础设施的用地。包括供水、排水、污水处理、供电、供热、供气、邮政、电信、消防、环卫、公用设施维修等用地。
		0810	公园与绿地	指城镇、村庄范围内的公园、动物园、植物园、街心花园、广场和用于休憩、美化环境及防护的绿化用地。
		0810A	广场用地	指城镇、村庄范围内的广场用地。
09	特殊用地			指用于军事设施、涉外、宗教、监教、殡葬、风景名胜等的土地。
10	交通运输用地			指用于运输通行的地面线路、场站等的土地,包括民用机场、汽车客货运场站、港口、码头、地面运输管道和各种道路以及轨道交通用地。
		1001	铁路用地	指用于铁道线路及场站的用地。包括征地范围内的路堤、路堑、道沟、桥梁、林木等用地。
		1002	轨道交通用地	指用于轻轨、现代有轨电车、单轨等轨道交通用地,以及场站的用地。
		1003	公路用地	指用于国道、省道、县道和乡道的用地,包括征地范围内的路堤、路堑、道沟、桥梁、汽车停靠站、林木及直接为其服务的附属用地。
		1004	城镇村道路用地	指城镇、村庄范围内公用道路及行道树用地,包括快速路、主干路、次干路、支路、专用人行道和非机动车道,及其交叉口等。
		1005	交通服务场站用地	指城镇、村庄范围内交通服务设施用地,包括公交枢纽及其附属设施用地、公路长途客运站、公共交通场站、公共停车场(含设有充电桩的停车场)、停车楼、教练场等用地,不包括交通指挥中心、交通队用地。
		1006	农村道路	在农村范围内,南方宽度≥1.0米、≤8.0米,北方宽度≥2.0米、≤8.0米,用于村间、田间交通运输,并在国家公路网络体系之外,以服务于农村农业生产为主要用途的道路(含机耕道)。

续表

一级类		二级类		含义
编码	名称	编码	名称	
10	交通运输用地	1007	机场用地	指用于民用机场、军民合用机场的用地。
		1008	港口码头用地	指用于人工修建的客运、货运、捕捞及工程、工作船舶停靠的场所及其附属建筑物的用地，不包括常水位以下部分。
		1009	管道运输用地	指用于运输煤炭、矿石、石油、天然气等管道及其相应附属设施的地上部分用地。
11	水域及水利设施用地			指陆地水域，沟渠、水工建筑物等用地。不包括滞洪区。
		1101	河流水面	指天然形成或人工开挖河流常水位岸线之间的水面，不包括被堤坝拦截后形成的水库区段水面。
		1102	湖泊水面	指天然形成的积水区常水位岸线所围成的水面。
		1103	水库水面	指人工拦截汇集而成的总设计库容≥10万立方米的水库正常蓄水位岸线所围成的水面。
		1104	坑塘水面	指人工开挖或天然形成的蓄水量＜10万立方米的坑塘常水位岸线所围成的水面。
		1104A	养殖坑塘	指人工开挖或天然形成的用于水产养殖的水面及相应附属设施用地。
		1104K	可调整养殖坑塘	指由耕地改为养殖坑塘，但可复耕的土地。
		1107	沟渠	指人工修建，南方宽度≥1.0米、北方宽度≥2.0米用于引、排、灌的渠道，包括渠槽、渠堤、护路林及小型泵站。
		1107A	干渠	指除农田水利用地以外的人工修建的沟渠。
		1109	水工建筑用地	指人工修建的闸、坝、堤路林、水电厂房、扬水站等常水位岸线以上的建（构）筑物用地。
		1110	冰川及永久积雪	指表层被冰雪常年覆盖的土地。
12	其他土地			指除上述地类以外的其他类型的土地。
		1201	空闲地	指城镇、村庄、工矿范围内尚未使用的土地。包括尚未确定用途的土地。
		1202	设施农用地	指直接用于经营性畜禽养殖生产设施及附属设施用地；直接用于作物栽培或水产养殖等农产品生产的设施及附属设施用地；直接用于设施农业项目辅助生产的设施用地；晾晒场、粮食果品烘干设施、粮食和农资临时存放场所、大型农机具临时存放场所等规模化粮食生产所必需的配套设施用地。
		1203	田坎	指梯田及梯状坡地耕地中，主要用于拦蓄水和护坡、南方宽度≥1.0米、北方宽度≥2.0米的地坎。
		1204	盐碱地	指表层盐碱聚集，生长天然耐盐植物的土地。

续表

一级类		二级类		含义
编码	名称	编码	名称	
12	其他土地	1205	沙地	指表层为沙覆盖、基本无植被的土地，不包括滩涂中的沙地。
		1206	裸土地	指表层为土质，基本无植被覆盖的土地。
		1207	裸岩石砾地	指表层为岩石或石砾，其覆盖面积≥70%的土地。

表2.11　城镇村及工矿用地分类

一级		二级		含义
编码	名称	编码	名称	
20	城镇村及工矿用地			指城乡居民点、独立居民点以及居民点以外的工矿、国防、名胜古迹等企事业单位用地，包括其内部交通、绿化用地。
		201	城市	即城市居民点，指市区政府、县级市政府所在地（镇级）辖区内的，以及与城市连片的商业服务业、住宅、工业、机关、学校等用地，包括其所属的，不与其连片的开发区、新区等建成区，及城市居民点范围内的其他各类用地（含城中村）。
		201A	城市独立工业用地	城市辖区内独立的工业用地
		202	建制镇	即建制镇居民点，指建制镇辖区内的商业服务业、住宅、工业、学校等用地，包括其所属的但不与其连片的开发区、新区等建成区，及建制镇居民点范围内的其他各类用地（含城中村），不包括乡镇政府所在地。
		202A	建制镇独立工业用地	建制镇辖区内独立的工业用地
		203	村庄	即农村居民点，指乡村所属的商业服务业、住宅、工矿、工业、学校等用地，包括农村居民点范围内的其他各类用地。
		203A	村庄独立工业用地	村庄所属独立的工业用地
		204	采矿用地	指城镇村庄用地以外采矿、采石、采砂（沙）场，盐田，砖瓦窑等地面生产用地及尾矿堆放地。
		205	特殊用地	指城镇村用地以外用于军事设施、涉外、宗教、监教、殡葬、风景名胜等的土地。

注：对工作分类中05、06、07、08、09各地类，0603、1004、1005、1201二级类，以及城镇村居民点范围内的其他各类用地按本表进行归并。

第三节 | 国土资源利用状况

一、"三调"浙江省主要数据情况

（一）一级类情况

全省湿地面积 165.2 千公顷；耕地面积 1290.5 千公顷；种植园用地面积 760.3 千公顷；林地面积 6093.6 千公顷；草地面积 63.5 千公顷；城镇村及工矿用地面积 1146.8 千公顷；交通运输用地面积 246.9 千公顷；水域及水利设施用地面积 702.5 千公顷（见表 2.12）。

表 2.12　一级类面积统计

编号	地类名称	面积／千公顷
00	湿地	165.2
01	耕地	1290.5
02	种植园用地	760.3
03	林地	6093.6
04	草地	63.5
20	城镇村及工矿用地	1146.8
10	交通运输用地	246.9
11	水域及水利设施用地	702.5

（二）三大类情况

按三大类统计，"三调"全省农用地 8695.4 千公顷，占 82.29%，建设用地 1329.0 千公顷，占 12.58%，未利用地 542.5 千公顷，占 5.13%[①]（见表 2.13）。

表 2.13　浙江省及各设区市三大类面积统计

单位：千公顷

行政区名称	农用地	建设用地	未利用地
浙江省	8695.4	1329.0	542.5
杭州市	1421.2	208.9	54.6
宁波市	687.5	195.8	96.5
温州市	983.2	127.6	96.9
嘉兴市	232.9	136.8	54.0
湖州市	443.7	106.5	31.7

---

① 不包含国家明确规定不得对外公开的地类统计数据，以下同。

续表

行政区名称	农用地	建设用地	未利用地
绍兴市	662.9	122.5	42.3
金华市	937.5	137.7	18.8
衢州市	791.5	72.4	20.4
舟山市	90.6	37.3	22.4
台州市	800.9	126.9	77.7
丽水市	1643.5	56.6	27.2

二、湿地情况

全省湿地面积 165.2 千公顷，其中沿海滩涂 154.3 千公顷，内陆滩涂 10.8 千公顷，其他 0.1 千公顷，分别占湿地总面积的 93.36%，6.53% 和 0.11%。

浙江省湿地主要为沿海滩涂。沿海滩涂面积最大的是宁波市，为 51.0 千公顷，占全省沿海滩涂面积的 33.08%；其次是温州市，为 49.6 千公顷，占全省沿海滩涂面积的 32.14%。内陆滩涂面积最大的是温州市，为 3.2 千公顷，占全省内陆滩涂面积的 29.82%，其次是台州市，为 2.5 千公顷，占全省内陆滩涂的 23.37%（见表 2.14）。

表 2.14　浙江省及各设区市湿地面积统计[①]

单位：千公顷

行政区名称	合计	红树林地	森林沼泽	灌丛沼泽	沼泽草地	沿海滩涂	内陆滩涂	沼泽地
浙江省	165.2	0.1	0.0	0.0	0.0	154.3	10.8	0.0
杭州市	1.1	0.0	0.0	0.0	0.0	0.0	1.0	0.0
宁波市	51.7	0.0	0.0	0.0	0.0	51.0	0.7	0.0
温州市	52.9	0.1	0.0	0.0	0.0	49.6	3.2	0.0
嘉兴市	3.4	0.0	0.0	0.0	0.0	3.2	0.1	0.0
湖州市	0.5	0.0	0.0	0.0	0.0	0.0	0.5	0.0
绍兴市	0.4	0.0	0.0	0.0	0.0	0.0	0.4	0.0
金华市	0.4	0.0	0.0	0.0	0.0	0.0	0.4	0.0
衢州市	1.0	0.0	0.0	0.0	0.0	0.0	1.0	0.0
舟山市	16.0	0.0	0.0	0.0	0.0	16.0	0.0	0.0
台州市	37.0	0.0	0.0	0.0	0.0	34.4	2.5	0.0
丽水市	0.9	0.0	0.0	0.0	0.0	0.0	0.9	0.0

---

① 本书所呈现的成果数据未完全调平，故可能存在数据加总不等于合计的情况，后同。

三、耕地情况

（一）构成面积及分布

全省耕地面积 1290.5 千公顷，其中水田 1062.8 千公顷，旱地 227.6 千公顷，分别占耕地总面积的 82.36% 和 17.64%。各地级市中，耕地面积最大的是温州市，为 156.2 千公顷，其次是金华市，为 145.6 千公顷，再次是宁波市，为 145.5 千公顷，第四是嘉兴市，为 141.7 千公顷。各市耕地均以水田为主，其中嘉兴市水田占比 93.09%，水田占比最小的是舟山市，占 55.37%（见表 2.15）。

表 2.15　浙江省及各地级市耕地面积及构成占比统计

行政区名称	面积 / 千公顷				占比 /%		
	合计	水田	水浇地	旱地	水田	水浇地	旱地
浙江省	1290.5	1062.8	0.0	227.6	82.36	0.00	17.64
杭州市	123.8	102.2	0.0	21.6	82.54	0.00	17.46
宁波市	145.5	107.9	0.0	37.6	74.17	0.00	25.83
温州市	156.2	127.8	0.0	28.5	81.79	0.00	18.21
嘉兴市	141.7	131.9	0.0	9.8	93.09	0.00	6.91
湖州市	81.7	73.3	0.0	8.3	89.81	0.00	10.19
绍兴市	123.1	95.1	0.0	28.1	77.21	0.00	22.79
金华市	145.6	117.0	0.0	28.6	80.36	0.00	19.64
衢州市	105.0	88.8	0.0	16.2	84.59	0.00	15.41
舟山市	14.6	8.1	0.0	6.5	55.37	0.00	44.63
台州市	131.6	109.7	0.0	21.9	83.37	0.00	16.63
丽水市	121.6	100.9	0.0	20.6	83.02	0.00	16.98

（二）耕地分坡度统计

全省耕地中，坡度 2° 及以下的面积为 798.8 千公顷，占耕地总面积的 61.90%；2°～6° 的面积为 147.0 千公顷，占耕地总面积的 11.39%；6°～15° 的面积为 152.5 千公顷，占耕地总面积的 11.82%；15°～25° 的面积为 151.8 千公顷，占耕地总面积的 11.77%；25° 以上的面积为 40.3 千公顷，占耕地总面积的 3.12%。全省梯田面积为 328.2 千公顷，主要分布在 2°～15° 的区间上，坡地面积为 163.5 千公顷，主要分布在 6°～25° 的区间上（见表 2.16）。

表 2.16　不同坡度梯田和坡地面积统计

单位：千公顷

坡度	耕地	其中	
		梯田	坡地
≤ 2°	798.8	—	—
2°～6°	147.0	113.9	33.1
6°～15°	152.5	99.9	52.6
15°～25°	151.8	94.7	57.2
> 25°	40.3	19.7	20.6

除丽水市外，其他设区市耕地主要分布在 2°及以下，尤以嘉兴市、宁波市为多。2°～6°耕地面积最大的是金华市，为 35.8 千公顷，其次为衢州市，为 28.0 千公顷；6°～15°耕地面积最大的是丽水市，为 25.7 千公顷，其次为温州市，为 23.6 千公顷；15°～25°耕地面积最大的是丽水市，为 52.5 千公顷，其次为温州市，为 38.1 千公顷；25°以上耕地面积最大的是丽水市，为 19.0 千公顷（见表 2.17）。

表 2.17　全省及设区市耕地面积按坡度统计

单位：千公顷

行政区名称	合计	≤ 2°	2°～6°	6°～15°	15°～25°	> 25°
浙江省	1290.5	798.8	147.0	152.5	151.8	40.3
杭州市	123.8	77.6	17.9	16.0	10.3	2.1
宁波市	145.5	122.7	9.2	7.5	5.6	0.6
温州市	156.2	78.5	7.4	23.6	38.1	8.7
嘉兴市	141.7	140.8	0.8	0.1	0.0	0.0
湖州市	81.7	75.5	4.0	2.0	0.2	0.1
绍兴市	123.1	73.5	17.1	20.3	10.1	2.1
金华市	145.6	71.4	35.8	22.3	12.5	3.5
衢州市	105.0	50.2	28.0	18.3	6.9	1.5
舟山市	14.6	9.9	1.6	2.1	0.9	0.0
台州市	131.6	85.8	13.8	14.7	14.6	2.7
丽水市	121.6	12.8	11.5	25.7	52.5	19.0

四、种植园用地

全省种植园用地 760.3 千公顷，其中果园 373.3 千公顷，茶园 171.1 千公顷，其他园地 215.9 千公顷，分别占种植园用地总面积的 49.09%、22.51% 和 28.40%。

各设区市中，种植园用地面积最大的是杭州市，为 96.7 千公顷，其次是绍兴市，为 96.3 千公顷。果园面积最大的是台州市，为 71.5 千公顷；茶园面积最大的是丽水市，为 31.4 千公顷，其他园地面积最大的是绍兴市，为 40.3 千公顷（见表 2.18）。

宁波市、温州市、金华市、衢州市、舟山市、台州市和丽水市都以果园为主，其中台州市果园比例达 86.10%；嘉兴市、湖州市、绍兴市以其他园地为主，其中嘉兴市其他园地比例达 72.86%。

表 2.18　全省及各设区市种植园用地面积统计

单位：千公顷

行政区名称	合计	果园	茶园	橡胶园	其他园地
浙江省	760.3	373.3	171.1	0.0	215.9
杭州市	96.7	34.2	28.4	0.0	34.0
宁波市	66.7	50.0	9.6	0.0	7.1
温州市	43.9	27.1	9.3	0.0	7.4
嘉兴市	46.7	12.5	0.1	0.0	34.0
湖州市	71.2	6.9	27.6	0.0	36.8
绍兴市	96.3	25.3	30.8	0.0	40.3
金华市	84.6	50.4	19.5	0.0	14.7
衢州市	84.5	58.9	8.3	0.0	17.3
舟山市	3.9	3.2	0.3	0.0	0.4
台州市	83.0	71.5	5.8	0.0	5.7
丽水市	82.8	33.2	31.4	0.0	18.2

五、林地

全省林地 6093.6 千公顷，其中乔木林地 4590.4 千公顷，竹林地 906.3 千公顷，灌木林地 231.9 千公顷，其他林地 364.9 千公顷，分别占林地总面积的 75.33%、14.87%、3.81% 和 5.99%。

各设区市中，林地面积最大的是丽水市，为 1384.2 千公顷；其次为杭州市，为 1100.7 千公顷。除嘉兴市林地以其他林地为主、湖州市林地以竹林地为主外，其他设区市林地均以乔木林地为主（见表 2.19）。

表 2.19　全省及各设区市林地面积统计

单位：千公顷

行政区名称	合计	乔木林地	竹林地	灌木林地	其他林地
浙江省	6093.6	4590.4	906.3	231.9	364.9
杭州市	1100.7	809.3	177.3	47.2	67.0
宁波市	411.7	273.3	88.6	4.4	45.4
温州市	740.2	609.4	56.3	40.4	34.1
嘉兴市	16.3	2.4	0.8	0.4	12.8
湖州市	231.6	73.9	122.9	6.2	28.6
绍兴市	392.4	277.0	87.3	14.4	13.8
金华市	646.1	512.4	58.6	27.6	47.5
衢州市	566.8	416.1	102.8	12.2	35.7
舟山市	63.1	49.5	1.0	9.4	3.1
台州市	540.4	459.8	44.2	14.4	21.9
丽水市	1384.2	1107.2	166.6	55.5	54.9

六、草地

全省草地面积为 63.5 千公顷，全部是其他草地。草地主要分布在宁波市、台州市等地（见表 2.20）。

表 2.20　全省及各设区市草地面积统计

单位：千公顷

行政区名称	合计	天然牧草地	人工牧草地	其他草地
浙江省	63.5	0.0	0.0	63.5
杭州市	5.3	0.0	0.0	5.3
宁波市	11.1	0.0	0.0	11.1
温州市	8.1	0.0	0.0	8.1
嘉兴市	3.7	0.0	0.0	3.7
湖州市	2.4	0.0	0.0	2.4
绍兴市	4.5	0.0	0.0	4.5
金华市	4.0	0.0	0.0	4.0
衢州市	4.2	0.0	0.0	4.2
舟山市	5.4	0.0	0.0	5.4
台州市	9.7	0.0	0.0	9.7
丽水市	5.1	0.0	0.0	5.1

七、城镇村及工矿用地

全省城镇村及工矿用地面积为 1146.8 千公顷，其中城市 256.6 千公顷，占 22.38%，建制镇 266.0 千公顷，占 23.20%，村庄 578.3 千公顷，占 50.43%，采矿用地 26.1 千公顷，占 2.27%，风景名胜及特殊用地 19.8 千公顷，占 1.72%。城镇村内部主要地类为住宅用地，面积为 527.5 千公顷，占 46.00%，其余是工矿用地，面积为 286.1 千公顷，占比 24.94%。

各设区市中，城镇村及工矿用地面积最大的是杭州市，为 182.4 千公顷，其次是宁波市，为 171.4 千公顷；城镇村及工矿用地面积最小的是舟山市，为 31.2 千公顷。城市面积最大的是杭州市，为 57.8 千公顷，其次是宁波市，为 49.3 千公顷；面积最小的是舟山市，为 7.0 千公顷。建制镇面积最大的是宁波市，为 44.5 千公顷，其次是嘉兴市，为 37.1 千公顷；面积最小的是舟山市，为 5.3 千公顷。村庄面积最大的是杭州市，为 84.2 千公顷，其次是宁波市，为 70.9 千公顷；面积最小的是舟山市，为 14.4 千公顷。采矿用地面积最大的是湖州市，为 4.0 千公顷，其次是宁波市，为 3.7 千公顷；面积最小的是嘉兴市，为 0.1 千公顷。风景名胜及特殊用地面积最大的是宁波市，为 3.1 千公顷，其次是杭州市和温州市，为 3.0 千公顷；面积最小的是嘉兴市，为 0.7 千公顷（见表 2.21）。

表 2.21 全省及各设区市城镇村及工矿用地面积统计

单位：千公顷

行政区名称	小计	城市	建制镇	村庄	采矿用地	风景名胜及特殊用地
浙江省	1146.8	256.6	266.0	578.3	26.1	19.8
杭州市	182.4	57.8	33.8	84.2	3.6	3.0
宁波市	171.4	49.3	44.5	70.9	3.7	3.1
温州市	109.1	15.2	33.4	55.5	2.0	3.0
嘉兴市	122.5	25.8	37.1	58.6	0.1	0.7
湖州市	91.8	8.9	18.4	59.1	4.0	1.4
绍兴市	104.5	23.3	24.6	54.1	1.4	1.2
金华市	118.1	30.5	23.5	59.0	2.7	2.4
衢州市	61.8	10.4	10.0	38.2	1.8	1.3
舟山市	31.2	7.0	5.3	14.4	3.4	1.1
台州市	108.0	21.9	26.0	56.2	2.1	1.7
丽水市	46.1	6.5	9.4	28.1	1.3	0.8

八、交通运输用地

全省交通运输用地面积 246.9 千公顷，其中铁路用地 10.7 千公顷，占 4.35%，轨道交通用地 1.8 千公顷，占 0.73%，公路用地 135.5 千公顷，占 54.89%，农村道路 89.5 千公顷，占 36.24%，机场用地 3.1 千公顷，占 1.24%，港口码头用地 6.2 千公顷，占 2.50%，管道运输用地 0.1 千公顷，占 0.05%。

各设区市中，交通运输用地面积最大的是杭州市，为 34.8 千公顷，其次是宁波市，为 30.6 千公顷。铁路用地面积最大的是杭州市，为 1.9 千公顷，其次是金华市，为 1.5 千公顷。轨道交通运输用地面积最大的是杭州市，为 1.0 千公顷，其次是宁波市，为 0.3 千公顷。公路用地面积最大的是杭州市，为 19.5 千公顷，其次是宁波市，为 16.7 千公顷。农村道路面积最大的是杭州市，为 11.1 千公顷，其次是温州市，为 10.7 千公顷。机场用地面积最大的是杭州市，为 1.1 千公顷，其次是宁波市和衢州市，为 0.5 千公顷。港口码头用地面积最大的是舟山市，为 2.1 千公顷，其次是宁波市，为 1.8 千公顷。管道运输用地面积较小，主要分布在宁波市（见表 2.22）。

表 2.22 全省及各设区市交通运输用地面积统计

单位：千公顷

行政区名称	合计	铁路用地	轨道交通用地	公路用地	农村道路	机场用地	港口码头用地	管道运输用地
浙江省	246.9	10.7	1.8	135.5	89.5	3.1	6.2	0.1
杭州市	34.8	1.9	1.0	19.5	11.1	1.1	0.3	0.0
宁波市	30.6	0.9	0.3	16.7	10.3	0.5	1.8	0.1
温州市	26.4	1.0	0.2	13.7	10.7	0.4	0.5	0.0
嘉兴市	20.4	0.5	0.1	11.9	7.3	0.0	0.6	0.0
湖州市	19.8	0.8	0.0	11.7	7.1	0.1	0.1	0.0
绍兴市	22.5	1.1	0.0	13.5	7.9	0.0	0.1	0.0
金华市	26.5	1.5	0.1	15.5	9.3	0.1	0.0	0.0
衢州市	15.9	1.2	0.0	7.7	6.4	0.5	0.1	0.0
舟山市	5.8	0.0	0.0	2.6	0.9	0.2	2.1	0.0
台州市	24.9	1.1	0.1	14.1	8.8	0.3	0.6	0.0
丽水市	19.3	0.8	0.0	8.7	9.7	0.0	0.0	0.0

九、水域及水利设施用地

全省水域及水利设施用地面积 702.5 千公顷，其中河流水面 303.5 千公顷，占 43.21%；湖泊水面 8.2 千公顷，占 1.17%；水库水面 134.1 千公顷，占 19.09%；坑塘水面 213.6 千公顷，占 30.40%；沟渠 18.4 千公顷，占 2.61%；水工建筑用地 24.7 千公顷，占 3.52%；浙江省境内无冰川及永久积雪分布。

设区市中，水域及水利设施用地面积最大的是杭州市，为 132.9 千公顷，其次是宁波市 86.3 千公顷。河流水面面积最大的是杭州市，为 46.8 千公顷，其次是嘉兴市，为 44.0 千公顷。湖泊水面面积最大的是嘉兴市，为 3.0 千公顷，其次是宁波市，为 2.2 千公顷。水库水面面积最大的是杭州市，为 55.3 千公顷，其次是丽水市，为 15.8 千公顷。坑塘水面面积最大的是湖州市，为 44.8 千公顷，其次是宁波市，为 32.8 千公顷。沟渠面积最大的是宁波市，为 3.9 千公顷，其次是金华市，为 3.0 千公顷。水工建筑用地面积最大的是宁波市，为 4.1 千公顷，其次是绍兴市，为 3.3 千公顷（见表 2.23）。

表 2.23　全省及各设区市水域及水利设施用地面积统计　　单位：千公顷

行政区名称	合计	河流水面	湖泊水面	水库水面	坑塘水面	沟渠	水工建筑用地	冰川及永久积雪
浙江省	702.5	303.5	8.2	134.1	213.6	18.4	24.7	0.0
杭州市	132.9	46.8	1.3	55.3	24.9	1.9	2.8	0.0
宁波市	86.3	31.2	2.2	12.0	32.8	3.9	4.1	0.0
温州市	53.5	35.8	0.0	6.7	7.1	1.0	2.8	0.0
嘉兴市	67.8	44.0	3.0	0.2	18.1	1.5	1.1	0.0
湖州市	81.5	28.5	0.3	4.9	44.8	0.9	2.0	0.0
绍兴市	75.1	35.9	1.2	7.8	25.0	1.9	3.3	0.0
金华市	57.0	14.2	0.0	11.9	25.5	3.0	2.4	0.0
衢州市	36.2	15.0	0.0	9.3	9.4	1.4	1.2	0.0
舟山市	9.4	0.9	0.0	1.3	5.5	0.5	1.2	0.0
台州市	62.1	30.4	0.1	9.0	18.2	1.6	2.9	0.0
丽水市	40.8	20.9	0.0	15.8	2.4	0.7	1.0	0.0

第三章 耕地保护与粮食安全

耕地保护与粮食安全是全球性的问题，世界各国的粮食生产、贸易、消费紧密相连。世界粮食安全正面临着两大挑战：全球气候变化的不确定性、局部国际形势动荡与贸易摩擦。首先，全球气候变暖加剧粮食供需矛盾。粮食生产与气候变化密切相关，在全球气候变暖的趋势下，世界多个粮食生产国遭遇气候灾害，出现不同程度的粮食减产。其次，全球政经局势不稳定对粮食安全的扰动仍然存在。地区不稳定、贸易摩擦等因素使各粮食生产国加大出口限制，粮价持续走高，进一步加剧了全球粮食紧张局势。2021年，全球粮食价格已进入高位运行状态，2022年开春，联合国粮农组织的食品价格指数跃升至1990年以来最高水平，谷物等主粮价格指数创历史新高。

面对全球粮食安全形势与人多地少的基本国情，我国要重视耕地保护，把握粮食安全主动权。浙江省作为我国东部经济较发达的省份之一，外来人口众多，粮食需求量大，是我国第二大粮食主销区。与此同时，浙江省也存在耕地资源少、粮食自给率低等问题，面临着耕地保护与粮食安全的压力。从耕地资源上看，由于浙江省正处于新型城镇化的快速建设阶段，新型城镇化和乡村振兴造成一定的耕地流失以及耕地资源非可逆化利用现象。从粮食供给上看，一方面，受全球气候变暖影响，浙江省出现的旱情加大了粮食产量下降的可能性；另一方面，随着工业化、城镇化的加快推进，日益密集的产业和人口加剧了耕地资源紧张的态势，浙江省粮食自给率呈现下滑趋势。

粮食安全事关国运民生。在此背景下，基于浙江省"三调"耕地数据，本章揭示浙江省"三调"耕地现状，分析"二调"至"三调"期间的耕地利用变化，基于耕地压力指数对浙江省粮食安全状况进行评估，预测浙江省未来耕地供需，探索多样化的耕地保护路径，对推动浙江省耕地保护、保障浙江省粮食安全具有重要意义。

第一节 │ "三调"耕地现状分析

耕地保护事关国家粮食安全、生态安全和社会稳定。党的十八大以来，以习近平同志为核心的党中央高度重视粮食安全，将其作为治国理政的头等大事。2017年，中共中央、国务院印发《关于加强耕地保护和改进占补平衡的意见》（以下简称《意见》），对新常态下加强耕地保护和改进占补平衡工作作出重要指示。与以往强调耕地数量管控不同，《意见》中突出耕地数量、质量、生态"三位一体"的保护理念，强调要牢牢守住耕地保护红线，形成耕地"三位一体"综合保护格局。

一、耕地数量分析，厘清管控底数

耕地数量保护是"三位一体"的基础，这要求我国守住耕地保护红线，让耕地数量能持续满足我国人口最基本的粮食需求。我国人多地少的基本国情决定了耕地数量保护是耕地保护的首要任务。分析耕地数量保护现状一般从耕地面积总量、人均耕地面积和耕地分布空间格局三个方面展开，通过厘清耕地管控底数，为耕地保护工作奠定基石。

（一）耕地面积占比较小，地区分布不平衡

"三调"数据表明，2019年浙江省有耕地1290.5千公顷（1935.70万亩），占全省总面积的12%左右[1]。与邻近省份相比，江苏省有耕地4089.7千公顷（6134.54万亩），占全省总面积约38%，安徽省有耕地5546.9千公顷（8320.35万亩），约占全省面积的40%，浙江省耕地面积占比较小。从浙江省各地级市耕地面积（见图3.1）可以看出，浙江省内耕地空间分布不平衡。其中温州市、宁波市、金华市和嘉兴市耕地数量较多，均为140千公顷以上，总量达到589.0千公顷，占全省耕地总面积的45.64%；湖州市、舟山市耕地面积少，其中舟山市耕地面积仅为14.6千公顷，占全省耕地面积的比例为1.13%。

---

[1] 全省总面积数据来源于浙江省统计局官网公开数据，下同。

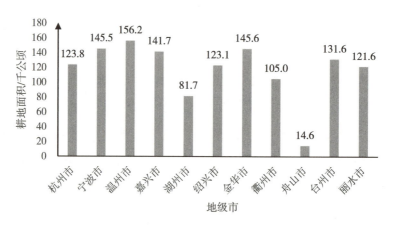

图 3.1　2019 年浙江省各地级市耕地面积

（二）人均耕地资源紧张，人多地少困境加剧

随着城镇化进程加快，浙江省人口规模不断扩大。据第七次全国人口普查数据，浙江省人口增长规模位列全国第二，人口的快速增长进一步加剧了耕地资源的紧张。2019 年，浙江省人均耕地面积仅为 0.30 亩，低于同期全国平均水平的 1.36 亩/人，仅为其 22.06%。各地级市人均耕地面积存在差异，其中丽水市和衢州市人均耕地面积较其他地市高，均大于 0.5 亩，舟山市、杭州市人均耕地面积小，仅为 0.19 亩和 0.16 亩（见表 3.1）。

表 3.1　2019 年浙江省和各地级市人均耕地面积

行政区域	总人口数/万人	耕地面积		人均耕地面积	
		千公顷	万亩	平方米	亩
浙江省	6375.0	1290.5	1935.70	202.4	0.30
杭州市	1161.3	123.8	185.77	106.6	0.16
宁波市	929.4	145.5	218.28	156.6	0.23
温州市	956.1	156.2	234.37	163.4	0.25
嘉兴市	533.5	141.7	212.50	265.6	0.40
湖州市	332.7	81.7	122.51	245.6	0.37
绍兴市	526.0	123.1	184.71	234.0	0.35
金华市	691.1	145.6	218.39	210.7	0.32
衢州市	226.3	105.0	157.52	464.0	0.70
舟山市	116.5	14.6	21.90	125.3	0.19
台州市	654.8	131.6	197.41	201.0	0.30
丽水市	247.5	121.6	182.35	491.3	0.74

（三）耕地分布破碎化，空间格局有待优化

空间自相关分析可以度量耕地在浙江省的空间集聚程度。耕地局部空间自相关分析结果显示，2019年浙江省耕地高-高聚类区域为2105个单元，无统计显著性区域有7229个单元，耕地分布呈现分散与破碎的特点（见图3.2、表3.2）。2019年浙江省耕地分布呈现明显的空间分异性，特征为"一个大片、四个区块"，耕地分布的高、中密度区主要位于浙江省北部，其中杭嘉湖平原、金衢盆地、宁绍平原是耕地分布较为集中的区域；耕地分布低密度区主要位于浙江省西北部，该区域地形以丘陵和山地为主，不适宜大面积的农作物耕种。全省总体上耕地低密度区分布最广，耕地高密度区面积小，空间聚集程度不高，耕地空间分布格局有待进一步的优化。

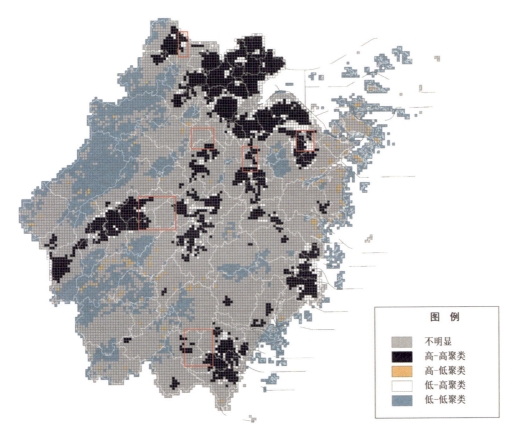

图例

不明显
高-高聚类
高-低聚类
低-高聚类
低-低聚类

图3.2　2019年浙江省耕地面积局部莫兰分析

表 3.2　耕地局部空间自相关分析不同聚类区计算单元数量分布

区域类型	单元数／个
高-高聚类区域	2105
高-低聚类区域	109
低-高聚类区域	402
低-低聚类区域	3019
无统计显著性区域	7229

二、耕地质量分析，探明管理底质

耕地质量保护是"三位一体"的重点，在数量管控的基础上加强耕地质量把关，是形成长远稳定的粮食供给格局的重要抓手。耕地质量的高低影响着粮食供给数量、质量与稳定性，评价耕地质量通常涉及耕地资源禀赋、产能潜力和利用质效等方面，通过分析耕地立地基础、计算复种指数等指标反映耕地质量，为耕地保护工作探明底质。

（一）耕地资源禀赋较好，立地基础佳

1.冲积平原坡度平缓，利于农业耕作

耕地坡度作为耕地生产的限制性因素，是耕地质量评估的重要指标。浙江省地形素有"七山一水二分田"之说，全省山区面积占总面积的 70.4%，平坦地占 23.2%，地形自西南向东北呈阶梯状倾斜，西南以山地为主，中部以丘陵为主，东北部是低平的冲积平原。浙江省全省耕地主要分布在地势平坦、土壤肥沃的盆地和平原，耕地坡度以平坡为主。坡度 ≤ 2°（平坡）的耕地有 798.8 千公顷，占全省耕地的 61.90%，坡度 2°～6°（微坡）的耕地有 147.0 千公顷，占全省耕地面积 11.39%，坡度 >25°（陡坡）的耕地面积小，仅占全省耕地的 3.12%，坡度 2°～6°（微坡）与坡度 ≤ 2°（平坡）的耕地占全省耕地面积 73.29%（见图 3.3）。从不同坡度级耕地的空间分布来看，坡度 ≤ 2°（平坡）的耕地主要分布在嘉兴市、宁波市、台州市；坡度 2°～6°（微坡）的耕地主要分布于杭嘉湖、萧宁绍等平原地带，面积位于全省前三位的地级市为金华市、衢州市与杭州市，坡度 > 25°（陡坡）的耕地主要分布在丽水市、温州市与金华市（见表 3.3）。

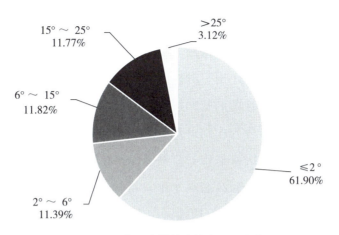

图3.3　浙江省耕地分坡度面积占比

表3.3　浙江省及各地级市耕地分坡度面积

单位：千公顷

行政区域	耕地面积	≤ 2°	2°~6°	6°~15°	15°~25°	> 25°
浙江省	1290.5	798.8	147.0	152.5	151.8	40.3
杭州市	123.8	77.6	17.9	16.0	10.3	2.1
宁波市	145.5	122.7	9.2	7.5	5.6	0.6
温州市	156.2	78.5	7.4	23.6	38.1	8.7
嘉兴市	141.7	140.8	0.8	0.1	0.0	0.0
湖州市	81.7	75.5	4.0	2.0	0.2	0.1
绍兴市	123.1	73.5	17.1	20.3	10.1	2.1
金华市	145.6	71.4	35.8	22.3	12.5	3.5
衢州市	105.0	50.2	28.0	18.3	6.9	1.5
舟山市	14.6	9.9	1.6	2.1	0.9	0.0
台州市	131.6	85.8	13.8	14.7	14.6	2.7
丽水市	121.6	12.8	11.5	25.7	52.5	19.0

2.多措并举改良土壤肥力，地力水平稳步提升

土壤为粮食作物提供必需的营养与水分，是农业生产的重要基础，土壤质量的好坏关系着粮食的产量与质量。受地形、母质、气候、植被等因素的综合影响，浙江省土壤类型十分丰富，主要有红壤、黄壤、水稻土、潮土和滨海盐土等。其中，黄壤和红壤分布面积大，占全省面积70%以上，多分布在丘陵山地地区，水稻土分布面积次之，主要分布在浙北平原和浙东南滨海平原。其中，水稻土与潮土是浙江省平原地区耕地的主要土壤类型，前者是经过长期平整土

地、修筑排灌系统、耕耘、轮作形成的人为土壤，后者是耕种熟化而形成的土壤，具有土层深厚、土质肥沃的特点。浙江省多年来重视耕地地力培育和质量提升，通过合理施肥、秸秆还田、种植绿肥、土壤改良等措施，稳步提高施肥科学性，改善施肥结构。长期的肥料投入、种植制度、施肥方法等人为改善方法，对浙江省耕地土壤养分与作物产量提升具有重要作用。浙江省农业农村厅发布的《2018年度浙江省级耕地质量监测报告》显示，浙江省耕层土壤有机质、全氮、有效磷平均含量处于较高或高水平，耕地地力水平总体较高，且地力变化趋势平稳，部分土壤肥力指标有所提升，土壤肥力稳中向好。

3.气候光热资源充足，适宜多轮耕种

气候与粮食生产息息相关，其中光、热条件对于粮食单位面积产量与熟制有着重要影响。浙江省地处亚热带季风气候区，气温适中，四季分明，光照充足，雨量丰沛，年平均气温在16.1—18.9℃之间，年日照时数在1600—2000小时之间，年均降水量在1100—2050毫米之间。优越的光热资源为浙江省耕地利用创造了良好的基础，据"三调"成果，浙江省耕地熟制为一年两熟或三熟，其中一年三熟的耕地面积有973.9千公顷，达到全部耕地面积的75.48%（见表3.4）。浙江省水田面积为1062.8千公顷，旱地面积为227.6千公顷，两种耕地类型的熟制均以一年三熟为主。

表3.4 浙江省分熟制、分类型耕地占比

耕地类型	一年三熟 /%	一年两熟 /%
全部耕地	75.48	24.52
水田	74.93	25.07
旱地	78.01	21.99

（二）耕地产能具备潜力，利用质效有待提升

耕地保护的本质是保护耕地的产能，即耕地与自然条件等环境要素和农业生产投入等经济要素相结合的产出效果。耕地产能决定着粮食产量的上限，耕地产能的高低也可以通过粮食单位面积产量这一指标反映。据浙江省及各地级市粮食单位面积产量统计，浙江省2019年粮食总产量共592.15万吨，粮食播种面积为977.44千公顷，粮食单位面积产量6.06吨/公顷。与同期全国粮食单位面积产量（5.72吨/公顷）相比，浙江省粮食单位面积产量总体水平较高，全省共有7个地级市的粮食单位面积产量高于全国平均水平，耕地产能具备潜力。从空间分布上看，湖州市、绍兴市和嘉兴市粮食单位面积产量高，均达到6.5吨/公顷左右；舟山市、丽水市粮食单位面积产量处于较低的水平，分别为5.33吨/公顷和5.14吨/公顷（见表3.5）。

表3.5　2019年浙江省及各地级市粮食总产量、播种面积以及单位面积产量

行政区域	粮食总产量/万吨	粮食播种面积/千公顷	粮食单位面积产量/（吨/公顷）
浙江省	592.15	977.44	6.06
杭州市	49.64	88.73	5.59
宁波市	66.33	109.87	6.04
温州市	63.68	108.00	5.90
嘉兴市	95.68	147.89	6.47
湖州市	51.90	78.61	6.60
绍兴市	78.28	120.87	6.48
金华市	43.50	77.51	5.61
衢州市	54.04	87.93	6.15
舟山市	2.65	4.97	5.33
台州市	50.25	82.58	6.09
丽水市	36.20	70.48	5.14

数据来源：《浙江统计年鉴》。

复种指数是指一定时期内（一般为1年）在同一地块耕地面积上种植农作物的平均次数，即年内耕地面积上种植农作物的平均次数，数值上等于年内耕地上农作物总播种面积与耕地面积之比，一定程度上可以反映耕地的质量与利用程度。复种潜力指的是一个地区充分合理利用当地耕地和气候资源所能达到的最大复种指数，提高复种指数是提升耕地利用质效与作物产量的重要途径。据《浙江统计年鉴》，浙江省2019年农作物播种面积为2161.5千公顷，扣除种植瓜果苗木的面积后为1932.2千公顷，计算可得浙江省耕地复种指数约149.7%。浙江省位于长江中下游地区，地势低平，光热充足，农作物熟制为一年两熟或两年三熟，计算所得实际复种指数较低，耕地的利用质效有待提升。

三、耕地生态分析，夯实管护底图

耕地生态保护是"三位一体"的落脚点。耕地是农业生产的载体，农业生

产带来的土壤重金属污染，化肥施用、农药使用等行为会对周围的生态环境造成影响。分析耕地污染状况，可以为耕地资源的可持续利用和生态保护提供依据。

（一）土壤重金属累积，农业污染危害潜存

民以食为天，食以土为本。土壤是农作物吸收养分与水分的直接来源，对粮食安全至关重要。但随着经济发展，污染物的肆意排放导致部分地区出现土壤污染问题，尤其突出的是土壤的重金属污染。污染土壤的重金属主要包括汞（Hg）、镉（Cd）、铅（Pb）、铬（Cr）、砷（As）等元素。进入土壤中的重金属因为无法直接被微生物降解或自然分解，会长期存在于土壤环境中，一方面直接影响农作物根和茎叶的生长发育，另一方面通过食物链的逐级累积，对人类健康产生负面影响[1]。根据学者陈文轩、李茜等[2]关于中国农田土壤重金属空间分布及污染评价的研究成果可知，浙江省农田土壤重金属含量均超出了当地土壤背景值，其中Zn和Cr重金属含量最高，分别为95.08mg·kg^{-1}和58.78mg·kg^{-1}（见表3.6）；除Hg元素外，浙江省农田土壤地累积指数均高于全国平均水平，存在一定的土壤重金属累积现象，对农业造成潜在影响。

表3.6　浙江省农田土壤重金属含量平均值及地累积指数

指标	Cr	Cd	Pb	Cu	Zn	As	Hg
农田土壤重金属含量平均值/（mg·kg^{-1}）	58.78	0.204	40.84	26.9	95.08	7.27	0.166
农田土壤地累积指数	-0.43	0.96	1.17	0.03	-0.16	-0.93	0.36

（二）化肥、农药施用隐含风险，减量化整改逐步推进

化肥施用可以提升土壤中的有效养分，有利于提高作物产量，改善农产品质量，但化肥施用过量会造成土壤性状恶化甚至危害人体健康。据浙江省及各地级市粮食种植化肥施用统计结果（见表3.7），浙江省化肥施用强度如下：氮肥163.9千克/公顷，磷肥36.2千克/公顷，钾肥27.1千克/公顷，复合肥108.2千克/公顷，肥料结构以氮肥、复合肥为主，钾肥施用强度较低。不同区域的化

① Hu B, Jia X, Hu J, et al. Assessment of heavy metal pollution and health risks in the soil-plant-human system in the Yangtze River Delta, China. International Journal of Environmental Research and Public Health,2017,14(9):1042.
② 陈文轩,李茜,王珍,等.中国农田土壤重金属空间分布特征及污染评价.环境科学,2020(6):2822-2833.

肥施用强度存在一定差异，其中，嘉兴市、绍兴市、台州市的氮肥施用强度较高，均达到190千克/公顷以上，金华市和台州市复合肥施用强度较大。部分地区的化肥投入总量高，施用强度大并不意味着粮食产量会相应提高，化肥施用效率需要进一步提升。2019年，浙江省制定了《关于试行农业投入化肥定额制的意见》[①]，明确了粮油作物"减氮、控磷、稳钾"、经济作物"减氮、减磷、控钾"的总体施肥要求，为未来浙江省化肥施用方向提供了政策指引。2021年9月，浙江省农业农村厅印发《浙江省主要经济作物化肥定额制施用技术指导意见》，依据作物种类、目标产量、基础地力等基础数据，合理确定作物化肥用量，优化施肥结构。

农药可以帮助预防、控制病、虫、草、鼠和其他有害生物对农作物的危害，保障农作物的健康生长，但农药施用过度会造成大气、水环境污染和土壤板结问题。据浙江省及各地级市农药施用情况统计（见表3.7），浙江省2019年农药施用强度为17.8千克/公顷，各地级市间农药施用强度差异大，其中舟山市、杭州市农药施用强度较大，分别达到了27.8千克/公顷和21.0千克/公顷。2020年，浙江省人民政府办公厅发布《关于推行化肥农药实名制购买定额制施用的实施意见》，通过推行肥药定额施用制度，实施化肥、农药减量增效行动，推广农作物病虫草害绿色防控技术，减少水产用兽药使用量。

表3.7 2019年浙江省及各地级市粮食种植化肥、农药施用情况

行政区域	农作物播种面积/千公顷	化肥施用强度/（千克/公顷）				农药施用强度/（千克/公顷）
		氮肥	磷肥	钾肥	复合肥	
浙江省	2161.54	163.9	36.2	27.1	108.2	17.8
杭州市	282.24	120.5	33.0	24.8	118.3	21.0
宁波市	259.3	138.4	37.4	24.7	138.8	18.3
温州市	216.32	167.3	51.8	37.9	82.7	16.1
嘉兴市	267.43	216.9	29.2	16.5	65.1	17.1
湖州市	158.87	143.5	22.7	13.2	55.4	17.8
绍兴市	233.42	197.1	24.0	15.9	84.8	20.7
金华市	202.67	157.4	46.4	44.4	163.8	20.7

① 浙江省农业农村厅 浙江省财政厅关于试行农业投入化肥定额制的意见.(2019-08-07)[2023-11-30].http://www.aqsc.agri.cn/gzjl/xtdt/201908/t20190809_341627.htm.

续表

行政区域	农作物播种面积 / 千公顷	化肥施用强度 /（千克 / 公顷）				农药施用强度 /（千克 / 公顷）
		氮肥	磷肥	钾肥	复合肥	
衢州市	186.88	149.3	34.8	33.7	74.4	13.5
舟山市	15.77	145.8	25.4	6.3	82.4	27.8
台州市	201.41	194.6	37.7	28.3	167.3	13.5
丽水市	137.22	146.5	52.5	42.3	133.4	16.9

数据来源：《浙江统计年鉴》。

第二节 "二调"至"三调"耕地变化回顾

一、耕地变化概况

（一）总体规模下降显著，耕地保护面临压力

"二调"（2009 年）以来，浙江省耕地总规模下降趋势明显，各地级市耕地面积均表现为净减少的趋势，特别是经济发展相对较好的杭州市、宁波市、温州市、金华市等地，耕地减少趋势更为明显。具体而言，与"二调"相比，"三调"耕地变化统计结果显示，浙江省耕地减少并转为其他类型用地共 861.9 千公顷，其他类型用地转为耕地共 165.7 千公顷，全域耕地净减少约 696.2 千公顷。

耕地转变为其他类型用地面积较大的地级市为杭州市与温州市，其耕地转变为其他类型用地面积均大于 100 千公顷，其中，杭州市耕地转变为其他类型用地最多，约 112.0 千公顷，舟山市耕地转变为其他类型用地最小，仅为 11.3 千公顷，全域共七个地级市耕地转变为其他类型用地超过了平均水平，包括杭州市、宁波市、温州市、嘉兴市、湖州市、绍兴市、金华市。浙江省其他类型用地转变为耕地面积最大的地级市为丽水市，达 22.1 千公顷，其他类型用地转为耕地面积最小的地级市为舟山市，仅约 1.7 千公顷。共有六个地级市其他类型用地转变为耕地规模高于平均水平，包括杭州市、宁波市、嘉兴市、衢州市、台州市以及丽水市。浙江省耕地净减少面积最大的地级市为杭州市，其耕地净减少面积 93.0 千公顷，舟山市耕地净减少面积最小，仅 9.6 千公顷。全域共七个地级市耕地净减少面积高于平均水平，包括杭州市、宁波市、温州市、嘉兴

市、湖州市、绍兴市、金华市（见表 3.8、图 3.4）。

表 3.8　浙江省及各地级市耕地流量　　　　　　　　单位：千公顷

行政区域	耕地流出面积	耕地流入面积	耕地净减少
浙江省	861.9	165.7	696.2
杭州市	112.0	19.0	93.0
宁波市	96.2	18.9	77.3
温州市	101.6	14.5	87.1
嘉兴市	81.8	15.6	66.2
湖州市	81.8	11.8	70.0
绍兴市	93.1	14.8	78.3
金华市	93.6	13.6	80.0
衢州市	49.3	18.2	31.1
舟山市	11.3	1.7	9.6
台州市	76.5	15.4	61.1
丽水市	64.7	22.1	42.5

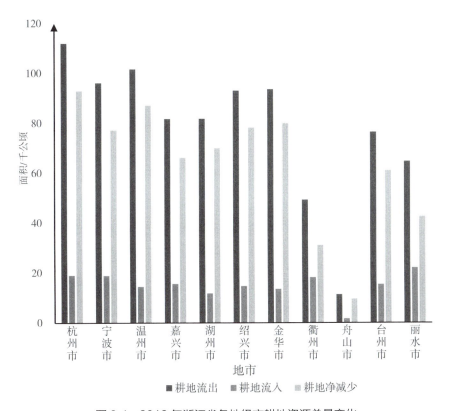

图 3.4　2019 年浙江省各地级市耕地资源总量变化

（二）耕地净减少面积持续增加，耕地总量动态平衡任务严峻

实现耕地总量不减少是党中央、国务院根据我国耕地的基本情况和社会经济可持续发展的要求提出的，是贯穿于新土地管理法的基本准则。《中华人民共和国土地管理法》第三十二条明确规定，省、自治区、直辖市人民政府应当严格执行土地利用总体规划和土地利用年度计划，采取措施，确保本行政区域内耕地总量不减少、质量不降低，耕地总量动态平衡制度是统筹耕地保护与高质量发展目标的根本之策。浙江省大力推进落实最严格的耕地保护制度。例如，2016年3月，在总结多年耕地保护补偿机制试点实践经验的基础上，浙江省下发了《关于全面建立耕地保护补偿机制的通知》，明确全省各市、县政府要按照"谁保护，谁受益"的要求，对耕地保护进行经济补偿，在全省建立耕地保护补偿机制；2018年2月浙江省出台《关于加强耕地保护和改进占补平衡的实施意见》，建立补充耕地储备库，实行指标分类管理，并采取指标核销方式，落实耕地占补平衡。《浙江省土地管理条例》、《中共浙江省委 浙江省人民政府关于加强耕地保护和改进占补平衡的实施意见》、《浙江省人民政府办公厅关于坚决制止耕地"非农化"防止耕地"非粮化"稳定发展粮食生产的意见》（浙政办发〔2021〕6号）等系列文件对省级耕地保护补偿政策进行调整，以进一步加强耕地和永久基本农田保护，确保全省可长期稳定利用的耕地数量有增加、质量有提升，坚决守住粮食安全根基。

浙江省"二调"与"三调"耕地面积比较结果显示，耕地不仅仅是被城镇化、交通等基础设施建设活动侵占，造林、果园种植等也是导致耕地减少的重要原因，而其他用地类型用地开垦或整理为耕地的总面积相对较低，区域耕地总量动态平衡面临挑战。具体而言，"二调"至"三调"以来，全省耕地净减少规模达696.2千公顷。从耕地减少去向看，耕地转变为林地和种植园用地面积最大，分别为312.2千公顷、257.8千公顷，占比分别为36.22%、29.91%；另外，建设用地占用耕地规模共161.0千公顷，占比达18.68%。从耕地增加的来源看，耕地增加主要来源于种植园用地、林地，分别是56.9千公顷、37.0千公顷，均超过30千公顷，占比分别达到34.34%、22.33%。耕地还不同程度地转变为建设用地、其他农用地与其他未利用地等（见表3.9）。

表 3.9　浙江省耕地流量变动情况　　　　单位：千公顷

耕地减少去向	减少面积	净减少量	耕地增加来源	增加面积
种植园用地	257.8		种植园用地	56.9
林地	312.2		林地	37.0
其他草地	1.2		其他草地	5.6
坑塘水面	92.1	696.2	坑塘水面	15.0
其他农用地	24.2		其他农用地	16.2
建设用地	161.0		建设用地	10.6
其他未利用地	13.4		其他未利用地	24.4
合计	861.9		合计	165.7

　　“二调”至“三调”期间，耕地减少主要去向为林地、种植园用地、建设用地，各地级市耕地减少主要去向与耕地增加主要来源如表 3.10 所示。温州市、杭州市与金华市耕地转变为林地现象较为突出，耕地转变为林地面积分别为64.6 千公顷、41.9 千公顷、40.4 千公顷，均超过了 4 万公顷；而耕地转变为种植园用地在绍兴市与嘉兴市更为显著，耕地转变为种植园用地面积分别为 36.5 千公顷与 33.9 千公顷，均超过了 3 万公顷。耕地转变为建设用地在杭州市、宁波市与嘉兴市最为显著，面积分别为 27.7 千公顷、21.6 千公顷、21.5 千公顷，均超过了 2 万公顷。与“二调”相比，浙江新增耕地的主要来源为种植园用地、林地等，其中，丽水市共有 12.9 千公顷林地转为耕地，为新增耕地的最大来源；其次为衢州市，共有 11.0 千公顷种植园用地转为耕地，舟山市的各类土地转为耕地面积较少。此外，部分建设用地也通过土地整理、土地复垦等方式转变为耕地，部分未利用地通过土地开发途径变更为耕地，与种植园用地、林地、坑塘水面、其他农用地一同成为耕地增加的来源。

表 3.10　浙江省及各地级市耕地减少主要去向和耕地增加主要来源　　单位：千公顷

行政区域	耕地减少主要去向			耕地增加主要来源	
	林地	种植园用地	建设用地	种植园用地	林地
浙江省	312.2	257.8	161.0	56.9	37.0
杭州市	41.9	24.1	27.7	5.3	4.7
宁波市	30.9	29.3	21.6	4.3	1.7
温州市	64.6	13.9	15.6	1.5	5.6
嘉兴市	10.8	33.9	21.5	8.3	0.0

续表

行政区域	耕地减少主要去向			耕地增加主要来源	
	林地	种植园用地	建设用地	种植园用地	林地
湖州市	20.7	21.3	14.6	4.2	1.2
绍兴市	24.9	36.5	15.5	5.4	1.8
金华市	40.4	23.6	15.7	5.8	2.8
衢州市	16.1	21.8	6.3	11.0	3.2
舟山市	4.9	2.2	2.9	0.2	0.3
台州市	25.9	29.1	13.3	6.6	2.7
丽水市	31.2	22.1	6.2	4.3	12.9

（三）耕地后备资源丰富，落实耕地恢复补充计划潜力充足

为解决耕地向种植园用地、林地、草地等无序转换的现实问题，《中华人民共和国土地管理法实施条例》指出要严格控制耕地转为林地、草地、园地等其他农用地。浙江省"千亩方、万亩方永久基本农田集中连片整治工作"中重点关注耕地"非粮化"整治，实现耕地功能恢复，针对项目区内的"即可恢复"属性地类、"工程恢复"属性地类[①]，开展耕地"非农化""非粮化"整治，采取措施恢复耕地功能。统筹推进恢复地类整治改造，加快实施耕地恢复补充计划是遏制耕地流向其他农用地，促进藏粮于地战略实施的重要举措。

对于浙江省而言，受区域自然资源禀赋限制，具备较好垦造条件的地块基本已完成垦造，适宜垦造的耕地后备资源越来越少。目前，剩余的后备资源立地条件差、坡度较大、机耕路不通、施工难度大、投入成本高等情况突出，旱地改水田、耕地质量等级提升等资源也越来越少。为了解决相关困境，浙江省提出统筹推进恢复属性地类整治改造，加快实施耕地恢复补充计划。

浙江针对全省标注"即可恢复"和"工程恢复"的恢复属性地类的面积情况进行了详细统计。根据"三调"数据，全省可恢复地类共705.0千公顷。其中

---

① 按照"三调"技术规范，以现状真实性为准则，对"二调"时的耕地及其后的新增耕地因种植结构调整等因素导致实地现状发生变化的，不再按耕地调查，而按耕地资源恢复的潜力及实地现状调查地类，并标注"即可恢复"或"工程恢复"属性。"即可恢复"用地指"二调"时为耕地及其后新增的耕地，"三调"时用地类型发生了改变，变为园地、林地、草地及坑塘水面，但经过清理可以直接恢复耕种的土地；"工程恢复"用地指"二调"时为耕地及其后新增的耕地，"三调"时用地类型发生了改变，变为园地、林地、草地及坑塘水面，经过清理后仍需采取工程措施才能恢复耕种的地类。

种植园用地、林地、坑塘水面、草地分别占 43.88%、39.25%、16.73%、0.14%。标注"即可恢复"的地类合计 588.8 千公顷，占比为 83.52%，标注"工程恢复"的地类 116.2 千公顷，占比为 16.48%。结果表明，浙江省可恢复地类资源总量规模较大，耕地功能恢复潜力充足（见表 3.11）。

表 3.11 2019 年浙江省及各地级市可恢复地类统计　　　　单位：千公顷

行政区域	总计	标注"即可恢复"					标注"工程恢复"				
		合计	种植园用地	林地	草地	坑塘水面	合计	种植园用地	林地	草地	坑塘水面
浙江省	705.0	588.8	291.2	189.4	0.0	108.2	116.2	18.1	87.3	1.0	9.8
杭州市	87.7	77.6	28.9	33.2	0.0	15.5	10.1	0.9	8.0	0.3	0.8
宁波市	83.6	79.0	35.2	27.3	0.0	16.5	4.6	0.2	1.8	0.1	2.5
温州市	67.9	31.8	17.3	12.8	0.0	1.6	36.1	1.5	33.9	0.1	0.7
嘉兴市	62.9	57.4	35.9	8.5	0.0	13.0	5.5	1.7	2.3	0.1	1.4
湖州市	75.7	71.1	24.1	19.8	0.0	27.3	4.6	0.9	3.0	0.1	0.6
绍兴市	81.5	78.1	42.9	19.3	0.0	15.9	3.4	0.2	2.9	0.1	0.2
金华市	80.3	71.1	26.6	33.3	0.0	11.2	9.2	1.5	7.2	0.1	0.4
衢州市	44.3	26.8	17.6	7.3	0.0	1.9	17.5	8.7	7.4	0.0	1.4
舟山市	8.9	3.4	2.7	0.4	0.0	0.3	5.5	0.1	4.5	0.0	0.9
台州市	63.2	51.9	33.7	13.8	0.0	4.4	11.2	1.4	9.1	0.0	0.7
丽水市	49.0	40.6	26.4	13.7	0.0	0.6	8.4	1.0	7.3	0.0	0.1

（四）耕地布局破碎化现象严重，连片整治任务紧迫

"二调"至"三调"期间，全省耕地空间分布发生了显著的变化。图 3.5 基于浙江省耕地核密度分析结果，对核密度值自然断裂点分类结果进行数据取整，并将核密度值 0—0.25 平方千米定义为低密度区，0.25—0.51（不含 0.25）平方千米定义为中密度区，0.51 以上设定为高密度区间。结果显示，浙江省高核密度区域总面积显著下降，下降比例达 51.59%，低密度区域总面积显著上升，增加比例约 35.62%，中密度区总面积变化相对较小，仅降低了约 7.48%。由此可知，浙江省耕地的集中连片程度有所下降，全域耕地的空间破碎化趋势显著。

对"二调""三调"耕地核密度结果进行空间分析，结果显示耕地在空间上布局较为分散，主要分布在传统平原盆地等适宜耕作的区域（见图 3.6）。"二调"至"三调"期间，浙江省全域耕地破碎趋势显著提升，特别是在部分平原

地区，耕地破碎现象尤为显著，如杭嘉湖平原，沿海的宁绍平原、温台平原，西部的金衢平原。同时，浙江省部分山区河谷也有明显的耕地破碎化现象，集中连片的优质耕地均出现逐渐缩小、破碎的趋势。面对耕地碎片化的情况，通过开展集中连片整治提高耕地质量和产能是浙江省耕地保护的重要手段。

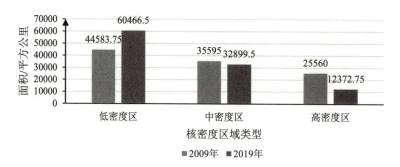

图 3.5　2009、2019 年耕地不同核密度区域的面积变化

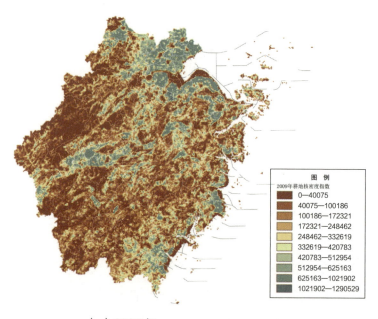

（a）2009 年

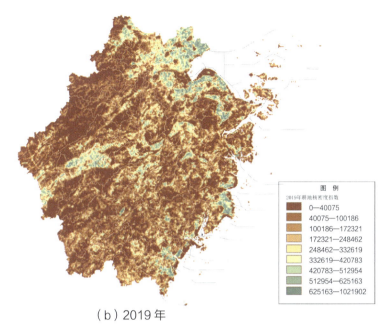

（b）2019 年

图 3.6　2009 年、2019 年耕地核密度空间分析

二、耕地变化原因辨析

（一）农业结构优化调整，耕地面积总量减少

　　省第十四次党代会以来，浙江坚持农业农村优先发展，打出农业现代化发展系列组合拳，农业产业结构持续优化，农业经济实力不断增强。浙江省一直致力于差异化、特色化的农业产业结构调整。1985 年，我国蔬菜、水果、水产品等鲜活农产品市场放开，浙江省农业内部结构由单一的粮食主导型，向以粮食为主、积极发展多种经营调整。1992 年初，浙江省提出农业要由追求数量转向追求优质、高产、高效，在这一阶段，浙江省粮食播种面积下降明显，经济作物播种面积提升明显。2002 年，浙江省出台《关于加快发展农产品加工业的通知》，其中，包含水产、果蔬、畜禽、乳品、粮油、竹木、茶叶、中药材、茧丝绸、饲料在内的农产品加工业发展被重点支持。在这一阶段，浙江省粮食播种面积和总产量均出现了断崖式下降，"减粮增效"成为地区结构调整的核心内容[①]，浙江以市场化的思路为导向，面向国内外农作物需求，努力实现数量与质

---

① 孔祥智.农业供给侧结构性改革的基本内涵与政策建议.改革,2016(2):104-115.

量两手抓。这一调整思路一直延续至 2014 年，在国内外农产品价格倒挂、生态资源与环境状况约束下，坚定不移加快转变农业发展方式成为农业工作重点。进一步实施的"退耕还林""退耕还湿"的举措一定程度上也造成耕地的流出。自 2011 年以来，浙江省开始推进粮食生产功能区建设，农林牧渔业内部结构有所调整，农业产值有所回升，牧业产值比重明显下降①。受到浙江省农业结构调整的影响，浙江省农民在农作物种植方面部分向经济作物倾斜，这使得浙江省有一部分耕地转向了林地、种植园用地。"二调"至"三调"期间，耕地转为林地、种植园用地规模明显较高，分别约 312.2 千公顷、257.8 千公顷。

（二）城镇化占用耕地，资源保护与经济发展难以协调

浙江省建设用地占用耕地现象突出，高质量耕地往往最容易被建设占用，补充耕地的质量难以得到保证，耕地总量与质量受快速城镇化趋势影响显著下降。同时，集中连片的耕地也受到破坏，逐渐破碎化。首先，为了促进城镇化建设，在原土地利用总体规划确定的城镇建设用地范围内，浙江省政府批准的成片开发建设难免需要占用部分耕地资源，从而使得耕地面积有所降低；其次，在原土地利用总体规划确定的城镇建设用地范围以外，为保障区域发展中的基础设施配套，政府部门会征用部分耕地以优先开展交通、能源、水利、通信、邮政等大型基础设施建设项目，造成耕地面积的下降；最后，城镇化过程中，相关主体在建设用地扩张的同时对耕地总量、质量等因素考虑不足，导致浙江省耕地保护面临危机。"二调"至"三调"期间，新增建设用地占用耕地约 161.0 千公顷。

（三）生态文明建设推进，未充分兼顾耕地保护

为系统科学推进山水林田湖草一体化保护和系统治理，浙江必须坚持最严格的生态环境保护制度，统筹协调生态保护修复。随着生态文明建设力度加大，生态用地保护力度不断提升，生态保护红线与耕地、基本农田存在重叠，给耕地保有量目标的实现带来压力。耕地保护与生态文明建设的协调共赢仍是未来浙江省高质量发展的关键。在同步推进生态文明建设与最严格的耕地保护过程

---

① 浙江省统计局. 新中国成立 70 周年浙江农业基本实现现代化. (2019-10-12) [2023-11-30]. http://zjzd.stats. gov.cn/fxyj/201910/t20191012_94367.html.

中，部分区域存在对生态文明建设和耕地保护的认识偏差，导致耕地被大量占用；对耕地保护的生态功能和属性认识不足，导致未较好地把保护耕地纳入生态文明建设范畴；生态用地监管配套政策不完善，在政策执行中没有清晰的监管标准与边界，影响违法用地执法监管的及时性和有效性等多重问题。多重因素共同作用导致了生态文明建设与耕地保护"争地"，对耕地保护、土地利用管理秩序和农民合法权益维护造成了冲击，耕地的总量、质量、生态等维度都出现了退步。

（四）新产业、新业态项目建设占用耕地，耕地侵占现象凸显

当前从农户间的小规模土地流转向联合经营主体大规模流转的新业态趋势已难以被逆转。但因缺乏对用地结构的法律硬性规定，一些流向农村的社会资本和新型农业经营主体追求经济利益最大化，从多方面考虑产业发展的隐性成本，土地流转存在"就产业发展产业"的"非粮化"经营模式、"非农化"产业用地倾向；同时，新产业、新业态中部分用地效率低下的农业产业化项目以及缺乏监管的破坏耕地的短期行为等隐患，必然会威胁耕地可持续生产能力，土地大规模流转行为在一定程度上导致耕地保护受到冲击。

第三节 | 基于人口快速增长条件下的粮食安全状况评估

一、浙江省粮食安全现状

浙江省土地资源可以被概括为"七山一水两分田"，耕地资源相对稀缺。虽然浙江省气候适宜，耕种条件好，但浙江省相对不足的耕地规模与日益增长的粮食需求在历史上长期处于不平衡状态。自明代以来，浙江人地比率长期处于不断降低的趋势[①]。20 世纪 70 年代末期，自我国实施联产承包责任制以来，广大农民的精耕细作使得浙江省的人口、耕地与粮食的紧张关系得到了极大的改善，并呈现出均衡发展态势。但浙江省城镇化水平的不断提升和常住人口的快速增长又使得区域人口、耕地和粮食的关系逐渐呈现出一种不平衡的状态。

---

① 杨杨,吴次芳,韦仕川.浙江省人地关系变化阶段特征及调整策略.中国人口·资源与环境,2007(1):61-65.

（一）粮食播种面积逐年下降，粮食总产量缓慢减少

2005 年至 2016 年间，浙江省粮食产量基本呈现下降趋势。自 2013 年以来，浙江省粮食产量下降幅度变小，并于 2016 年达到 2005 年至 2016 年间的最低值。2020 年浙江粮食播种面积约 993.40 千公顷（1490.1 万亩），比上年增长 1.6%；粮食总产量约 605.7 万吨（121.1 亿斤），比上年增长 2.3%。2016—2020 年间浙江省全省粮食播种面积与粮食产量均呈现在波动中缓慢上升的趋势。2020 年粮食播种面积和总产量均创五年新高。虽然 2017 年以来浙江省粮食产量较之前小有回升，但仍然难以匹配日益增长的人口，产需缺口仍然存在（见图 3.7）。

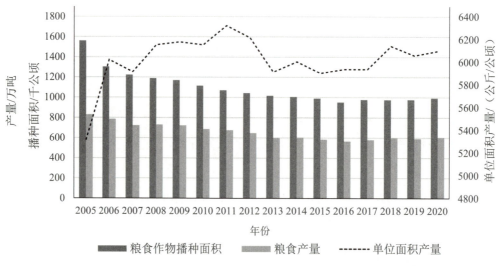

图 3.7　2005—2020 年浙江省粮食播种面积、粮食产量与单位面积产量变动趋势
数据来源：《浙江统计年鉴》、浙江省统计局。

更新调查、"二调"与"三调"浙江粮食生产的空间分布情况结果显示，浙江省粮食生产呈现较大的空间不均衡性，且空间分布格局在历次调查年份中呈现出一定变化。总体而言，在 2009—2019 年间，浙江省各地级市粮食产量不再如"二调"之前那样呈现上升趋势，各地级市粮食产量均有所下降。嘉兴、绍兴作为浙江省粮食主产区，粮食产量在 2019 年位居全省前二。杭州、金华在 2009 年粮食产量排在全省前列，但在 2019 年降幅均超过 50%（见表 3.12）。

表 3.12 更新调查、"二调"、"三调"浙江省及各地级市粮食产量变化情况 　　单位: 万吨

行政区域	2006 年（更新调查）	2009 年（"二调"）	2019（"三调"）
浙江省	785.50	723.09	592.15
杭州市	107.07	107.24	49.64
宁波市	81.30	86.32	66.33
温州市	88.28	93.85	63.68
嘉兴市	128.84	135.86	95.68
湖州市	91.24	91.42	51.90
绍兴市	103.90	118.37	78.28
金华市	83.20	90.19	43.50
衢州市	71.19	76.10	54.04
舟山市	5.22	5.93	2.65
台州市	89.50	84.60	50.25
丽水市	54.81	56.37	36.20

注: 数据来源于《浙江统计年鉴》, 其中 2009 年省级数据与第三次农业普查数据衔接, 存在分市加和不等于省级数据的情况。

（二）农作物种植结构调整，粮食作物占比下降

2001—2019 年浙江省粮食作物播种面积占农作物播种面积比重变化结果显示，浙江省粮食播种占比总体呈现下降趋势，从 2001 年的 60% 下降到了 2019 年的 45%，2012 年至 2019 年则保持平稳，这从侧面反映出浙江省农作物种植结构更加多元化。但总体而言，浙江省粮食作物在所有农作物中的主体地位有所降低。伴随着浙江省农业结构调整过程，经济作物与多种农作物兼种成为农民增收的选择，在一定程度上影响了浙江省的粮食播种面积比例（见图 3.8）。

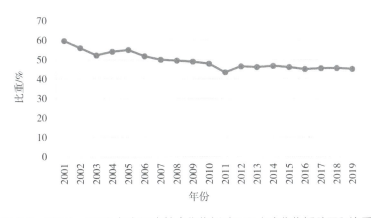

图 3.8 2001—2019 年浙江省粮食作物播种面积占农作物播种面积比重

（三）粮食单产缓慢提升，产出效率稳中有进

浙江省优渥的自然条件使得省内耕地地力较好，粮食产出效率较高。浙江省与全国单位播种面积粮食产量变动趋势比较结果显示，2005 年至 2020 年，浙江省单位播种面积粮食产量均高于全国平均水平。虽然浙江省为我国粮食主销区，非我国粮食主产区，但长期以来粮食产出效率仍然能略高于全国平均水平。然而，结果也显示，2013 年至 2020 年，浙江省与全国平均水平的差距逐渐缩小（见图 3.9）。

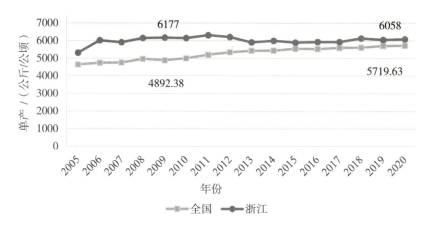

图 3.9　浙江省与全国单位播种面积粮食产量变动趋势

数据来源：《浙江统计年鉴》、《中国统计年鉴》、国家统计局、浙江省统计局。

与部分省份粮食单产情况比较的结果显示，2019 年浙江省单位播种面积粮食产量不仅高于全国平均水平，而且高于福建、湖北、江西和安徽。虽然浙江省粮食产量与播种面积低于安徽省、江西省与湖北省，但是较高的单位播种面积粮食产量反映出浙江省粮食产出效率较高。浙江省与部分省份单位播种面积粮食产量变动趋势的比较结果显示，浙江省单位播种面积粮食产量处于不断提升的趋势，并且历年粮食单产均高于安徽省、福建省、江西省等邻近省份。考虑到浙江省较高的粮食单位产出水平，当未来浙江省耕地播种面积提高时，浙江省的粮食产量也将随之迅速提升，这体现出未来浙江省粮食产量的增长潜力（见表 3.13、图 3.10）。

表 3.13　2019 年浙江省单位播种面积粮食产量与部分省份和全国对比

区域	产量 / 万吨	播种面积 / 千公顷	单位面积产量 /（公斤 / 公顷）
浙江	592.1	977.4	6057.91
福建	493.9	822.4	6005.59
湖北	2725	4608.6	5912.86
江西	2157.5	3665.1	5886.61
安徽	4054	7287	5563.33
全国	66384.3	116064	5719.63

数据来源：2020 年《中国统计年鉴》。

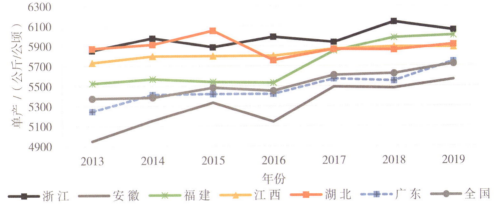

图 3.10　2013—2019 年部分省份和全国单位播种面积粮食产量变动趋势

数据来源：根据历年《中国统计年鉴》计算整理。

（四）粮食自给率降低，粮源对外依存度高

浙江省粮食和物资储备局统计资料显示，浙江省是我国第二大粮食主销区，粮食自给率低，对外依存度高达 64%。学者施小东[1]通过分析浙江省粮食流通贸易与粮食安全，指出浙江省主要通过省外获取粮源，遵循向东北大粮仓要粮食的思路，先后在黑龙江等 13 个省份建立稻谷、小麦等生产基地。浙江省粮食自给率较低主要有以下几个原因：第一，浙江省受到"七山一水两分田"的自然条件限制，耕地总体规模小，较为紧张的人地关系使得浙江省粮食自给率始终难以充分提升；第二，浙江省耕地的碎片化程度较高，难以实现粮食生产的规模效应；第三，浙江省内一季稻种植比例偏高，造成粮食亩产受限。2022 年《中共

---

[1]　施小东.粮食流通贸易与浙江粮食安全.浙江经济,2017(11):56-57.

中央　国务院关于做好 2022 年全面推进乡村振兴重点工作的意见》为了保障粮食安全，要求我国主产区、主销区与产销平衡区都需保面积、保产量，特别是要切实稳定和提高主销区的粮食自给率。因此，浙江省一方面需要提高粮食自给率，另一方面需要通过发挥主销区的优势，建立稳定的省外粮源基地，确保粮食有效供应，"把饭碗牢牢端在自己手上"。

二、浙江省人口快速发展现状及预测

人口规模与结构是区域人地系统关系中重要的变量。对人口变动趋势进行合理的判断是判断未来区域人地关系走向的重要部分[1]。2021 年是我国"十四五"规划的开局之年。在全面建成小康社会，社会主义现代化建设全面推进的时代背景下，浙江省的人口变动与人口发展也呈现出新的特点。"十四五"时期将是浙江省人口发展特征转变的过渡之年。在 2021—2025 年间，我国数量型人口红利的窗口期将逐渐关闭，人口老龄化程度将加速提升。因此，准确预测和判断"十四五"时期及以后浙江省人口结构变动的主要特征，对浙江省合理应对人口变动引起的各类社会经济问题，采取适当的人口政策与社会经济政策来优化人口结构，促进人口与社会经济均衡发展具有重要意义。

本书将针对浙江省"十四五"时期及未来长期内人口变动的基本特征，发掘浙江省人口发展规划应着重解决的问题，为浙江省未来应对人口超老龄化提供人口学仿真分析支撑。本节预测"十四五"后浙江省常住人口数量与结构变动的长期趋势与特征，并以此为基础来对可能实施的生育政策、人口流动迁移政策、教育政策与健康促进干预政策进行动态仿真，从而判断各类政策对浙江省人口发展的长期影响，为浙江省制定人口发展战略以及与之相配套的一系列社会经济政策提供定量依据。

（一）浙江省人口发展现状——人口结构转变，粮食需求刚性增长

1. 人口规模增长，粮食需求总量扩大

人口数量的变化会直接影响区域粮食需求，进而对粮食安全造成影响。马尔萨斯定理阐释了人口规模增长会受到食物增长限制的客观规律。在人均年粮

---

① 陆大道.关于地理学的"人—地系统"理论研究.地理研究,2002(2):135-145.

食需求量不变的情况下，人口数量的增长会线性提升粮食需求量，从而对区域粮食供应造成一定的压力。据浙江省统计局发布的"浙江省第七次人口普查系列分析"可知，随着城镇化进程的持续推进，浙江省人口规模不断扩大，常住人口总量居全国第八位，2020年11月浙江省常住人口达到6456.76万人，占全国总人口的4.57%，较第六次全国人口普查提高了0.51%。浙江省作为我国沿海经济发达地区，吸引着大量外来人口，2020年浙江省流动人口为2791.97万人，流动人口总量不断增长，占常住人口比重提高。浙江省人口规模的不断扩大意味着对粮食的需求不断增长，粮食需求总量扩大将对浙江省的粮食供给造成一定的压力。

2.人口老龄化趋势明显，粮食需求受到影响

新中国成立以来，随着生活水平的提高与医疗水平的提升，死亡率不断下降，人口结构呈现老龄化。据浙江省统计局"浙江省第七次人口普查系列分析"可知，当前浙江省已成为人口老龄化程度较高的省份之一，2020年全省60岁及以上人口高达1207.27万人，占全省总人口的18.7%，老龄人口总量大；与2010年相比，十年间全省60岁及以上人口增长了59.72%，人口老龄化进程加快。学者向晶、钟甫宁及白军飞、闵师等从粮食需求层面出发，认为人口老龄化可以从以下两方面对粮食安全产生积极影响：一方面，人口老龄化可能降低未来粮食需求总量的增长速度；另一方面，人口老龄化还会通过减少肉类消费的需求降低饲料粮的供给压力[1]。虽然当前学者对于老龄化这一人口结构变化对粮食安全的影响途径、影响机制和影响结果存在不同的看法，但浙江省人口结构的变化会对粮食需求产生一定的影响。

3.国民膳食结构调整，粮食需求结构变动

随着我国现代化的推进，国民素质不断提升，对不同膳食的需求也发生了一定的变化，对粮食需求及粮食安全产生了影响。改革开放以来，中国城乡居民的膳食结构呈现出了植物性食物需求占比有所下降、动物性食物需求占比有

---

[1] 向晶,钟甫宁.人口结构变动对未来粮食需求的影响:2010—2050.中国人口·资源与环境,2013(6):117-121;白军飞,闵师,等.人口老龄化对我国肉类消费的影响.中国软科学,2014(11):17-26.

所上升的总趋势①。具体而言，我国居民粮食作物、蔬菜消费占食物消费的比重有所降低，但是仍占据国民消费结构的主体地位，水果、水产品、蛋类、肉类消费比例有所提升。随着中国高质量发展进程推进，未来国民膳食会更加趋近于低碳水、高蛋白的结构，这会间接影响未来粮食需求结构，口粮需求会有所降低，饲料需求会有所提升。未来我国农业种植结构也需要与未来的国民膳食需求结构相匹配，进一步保障国民的粮食安全。

（二）浙江人口数量与结构变动趋势预测

1. 数据来源

本书使用的 2000 年、2010 年浙江省年龄别分城乡常住人口数据来源于浙江省第五次全国人口普查（以下简称五普）与六普资料以及浙江省七普成果公报。2020 年浙江省年龄别分城乡常住人口数据来源于《浙江统计年鉴 2021》。引用的 2010 年分性别、分年龄人口死亡数据也来源于浙江省六普资料。2010 年至 2017 年浙江省常住人口与户籍人口数据来源于历年《中国人口和就业统计年鉴》。妇女年龄别生育率数据来源于历年全国 1% 人口抽样调查。总和生育率数据来源于乔晓春与朱宝生②根据历年全国 1% 人口抽样调查的估算。浙江省人均 GDP 数据来源于《浙江省国民经济和社会发展统计公报》。浙江省 2010 年的人口平均预期寿命数据来源于国家统计局宏观数据库。

2. 常住人口预测模型

本节采用队列要素法完成浙江省常住人口预测。对接要素预测模型的基本公式如下：

$$_{x+1}P_x^{t+1} = {}_xP_{x-1}^t \left[L^t(x+1)/L^t(x) \right] + NI^*$$

其中，$_{x+1}P_x^{t+1}$ 代表在 $t+1$ 时刻，年龄为 $[x, x+1)$ 岁的常住人口。$\left[L^t(x+1)/L^t(x) \right]$ 代表 t 时刻，年龄从 x 岁到 $x+1$ 岁的存活比。NI^* 代表从 t 时刻到 $t+1$ 时刻，对应年龄组的浙江省外地区人口的净迁入数量。在年龄为 0 的特殊情况下，上述方程可以表现为下式：

① 余慧容,杜鹏飞.城乡居民膳食结构变迁对耕地资源的影响——基于 1981—2019 年中国城乡居民食物消费数据.中国土地科学,2022(8):98-108.

② 乔晓春,朱宝生.如何利用（粗）出生率来估计总和生育率? 人口与发展,2018(2):65-70,100.

$$_1P_0^{t+1}=\left[L^t(0)/2\right]\left\{\sum_{x=\alpha}^{\beta-1}\left[_{x+1}P_x^{f,t}+_xP_{x-1}^{f,t}L^{f,t}(x)/L^{f,t}(x-1)\right]F^t(x)\right\}+NI^*$$

其中，$_{x+1}P_x^{f,t}$ 代表了 t 时刻，年龄为 $[x, x+1)$ 岁的女性人口数量，$F^t(x)$ 代表了 t 时刻，年龄为 $[x, x+1)$ 岁女性的生育率。

对于考虑人口迁移的开放人口预测，需要对不同年龄的迁移状况进行估计。本节采用普查存活比法估计人口迁移情况。普查存活比法通过比较在单递减状态下，t 期普查人口数基于平均死亡率计算 t 年得到的 $t+1$ 期的人口估计数与 $t+1$ 期普查的真实人口登记数，得出 $[t, t+1]$ 时期内各年龄组的人口迁移数量。本节通过综合考虑五普、六普的分年龄人口数量与死亡人口数量，来判断浙江省人口年龄别流迁模式，计算思路如下列公式所示：

$$_{x+5}N^{2010}_x=_{x-5}N^{2000}_{x-10}+10\times\overline{NI}-10\times\bar{D}$$

式中，$_{x+5}N^{2010}_x$ 代表 2010 年时，年龄为 x 岁至 $x+5$ 岁的常住人口数量。$\overline{NI}$ 代表 2000—2010 年间每年的年龄别平均净迁移人数。$\bar{D}$ 代表 2000—2010 年间每年的年龄别平均死亡人数。其计算公式如下：

$$\bar{D}=\frac{(_{x+5}N^{2000}_x+_{x+5}N^{2010}_x)\times_{x+5}M_x}{2}$$

其中，$_{x+5}M_x$ 为 2010 年人口普查的年龄别死亡率，其计算公式如下：

$$_{x+5}M_x=\frac{_{x+5}D_x}{_{x+5}P_x}$$

利用以上公式，可以求出浙江省 2000—2010 年间历年各年龄组净迁移人数。通过假定十年间历年净迁移人数均相等，可以求得 2010 年浙江省年龄别净迁移率 $_{x+5}NIR_x$，公式如下：

$$_{x+5}NIR_x=\frac{\overline{NI}}{_{x+5}N^{2010}_x}$$

基于此普查存活比法思路，本节测算了 2010—2020 年间的平均净迁移人数，并假定浙江省年龄别标准化净迁移模式保持稳定，从而实现对浙江省人口净迁移状况的预测。此计算方法假定 2000 年、2010 年与 2020 年人口普查数据没有登记误差。此算法不需要从经济社会因素出发来估算 2010 年浙江省人口的年龄别流迁模式，而仅仅从人口系统内部出发，考虑各个年龄组出生队列的死亡与迁移两种增减模式来实现计算。

3.常住人口预测参数设定

在进行浙江省超长期人口变动预测之前，需先解释人口预测模型核心参数设定的重要意义。研究旨在探索浙江省常住人口在"十四五"以后一个长时间跨度内的变动情况，其间浙江省的经济社会发展状况可能会有当期无法预知的变化，进而引起人口学存量的改变。比如，我国在 2050 年建成社会主义现代化强国后，浙江省的城乡二元经济发展模式可能会发生较大的转变。随着浙江省经济的发展，浙江省对于跨省流动人口的吸引力也在不断变化，这也间接影响了浙江省的人口净流迁率。所以，浙江省的人口预测必须基于开放人口型的预测和科学判断。研究将基于复杂人口分析要素法对浙江省常住人口相关变量进行预测。相关参数及其设定依据如下。

（1）平均预期寿命

根据国家统计局的统计公报，浙江省 2010 年男性零岁组平均预期寿命为 75.58 岁，女性零岁组平均预期寿命为 80.21 岁。我国的医疗卫生水平在未来会逐步提高，而浙江省零岁组平均预期寿命的增长受基因、社会经济发展和公共卫生中新发病毒引发烈性传染病等多方面影响，具有增长的门槛效应。因此，假定浙江省零岁组平均预期寿命依照非线性增长模式变化，其增长幅度与联合国人口司《世界人口展望 2019》对中国期望寿命的变动趋势研判相一致。

（2）人口生育率

浙江与法国的人口总量相当，两地人口持续流动和迁入增长的长期变化拉力与经济、资源与环境的发展有许多相似性，因此法国的人口变动的内在动因将会为我们预测浙江省常住人口变动趋势提供国际依据。法国在经历了相对低生育率期后，在 2010—2020 年人口出现了恢复性的增长。法国总和生育率提升的逻辑在于国际移民的迁入。国际移民一方面作为育龄人口优化了法国的人口年龄结构，另一方面其自身较高的生育水平对于法国总体生育水平产生了带动作用，这使得虽然法国本土居民的生育水平仍处在低位，但是法国整体生育率实现了恢复性的增长。

对比而言，浙江省自 2010 年起吸引了很大规模的外省人口迁入与流入。考虑到浙江省户籍人口的总和生育率低于流动人口的总和生育率，因此浙江省大规模的人口流入与迁入也为浙江省的人口增长提供了动能。从人口迁移的规模来讲，本节根据浙江省第七次全国人口普查总数进行推算，在2010—2020年间，浙江省人口净流迁数量共824万人。此外，2020年时，作为浙江省省会城市，杭州市吸引人才流入数量已超过北上广深。从人口迁移的年龄来讲，未来浙江省80后、90后出生队列因为外省人口迁入而得到补充，使得浙江省生育力得到保障。因此，在总和生育率设定方面，我们可以借鉴法国的人口生育的变动趋势对浙江的生育变动趋势进行分析。

针对未来浙江省总和生育率的变动趋势，由于2016年后我国采取"全面二孩"的生育政策，2020年我国采取"全面三孩"的生育政策，这使得未来浙江省的生育水平具有潜在的释放趋势。根据第七次全国人口普查信息，浙江省总和生育率约1.0。但是考虑到新冠疫情作为一个不确定公共卫生事件，会对人口生育水平产生推迟效应，所以第七次全国人口普查浙江省的生育水平不具有对浙江省长期生育水平的代表性。根据2020年浙江省人口与家庭动态追踪调查数据可知，新冠疫情前后，浙江省旺盛期生育年龄女性的生育意愿没有发生显著变化，且打算生育子女数均高于1.6。

因此，研究基于未来浙江省生育水平会实现恢复性增长的趋势判断，假定高生育情景下，2030年浙江省总和生育率震荡提升至1.8，2035年提升到2.0到2.1的更替水平，2050年时提升到2.5，届时70%左右的家庭均会选择生育三孩。低生育情景下，2050年浙江省TFR缓慢提升至2.1的更替水平。针对年龄别生育率，设定2016年前的浙江省年龄别生育率维持2010年的水平不变，2016年与2017年的浙江省年龄别生育率与2016年与2017年全国1%人口抽样调查所得的全国层面年龄别生育率相同，2018—2060年的浙江省生育模式基于2017年全国的生育模式向"宽峰型"生育模式转变。

（3）人口流迁率

人口流迁率是开放状态下研究浙江省人口变动时需设定的最重要的参数。浙江省人口跨省流动强度很大，在2010年的浙江省人口普查中，跨省流入人口达到1182.40万人，占比超过浙江省常住人口的20%。2020年浙江省第七次全国人口普查显示跨省流动人口为1618.65万人，规模再次提升。由于浙江省目前的人口流入已经处于较强水平，考虑到浙江省的人口落户吸引力以及未来中国的人口增长放缓的趋势，假定浙江省常住人口未来的流迁年龄模式均维持2010年时流迁年龄模式不变，人口流迁强度会逐年变动。

在计算流迁模式时，考虑到低龄组和老龄组的漏报问题，本研究按联合国生命表的一般地区年龄别迁移模式对浙江人口15岁以下低龄组、少儿组以及85岁以上的高龄组的年龄别迁移模式进行了修正（见图3.11）。

图 3.11　浙江省常住人口流迁模式

根据上述方法，2000—2010年间浙江省平均净流迁率为1.2%，2010—2020年间浙江省平均净流迁率为1.5%。考虑到未来我国经济社会发展趋势，浙江省如此高水平的人口迁移流动趋势未来可能难以为继，研究认为浙江省未来净流迁率将会呈现缓慢的下降趋势。首先，计划生育后国内出生人数的减少会使得未来能够向浙江省流迁的总人口数呈现收缩态势。其次，考虑到浙江省互联网技术主导产业的引领作用，其会对一些不适应浙江省产业结构的非正规就业有挤出效应。最后，长期来看，在2050年后，浙江省经济社会发展水平已经很高，不再需要很大规模的人口流入以补充经济社会发展所需的劳动力，人口净流迁率会不断回落。具体而言，针对浙江省人口净流迁率的设定，本研究假定未来浙江省人口跨省流迁水平会有所下降，并于2045年线性下降至迁移平衡。

（4）出生性别比

浙江省 2010 年的出生性别比为 118.36。在出生性别比这一参数的设定上，本研究假定在未来长期内，浙江省的人口性别比会逐渐趋于正常平衡值 105，并假定这一变化过程呈线性。此外，在年龄别死亡率这一参数的设定上，本研究应用联合国模型生命表中的西区死亡模式，结合本研究设定的平均预期寿命，计算浙江省年龄别死亡概率。

4.浙江省人口发展的政策仿真与动态阐述

以下通过分析浙江省年龄别常住人口的变化趋势来归纳浙江省常住人口变动的数量特点，并将通过人口金字塔、劳动力适龄人口与老年抚养比的变化趋势来分析浙江省人口年龄结构变化趋势，系统阐释浙江省人口变动的结构特点，整体把握浙江省未来以超老龄化为主要特征的人口变动过程。

对浙江省 2026—2050 年的常住人口数量的动态预测显示，2026—2035 年，浙江省的常住人口基本呈现稳定增长趋势，其中既存在因流动人口迁入呈现的增长趋势，又存在因总和生育率提升呈现出的增长趋势。2035—2050 年，在低生育迁移的情景下，浙江省常住人口数量将在 2042 年达到 7579.3 万人的峰值。在高生育迁移的情景下，浙江省常住人口数量仍将呈现上升趋势（见图 3.12）。

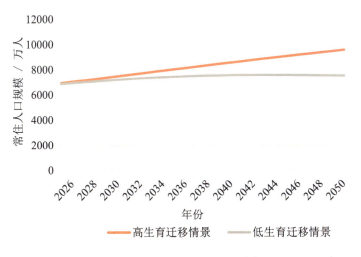

图 3.12 浙江省常住人口数量动态预测（2026—2050）

从 65 岁以上老年人口占比的变动趋势看，浙江省自"十四五"时期以后的35—40 年内，仍然会处于一个持续的老龄化阶段，其中在 2040 年之前处于一个快速老龄化的阶段，在 2041—2059 年间老龄化速度有所放缓，但老龄化进程仍在持续，最终在 2060 年前达到浙江省人口老龄化的顶峰（见图 3.13）。人口高龄化现象也伴随着人口老龄化进程同步显现。

图 3.13　2026—2060 年浙江省常住人口老龄化进程趋势

按照联合国的定义，当一国或地区 65 岁以上人口数量占总人口比例超过20%，即进入"超老龄化"社会[①]。由此可看出，2034 年后浙江省将持续处于"超老龄化"阶段。这说明在"十四五"之后，人口"超老龄化"仍是浙江省长期内人口变动的最大特点，为了应对浙江省人口超老龄化带来的具体问题，浙江省需着眼未来 40 年的持续的人口老龄化进程，为浙江省社会经济的可持续发展做好相关的政策规划铺垫。

在浙江省老龄化程度长期不断加深的同时，浙江省总体范围内的劳动适龄人口数量相对稳定。从浙江省劳动适龄人口数量变动预测可以得知，在高生育方案下，浙江省的劳动适龄人口数量在 2035 年前基本呈现稳定状态；在低生育方案下，劳动适龄人口规模虽有一定程度下降，但下降趋势平缓（见图 3.14）。因此，浙江省在这一阶段受到外省人口流入与迁移落户的影响，并不会出现劳

---

① 健康老龄化进程中的综合社会政策响应. (2019-08-09)[2023-11-30]. http://sscp.cssn.cn/xkpd/tbch/tebiecehuaneirong/201908/t20190809_4954606.html.

动力数量短缺的问题，仍享有经济发展的人口数量红利。随着浙江省与全国范围的技能偏向型技术进步与人工智能技术的发展，浙江省劳动参与率、劳动生产率会再度提升，形成经济发展的人口质量红利。劳动力技能提升将促进人力资本存量提升，更加满足浙江省高新技术产业发展的需要，助力浙江省经济高质量发展。

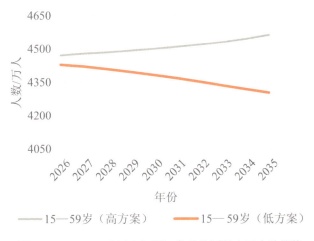

图 3.14　2026—2035 年浙江省劳动适龄人口变动趋势

三、人口快速增长背景下的浙江省粮食安全评估

（一）基于耕地压力指数的粮食安全评估方法

耕地资源是农业生产乃至国民经济可持续发展的基础资源，具有稀缺性、固定性等基本属性，同时，作为粮食种植的主要承载主体，耕地资源具有承载、供给、生产等基本功能。2020 年 12 月，习近平总书记在中央农村工作会议上强调"耕地是粮食生产的命根子……要像保护大熊猫那样保护耕地，严防死守 18 亿亩耕地红线"[①]，指出了耕地保护与粮食安全之间的重要关系。目前，我国解决粮食安全问题的主要路径可以概括为降低粮食消费量、增加国外粮食进口量和提高国内粮食供给量三条。随着人口不断增长与生活水平的提高，降低粮食消费量的路径难以推行，依赖国外粮食进口也并非长久之计，因此，保护耕地资

---

① 习近平：像保护大熊猫那样保护耕地. (2022-06-18)[2023-11-30]. http://politics.people.com.cn/n1/2022/0618/c1001-32450001.html.

源，提升国内粮食生产能力，才是保障我国粮食安全的治本之道[1]。通过最小人均耕地面积和耕地压力指数的计算，可以衡量耕地资源的紧张程度，给出耕地保护的阈值，作为耕地保护的调控基准，评估粮食安全状况，守护粮食安全保障底线。

最小人均耕地面积可以被定义为在一定区域范围内，一定食物自给水平和耕地综合生产能力条件下，为了满足每个人基本生活的食物消费所需的耕地面积。最小人均耕地面积给出了保障一定区域食物安全而需保护的耕地数量底线。最小人均耕地面积取决于食物消费水平、食物自给率和耕地生产压力的对比关系，实质上反映了投入和科技进步的作用[2]。

$$S_{\min}=\beta\frac{G_r}{P*q*k}$$

式中：$S_{\min}$ 为最小人均耕地面积（hm^2），β 为粮食自给率（%），G_r 为人均粮食需求数量（kg，假定为 400kg），P 为粮食单产（kg/hm^2），q 为粮食播种面积占总播种面积之比（%），k 为复种指数。在耕地食物生产能力不变而人均食物消费水平及食物自给水平较高时，所需的最小人均耕地面积较大；在保持一定食物自给率和食物消费水平的条件下，随着食物单产水平提高及食物播种耕地利用指数增大，所需最小人均耕地面积减小。

耕地压力指数为最小人均耕地面积与实际人均耕地面积之比，计算公式为：

$$K=\frac{S_{\min}}{S_a}$$

K 为耕地压力指数；S_a 为实际人均耕地面积（hm^2）。

当 $K<1$ 时，实际人均耕地面积大于最小人均耕地面积，表明耕地生产力的供给水平高于食物消费水平。当 $K>1$ 时，实际拥有耕地面积已达不到最小人均所需耕地面积的要求，耕地承受着巨大的压力。

2022 年 4 月，农业农村部市场预警专家委员会与其他单位联合发布了《中国农业展望报告（2022—2031）》，报告中指出，我国的粮食综合生产能力将不断提高，预计 2031 年粮食自给率将提高到 88.1%。根据这一目标，考虑浙江省

---

[1]　张士功.耕地资源与粮食安全.北京:中国农业科学院学位论文,2005.
[2]　蔡运龙,傅泽强,戴尔阜.区域最小人均耕地面积与耕地资源调控.地理学报,2002(2):127-134.

粮食自给率现状，假定浙江省分阶段靠近我国粮食自给率目标，本研究将以常住人口分别计算浙江省在粮食自给率50%与70%两种水平下的耕地压力指数。

（二）人口快速增长背景下的浙江省粮食安全评估结果分析

1.耕地压力指数逐年上升，粮食安全面临严峻考验

以常住人口分别计算浙江省在粮食自给率50%和70%的水平下的耕地压力指数，结果显示，在两种粮食自给率下，浙江省的耕地压力指数逐步增加，2019年70%粮食自给率下耕地压力指数为3.01，50%粮食自给率下耕地压力指数为2.15。在50%的粮食自给率的水平下，以常住人口的粮食消费压力，浙江省的耕地压力指数呈逐年波浪式上升趋势，2015年耕地压力指数突破了2.00，2019年上升至2.15。在70%的粮食自给率的水平下，以常住人口的粮食消费压力，浙江省的耕地压力指数更大，从2005年的1.68逐步上升，在2019年突破了3.00。这个耕地指数计算结果表明，浙江省2005—2019年间在50%与70%的粮食自给率水平下，实际拥有的耕地面积难以满足最小人均所需耕地面积要求，耕地承受着巨大压力（见图3.15）。

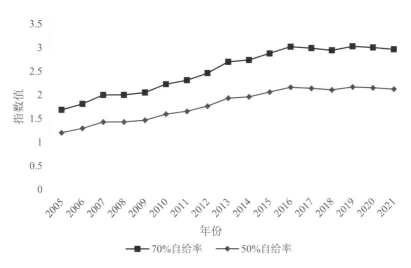

图 3.15　粮食自给率在50%和70%的水平下浙江省耕地压力指数变化

注：粮食产量及人口数据来源于《浙江统计年鉴》，因浙江省开展第三次全国农业普查，部分年份的粮食产量省级数据已被修正。

2.耕地压力存在空间分异，粮食安全保障水平差异大

粮食自给率50%水平下全省及各地级市常住人口耕地压力指数表展现的是

在常住人口粮食消费压力下，粮食自给率要达到50%的全省及各地级市的耕地压力指数。结果显示，舟山市耕地压力指数显著超过其他地区，这和舟山市独特的地质、地形有关。杭州市的耕地压力指数在2014年超过温州市，成为除舟山市外浙江省耕地压力指数最大的城市，在2015年杭州的耕地压力指数更是突破了4.00。在各地级市中，衢州市的耕地压力指数总体上最小（见表3.14）。

表3.14　粮食自给率50%水平下全省及各地级市常住人口耕地压力指数

年份	全省	杭州	宁波	温州	嘉兴	湖州	绍兴	金华	衢州	舟山	台州	丽水
2005	1.20	1.49	1.67	1.93	0.67	0.67	0.95	1.17	0.53	4.08	1.34	0.79
2006	1.29	1.47	1.69	1.91	0.63	0.61	0.90	1.21	0.60	4.11	1.26	0.79
2007	1.43	1.51	1.88	2.41	0.66	0.65	0.87	1.26	0.59	4.50	1.35	0.79
2008	1.43	1.49	1.62	1.94	0.64	0.61	0.83	1.18	0.59	4.03	1.23	0.69
2009	1.46	1.55	1.68	1.88	0.64	0.62	0.81	1.16	0.56	3.71	1.37	0.76
2010	1.59	1.74	1.75	2.09	0.67	0.64	0.84	1.20	0.56	4.28	1.44	0.80
2011	1.65	1.86	1.74	1.97	0.69	0.65	0.84	1.26	0.54	4.48	1.53	0.81
2012	1.75	1.96	1.86	1.99	0.68	0.66	0.83	1.30	0.53	4.37	1.54	0.84
2013	1.92	2.04	2.02	2.23	0.69	0.66	0.83	1.37	0.53	4.45	1.55	0.86
2014	1.95	3.24	2.27	2.45	0.80	0.83	1.03	2.06	0.61	8.58	2.07	0.92
2015	2.05	4.41	2.78	2.97	1.05	1.18	1.36	2.66	0.78	9.79	2.65	1.29
2016	2.15	4.62	2.84	3.09	1.14	1.30	1.40	2.84	0.79	9.16	2.62	1.40
2017	2.13	4.62	2.80	2.97	1.11	1.32	1.38	2.87	0.79	9.18	2.58	1.41
2018	2.09	4.54	2.74	2.93	1.12	1.26	1.35	2.98	0.78	9.46	2.54	1.36
2019	2.15	4.68	2.80	3.00	1.12	1.28	1.34	3.18	0.84	8.79	2.61	1.37
2020	2.14	4.71	2.79	2.92	1.11	1.28	1.34	3.12	0.83	8.08	2.54	1.34
2021	2.11	4.61	2.82	2.82	1.13	1.29	1.35	3.11	0.83	8.15	2.38	1.20

注：以常住人口为基础测算耕地压力指数粮食自给率为50%。粮食产量及人口数据来源于《浙江统计年鉴》，因浙江省开展第三次全国农业普查，部分年份的粮食产量省级数据已被修正。

　　粮食自给率70%水平下全省及各地级市常住人口耕地压力指数表展示的是常住人口粮食消费压力下，粮食自给率要达到70%的全省及各地级市的耕地压力指数。结果显示，与粮食自给率为50%时的计算结果相似，在各地级市中耕地压力指数最大的是舟山市，在其他地级市中，杭州在2014年超过温州，成为耕地压力指数最大的城市，在2015年杭州的耕地压力指数突破了6.00。即便是在粮食自给率70%的压力下，衢州的耕地压力指数仍然是最小的（见表3.15）。

表 3.15　粮食自给率 70% 水平下全省及各地级市常住人口耕地压力指数

年份	全省	杭州	宁波	温州	嘉兴	湖州	绍兴	金华	衢州	舟山	台州	丽水
2005	1.68	2.08	2.34	2.70	0.94	0.94	1.34	1.63	0.74	5.72	1.88	1.10
2006	1.81	2.06	2.36	2.67	0.89	0.86	1.25	1.69	0.84	5.75	1.76	1.10
2007	2.00	2.11	2.63	3.38	0.92	0.91	1.22	1.76	0.82	6.31	1.89	1.10
2008	2.00	2.08	2.26	2.72	0.89	0.85	1.17	1.65	0.82	5.64	1.72	0.96
2009	2.04	2.17	2.36	2.63	0.89	0.87	1.13	1.62	0.78	5.19	1.92	1.06
2010	2.22	2.43	2.45	2.92	0.94	0.90	1.18	1.68	0.78	5.99	2.02	1.12
2011	2.31	2.60	2.44	2.76	0.96	0.91	1.17	1.77	0.75	6.27	2.14	1.14
2012	2.46	2.74	2.60	2.78	0.96	0.93	1.16	1.82	0.75	6.12	2.16	1.17
2013	2.69	2.86	2.83	3.12	0.97	0.93	1.17	1.91	0.75	6.24	2.16	1.20
2014	2.73	4.54	3.18	3.43	1.11	1.16	1.45	2.88	0.85	12.01	2.90	1.29
2015	2.87	6.17	3.90	4.16	1.47	1.65	1.90	3.73	1.09	13.71	3.70	1.80
2016	3.01	6.47	3.97	4.33	1.59	1.83	1.96	3.97	1.11	12.83	3.66	1.96
2017	2.98	6.47	3.91	4.15	1.55	1.85	1.93	4.01	1.11	12.86	3.61	1.98
2018	2.93	6.35	3.83	4.10	1.57	1.76	1.89	4.17	1.10	13.24	3.56	1.91
2019	3.01	6.55	3.92	4.20	1.56	1.79	1.88	4.45	1.17	12.31	3.65	1.91
2020	2.99	6.59	3.91	4.09	1.55	1.80	1.88	4.37	1.16	11.31	3.56	1.87
2021	2.95	6.45	3.94	3.95	1.58	1.81	1.88	4.35	1.16	11.41	3.33	1.69

注：以常住人口为基础测算耕地压力指数粮食自给率为 70%。粮食产量及人口数据来源于《浙江统计年鉴》，因浙江省开展第三次全国农业普查，部分年份的粮食产量省级数据已被修正。

（三）未来耕地压力持续上升，粮食安全保障对策有待完善

在目前实际情况中，70% 的粮食自给率水平下浙江耕地压力指数最大，已经突破了 3.00，这表明仅仅凭借浙江省的耕地是远远无法满足浙江常住人口 70% 的粮食消费需求的，更难以在目前的科技水平和耕种水平下实现 100% 的粮食自给自足。考虑到浙江省经济发展带来的对外省人口的巨大吸引力，以及国家生育政策调整之后浙江省本地生育意愿的释放，浙江省未来的常住人口将会有所增加；但是目前我国的耕地耕种政策、农业耕种方式、农业生产科技短时间内保持稳定，所以可以在设定其他条件不变的情况下，根据浙江省未来常住人口的变动来预测浙江省未来的耕地压力指数情况。

根据预测结果，可以看到在 50% 的粮食自给率下，在人口快速增长的背景下，浙江省耕地压力指数逐年上升，在 2035 年达到 2.52 左右；在 70% 的粮食自给率下，浙江省的耕地压力指数在 2035 年会达到 3.52。如果没有农业生产技术的提升或农业耕种方式的改变，浙江省现有的耕地即便为70%的常住人口提供粮食也会面临巨大压力（见图3.16、表3.16）。通过从地广人稀的粮食主产区或粮食富余区向人稠地少的地区进行粮食调运或通过市场运作进行国内粮食的二次分配，可以缓解浙江省的耕地压力。在我们国家粮食总产量连年增长、交通运输水平不断提高的大背景下，可以通过北粮南运、西粮东运，形成良好的粮食二次分配格局，保障浙江粮食安全。因此，虽然浙江的耕地压力指数预测结果是逐年增长的，但可以通过一定的手段将其压缩在合理的范围内，缓解粮食安全问题。

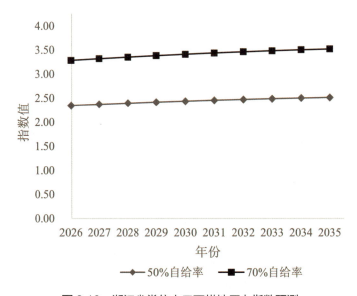

图3.16 浙江省常住人口下耕地压力指数预测

表3.16 浙江省常住人口下耕地压力指数预测

年份	50%自给率	70%自给率
2026	2.35	3.29
2027	2.37	3.32
2028	2.39	3.35
2029	2.42	3.38
2030	2.44	3.41
2031	2.46	3.44
2032	2.47	3.46
2033	2.49	3.48

年份	50% 自给率	70% 自给率
2034	2.50	3.50
2035	2.52	3.52

第四节 | 基于耕地恢复的浙江省未来耕地供需预测

一、基于"人口—粮食"的耕地需求量预测与情景设定

本书耕地需求量预测是在预测浙江省人口变化的基础上，测算其粮食需求，进而估算相应的耕地需求。本书采用标准人计算法来计算浙江省常住人口粮食需求量。其中一个标准成人的食物用粮数量标准取自中国营养学会制定的《中国居民膳食指南（2007）》（以下简称《指南》）。《指南》建议城市18—59岁男性每天摄入不同食物量约合2200kcal。根据FAO（联合国粮食及农业组织）提供的分年龄、分性别的人口日热量需求量表，我们以17—18岁男性作为标准成人，确定其标准消费系数为1，并计算出其他各年龄性别人口对应的消费系数[1]。

（一）基于常住人口的粮食需求计算

首先，将浙江省未来历年低龄人口数量折算为标准人数量。利用浙江省常住人口预测结果中分性别的年轻组预测结果形成两个年龄-时间矩阵，用于将浙江省18岁以下人口折算成标准人。

其次，计算未来18岁及以上分性别分城乡常住人口数量。本节设定2035年浙江省常住人口城镇化率达到80%，以此为基础计算未来历年分年龄分性别的城乡常住人口。常住人口预测结果基于前文计算结果得出。

最后，依据《指南》中不同类型标准人的能量需求以及粮食需求计算不同类型常住人口的能量需求，并根据不同食物之间的肉料比分别计算分性别、分城乡、分年龄浙江省常住人口数量对于不同类型食物的需求以及直接、间接粮

---

[1] 文雯,朴建华,卓勤.儿童青少年能量需要量.卫生研究,2010(6):790-794.

食总需求。

（二）粮食需求测算具体设定

由于城镇人口与乡村人口在饮食习惯与劳动强度方面有所差异，所以需要针对不同年龄、不同性别的城镇人口和乡村人口分别计算其粮食需求量。因此，本节在对浙江省常住人口进行预测的基础上，对浙江常住人口城镇化率水平进行了预测。根据《浙江省新型城镇化发展"十四五"规划》，2025 年时，浙江省常住人口城镇化率将达到 75%。依此，本书通过对比 2020 年与 2025 年的城镇化率规划增长率，假定浙江省城镇化率在 2025 年后会以每年 0.5% 的增长率继续提升，至 2035 年时，浙江省城镇化率水平达到 80%。

《指南》膳食宝塔中建议的食物摄入量有上下限之分，如建议谷物每日摄入量取值范围为 250—400g，相差 150g。对此，本节针对不同年龄、性别、城乡的常住人口设定不同标准人需求情景计算粮食需求（见表 3.17）[1]。

表 3.17 浙江省常住人口人均热量需求量以及不同类型粮食需求量

需求类型	肉料比	城镇				乡村			
		成年男性	成年女性	老年男性	老年女性	成年男性	成年女性	老年男性	老年女性
热量 /kcal		2200	1800	2000	1600	2600	2200	2400	2000
谷类 /(g/d)	1	300	250	300	225	400	300	350	300
大豆 /(g/d)	1	40	30	40	30	50	40	40	40
肉类 /(g/d)	3.7	75	50	50	50	75	75	75	50
乳类 /(g/d)	0.5	300	300	300	300	300	300	300	300
蛋类 /(g/d)	2.7	50	25	25	25	50	50	50	25
水产品类 /(g/d)	0.4	75	50	75	50	100	75	75	75
口粮需求量 /(g/d)		300	250	300	225	400	300	350	300
间接需求量 /(g/d)		632.5	452.5	472.5	452.5	652.5	632.5	632.5	472.5
食用粮食需求量 /(g/d)		932.5	702.5	772.5	677.5	1052.5	932.5	982.5	772.5

（三）浙江省耕地需求测算

本书采用现有研究中的常见做法，基于浙江省历年人口规模、粮食自给率、粮食单产等指标，测算浙江省耕地需求量。计算公式如下：

---

[1] 朱思柱.基于营养视角的江苏粮食需求预测研究.农业展望,2017(10):63-70,87.

$$Demand = \frac{A \times C \times E}{F \times H} \times \frac{1}{D}$$

上式中，$Demand$为未来浙江省耕地需求量（公顷）；A为浙江省人口总数（万人）；C为人均粮食需求量（公斤）；E为浙江省粮食自给率；F为浙江省粮食播种面积单位面积产量（公斤/公顷）；H为耕地复种指数（%）；D为粮作比（%）。

A与C的乘积代表浙江省人口粮食需求量，具体数值已在上述内容中给出；相应地，E代表浙江省未来粮食自给率，其取值在综合考虑学术研究、政府文件的基础上确定为26%，后续分析过程中假设粮食自给率保持不变；同时，本书基于浙江省2001—2019年粮食单产数值，线性预测得出浙江省未来F的取值；H复种指数在"三调"数据基础上得出，并假设未来保持不变；粮作比取值与耕地非粮化治理等政策息息相关，因此设置四种不同情景，对粮作比取值进行假设，以尽可能估算耕地需求量变化的不确定性，分别求取了粮作比保持不变、粮作比年均增长0.25%、粮作比年均增长0.5%、粮作比年均增长1%四种情景下的粮食需求。

二、基于"可恢复用地"的耕地供给量预测与路径设计

耕地恢复是新增耕地的主要来源之一。当前，气候变化不稳定性增加、国际贸易摩擦加剧、局部冲突不断升级，我国粮食安全面临严峻挑战。浙江省2009—2019年间，耕地面积大幅度下降，对于粮食生产、粮食安全目标实现形成负面影响。根据"三调"规程，对于"二调"时的耕地及其后的新增耕地，实地为种植园用地、林地、草地及坑塘水面的，按现状调查地类，并标注恢复属性；其中，标注"即可恢复"属性地类，是经过清理可以直接恢复耕种的土地；标注"工程恢复"属性地类是经过清理后仍需采取工程措施才能恢复耕种的地类。浙江省"三调"数据显示，其仍存在较大面积即可恢复园地、林地、坑塘水面，可为弥补耕地流失、稳定粮食生产提供支撑，据此，研究提出四类可恢复用地，包括即可恢复园地、即可恢复林地、即可恢复坑塘水面、工程恢复用地。此外，未利用地也有开垦耕地的潜力，主要为盐碱地、草地等，一并纳入耕地后备资源。因此，本研究根据浙江省国土空间利用现状，充分参考现有

政策文件、政府公报，坚持将粮食安全目标落实、任务目标的合理划分、建立健全耕地恢复的长效治理机制、加强耕地恢复政策扶持等基本原则，明确了浙江省耕地恢复路径。

针对即可恢复用地，考虑到未来浙江省耕地相对碎片化的特征和实现未来浙江省耕地生产的规模效应，假定浙江省对面积达到 100 亩及以上，且距离在 500 米以内的连片区即可恢复用地实施耕地恢复。2025 年前，完成 1/2 即可恢复用地的恢复工作，2030 年前推进至 3/4，2035 年时实现连片即可恢复用地的全面恢复。针对工程恢复用地，选取单位面积达到 100 亩及以上的标注为工程恢复的水塘来实现耕地恢复。2025 年前，完成 1/4 工程恢复连片地类的恢复工作，2030 年前推进至 3/4，2035 年时实现工程恢复用地的全面恢复。针对未利用地，将去除标注可恢复地类以外的其他未利用地分阶段开垦为耕地。按照每年 10% 的比例，将浙江省其他草地、盐碱地的 80% 于 2030 年实现用地类型向耕地的转变。

首先，2021—2035 年间浙江通过耕地恢复手段补充 592.7 千公顷耕地。浙江省在 2021—2035 年间可通过耕地恢复手段实现年均新增耕地 39.5 千公顷/年，其中 2021—2025 年间耕地新增规模（59.0 千公顷/年）相对高于 2026—2035 年间（29.7 千公顷/年）。其次，即可恢复园地、即可恢复林地是重要的新增耕地来源。2021—2035 年间，浙江省即可恢复园地、即可恢复林地分别可以为本省提供 271.4 千公顷、163.3 千公顷新增耕地，占总新增耕地的 45.79%、27.55%。工程恢复方式补充耕地的潜力相对较弱。工程恢复手段在同时期内仅能为浙江省补充 4.7 千公顷耕地，远低于即可恢复林地、园地或者坑塘水面路径（见表 3.18）。

表 3.18 浙江省耕地恢复路径设计

单位：千公顷

年份	即可恢复园地	即可恢复林地	即可恢复坑塘水面	工程恢复	未利用土地	总计
2021	27.1	16.3	10.1	0.2	5.3	59.0
2022	27.1	16.3	10.1	0.2	5.3	59.0
2023	27.1	16.3	10.1	0.2	5.3	59.0
2024	27.1	16.3	10.1	0.2	5.3	59.0

年份	即可恢复园地	即可恢复林地	即可恢复坑塘水面	工程恢复	未利用土地	总计
2025	27.1	16.3	10.1	0.2	5.3	59.0
2026	13.6	8.2	5.0	0.2	5.3	32.3
2027	13.6	8.2	5.0	0.2	5.3	32.3
2028	13.6	8.2	5.0	0.2	5.3	32.3
2029	13.6	8.2	5.0	0.2	5.3	32.3
2030	13.6	8.2	5.0	0.2	5.3	32.3
2031	13.6	8.2	5.0	0.5	0.0	27.2
2032	13.6	8.2	5.0	0.5	0.0	27.2
2033	13.6	8.2	5.0	0.5	0.0	27.2
2034	13.6	8.2	5.0	0.5	0.0	27.2
2035	13.6	8.2	5.0	0.5	0.0	27.2
总计	271.4	163.3	100.7	4.7	52.6	592.7

三、浙江省耕地供需矛盾日益缓解，助力粮食安全目标实现

（一）老龄化使老年人口粮食需求攀升

基于前述城乡人口定义，本研究预测了"十四五"后至2035年浙江省分年龄、分城乡、分性别常住人口。结果表明：首先，城镇成年人口规模相对较高，但是其占总人口比重有所下降。城镇成年男性、女性人口规模于2035年分别增长至2156.84万人、1582.02万人，其总人口占比分别下降至56.39%、53.32%。其次，老年人口规模大幅度增加，老龄化现象加剧。浙江省老年人口（城镇老年男性、城镇老年女性、乡村老年男性、乡村老年女性）于2035年增长至2162.22万人，老年人口占比相应地于2035年达到29.03%。最后，乡村成年人口规模快速下降。

依据不同类型常住人口对于谷物粮食的需求，本书测算了2026—2035年间浙江省人口日谷物需求量。第一，浙江省人口总体谷物需求量平稳上涨。2035年，浙江省整体谷物需求量将上涨至19439.02吨/天。第二，浙江省0—59岁常住人口（城镇成年男性、城镇成年女性、乡村成年男性、乡村成年女性）谷物需求量将呈现下降趋势。第三，浙江省60岁及以上老年人口谷物需求量将呈现

快速增长态势。2035年，浙江省老年人口（城镇老年男性、城镇老年女性、乡村老年男性、乡村老年女性）谷物需求量将增长至5145.11吨/天（见图3.17）。

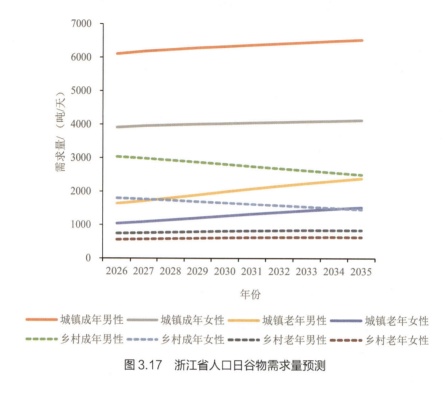

图3.17　浙江省人口日谷物需求量预测

（二）非粮化治理助力耕地需求量下降

四种不同情景下的浙江省2026—2035年耕地需求量变化趋势如下：第一，粮作比保持不变的情景下，浙江省耕地需求量先上升后下降。在该情景下，浙江省耕地需求量将增长至2030年的2104.9千公顷的峰值，随后下降至2035年的2084.3千公顷。第二，粮作比逐年增加0.25%的情景下，耕地需求量不断下降。粮作比缓慢增加，将有助于降低耕地需求量。因此，在该情景下，耕地需求量2035年下降至1958.9千公顷。第三，粮作比逐年增加0.5%、1%的情景下，浙江省耕地需求量将以更快速度持续下降（见图3.18）。

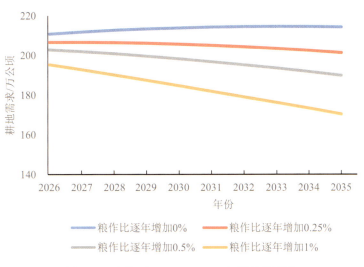

图 3.18　浙江省 2026—2035 年耕地需求量

（三）耕地恢复推动耕地供需差异缩小

　　基于上述耕地恢复路径设计，本书结合"三调"耕地面积得出浙江省2026—2035 年间耕地供给量。结果表明，浙江省耕地面积将增长至 1855.9 千公顷，年增长面积达 36.1 千公顷，年增长率达 2.68%。耕地面积增长的速度呈现逐渐下降的趋势，2032—2035 年间年度新增面积下降至 27.2 千公顷（见图3.19）。

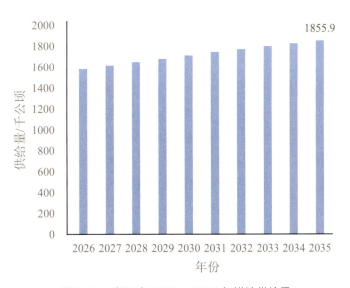

图 3.19　浙江省 2026—2035 年耕地供给量

基于浙江省未来耕地需求与供给量预测，本书进一步分析了2026—2035年间浙江省耕地供需关系变化。首先，浙江省耕地供需矛盾将呈现缓解的趋势。在四种粮作比增速假设下，浙江省耕地需求量与供给量比值均呈现下降趋势，意味着浙江省未来耕地供需矛盾将有所缓解。其次，粮作比增速的提升将有助于降低耕地需求量与供给量之间的差异。在粮作比保持逐年增长0.25%的情景下，2035年耕地需求量与供给量的比值为1.06，差额为103.0千公顷，而在粮作比增速提高至0.5%与提高至1%的情景下，上述比值将缩小至0.996与0.894，浙江省可以在2026—2035年间实现耕地供需平衡。在粮作比增速提高至0.5%的情景下，浙江省可于2035年当年实现耕地供需平衡。而在粮作比增速提高至1%的情景下，浙江省可于2032年实现耕地供需平衡，并在2033—2035年间实现耕地供大于求的状态（见图3.20）。

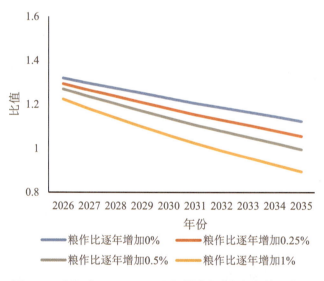

图3.20　浙江省2026—2035年耕地需求量与供给量比值

四、建立农村土地银行制度，推动耕地恢复有效实施

为保障浙江省耕地恢复落到实处，建议成立农村土地银行推动耕地有效恢复。农村土地银行由地方政府和金融机构牵头成立，负责农村土地经营权流转、抵押贷款、委托经营。在坚持土地农业用途不变的前提下，由政府推动农户将

闲置的或不愿耕种的土地集中存入土地银行,由土地银行将农户存入的土地整合后再贷出。

农村土地银行制度是基于耕地恢复补偿制度的一种制度创新,它在征地与地上附着物赔偿的基础上,进一步发挥土地流转作用,将恢复的耕地向高生产率、大规模化的新型农业生产经营主体进行流转,进而在实现浙江省藏粮于地的同时,提高粮食生产效益。土地流转银行制度设计需要包含以下三个部分:第一是如何将识别出的土地从原土地承包者(农民)流转至土地流转银行,即土地流转事宜;第二是如何将流转来的土地恢复为耕地,即耕地恢复事宜;第三是土地流转银行如何分配耕地的种植,即粮食种植事宜。

针对土地流转事宜,在土地银行制度设计下,财政部门需先行依照征地补偿标准对土地承包人进行补偿,然后依照每年耕地的产出水平,向原土地承包户发放土地资本的分红。因此,政府投入的土地流转成本可以分为两个部分,一是土地征收与青苗包干补偿,其中包括了土地补偿费、安置补助费以及地上附着物和青苗的补偿费;二是承包土地资本的收益费。考虑到土地资本、农机资本以及人力资本在粮食生产过程中的同等重要地位,在土地银行制度下,地方政府每年按照单位耕地年产值的三分之一向原承包地农户发放分红。

针对耕地恢复事宜,由于即可恢复用地的耕作层并没有受到破坏,因此即可恢复用地不由土地流转银行统一安排恢复,而由新的土地承包者自行实现包干恢复。针对工程恢复用地,土地流转银行需要集中安排第三方的人力、物力实现耕地的工程恢复,工程类型包括土地平整工程、土壤改良工程、灌溉与排水工程、田间道路工程、农田输配电工程、农田防护与生态环境保持工程等,其间用于工程恢复的成本由财政部门统一出资。

针对粮食种植事宜,在土地流转银行模式下,被恢复或垦造为耕地的新承包人可以是原土地承包人,也可以是新型农业生产经营主体。单次土地流转的最低年限可设计为5年。若5年后,原土地承包人愿意其土地继续流转并恢复为耕地,则其可以继续领取每年的土地资本收益。

基于上述制度设计,本节对土地流转银行中的第一运营环节,即土地流转环节的制度成本进行了测算。由于工程恢复成本具有较大的地区差异,本节在此不对工程恢复用地的恢复成本进行统一测算。待流转并恢复为耕地的土地附着物和青苗补偿标准由各个省、自治区、直辖市规定，地区间补偿标准具有较大的差异性。考虑到浙江省不同地级市间较大的经济发展水平差异，我们选取浙江省丽水市征收集体土地地上附着物和青苗补偿标准作为浙江省土地银行支出标准的低方案，选取浙江省杭州市市区征收集体土地地上附着物和青苗补偿标准作为浙江省土地银行支出标准的高方案，对浙江省土地银行制度支出总额进行预测分析。

具体而言，针对低方案，根据《丽水市人民政府办公室关于印发丽水市市区征收集体土地地上附着物和青苗补偿标准的通知》，耕地、园地以及除林地外的其他农用地青苗包干补偿标准为 1.3 万元/亩，林地、未利用地青苗包干补偿标准为 0.7 万元/亩。此外，园地上种植的成片已投产多年生经济作物另行补偿 3000 元/亩，养殖水面另行补偿养殖损失 3000 元/亩，成片的多年生苗木给予迁移补助 6000—8000 元/亩。基于此标准，浙江省土地银行制度支出低方案标准设计如下：（1）即可恢复连片园地在恢复为耕地初年，给予 1.6 万元/亩的补偿；即可恢复连片林地在恢复为耕地初年，给予 1.4 万元/亩的补偿；即可恢复坑塘水面在恢复为耕地初年，给予 1.6 万元/亩的补偿；工程恢复用地补偿标准与园地以及除林地外的其他农用地相同；未利用地在恢复为耕地初年，给予 0.7 万元/亩的补偿。（2）以浙江省耕地单位农作物播种面积年产值计算单位耕地年产值，以其 1/3 计算土地资本的收益费。其中，耕地产值选择 2020 年浙江省粮食作物（谷物、豆类、薯类）、油料、棉花、麻类、糖类、蔬菜的产值求和计算，耕地播种面积以 2020 年浙江省粮食作物（谷物、豆类、薯类）、油料、棉花、麻类、糖类、蔬菜播种面积求和计算[1]。经计算，浙江省 2020 年单位耕地年产值为 2962.95 元/亩。因此，历年每亩恢复为耕地的土地资本的收益费为 987.65 元。

针对高方案，根据《杭州市人民政府关于调整杭州市区征收集体土地地上附着物和青苗补偿标准的通知》，"上城区、下城区、江干区、拱墅区、西湖区、

---

[1] 数据来源于《浙江统计年鉴》。

杭州高新开发区（滨江）包干补偿费用不超过 4 万元/亩，萧山区、余杭区、富阳区、临安区包干补偿费用不超过 2.8 万元/亩"。基于此，研究选取 3.4 万元的平均值作为各类土地恢复为耕地的地上附着物和青苗包干补偿费用。历年承包土地资本的收益标准与低方案相同。

研究测算了在土地流转银行制度下，实现连片土地流转的制度成本，形成了低方案与高方案（见表 3.19、表 3.20）。计算过程中，假定承包地所有者仅将承包土地流转 5 年，即土地银行需为原土地承包人提供为期 5 年的土地收益金。根据浙江省第三次农业普查数据可知，浙江省 2016 年共有 527.8 万农业生产经营人员。根据《2018 年浙江省人力资源和社会保障事业发展主要数据公报》，2018 年浙江省有 538.84 万人实际领取城乡居民基本养老保险待遇。这两个群体是如今在从事农业生产，或曾经从事农业生产但如今已年满 60 岁的农业群体，因其具有土地承包经营权，是土地银行制度的覆盖群体。假定 2016—2020 年浙江省此群体的人数不变，倘若将这笔钱平均分给浙江省土地银行制度覆盖群体，可令浙江省农业生产经营人员和领取城乡居保老人的单一年度人均可支配收入提高，能够在保障粮食安全的状况下提高农村居民收入状况，促进共同富裕进程。

表 3.19 低方案下土地流转银行制度历年流转支出 单位: 万元

年份	园地	林地	坑塘水面	工程恢复	未利用土地	总计
2026	526666	292357	195527	7332	94191	1116074
2027	506564	280264	188064	7332	94191	1076416
2028	486462	268170	180602	7332	94191	1036758
2029	466361	256077	173139	7332	94191	997100
2030	446259	243984	165676	7332	94191	957442
2031	426157	231890	158213	12935	38962	868158
2032	426157	231890	158213	13281	31170	860711
2033	426157	231890	158213	13627	23377	853265
2034	426157	231890	158213	13973	15585	845818
2035	426157	231890	158213	14319	7792	838372

表 3.20　高方案下土地流转银行制度历年流转支出　　单位：万元

年份	园地	林地	坑塘水面	工程恢复	未利用土地	总计
2026	893021	537248	331538	13636	307218	2082660
2027	872919	525155	324075	13636	307218	2043002
2028	852817	513061	316612	13636	307218	2003344
2029	832716	500968	309150	13636	307218	1963686
2030	812614	488875	301687	13636	307218	1924028
2031	792512	476781	294224	25542	38962	1628021
2032	792512	476781	294224	25888	31170	1620575
2033	792512	476781	294224	26234	23377	1613128
2034	792512	476781	294224	26580	15585	1605682
2035	792512	476781	294224	26925	7792	1598235

第五节　耕地保护路径探索及政策建议

一、落实永久基本农田粮食生产功能，夯实非粮化整治

结果表明，粮作比的提升将有助于缓解耕地供需矛盾，而非粮化治理是提升粮作比的重要政策手段。因此，应坚持面向国家粮食安全的核心目标，坚持永久基本农田粮食生产的主要功能，以明确耕地非粮化治理内涵与外延、强化耕地非粮化现象识别与测度、以探究耕地非粮化治理原则与举措为重要抓手，夯实非粮化整治。

（一）明确耕地非粮化治理内涵与外延，确立非粮化治理基础

非粮化问题在现实的管理实践中存在内涵与外延模糊的问题，限制了非粮化治理的科学性与有效性。例如，种植瓜果、苗木、蔬菜等非主粮的耕地是否应纳入非粮化整治范围？部分地区在治理过程中忽视地上作物的经济价值、社会价值、文化价值，片面追求耕地种植结构的"主粮化"，从而对农民收入、农村社会稳定、政府信用等方面造成负面影响。因此，需要厘清非粮化治理的内涵与外延，推动非粮化治理过程的精准化、有效化，为地区耕地保护、粮食生产提供支撑。

（二）强化耕地非粮化现象识别与测度，奠定非粮化治理前提

建设非粮化监测、预警体系是实现及时高效的非粮化治理的重要前提。现有的大尺度非粮化识别较多基于行政区尺度的统计数据，识别结果的空间粒度较为粗糙，难以实现精准施策。因此，未来应积极应用遥感云数据平台、大数据技术等手段，实现对浙江省耕地种植结构、复种指数等指标的实时监测评估，高效识别耕地非粮化现象，为后续非粮化治理实现提供坚实基础。

（三）探究耕地非粮化治理原则与举措，建构非粮化治理机制

非粮化现象的治理既是政策问题，工程问题，同时也是社会问题。非粮化治理的过程涉及政府、农户、企业等多元主体，多元主体间存在利益的权衡与协调。因此，非粮化治理过程应围绕粮食安全、耕地保护的核心目标，坚持实事求是的基本原则，尊重市场经济的客观规律，处理好非粮化治理的节奏、强度等问题，加强治理主体内部关系的处理（包括政府部门间的横纵关系），协调好治理参与方的关系，发挥多主体参与的协同作用，切实推动耕地的可持续利用。

二、开展农牧渔林一体化集中整治，推进耕地数量质量提升

结果表明，以全域土地综合整治、土地恢复等手段补充耕地是实现粮食安全、耕地保护等宏观目标的重要支撑。因此，浙江省应基于国土利用现状，大力推动农牧渔林"百亩方、千亩方、万亩方"（即"百千万"）一体化集中整治，在明晰集中整治潜力的基础上，探究一体化集中整治对于粮食安全、粮食生产的影响，进而建立一体化集中整治实施机制。

（一）开展一体化集中整治潜力分析

"百千万"一体化集中整治作为一项系统性的复杂工程，其范围的划定对整治效果影响较大，而整治范围的合理划定则建立在整治潜力的科学系统分析的基础上。因此，需要基于浙江省农牧渔林的资源禀赋，开展面向乡村转型、产业发展的基础性研究，进而在明晰行业发展阶段的基础上，明确各区域、各乡镇的一体化集中整治的潜力与整治优先级，为后续整治实施与效应评估奠定基础。

（二）明确一体化集中整治参与主体

"百千万"一体化集中整治是涉及政府、农户、企业等多元主体的综合性活动。目前的一体化集中整治活动主要由政府主导，缺乏农户、企业等主体的参与，进而限制了多元主体的协同效应发挥。全域土地综合整治的相关研究表明，土地整治由单主体主导走向多主体协同参与的过程中，土地整治的规模与效果得到了进一步的提升。因此，一体化集中整治应借鉴全域土地综合整治相关经验，在坚持政府有效监督和引导的基础上，建立健全多主体协同参与的利益联结机制，畅通公众参与渠道，有效引导社会资本参与，推动一体化集中整治的深入开展。

（三）建立一体化集中整治实施机制

"百千万"一体化集中整治并非简单的工程性项目，应聚焦其一体化特征，发扬其系统性、科学性特质，建立面向提升农村生产、生活和生态质量，发挥农牧渔林业生产、社会保障、经济发展等多重功能的实施机制。一体化集中整治应有效规避土地整治过程中"重指标、重工程、重任务"等问题，着重推动耕地非粮化治理、耕地质量提升、新增耕地补充、建设用地复垦、耕地生态修复机制建设。

三、健全耕地保护补偿机制，推动耕地保护体系建设

耕地保护补偿机制是我国耕地保护体系建设的重要内容。2017年公布的《中共中央 国务院关于加强耕地保护和改进占补平衡的意见》中写道"加强对耕地保护责任主体的补偿激励"，树立了耕地保护谁保护、谁受益的基本原则；2021年的《中华人民共和国土地管理法实施条例》中明确指出"国家建立耕地保护补偿制度"。耕地保护补偿制度的建设，将有助于缓解经济发展与耕地保护之间的矛盾关系，体现空间发展过程中的公平与正义，有助于提升耕地保护动力，助推国家粮食安全目标的实现。

（一）完善耕地保护补偿核算体系

耕地保护补偿是针对耕地保护所产生的多重收益进行综合性补偿，包括粮食安全、生态系统服务等方面的收益。同时耕地保护补偿也是在对耕地空间发

展权的损失进行补偿。由此可见，耕地保护补偿涉及多种类别的收益度量，目前仍缺少相对统一的、公认的核算体系。科学合理的耕地保护补偿核算是实施精准有效耕地保护补偿的基础。为切实推动浙江省耕地保护目标落实，浙江省应在正确认知耕地保护补偿重要地位的基础上，基于生态系统服务价值、外部性等基础理论，充分借鉴现有耕地保护补偿探索经验，尝试从耕地数量保护、耕地质量保护、耕地生态保护三位一体视角建构统一的耕地保护补偿核算体系，并积极选取区域试点。

（二）明确耕地保护补偿责任区域

耕地保护是具有显著正外部性的公共政策，因此耕地保护补偿过程必须充分考虑其空间外溢效应，明确耕地保护补偿的责任主体，充分发挥耕地保护补偿对于参与主体的激励作用。由于地区间自然资源禀赋差异，地区间耕地保护的责权并不对等，农产品主产区、重点生态功能区较多承担了耕地保护的义务，而城镇化地区则更多享有耕地保护的利益。因此，城镇化地区应成为耕地保护补偿的核心主体，向农产品主产区、重点生态功能区支付耕地保护补偿资金，在实现外部性内部化的基础上，实现空间发展、空间保护的公平与正义。

（三）健全耕地保护补偿保障体系

因地制宜、因时制宜地选择耕地保护补偿方式将有助于充分发挥耕地保护补偿效应，推动耕地保护目标的实现。早期耕地保护补偿较多选择资金补贴的方式，其作用效果近年受到质疑。因此，应灵活选择资金补贴、技术补贴、科技补贴、物质补贴等多种方式，搭建政府、市场、农户多主体参与的耕地保护补偿保障体系。在宏观尺度，可以建立横纵结合的省、市、县生态保护补偿财政转移支付机制；在微观尺度，可以在充分发挥政府监督的作用下，积极引入市场机制，针对耕地保护主体或者耕地保护行为实现精准有效的补偿。

第四章 建设用地保障与高质量发展

第一节 | "三调"建设用地状况

一、建设用地规模趋于极限

根据第三次全国国土调查数据，截至 2019 年底，浙江省实际建设用地面积共计 1329.0 千公顷，建设用地规模趋于极限。一方面，浙江省是中国面积最小、人口密度最大的省份之一，其地形以丘陵和山地为主，仅在东北部和东南沿海地区有平原分布，呈现出"七山一水二分田"的地形特点，受地形因素限制，浙江省建设用地扩张受限；另一方面，《浙江省自然资源发展"十四五"规划》指出，为保证全省生态保护红线、耕地保有量和基本农田保护面积稳定在国家有关控制指标以上，2025 年浙江省国土开发强度（建设用地规模占辖区国土总面积的比例）控制在 13% 以内，"三调"数据显示，截至 2019 年，浙江省国土开发强度已达到 12.58%[①]，建设用地总量趋于规划极限规模。

对于浙江省各地市而言，杭州市和宁波市建设用地规模最大，截至 2019 年底，建设用地规模分别达到 208.9 千公顷和 195.8 千公顷，嘉兴市、舟山市、宁波市建设用地规模占辖区国土总面积最高，建设用地规模占比分别达到 32.37%、25.57%、19.95%（见表 4.1、图 4.1）。按照国际惯例，30% 是一个地区国土开发强度的极限，超过该限度，人的生存环境就会受到影响，但结合我国建设用地开发实际情况，以浙江省周边省市为例，江苏省多地市国土开发强度超出 20%，上海多区国土开发强度更是接近 50%。仅与长三角地区相比，浙江省多地市国土开发强度处于较低水平，这与浙江省地形因素限制建设用地扩张密切相关。鉴于相对周边省市受限的建设用地开发空间，浙江省有必要实施建

---

① 浙江省国土面积来源于《浙江统计年鉴》公开数据。

设用地总量和强度双控行动，创新节地模式，推广节地技术。其中，丽水市建设用地规模占比最低，仅为 3.28%，作为浙江省辖陆地面积最大的地市，其建设用地规模受山地丘陵地形和生态环境保护要求限制，有必要加强对存量建设用地的绿色集约利用。

表 4.1　2019 年浙江省及各地级市建设用地规模

地区	建设用地面积 / 千公顷	地区	建设用地面积 / 千公顷
浙江省	1329.0	舟山市	37.3
杭州市	208.9	温州市	127.6
宁波市	195.8	金华市	137.7
嘉兴市	136.7	衢州市	72.4
湖州市	106.5	台州市	126.9
绍兴市	122.4	丽水市	56.6

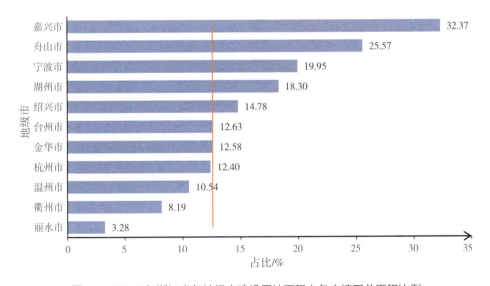

图 4.1　2019 年浙江省各地级市建设用地面积占各市辖区总面积比例

二、建设用地结构有待优化

第三次全国国土调查数据结果显示，截至 2019 年底，浙江省全域城镇村及工矿用地共计 1146.8 千公顷，占全省建设用地的 86.29%；交通运输用地 157.4 千公顷，占全省建设用地的 11.85%；水工建筑用地 24.7 千公顷，占全省建设用地的 1.86%。在占比最高的城镇村及工矿用地中，村庄用地面积占比过半，规模共计 578.3 千公顷，占城镇村及工矿用地总面积的 50.43%；建制镇用地 266.0 千公顷，占 23.19%；城市用地 256.6 千公顷，占 22.38%。其他用地包括采矿用地（26.1 千公顷）、风景名胜及特殊用地（19.8 千公顷）等面积占比较小，仅占城镇村及工矿用地的 4% 左右（见图 4.2）。

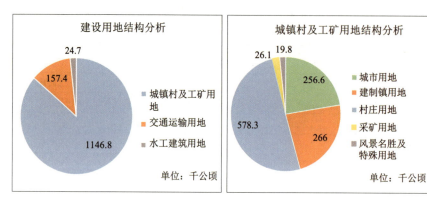

图 4.2　浙江省"三调"建设用地数量结构分析

从全省情况看，浙江省建设用地存在着资源分布空间不均衡和利用不充分、城乡建设用地结构欠合理等问题，尤其体现在乡村用地粗放闲置、人均村庄用地面积"不减反增"等方面。依据 2009 年、2019 年常住人口与户籍人口统计数据与城镇村用地面积数据，2009 年浙江省人均城镇用地[①]面积 115.58 平方米，人均村庄用地[②]面积 144.47 平方米，经过十年的发展，截至 2019 年底，浙江省人均城镇用地面积 114.54 平方米，较 2009 年减少了 1.04 平方米（减幅 0.90%）；人均村庄用地面积 231.94 平方米，较 2009 年增长了 87.47 平方米。农村人口不断向城镇转移，城镇人口增长快于城镇用地扩张，单位城镇用地人口承载量提升，而与农村人口减少相对应的是村庄用地面积的增加，农村居民点内部土地闲置浪费现象较严重，造成农村人均用地严重超标，土地利用率低，出现大片"空心村"现象。在人口城镇化的背景下，城乡建设用地结构有待优化，可以通过开展乡村全域土地综合整治适当降低村庄建设用地占比，盘活村庄存量用地，提升村庄用地的节约集约利用。

---

① 人均城镇用地中的人口采用《浙江统计年鉴》中的城镇常住人口数据。
② 人均村庄用地中的人口采用公安部门提供的乡村户籍人口数据。

三、建设用地空间分布集聚

对浙江省全域城镇村用地进行全局空间自相关分析得到的 2019 年浙江省城镇村用地全局莫兰指数计算结果为 0.469，城镇村建设用地呈正向集聚趋势。

城镇村用地局部空间自相关分析结果显示，总体上浙江省建设用地空间分布呈现集聚特征，并呈现出"北多南少"的特点，城镇村用地在杭州市、嘉兴市、绍兴市、宁波市等浙北地市分布较多且集聚，在丽水市、衢州市等浙南地市分布较少。具体而言，城镇村用地高–高聚集区域主要分布在环杭州湾、温台、浙中三大区域，这些区域主要处于浙北平原、温黄平原、浙中盆地，地形平坦，城镇村建设用地集聚分布。低–低集聚区域主要分布在浙江省西部的杭州淳安县及南部的丽水市大部分区域，这些区域地形以丘陵、山地为主，几乎没有城镇村建设用地分布。高–低型区域分布较为零散，主要分布在低–低集聚区四周；低–高型区域大多分布在高–高集聚区周边，与城镇村建设用地分布集中的区域之间保持了较好的空间连片性（见图 4.3）。建设用地的空间集聚有助于各类资源要素集聚，带动经济快速发展，建设用地分布较少的地区需要得到一定的政策支持。

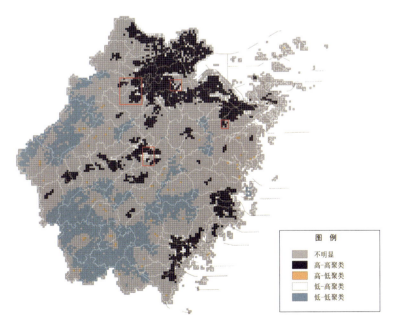

图 4.3　2019 年浙江省城镇村面积局部莫兰指数

四、建设用地产出效率较高

依据"三调"数据和《浙江统计年鉴》数据，2019 年底，浙江省建设用地地均 GDP 为 469.99 万元/公顷，位居全国前列，整体建设用地产出效率较高。这主要是由于浙江省经济基础较好、人口吸引力较大，劳动力、土地、资本、技术等要素集聚明显，以建设用地为载体推动产业发展的规模效应较为显著，且浙江省不断推进产业转型升级，标准强省、质量强省、品牌强省正成为经济发展新趋势，数字经济核心产业、旅游、文化及相关特色产业等不断壮大，知识密集型和高技术服务业发展迅速，相对其他产业带来更高的建设用地产出效率，对浙江省节约集约利用建设用地有重要贡献。

对于浙江省各地市而言，建设用地产出效率最高的地市是杭州市、宁波市、温州市，建设用地地均 GDP 分别达到 736 万元/公顷、612 万元/公顷、518 万元/公顷，建设用地产出效率最低的地市是衢州市、丽水市、湖州市，建设用地地均 GDP 分别为 217 万元/公顷、261 万元/公顷、293 万元/公顷。整体来看，浙江省各地市建设用地产出效率较高但各地市之间差异较大，全省仅三个地市建设用地地均 GDP 高于全省平均水平，建设用地产出效率较低的地市同产出效率较高的地市差距较大，其中，杭州市建设用地地均 GDP 为衢州市建设用地地均 GDP 的 3.4 倍（见图 4.4）。建设用地产出效率作为建设用地节约集约利用水平的衡量维度之一，在一定程度上可以反映当地的区域发展程度和经济集中程度，针对建设用地产出效率较低的地区，浙江省有必要采取措施提高建设用地利用效率，提升经济发展水平，推动经济发展质量变革、效率变革、动力变革。

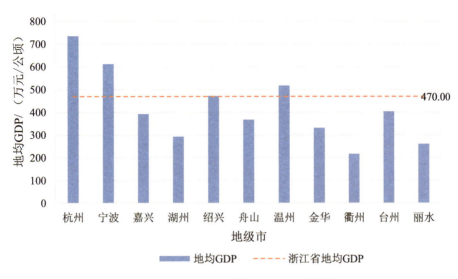

图 4.4 2019 年浙江省各地级市建设用地地均 GDP

第二节 | "二调"至"三调"建设用地变化回顾

一、建设用地规模逐年递增，总量控制面临挑战

自"二调"以来，浙江省建设用地规模从 1022.7 千公顷稳步增长至 2019 年"三调"时期的 1329.0 千公顷，共增长了 306.3 千公顷，年平均增长率约 2.65%。浙江省分地市建设用地变化统计结果显示，"二调"至"三调"期间，浙江省全域建设用地增加比例约为 29.95%。在 11 个地市中温州市建设用地增加比例最高，达 37.06%，其次为丽水市、湖州市、杭州市、嘉兴市，建设用地增加比例分别为 34.44%，33.96%、31.80%、31.06%，绍兴市建设用地增加比例最低，约为 22.89%（见图 4.5、表 4.2）。建设用地增速过快区域应重点关注建设用地总量增长，严控建设用地增量、盘活建设用地存量，推进土地资源节约集约利用。

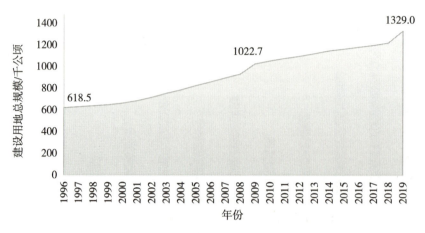

图 4.5 "二调"至"三调"建设用地总规模变化趋势

表 4.2 "二调"至"三调"浙江省及各地级市建设用地规模变化

地区	"二调"建设用地规模 / 千公顷	"三调"建设用地规模 / 千公顷	变化比例 /%
浙江省	1022.7	1329.0	29.95
杭州市	158.5	208.9	31.80
宁波市	155.3	195.8	26.08
温州市	93.1	127.6	37.06
嘉兴市	104.3	136.7	31.06
湖州市	79.5	106.5	33.96
绍兴市	99.6	122.4	22.89
金华市	107.1	137.7	28.57
衢州市	56.3	72.4	28.60
舟山市	28.7	37.3	29.97
台州市	98.1	126.9	29.36
丽水市	42.1	56.6	34.44

二、建设用地结构持续调整，用地保障精准高效

根据"三调"与"二调"建设用地结构变化统计结果，"三调"城镇村及工矿用地占比最大，为 1146.8 千公顷，占总建设用地的 86.29%，"二调"城镇村及工矿用地 889.0 千公顷，"二调"至"三调"期间共计增长了 257.8 千公顷。"三调"交通运输用地 157.4 千公顷，占总建设用地的 11.85%，较"二调"增加了 40.2 千公顷（见图 4.6）。其中，全省公路用地面积增长量最多，共增加 30.3

千公顷，占增长量的 75.37%；铁路用地和机场用地也均有增加。可见浙江省在这十年交通运输用地建设迅速，给全省的高速发展提供了重要保障。而水工建筑用地的 24.7 千公顷仅占总建设用地面积的 1.86%，相比较"二调"时增加了 8.3 千公顷。

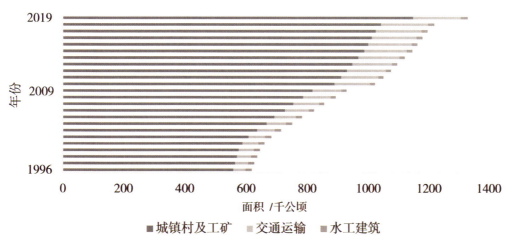

图 4.6　1996—2019 年浙江省建设用地结构变化

从"二调"至"三调"期间城乡建设用地结构变化可知，村庄建设用地整体上规模最大，2019 年规模 578.3 千公顷，其增长量也最多，达 104.1 千公顷。但整体而言，村庄建设用地占比有所下降，从"二调"的 53.34% 下降到了"三调"的 50.43%。与此同时，城镇建设用地占比有所增加，其中建制镇用地和城市用地占比分别从 21.03% 和 18.68% 上升到了 23.20% 和 22.38%。

三、城镇村用地不断集聚，空间布局持续优化

从城镇村用地核密度分布来看，2009—2019 年城镇村用地扩展明显，密度值为 0.13 平方千米以下的低密度区总面积下降了 0.32 万平方千米，密度值为 0.13—0.68 平方千米范围内的中密度区总面积增加约 0.22 万平方千米，密度值大于 0.68 平方千米的高密度区面积增加了 0.1 万平方千米。城镇村用地增长在整体集聚的同时，局部呈现连续空间的扩张开发，低密度区面积下降，中密度区面积大幅增加，高密度区面积也有所增加，建设用地从碎片化逐渐转向集中

连片（见图 4.7）。

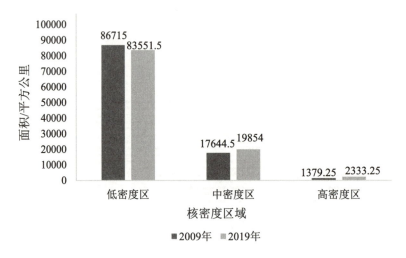

图 4.7 城镇村用地核密度分析

核密度分析结果显示，杭州、宁波、温州、台州、金华四大都市区的核心区域城镇村空间拓展明显。受山体坡度等因素的开发限制，城镇村的拓展明显向平原且人口密集的区域集聚，用地增长呈现明显的集聚趋势。杭州市区随着城市能级的大幅提升，城镇村用地不断向外拓展，在东西南北四个方向都非常明显，特别是西侧拓展距离最远。金华市区向东侧义乌方向拓展最为明显，主要是由于金义一体化战略的实施以及金义新区的建设推进，两大浙中社会经济发展高地彼此延伸，城镇村用地逐渐相连。宁波市区在向外围拓展的基础上，南侧的拓展更为突出，主要原因在于 2016 年宁波撤销县级奉化市，设立宁波市奉化区，加速了宁波市区城镇村用地向南发展集聚的趋势。温州市城镇村用地向西部沿海的中心城区、瑞安市、平阳县等区域逐渐集聚。舟山是在定海区和普陀区中间以及岱山县西侧出现了较为明显的用地集聚趋势。台州、嘉兴、绍兴、湖州、丽水、衢州市区都有城镇村用地拓展的情况，但均未出现非常明显的方向性特征（见图 4.8）。

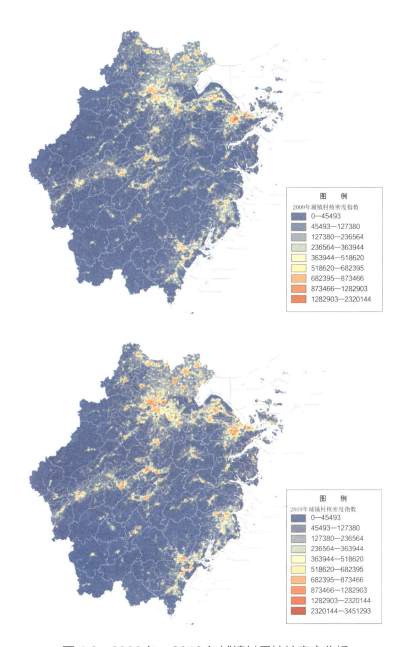

图 4.8 2009 年、2019 年城镇村用地核密度分析

四、基础设施建设强力推进，用地质量显著提升

浙江省在新型城镇化建设、基础设施建设与产业转型升级等政策刺激下，基础设施用地、交通运输用地、工矿仓储用地等供应面积快速增长，特别是针

对区域重大项目的执行，浙江省建设用地质量提质增效成效显著。以交通运输用地变化情况为例，2019 年浙江省交通运输用地共 157.4 千公顷，相比于 2009 年"二调"交通运输用地的 117.2 千公顷，共增长了 40.2 千公顷，增长了约 34.30%。同时，瓯江引水工程、海塘安澜千亿工程、申嘉湖高速、甬金高速、杭绍台高铁、沪昆高铁、千岛湖通用机场、天子湖通用机场等高速铁路、高速公路、高等级航道和综合交通枢纽在此期间建设完成。在实现交通运输数字化、智慧化改革的基础上，重大项目的着力推进发挥了显著的经济、社会和生态效益。

五、建设用地变化原因解析

（一）坚定不移践行耕地保护政策，建设用地无序扩张受到遏制

《国土资源"十二五"规划纲要》提出要强化国土资源保护，严格保护耕地，大力推进土地节约集约利用等，强调我国基本国情、发展阶段和资源禀赋决定了资源约束将长期存在；《国土资源"十三五"规划纲要》提出实行建设用地总量和强度双控措施，逐步减少新增建设用地计划，控制单位国内生产总值建设用地强度。浙江省基于前一阶段基本农田保护面积指标和建设占用耕地控制指标与经济社会快速发展的实际需求矛盾突出、非农建设用地总量控制的作用尚未充分发挥等现状问题，实施最严格的耕地保护制度和最严格的节约集约用地制度，基于土地利用规划确定的建设用地总量和增量指标控制目标，统筹安排各类用地、合理编制国有建设用地供应计划、严格审核城乡建设用地规模和发展边界、严格实行建设用地空间管制制度等，实现浙江省建设用地总量管控目标。

（二）土地制度改革不断深化，城乡建设用地结构持续优化

由于浙江省"七山一水二分田"的自然条件，浙江同全国许多地方一样，面临着自然村数量多、居民点布局散乱、人口集聚水平低、宅基地闲置浪费、土地粗放利用等一系列问题。城镇开发建设空间不足，为城镇建设用地寻找空间，一直以来都是浙江省国土工作的重点。2010 年，浙江省提出农村土地综合整治暨城乡建设用地增减挂钩，要求以城乡增减挂钩为平台，开展包括农用地

整理、农村建设用地整理、小城镇建设等内容的农村土地全方位整治，并积极形成农村建设用地减少与城镇建设用地增加一比一对应关系，在保障农村未来发展用地的前提下，将农村建设用地指标有偿流转到城镇使用，有效优化调整城乡建设用地结构，推动城市和建制镇用地面积占比提升。

（三）新时代城镇化建设转型升级，建设用地重存量盘活、重品质提升

2009 年 9 月，浙江省政府与住建部达成了《关于联动推进浙江新型城镇化发展的意见》，提出通过部省共建，将浙江打造成为全国实践新型城镇化和推进生态文明条件下城乡差异化互补协调发展的先行区和示范区。随后，浙江开展了新一轮省域城镇体系规划修编。2011 年 2 月 12 日，国务院同意批准实施《浙江省城镇体系规划（2011—2020）》，标志着浙江成为全国首个正式实施新一轮城镇体系规划的省份。2012 年以来，浙江沿着新型城镇化战略，聚焦城市发展面临的新问题、新形势，持续推进深化转型。通过一系列措施如全力推进"五水共治"，强力推进"三改一拆"，深入开展"四边三化"，大力实施"四换三名"工程，有效开展"大气防治"等全面提升城镇建设空间发展质量，高效盘活存量建设用地。通过完善城镇化空间布局，分类引导不同地区发展方向和建设重点，并基于统筹规划建设管理、实施城市更新行动等推动城镇建设用地空间的布局优化和品质提升，促进建设用地空间在产业发展、生态涵养、基础设施和公共服务等方面统筹协调，全面提升建设用地空间利用品质。

第三节　面向高质量发展的建设用地评价

当今中国面临国际"百年未有之大变局"和国内发展"不平衡、不充分"的全新背景，党中央在国内外政治经济环境发生显著变化的历史时点下，提出了"加快构建以国内大循环为主体、国内国际双循环相互促进的新发展格局"，推动我国开放型经济向更高层次发展的重大战略部署。高质量发展成为中国迈入新发展阶段、深入贯彻新发展理念、加快构建新发展格局的基本遵循。高质量发展作为适应我国社会主要矛盾变化的必然趋势，是适应经济发展新常态的主动选择、构建现代化国土空间治理体系的重要手段。建设用地作为人类生活的承载主体、生产要素和政策工具，有效保障建设用地是推动经济高质量发展、保障国家战略有效实施，促进国家治理体系和治理能力现代化的关键。

一、建设用地高质量发展目标解构

对建设用地助力高质量发展目标的实现层次进行分解，可以解构为"满足资源要素需求、实现用地价值提升、助力全民共同富裕、打造安全韧性国土"四个层次，从生存性目标向人本性目标维度递进。首先，建设用地的物质空间属性，基于建设用地的自然禀赋与社会经济发展态势，承载着主要的人类活动，满足着人口增长、经济生产和生态服务等系列复杂需求。其次，关注建设用地的资产价值，是解决发展不平衡问题的重要举措。通过提升建设用地利用效率，全面推进乡村振兴，构建城乡融合发展的新格局，可以有效地助力建设用地经济价值提升。再次，针对建设用地在人本视角下的社会空间属性，要着力实现社会公平正义与人类福祉的最大化，实现共同富裕的重大目标。最后，在保障基础生存需求的情况下，统筹生态保护与粮食安全，是构建安全韧性的基本遵循。

因此，高质量发展目标下的建设用地统筹，应该从更高质量保障，更高效率生产、更加公平共享、更可持续发展四个维度出发，为高质量发展目标赋能：（1）更高质量保障是推动经济发展从有到优、从大到强，从"谋增量"向"提质量"的发展模式转变，更好地满足人民日益增长的美好生活需要；（2）更高效率生产是以更少要素投入获得更多效益，主要是提高全要素生产率；（3）更加公平共享是不同区域、不同群体获得"同一起跑线"的发展机会，公平参与市场竞争，共享发展成果；（4）更可持续发展是以永续发展为根本目的，以"三生"空间统筹协调为抓手，实现经济、社会、资源和环境保护协调发展。

新时代建设用地的开发利用应当保障快速城镇化背景下人口增长对建设用地的基本需求、支撑经济高速发展背景下的建设用地效率升级、确保资源要素在社会系统的共享模式更加公平、促进空间资源环境的空间均衡与互动增效。本节从前述的建设用地高质量发展的四个维度，对"三调"时期浙江省建设用地的高质量发展保障水平进行了综合分析。

二、高质量保障维度："人—地"系统轻度失调，空间需求保障不容乐观

建设用地作为关键的生产要素和政策工具，是社会发展的重要空间载体。人类的生存发展与土地密切相关，"人—地"系统协调是高质量发展的基础保证，土地资源与人口布局的匹配程度反映了对人类生存要素需求的保障水平，即马斯洛需求层次理论中最基础的安全保障维度。本节以人口与建设用地的耦合协调度为指标，分析"三调"时期浙江省对区域常住人口建设用地需求的保障水平。

首先，对"三调"建设用地面积与 2019 年常住人口进行分析，结果显示，浙江省人均建设用地规模约为 208.46 平方米，仅杭州市、温州市、金华市以及台州市人均建设用地规模小于全域的平均水平。另外，湖州市人均建设用地规模最高，约为 320.22 平方米，其次为衢州市、舟山市，其人均建设用地规模均高于 300 平方米。而温州市人均建设用地最低，仅约 133.42 平方米，低于全省最高人均建设用地。浙江省全域人均建设用地的空间异质性较高，特别是对于杭州市、温州市等人口大量集聚的城市来说，人均建设用地占有量相对较少。浙江省全域建设用地占有水平不均衡的现象显著，建设用地空间资源的公平性有待提升（见图 4.9）。

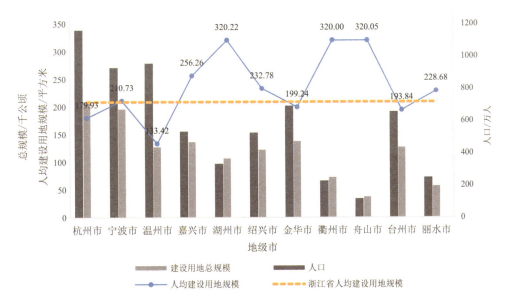

图 4.9 "三调"浙江省各地级市人均建设用地规模

对浙江省各县市区和部分城市市区常住人口数量与建设用地面积的耦合协调度进行分析，结果显示，"三调"期间，约88.76%的区域处于轻度失调或严重失调状态，仅1个区域处于优质协调状态、2个区域处于良好协调状态。全域常住人口数量与建设用地面积之间的耦合协调度较低。

具体而言，处于优质协调水平的区域仅有杭州市区，其协调度值超0.9。处于良好协调水平的区域包括宁波市区与绍兴市区，其协调度值分别为0.731与0.606。处于一般协调水平的区域包括湖州、嘉兴、金华、台州、温州等市区及义乌、慈溪等市，其余地区均处于严重失调和轻度失调区间。由协调度排名结果可知，衢州市、丽水市等地的大量县市区人口与建设用地规模失调现象十分严重，如景宁县的协调度指标值仅为0.081，云和县协调度指标值仅为0.064（见图4.10、表4.3）。区域人口与建设用地的耦合协调度低的主要原因包含两方面：一方面，由于部分区域常住人口增长缓慢，且人口外流严重，区域人口总量呈负增长趋势；另一方面，由于部分区域建设用地规模总量相对较小，为适应区域发展建设需求，建设用地处于持续扩张的水平，人口持续减少与建设用地持续增加的综合作用导致了人口与建设用地两者整体呈现严重失调状态。

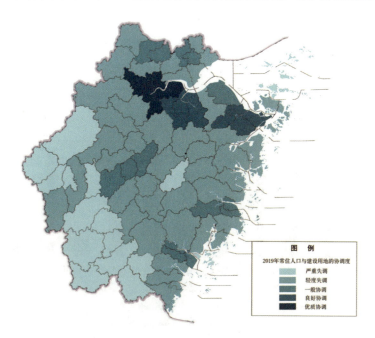

图4.10　2019年浙江省各县市区与部分城市市区常住人口数量与建设用地面积协调度分级

表 4.3　常住人口数量与建设用地面积协调度排名（前、后 15 位）

排名	区域名称	协调度	排名	区域名称	协调度
1	杭州市区	0.987	53	淳安县	0.186
2	宁波市区	0.731	54	泰顺县	0.161
3	绍兴市区	0.606	55	常山县	0.161
4	温州市区	0.502	56	开化县	0.160
5	台州市区	0.501	57	龙泉市	0.156
6	慈溪市	0.472	58	文成县	0.155
7	湖州市区	0.439	59	松阳县	0.137
8	义乌市	0.433	60	岱山县	0.135
9	嘉兴市区	0.426	61	遂昌县	0.132
10	金华市区	0.422	62	磐安县	0.123
11	温岭市	0.398	63	庆元县	0.104
12	乐清市	0.393	64	景宁县	0.081
13	余姚市	0.391	65	洞头区	0.075
14	诸暨市	0.387	66	云和县	0.064
15	瑞安市	0.381	67	嵊泗县	0.031

三、高效率生产维度：全域经济产出提升显著，部分地区任重道远

由于建设用地承载了人类的主要生产活动，建设用地利用效率的有效提升对于区域经济高质量发展至关重要，建设用地布局应与经济社会发展的用地需求总体相适应。因此，本节选取"二调"至"三调"以来，单位建设用地 GDP 变化情况，讨论各区建设用地生产效率的提升情况。

结果显示，浙江省全域单位建设用地 GDP 产出增长幅度较大，呈翻倍发展态势，由 2.61 上升至 4.70，其中杭州市区和宁波市区涨幅较大，均超 100%。由 2010 年与 2019 年浙江省单位建设用地 GDP 产出分布图可以看出，2010 年除杭州市区、宁波市区、温州市区等地外，全省单位建设用地 GDP 产出均较低，且最低值有显著的空间集聚特征，集中分布在浙江省西南部分地区。2019 年全省单位建设用地 GDP 产出相较于 2010 年水平整体上升一个层级，高值区域显著增多，且邻近区域差距显著缩小。但与杭州、宁波、温州、绍兴等市相比，衢州、丽水等市所辖县市（区）该指标相差依旧较大（见图 4.11）。

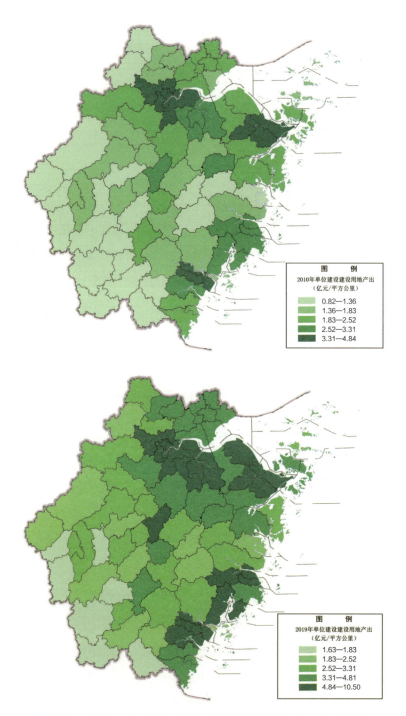

图 4.11　2010 年与 2019 年浙江省单位建设用地 GDP 产出分布

四、公平共享维度：建设空间发展公平水平较低，不平衡不充分问题仍然突出

高质量发展要求满足社会公平正义诉求，要保障人人都享有平等的基本权利和发展机会。空间是社会、经济与政治关系的产物，空间正义是社会正义的空间维度[①]，空间正义对于中国高质量发展目标具有深远的现实意义[②]。本节以"三调"中全省各县市区和部分城市市区GDP总量与建设用地面积协调度为指标，刻画浙江省建设用地的空间发展的公平水平。

结果显示，全域GDP与建设用地大多处于失调状态。具体而言，2019年浙江省约93.33%的区域GDP总量与建设用地面积处于轻度失调或严重失调状态，仅1个区域处于优质协调水平、1个区域处于良好协调水平，浙江省全域GDP与建设用地总量的平均协调度仅约0.219，为轻度失调水平。具体而言，杭州、宁波、绍兴、温州、台州、嘉兴等市区及慈溪、义乌等市的协调度依旧保持领先态势，其中仅杭州市区为优质协调状态，其协调度指数为0.987，仅宁波市区协调度指标为良好协调水平，指标值为0.759，全域仅绍兴市区、温州市区、慈溪市、台州市区4个区域为一般协调水平。轻度失调的区域主要分布在浙江省北部、中部及东南部部分区域，包括嘉兴市全域、湖州市市区与长兴县、金华市部分区域、宁波市、绍兴市、温州市部分区域以及衢州市区。严重失调区域呈现空间集聚特征，如丽水市全域均处于严重失调水平，衢州市除中心城区外均为严重失调水平，同时，杭州市、金华市、绍兴市、台州市，以及温州市部分县市（区）处于严重失调状态，另外，湖州市安吉县与德清县的GDP与建设用地规模的协调度指标也处于严重失调水平（见图4.12、表4.4）。

当前，浙江省发展不平衡不充分问题仍然突出，区域发展和收入分配差距较大，各地区推动共同富裕的基础和条件不尽相同。浙江作为中国特色社会主义共同富裕的先行者必须全面贯彻落实习近平总书记关于浙江工作的重要指示批示精神，坚持稳中求进工作总基调，坚持以人民为中心的发展思想，立足新

[①]　朱介鸣.城乡规划中建设用地利用的效率与公平.城乡规划研究，2022(2)：105–114.
[②]　曹现强，张福磊.空间正义：形成、内涵及意义.城市发展研究，2011(4)：125–129.

发展阶段、贯彻新发展理念、构建新发展格局，紧扣推动共同富裕和促进人的全面发展，坚持以满足人民日益增长的美好生活需要为根本目的，以改革创新为根本动力，以解决地区差距、城乡差距、收入差距问题为主攻方向，更加注重向农村、基层、相对欠发达地区倾斜，向困难群众倾斜，支持创造性贯彻"八八战略"，在高质量发展中扎实推动共同富裕，着力在完善收入分配制度、统筹城乡区域发展、发展社会主义先进文化、促进人与自然和谐共生、创新社会治理等方面先行示范，构建推动共同富裕的体制机制，着力激发人民群众积极性、主动性、创造性，促进社会公平，增进民生福祉，不断增强人民群众的获得感、幸福感、安全感和认同感，为实现共同富裕提供浙江示范。

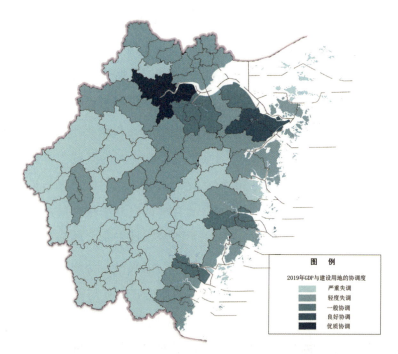

图 4.12　2019 年浙江各县市区和部分城市市区 GDP 总量与建设用地面积协调度分级

表 4.4　GDP 总量与建设用地面积的协调度排名（前、后 15 位）

排名	区域名称	协调度	排名	区域名称	协调度
1	杭州市区	0.987	53	浦江县	0.119
2	宁波市区	0.759	54	龙游县	0.102
3	绍兴市区	0.556	55	开化县	0.079

排名	区域名称	协调度	排名	区域名称	协调度
4	温州市区	0.451	56	常山县	0.073
5	慈溪市	0.411	57	龙泉市	0.072
6	台州市区	0.411	58	遂昌县	0.067
7	嘉兴市区	0.357	59	磐安县	0.066
8	义乌市	0.352	60	洞头区	0.061
9	湖州市区	0.347	61	松阳县	0.060
10	诸暨市	0.336	62	文成县	0.056
11	乐清市	0.324	63	泰顺县	0.055
12	余姚市	0.315	64	云和县	0.049
13	温岭市	0.310	65	庆元县	0.033
14	舟山市区	0.295	66	嵊泗县	0.031
15	瑞安市	0.295	67	景宁县	0.026

五、可持续发展维度：建设用地扩张与耕地保护、生态保护冲突频现，国土空间可持续发展受到掣肘

建设用地扩张与耕地保护矛盾突出，耕地"占优补优"落实困难。2009—2019年全省流入建设用地394.4千公顷，主要来源于耕地，达161.0千公顷，占40.82%。受地形地貌影响，浙江省建设用地空间布局与耕地分布高度重叠，主要集中在杭嘉湖平原（杭州、嘉兴、湖州）、宁绍平原（宁波、绍兴）、河口平原（宁波、台州）、滨海平原（台州、温州）和金衢盆地（金华、衢州），耕地"占优补优"空间与城镇村用地扩张空间矛盾冲突明显。浙江省一大批惠及民生的基础设施、产业转型、城乡统筹、生态环保、公共服务项目落地建设，特别是"大湾区、大花园、大通道、大都市区"建设，要占用一定数量的耕地，建设用地扩张与耕地保护之间矛盾突出。

建设用地挤占生态空间日趋严重，生态环境统筹保护压力持续增加。2009—2019年全省流入建设用地的林草湿水等生态用地达111.2千公顷，占建设用地流入规模的27.94%，仅次于耕地。具体而言，建设用地扩张对林地侵占最严重，达林地流出规模的约20%。《浙江省自然资源厅关于进一步规范推进乡村全域土地综合整治与生态修复和城乡建设用地增减挂钩工作的通知》明确

提出，要稳妥推进乡村全域土地综合整治与生态修复工程和城乡建设用地增减挂钩工作。但"二调"至"三调"以来，随着建设用地的快速扩张，大面积的生态用地，如农业用地、植被和水域急剧萎缩，导致了土地资源的浪费、城市热岛效应、区域发展不协调等问题，影响了城市生态系统的结构，严重威胁区域的可持续发展和全域的高质量发展目标实现，区域生态环境的统筹保护任重道远。

第四节 | 高质量发展视角下建设用地供需仿真预测

我国经济由高速增长阶段向高质量发展阶段转型，这是经济持续健康发展的必由之路，也是当前和今后一段时期内发展的根本指针。土地是重要国土资源，尤其作为城市第二、三产业发展的建设用地，对社会经济发展起着基础性作用。然而，随着资源约束和生态环境的压力加大，浙江省建设用地规模过快增长，可能威胁国土生态格局和粮食安全。因此，科学预测浙江省未来建设用地总体规模需求，全力做好建设用地要素保障工作，对优化建设空间结构、保障经济社会可持续和助力高质量发展有着重要的科学意义。

本节结合浙江省土地供应趋势、人口、经济、固定资产投入以及国土开发强度等指标，预测浙江省未来建设用地规模总量需求。该内容旨在阐明在不提升建设用地效率的情况下，如何保持当前人口、经济与土地规模的"高速"发展，探索未来建设用地的供给情况，以此为助力高质量发展提供数据支撑。总体来讲，该小节由以下四部分组成：建设用地供需情况分析、建设用地需求量预测、建设用地供给量预测及建设用地供需平衡分析。

一、建设用地供需情况分析

（一）建设用地需求仍然旺盛，供需矛盾日益突出

随着浙江省经济快速增长，城镇化进程不断加快，城市发展规模不断扩大，建设用地资源成为影响其城市社会经济发展的重要因素。当前，随着"长三角一体化"战略的推进，大湾区、大通道、大花园及大都市区"四大"建设的深

入，以及"万亩千亿"新产业平台、高端创新前沿产业、新型城镇化、乡村振兴等建设的推进，全面落实这些重大基础设施的建设用地，推进建设共同富裕示范区，毫无疑问需要更多土地资源的支撑。此外，"十四五"期间规划科技创新、现代产业、交通设施、生态环保及社会民生等五大领域的重大建设项目有245个左右，都需要相应的土地资源保障。然而，国家下达新增建设用地指标逐年趋紧，长久以来城镇"摊大饼"的模式浪费众多土地。因此，多渠道保障建设用地的需求已成为高质量发展的重要基础。此外，由于城市扩张大多占用耕地资源，国家相继推出土地用途管制、耕地占补平衡制度、基本农田保护制度等最为严格的耕地保护制度，其中耕地占补平衡要求"占一补一"，"占优补优"，且"占水田补水田"。然而，浙江省素有"七山一水两分田"之称，耕地资源匮乏、人多地少，人均耕地面积仅为全国的1/5。可见，浙江省可用于建设用地的土地资源有限，由于建设项目往往集中在城镇周边，而补充耕地质量往往达不到被占用耕地的质量等级，供需矛盾依旧突出。

（二）新增建设用地指标收紧，后备耕地资源萎缩

国家为保护耕地资源，确保粮食安全，控制建设用地总量，规定不得突破其设置的最高限度。随着供给侧结构性改革的不断深化，国家已明确逐步减少东部地区新增建设用地供应。据统计，国家每年下达浙江省新增建设用地指标趋势偏紧，2018年国家下达新增建设用地指标仅有10.7千公顷（16.1万亩），年度减幅高达21%。然而，浙江省作为经济强省，在深化城乡统筹，推动高质量发展建设共同富裕示范区上稳步前进，建设用地需求量大。此外，尽管新增建设用地指标持续收缩，但新增建设用地指标占用农用地和耕地的比例不减反增。据统计，新增指标占用农用地和耕地的面积在2013至2019年分别提高了15%和6%。然而，浙江省人均耕地面积仅为0.3亩，加之2018年以来生态保护及生态红线的划定，浙江停止了涉林垦造耕地，并禁止在重点生态功能区、敏感区及饮用水水源一级保护区等垦造耕地，这些措施限制了后备耕地资源供给来源。据调查，浙江省经过多年的大规模土地复垦工作，全省具有一定规模且集中连片、易开发的后备耕地资源进一步萎缩，且分布不均，主要集中在沿海滩涂区域和金衢低丘缓坡区域，耕地占补平衡压力较大。

（三）存量建设用地盘活提速，集约节约略显成效

土地作为重要的资源，城镇土地资源的合理高效开发利用是支撑城市经济社会发展的重要基石。党的十八大以来，习近平总书记一直强调要"坚持集约发展，框定总量、限定容量、盘活存量、做优增量、提高质量"[①]。为应对国家新增建设用地指标收紧的趋势、保障高质量发展下的建设用地精准有序供应，浙江省全面推进"三改一拆"、空间换地、亩产倍增行动计划和城镇低效用地再开发，进一步深化土地要素市场化改革，加快推进土地利用结构和方式转变。其一，"十三五"期间浙江省充分利用新增建设用地计划指标分别与存量盘活挂钩政策，使省内城市存量建设用地盘活与挖掘潜力不断增强，年均建设用地盘活存量 10.1 千公顷（15.16 万亩），建设用地存量占供地总量比例已提升到 50%。其二，浙江省在城镇低效用地的再开发上取得一定成效，2018 年全省城镇低效用地再开发利用率 32.81%，其中杭州市达到 54.57%，稳定推进低效工业用地整治，腾出土地空间和资源，为高质量发展提供支撑。浙江省"十三五"期间消化批而未供土地、处理闲置土地，不断提高土地节约集约利用水平。

二、建设用地需求量预测

建设用地需求预测是指借助一定的预测模型，对该地区未来一定时期建设用地的需求规模进行动态预测，有利于合理配置土地资源和优化土地利用结构。当前，城市建设用地需求可以采用历年土地供应趋势、经济高质量发展及国土开发强度底线约束三种方式进行预测。其中，土地供应趋势方法主要基于历年土地供应情况，分析新增建设用地和建设用地的总需求两部分；经济高质量发展方法主要是基于各驱动因子与建设用地间的关系，采用多元线性逐步回归和 BP（反向传播）神经网络模型预测新增建设用地规模；国土开发强度底线约束方法是根据城市发展规律"S"形特征，结合规划数据，预测未来新增建设用地规模。本节结合三种方法预测浙江省未来建设用地总需求量和新增建设用地量。整体而言，该部分目的在于构建合理的建设用地需求模型，为政府部门宏观调

[①] 中央城市工作会议在北京举行，习近平李克强作重要讲话. (2015-12-22) [2023-12-02]. https://www.gov.cn/xinwen/2015-12/22/content_5026592.htm.

控和保障建设用地提供数据支撑，以此助力高质量发展。

（一）土地供应趋势下新增建设用地规模预测

首先，根据历年《浙江省国土资源公报》和《浙江省自然资源公报》，整理2010—2021年全省各类型国有建设用地供应量，如工矿仓储用地、商务及住宅用地及基础设施用地，并将各指标作为历年建用地的实际需求量。在预测浙江省未来各类型建设用地需求量方面，考虑到数据预测可能带来较大误差，采用时间序列预测模型，预测历年建设用地需求量。到2025年浙江省需要国有建设用地总量为193.2千公顷，2030和2035年分别需要343.9千公顷和494.5千公顷（见表4.5）。此外，根据新增建设用地持续缩减趋势以及2021年新增国有建设用地供应情况，将其设定为每年23万亩，因此2025年、2030年和2035年新增建设用地面积分别为98.4千公顷（147.57万亩）、175.0千公顷（262.57万亩）和251.7千公顷（377.57万亩）。

表4.5 分项预测国有建设用地总需求量

年份	工矿仓储		商服及住宅		基础设施		历年建设用地需求总量		历年新增建设用地		相对比"三调"数据总需求量	
	千公顷	万亩	千公顷	万亩	千公顷	万亩	千公顷	万亩	千公顷	万亩	千公顷	万亩
2010	10.7	16	9.6	14.4	8.1	12.1	28.3	42.5				
2011	7.6	11.4	8.7	13	9.5	14.3	25.8	38.7				
2012	7.6	11.4	7.5	11.2	13.6	20.4	28.7	43				
2013	8.7	13	11.0	16.5	10.9	16.3	30.5	45.8				
2014	5.9	8.8	7.6	11.4	14.7	22	28.1	42.2	19.0	28.56		
2015	4.7	7.1	5.5	8.2	12.7	19	22.9	34.3	14.8	22.26		
2016	5.1	7.7	5.9	8.8	12.8	19.2	23.8	35.7	13.4	20.03		
2017	7.7	11.5	7.4	11.1	13.7	20.6	28.8	43.2	17.1	25.65		
2018	9.5	14.2	9.7	14.5	19.8	29.7	38.9	58.4	21.2	31.78		
2019	7.8	11.7	8.8	13.2	13.7	20.6	30.3	45.5	17.8	26.71		
2020	8.5	12.7	8.6	12.9	23.0	34.5	40.1	60.1	21.6	32.36		
2021	8.7	13	7.2	10.8	16.8	25.2	32.6	48.9	15.5	23.21		
未来预测												
2025	7.7	11.5	8.1	12.2	14.3	21.5	30.1	45.2	15.3	23	193.2	289.8
2030	7.7	11.5	8.1	12.2	14.3	21.5	30.1	45.2	15.3	23	343.9	515.8
2035	7.7	11.5	8.1	12.2	14.3	21.5	30.1	45.2	15.3	23	494.5	741.8

其次，根据浙江省 2011—2019 年土地调查数据，整理历年村庄新增建设用地面积。本节采用时间序列平滑预测方法预测 2025 年农村建设用地总面积为 629.9 千公顷，相较于"三调"村庄用地的 578.3 千公顷，共增加了 51.6 千公顷。在预测 2030 和 2035 年农村建设用地面积时，采用 2011—2018 年新增建设用地平均值（12.90 万亩）进行计算，由此获得 2030 年和 2035 年浙江省农村建设用地面积分别为 672.9 千公顷和 715.9 千公顷。此外，根据 2010—2020 年全省村庄建设用地复垦量目标 88.2 万亩作为参考值，采用平均比例推算（每年约 8 万亩），设定 2020—2025 年全省村庄建设用地复垦量为 32.1 千公顷（48.12 万亩），即到 2025 年农村新增建设用地面积约为 19.5 千公顷（29.28 万亩），2030 年和 2035 年分别为 35.8 千公顷（53.68 万亩）和 52.1 千公顷（78.08 万亩）（见表 4.6）。

表 4.6　2011—2019 年农村建设用地及预测

年份	村庄用地总面积		新增村庄用地面积		村庄建设用地复垦量		总需求量	
	千公顷	万亩	千公顷	万亩	千公顷	万亩	千公顷	万亩
2011	492.3	738.39	9.4	14.05	5.3	8.02		
2012	503.6	755.45	11.6	17.36	5.3	8.02		
2013	515.4	773.03	11.7	17.58	5.3	8.02		
2014	524.4	786.66	9.1	13.63	5.3	8.02		
2015	529.8	794.77	5.4	8.11	5.3	8.02		
2016	536.5	804.77	6.7	10	5.3	8.02		
2017	542.7	814.07	6.2	9.3	5.3	8.02		
2018	551.5	827.27	8.8	13.20	5.3	8.02		
2019	578.3	867.46	26.79	40.19	5.3	8.02		
未来预测								
2025	629.9	944.86	8.6	12.90	5.3	8.02	19.5	29.28
2030	672.9	1009.36	8.6	12.90	5.3	8.02	35.8	53.68
2035	715.9	1073.86	8.6	12.90	5.3	8.02	52.1	78.08

最后，通过汇总新增国有建设用地和农村新增建设用地需求量，2025、2030 和 2035 年全省新增建设用地总需求量分别为 117.9 千公顷（176.85 万亩）、210.8 千公顷（316.25 万亩）和 303.8 千公顷（455.65 万亩）；建设用地总需求量分别为 212.7 千公顷、379.7 千公顷和 546.6 千公顷。盘活存量土地、处理批而

未供土地及闲置土地等已成为保障建设用地供给的重要渠道。

（二）经济高质量发展下新增建设用地规模预测

当前，在经济高质量发展背景下，经济、社会活动对建设用地的需求日益增加。众所周知，建设用地规模变化受诸多因素影响。已有研究表明，城市建设用地的规模与经济发展、城镇人口等参数间存在着密切关联性。本节参考相关资料，遵循所选参数的目标性、系统性、针对性三个原则，并结合浙江省实际情况，依次选取 2003—2021 年全省 GDP（X_1）、总人口（X_2）、二三产业GDP（X_3）、固定资产投入（X_4）及城镇化率（X_5）五个因子（见表 4.7）。在模型预测方面，采用当前使用较为广泛且精度较高的多元逐步线性回归模型和 BP 神经网络两种模型。多元线性回归模型精度较高，可操作性强，但存在变量共线性的问题，易造成指标选取不足。BP 神经网络预测模型，融合各驱动因子对建设用地规模的影响，能有效提高预测建设用地规模的精度，但其对数据的样本要求较高。为此，结合两种方法能更好地预测未来新增建设用地。

表 4.7 2003—2021 年浙江省建设用地规模、总人口等情况

年份	建设用地 / 千公顷	总人口 / 万人	GDP / 亿元	固定资产投入 / 亿元	二三产业 GDP/ 亿元	城镇化率 /%
2003	751.3	4856.80	9753.37	4180.38	9035.52	51.06
2004	783.4	4925.20	11482.11	5384.38	10678.27	51.75
2005	822.8	4990.90	13028.33	6138.39	12146.86	56.02
2006	856.1	5071.80	15302.68	6964.28	14389.53	56.50
2007	893.4	5154.90	18639.95	7704.90	17670.68	57.20
2008	928.5	5212.40	21284.58	8550.71	20211.28	57.60
2009	1022.7	5275.50	22833.74	9906.46	21699.06	57.90
2010	1050.6	5446.51	27399.85	11451.98	26077.00	61.60
2011	1074.7	5570.00	31854.8	14077.25	30319.60	62.29
2012	1095.3	5685.00	34382.39	17095.96	32771.58	62.91
2013	1120.2	5784.00	37334.64	20194.07	35615.90	63.94
2014	1145.3	5890.00	40023.48	23554.76	38296.91	64.96
2015	1162.2	5985.00	43507.72	26664.72	41736.36	66.32
2016	1179.6	6072.00	47254.04	29571.00	45363.61	67.72
2017	1196.4	6170.00	52403.13	31125.99	50469.20	68.91
2018	1218.3	6273.00	58002.84	33335.94	56026.96	70.02
2019	1329.0	6375.00	62462	36702.86	60375.28	71.58

续表

年份	建设用地/千公顷	总人口/万人	GDP/亿元	固定资产投入/亿元	二三产业GDP/亿元	城镇化率/%
2020	1344.3	6468.00	64689.06	38684.82	62522.80	72.17
2021	1353.5	6540.00	73515.76	42862.78	71306.67	72.66

在多元逐步线性回归方面，本次预测通过结合历年驱动因子和建设用地面积，采用SPSS软件中的多元逐步线性回归方法进行多次尝试，得到其最佳拟合方程：

$$Y = -70.737 + 2.841 \times X_2$$

式中，Y代表浙江省历年建设用地面积（万公顷），X_2代表历年省常住人口。通过验证得到该模型精度（$R^2=0.971$），由此表明该函数能够很好地预测未来建设用地规模。

为更精确预测高质量发展视角下，浙江省2025年、2030年及2035年建设用地的规模，需重点对高质量发展参数进行设定，即未来三个时间段总人口、GDP等相关因子，具体计算过程如下：首先是高质量发展下的经济发展参数设定。结合浙江省第十四届委员会第九次全体会议通过的《浙江高质量发展建设共同富裕示范区实施方案（2021—2025年）》和《浙江省国民经济和社会发展第十四个五年规划和二〇三五年远景目标纲要》中分别提到的预计2025年全省GDP突破8.5万亿元，而到2035年GDP比2020年翻一番的目标（12.92万亿元），取中值设定2030年GDP为10.71万亿元。同时，根据浙江省2003—2021年GDP构成的历史数据进行趋势外推，构造第一产业GDP占比变化函数，分别得出未来三个年份二三产业GDP之和；并采用时间序列预测方法ARIMA（自回归移动平均模型）预测固定资产投入未来值。其次是高质量发展下的人口城镇化率设定。根据浙江省新型城镇化"十四五"指标体系中提到的实现更高质量、更广覆盖的人口市民化，预计常住人口城镇化率在2025年达到75%。此外，根据浙江省"十四五"规划中提到的预计在2035年达到80%，本次预测设定2030年城镇化率为77.5%。

多元逐步线性回归模型主要是采用SPSS软件中的回归分析工具，分别将历年五个驱动因子和建设用地面积作为自变量和因变量，以此构建拟合曲线，该模型的拟合精度 $R^2=0.971$，表明该模型具有较高的可信度。通过该模型预测2025年、2030年和2035年建设用地面积分别为1423.4千公顷、1494.4千公顷和1565.4千公顷，相较于"三调"数据中的建设用地1329.0千公顷，分别增加了94.4千公顷、165.4千公顷和236.4千公顷（见表4.8）。

表4.8 多元逐步线性回归和BP神经网络预测未来建设用地需求　　单位：千公顷

预测模型	预测值			相较于"三调"数据的增加值		
	2025	2030	2035	2025	2030	2035
多元逐步线性回归	1423.4	1494.4	1565.4	94.4（141.60万亩）	165.4（248.10万亩）	236.4（354.60万亩）
BP神经网络	1534.5	1663.5	1692.9	205.5（308.25万亩）	334.5（501.75万亩）	363.9（545.85万亩）
平均值	1479.0	1579.0	1629.2	150.0（225万亩）	250.0（375万亩）	300.2（450.30万亩）

BP神经网络模型主要由输入层、隐藏层和输出层构成，该模型预测未来建设用地规模得到广泛认可。首先，采用MATLAB R2022a软件中的BP神经网络模块，输入2003—2021年建设用地面积和各驱动因子。其次，2025年、2030年及2035年各驱动因子代入训练模型，其预测结果分别为1534.5千公顷、1663.5千公顷和1692.9千公顷。相较于"三调"数据分别增加了205.5千公顷、334.5千公顷和363.9千公顷。综上，BP神经网络预测的建设用地规模要远高于多元逐步线性回归方法，两种方法预测的2025年建设用地开发强度都超过13%，BP神经网络方法预测的2035年建设用地开发强度（16.02%）与《浙江省国土空间总体规划（2021—2035年）》中提到的15.98%约束线相近。为此，为更好地反映预测精度，这里通过取两种方法预测的平均值作为最终结果，因此其未来三个时间段新增建设用地面积分别为150.0千公顷（225万亩）、250.0千公顷（375万亩）和300.2千公顷（450.30万亩）。

（三）国土开发强度底线约束下建设用地规模

城市的发展并不是一直处于高度增长状态。已有研究表明城市的发展呈"S"形增长的特征，即随着时间的推移，城市增长越发缓慢，一直到达其增长的饱和状态，即该过程可划分为初始、加速、发展平缓3个阶段。当前，伴随着经济高质量发展，城市增长正处于发展平缓阶段。《浙江省国土空间总体规划（2021—2035年）》将2035年建设用地开发强度控制在15.98%以内，以此作为未来建设用地规模的约束线和建设用地开发强度饱和值。结合统计局公开的国土面积，计算出2035年建设用地面积为1688.7千公顷。为此，采用Logistic曲线构建国土开发底线约束下建设用地规模函数，结果如下：

$$Y = \frac{1}{(1/1688.7 + 1.3236 \times 10^{-2} \times 0.9209^T)}$$

式中，T代表1996—2035年时间序列，其中1996年为初始值，等于1，以此类推；1688.7千公顷作为国土空间开发强度约束线。该模型的拟合精度 $R^2 = 0.984$，能够说明该模型的合理性。由此，根据公式可以得出2025年、2030年和2035年建设用地面积分别为1420.7千公顷、1501.1千公顷和1559.6千公顷，其中新增建设用地面积分别为91.7千公顷（137.55万亩）、172.1千公顷（258.15万亩）及230.6千公顷（345.90万亩）。

（四）汇总三种方法预测未来建设用地需求量

汇总历年土地供应趋势、经济高质量发展及国土空间开发底线约束三种方法预测的浙江省未来新增建设用地规模需求如表4.9所示。由表可知，三种预测方法的预测结果并未产生较大差异。对比三种方法并结合相关材料文件，结合2020—2021年已有新增建设用地面积37.0千公顷（55.57万亩）综合分析判断，采用历年土地供应趋势方法的结果较为符合城市未来发展需求。因此，推荐第一种方法预测未来建设用地需求量，即2025年、2030年和2035年建设用地面积分别为1446.9千公顷、1539.8千公顷和1632.8千公顷，且该方法预测2035年国土开发强度将达到15.46%。

表4.9 多方法预测新增建设用地规模汇总

单位：千公顷

预测情况	土地供应趋势		经济高质量发展		国土空间开发底线约束	
	建设用地总面积	新增建设用地	建设用地总面积	新增建设用地	建设用地总面积	新增建设用地
2025年	1446.9	117.9	1479.0	150.0	1420.7	91.7
2030年	1539.8	210.8	1579.0	250.0	1501.1	172.1

预测情况	土地供应趋势		经济高质量发展		国土空间开发底线约束	
	建设用地总面积	新增建设用地	建设用地总面积	新增建设用地	建设用地总面积	新增建设用地
2035 年	1632.8	303.8	1629.2	300.2	1559.6	230.6
开发强度	15.46%		15.42%		14.76%	
方案性质	推荐方案		比较方案		比较方案	

三、建设用地供给量预测

城市建设用地的总体需求主要通过新增建设用地和存量用地来满足。其中，存量用地供应渠道包含增存挂钩指标、盘活存量、批而未供及跨省域增减挂钩结余等。进一步分析建设用地供需问题的重点在于分析建设用地总体需求与新增建设用地及存量用地间的供应关系。首先，根据推荐方案中的历年土地供应趋势方法得到未来浙江省建设用地的总体需求和新增建设用地指标。其次，根据浙江省发改委和自然资源厅印发的《浙江省自然资源发展"十四五"规划》中提到的盘活存量建设用地量 50 万亩以上，取其平均值 10 万亩作为每年参数。最后，根据《浙江省国土资源形势分析（2014—2018）》，增存挂钩每年约为 3 万亩。

此外，根据 2018 年国务院办公厅印发的《跨省域补充耕地国家统筹管理办法》和《城乡建设用地增减挂钩节余指标跨省域调剂管理办法》（国办发〔2018〕16 号），国家交通、能源、水利、军事国防等重大建设项目耕地占补平衡可由国家统筹补充耕地，明确了跨省城乡建设用地增减挂钩节余指标调剂的方法、价格和使用方向，为浙江省重大建设项目和"四大建设"等项目耕地占补平衡提供了新渠道。浙江省跨省域增减挂钩结余指标可参考《2019 年浙江省建设用地保障思路》中提到的 2.5 万亩/年，将 2 万亩作为今后每年参考值。

相较于"三调"数据，到 2025 年国有建设用地总需求量为 193.2 千公顷（289.80 万亩），通过历年新增建设用地 98.4 千公顷（147.57 万亩）、增存挂钩 12 千公顷（18 万亩）、跨省占补平衡 8 千公顷（12 万亩）、盘活存量 45.6 千公顷（68.4 万亩）和批而未供 33.4 千公顷（50.1 万亩）等多种来源，基本能够满足建设用地的需求。然而，在2030年和2035年国有建设用地需求量分别为343.9千公顷（515.80万亩）和494.5千公顷（741.80万亩），根据预测结果到2030年和2035年供给分别为330.7千公顷（496.07万亩）和447.4千公顷（671.07万亩），两个时间段分别存在约20万亩和70万亩的缺口。同时，考虑到2021年浙江省批而未供用地仅有51.2千公顷（76.78万亩），对照《中华人民共和国土地管理法》，存量挖掘能力将受到影响。此外，新增建设用地面积需要耕地占补平衡，在本身耕地资源短缺、后备资源不足的情况下，达到这一目标仍存在较大压力。可见，在2030年和2035年，亟须在优化结构、挖掘潜力方面下足功夫，提高建设用地集约节约率，通过强化增减挂钩项目等多种渠道来深化工作。

四、建设用地供需平衡分析

（一）建设用地缺口较大，供需维持紧平衡

一是需求侧。根据推荐方案中的历年土地供应趋势方法预测浙江省建设用地总需求，相较于"三调"数据，浙江省2025年、2030年和2035年国有建设用地总需求量分别为193.2千公顷（289.80万亩）、343.9千公顷（515.80万亩）和494.5千公顷（741.80万亩）。二是供给侧。浙江省建设用地的总需求量主要通过新增建设用地和存量用地来满足。2020—2025年新增建设用地面积为98.4千公顷（147.57万亩），增存挂钩12千公顷（18万亩）、盘活存量建设用地45.6千公顷（68.4万亩）和消化批而未供土地33.4千公顷（50.1万亩），可见通过新增建设用地和盘活存量等方式，能够基本满足2025年国有建设用地的需求。然而，近些年国家下达建设用地指标在逐渐减少，且受城镇开发边界的影响，新增建设用地的指标持续收紧。此外，现有存量用地、批而未供及低效城镇用地经过前些年消化处理，后续存量用地逐渐减少。据统计，2021年浙江省批而未供土地仅有51.2千公顷（76.78万亩），后续存量挖掘能力受到影响，建设用地供需呈紧平衡状态。基于现有的预测，浙江省2030年和2035年建设用地供给分别为330.7千公顷（496.07万亩）和447.4千公顷（671.07万亩），分别存在约20万亩和70万亩的缺口。

（二）耕地后备资源不足，"占优补优"任务艰巨

国家为保护耕地资源，实行耕地占补平衡制度，并要求"占一补一""占优补优"，且"占水田补水田"。首先，浙江省历年新增建设用地占用耕地比例折算约为62%，即历年新增建设用地占用耕地9.5千公顷（14.26万亩）。然而，浙江耕地资源匮乏、人多地少，可用于建设用地占用的土地资源有限。当前，全省现有宜耕土地后备资源匮乏，且分布不均，主要集中在沿海滩涂区域和金衢低丘缓坡区域。随着涉林垦造耕地政策的停止，低丘缓坡区域垦造耕地数量锐减，而滩涂围垦造地受海洋功能区划限制，无法实施垦造耕地。据统计，2017—2021年间垦造耕地资源逐年下降50%，到2021年垦造耕地仅约4.6千公顷（6.9万亩）。其次，耕地"占优补优"压力较大。受资源条件限制，浙江省低丘缓坡等区域大多缺少水源、地形坡度较大，垦造水田难度大。根据现有规划，重大基础设施项目主要集中在杭嘉湖绍平原地区，耕地质量等级高，达到4—7等；而补充耕地地区主要集中在金衢盆地和温台沿海，耕地质量等级较低，约为8—12等。可见，补充耕地往往达不到占用耕地的质量等级，"占优补优"任务艰巨。

第五节 | 高质量发展下的建设用地保障对策

一、立足区域资源本底，严控建设用地总量，优化国土空间安全保障体系

科学编制土地利用计划，有效落实规划总量控制目标。一是紧密围绕上位规划目标要求，发挥上位规划对土地利用的调控与引领作用。根据城市总体规划与发展规划提出的重点任务，制定细化落实的时间表和路线图，提高目标落实的针对性和可操作性。例如，土地储备规模、投放数量和区位要符合总体规划在布局、规模、结构、时序上的基本管控要求。二是结合土地利用单项计划编制需求，有针对性地收集相关基础资料，包括社会经济状况、土地利用状况、土地市场状况、相关规划计划、生态环境状况等方面的文字报告、图件、数据库和表册资料等。三是结合全面分析与重点调查，强化计划编制前考察工作。

根据收集到的基础资料，分析宏观环境和土地利用情况，全面摸清土地供应、储备、需求等规模和特征情况，包括分析城镇化水平、人口状况、产业发展等社会经济发展情况，土地功能、结构、低效闲置用地规模、分布等土地利用现状情况，可储备土地的规划用途、功能布局等规划情况，近年来已供应土地的空间分布、土地用途、供应规模、供应方式、交易价格和开发利用等土地市场状况，现行土地储备运作模式、近年来土地收储—供应等土地储备状况等。保障计划编制既符合区域规划要求，又符合区域实际发展需求。

建立健全严格的建设用地管控制度，全面落实建设用地需求。建立严格的建设用地审批制度，在建设项目设计、审批、供地、用地等各个环节，严格执行建设土地使用标准控制制度，严格工业用地增量准入等。针对重大项目工程，建立完善与重大战略实施、重大项目建设相适应的用地保障机制和用地审批制度，开通审批绿色通道，提高审批效率，推进重大建设项目加快落地，包括对重大基础设施项目如交通、能源、水利等基础设施项目新增建设用地应保尽保，对重大产业项目如重大制造业和高科技企业项目建设用地指标应奖尽奖，对乡村振兴和民生工程专项安排村民住宅建设和易地扶贫搬迁等保障合理建设用地需求。

二、以存量用地盘活为抓手，转变空间发展模式，实现集约高效用地

收储城镇低效闲置用地，提高节约集约用地水平。识别城镇低效闲置用地，针对利用粗放、布局散乱、设施落后、闲置废弃用地建立城镇低效用地数据库。加快低效和闲置土地收储，并编制城镇低效用地再开发工作方案。在城镇低效用地再开发过程中，深入贯彻"亩产论英雄、集约促转型"的发展理念，将再开发与"腾笼换鸟"、淘汰落后产能等工作紧密结合，实施以"亩产效益综合评价"为基础的差别化要素配置政策，建立低效建设用地退出机制，倒逼企业进行技术改造和产业转型，同时注意避免在开发过程中出现新的低效、闲置建设用地。

盘活农村存量建设用地，助力乡村产业建设空间提质增效。统筹考虑区位条件、资源禀赋、环境容量、产业基础和历史文化传承等因素，选择适合本地

实际的农村闲置宅基地盘活利用模式。一方面，通过整理、复垦、复绿等方式开展农村闲置宅基地整治，依法依规利用城乡建设用地增减挂钩、集体经营性建设用地入市等政策，为农民建房、乡村建设和产业发展等提供土地等要素保障。另一方面，盘活乡村存量建设用地，用于农村第一、二、三产业融合发展和观光农业、体验农业、创意农业、休闲农业与乡村旅游等新产业新业态等。

加强建设用地动态监督管理，推动土地集约高效利用。构建建设用地节约集约利用评价体系，定期推进建设用地节约集约利用状况调查与评价，及时掌握双控目标、管控指标落实情况和建设用地节约集约利用水平及潜力状况，对经评估符合集约用地要求的开发区优先考虑建设用地指标。坚持以考核为抓手，如在各级自然资源管理目标体系中引入集约用地考核指标，依据相关评价评估结果，强化建设用地总量和单位生产总值建设用地下降率指标约束性管理，推动将双控指标纳入经济社会发展综合评价体系，建立目标责任制，加强监督考核，促进双控目标落实。

三、以优化多层级空间关系为突破口，缩小区域发展差异，维护空间公平正义

开展城乡建设用地增减挂钩，破解城乡割裂困境。通过农村土地制度改革，鼓励农村人口自愿退出宅基地。制定相关交易政策，促进跨省、跨地区土地发展权的转移，实现建设用地指标的跨地区流转。针对拆旧地块开展整理复垦整治，针对建新地块做好指标盘活工作，改变城乡土地资源空间错配的格局，同时实现以城带乡、以工哺农，既保障城镇发展用地，又为乡村地区提供建设资金，有力促进城乡一体化和城乡统筹发展。解决城乡差距、区域差距，助推共同富裕。

落实乡村振兴战略，促进城乡融合发展。乡村振兴战略的核心是开展土地综合整治，对农村存量建设用地盘活同农用地整治、产业发展、村域公共服务设施及基础设施建设、生态环境整治进行统筹规划与安排，同时要充分尊重乡村发展规律，优化乡村居民点的空间结构和布局，盘活人均农村居民点用地超过 300 平方米的潜力；要摒弃逢乡村发展就离不开"农家乐"的模式化思维，探

索"百花齐放"的农村新产业和新业态；要保护修复乡村的生态和挖掘乡村的传统文化，从而使农民有更多和更实在的获得感。

加快建立生态补偿机制，促进农民农村共同富裕。部分土地开发强度及人均建设用地规模均较低的地市，一般保护任务较重，环境承载力较小，土地发展权受限，要制定相关宅基地及其他建设限制或转移的政策，实施减量发展，以实现生态保护的目标。通过落实生态保护补偿机制，对因环境保护丧失发展机会的区域投入补偿资金，或通过对口协作、产业转移、人才培训、共建园区、购买生态产品和服务等方式，促进生态保护者利益得到有效补偿，使土地发展权受限的地区共享区域发展成果。

四、从新时代战略要求出发，统筹发展与安全，建立可持续空间发展格局

科学有序统筹布局生态、农业、城镇等三类功能空间，促进生产、生活、生态的"三生"空间协调融合。浙江省作为空间规划改革的先行者和示范者，需要从规划引领高水平保护、高质量发展、高效能治理的基本定位出发，建立起支撑新时代生态文明建设与高质量发展的协调共生、和谐运行的时空秩序。立足浙江，放眼省外，着力提升经济发展核心竞争力。依托浙江省国土空间规划，实施浙江省的"大湾区""大花园""大通道""大都市区"的"四大"建设工程，将其放到全球竞争格局和全国战略布局中，放到长三角一体化和建设世界级城市群目标中去谋划，主动对接上海，集中优质资源着力打造现代化世界级大湾区，打造全国领先的绿色发展高地和智慧综合交通体系，打造具有世界竞争力的现代化大都市区和城市群，打造有活力的空间布局模式，最终形成浙江省生产空间集约高效、生活空间宜居舒适、生态空间山清水秀的"活力浙江"新格局。

第六节 | 专题一——建设用地节约集约评价分析

国务院印发的《全国国土规划纲要（2016—2030年）》（以下简称《纲要》）提出，到2030年，我国国土开发强度不超过4.62%，城镇空间控制在11.67万

平方千米以内，耕地保有量保持在 18.25 亿亩以上。浙江省的国土开发强度目前仍处于较高水平，《纲要》提出的国土开发强度及城镇空间控制目标对浙江省建设用地的节约集约利用水平提出了较高的要求。

一、社会经济发展基本概况

（一）全域经济提升显著，地区差异仍然存在

全省层面，浙江省 GDP 从 2009 年的 22833.74 亿元上升到 2019 年的 62462.00 亿元，常住人口从 2009 年的 5276 万人增长至 2019 年的 6375 万人，人均 GDP 从 4.35 万元提升至 9.88 万元，增长率分别为 173.55%、20.83% 和 127.13%（见表 4.10）。各地市层面，从 GDP 看，杭州市、宁波市 GDP 处于全省领先地位且增长迅猛；嘉兴市后来居上，GDP 超越台州市。从常住人口角度看，杭州、宁波、温州等经济发达地区更容易吸引人们定居，虹吸效应明显。从人均 GDP 角度看，丽水市、衢州市等一些面积小、基础薄弱、处于内陆的地级市经济发展十分显著，增长率较高，体现了浙江省作为共同富裕示范区"先富带动后富"的共赢精神。但浙西南地区的总体经济水平仍处于全省末位，与浙江省四大都市区和其他经济发达地区差距较大。

表 4.10 浙江省社会经济情况

地区	GDP			常住人口			人均 GDP		
	2009 年 GDP（可比价）/亿元	2019 年 GDP（可比价）/亿元	增长率/%	2009 年常住人口/万人	2019 年常住人口/万人	增长率/%	2009 年人均 GDP（可比价）/万元	2019 年人均 GDP（可比价）/万元	增长率/%
浙江省	22833.74	62462	173.55	5276	6375	20.83	4.35	9.88	127.13
杭州市	5098.66	15373.05	201.51	833	1161	39.34	7.49	15.25	103.60
宁波市	4214.60	11985.12	184.37	728	929	27.75	7.40	14.32	93.51
嘉兴市	1918.03	5370.32	179.99	432	534	23.55	5.66	11.28	99.29
湖州市	1111.50	3122.43	180.92	285	333	16.74	4.29	10.26	139.16
绍兴市	2375.46	5780.74	143.35	480	526	9.67	5.43	11.46	111.05
舟山市	533.26	1371.60	157.21	109	117	7.27	5.51	11.68	111.98

续表

地区	GDP			常住人口			人均GDP		
	2009年GDP（可比价）/亿元	2019年GDP（可比价）/亿元	增长率/%	2009年常住人口/万人	2019年常住人口/万人	增长率/%	2009年人均GDP（可比价）/万元	2019年人均GDP（可比价）/万元	增长率/%
温州市	2527.88	6605.11	161.29	882	956	8.33	3.26	7.12	118.40
金华市	1765.94	4559.91	158.21	521	691	32.62	3.82	8.12	112.57
衢州市	617.50	1573.52	154.82	213	226	6.09	2.48	7.11	186.69
台州市	2025.47	5134.05	153.47	581	655	12.64	3.51	8.36	138.18
丽水市	542.02	1476.61	172.43	212	248	16.69	2.11	6.69	217.06

（二）建设用地迅速扩张，开发强度总体较高

全省层面，浙江省建设用地从2009年的1022.7千公顷增长到2019年的1329.0千公顷，增幅为29.95%，国土开发强度从2009年的9.68%提升至2019年的12.58%，国土开发强度总体偏高。各地市层面，嘉兴市、舟山市国土开发强度较高，需要进行调控，其他地区也出现了不同程度的国土开发强度较高的问题，尤其是四大都市圈中的杭州、温州的建设用地增长率需要加以控制（见表4.11）。

表4.11 建设用地及国土开发强度情况[①]

地区	建设用地				国土开发强度/%	
	2009年建设用地/千公顷	2019年建设用地/千公顷	增量/千公顷	增长率/%	2009年	2019年
浙江省	1022.7	1329.0	306.3	29.95	9.68	12.58
杭州市	158.5	208.9	50.4	31.80	9.41	12.40
宁波市	155.3	195.8	40.5	26.08	15.82	19.95
嘉兴市	104.3	136.7	32.4	31.06	24.71	32.37
湖州市	79.5	106.5	27	33.96	13.66	18.30
绍兴市	99.6	122.4	22.8	22.89	12.03	14.79
舟山市	28.7	37.3	8.6	29.97	19.69	25.56

---

① 土地面积数据来源于浙江省统计局。

地区	建设用地				国土开发强度 /%	
	2009 年建设用地 / 千公顷	2019 年建设用地 / 千公顷	增量 / 千公顷	增长率 /%	2009 年	2019 年
温州市	93.1	127.6	34.5	37.06	7.69	10.53
金华市	107.1	137.7	30.6	28.57	9.79	12.58
衢州市	56.3	72.4	16.1	28.60	6.36	8.19
台州市	98.1	126.9	28.8	29.36	9.76	12.63
丽水市	42.1	56.6	14.5	34.44	2.43	3.28

二、建设用地节约集约利用评价方法

本节参考《建设用地节约集约利用评价规程》（TD/T1018—2008）、《节约集约利用土地规定》、《全国城市建设用地节约集约利用评价操作手册》、《全国国土规划纲要（2016—2030 年）》以及浙江省建设用地节约集约评价相关研究，构建建设用地节约集约评价指标体系框架。该框架包含了 4 个分析维度——用地弹性、利用强度、增长耗地、贡献比较，综合评价浙江省建设用地节约集约利用程度（见表 4.12）。

表 4.12　建设用地节约集约利用评价指标体系框架

分析维度	分指数	分指数指标
用地弹性	人口涨幅（PRI）	人口增长幅度（PRI1）
		城镇人口增长幅度（PRI2）
		农村人口增长幅度（PRI3）
	用地涨幅（LRI）	城乡建设用地增长幅度（LRI1）
		城镇用地增长幅度（LRI2）
		村庄用地增长幅度（LRI3）
	人口用地增长弹性系数（PEI）	人口与城乡建设用地增长弹性系数（PEI1）
		城镇人口与城镇用地增长弹性系数（PEI2）
		农村人口与村庄用地增长弹性系数（PEI3）
利用强度	人口密度（PUII）	建设用地人口密度（PUII1）
	经济强度（EUII）	建设用地地均生产总值（EUII1）
		二产地均产值增长率（EUII2）
		三产地均产值增长率（EUII3）

续表

分析维度	分指数	分指数指标
增长耗地	人口增长耗地（PGCI）	单位人口增长消耗新增建设用地量（PGCI1）
	经济增长耗地（EGCI）	单位地区生产总值耗地下降率（EGCI1）
		单位地区生产总值增长消耗新增建设用地量（EGCI2）
贡献比较	人口贡献度（PCI）	人口与建设用地增长贡献度（PCI）
	经济贡献度（ECI）	地区生产总值与建设用地增长贡献度（ECI）

部分分指数指标计算公式如下：

$$PEI_t = \left(\frac{P_t2019 - P_t2009}{P_t2009} \right) \Big/ \left(\frac{S_t2019 - S_t2009}{S_t2009} \right)$$

$$PGCI_t = \frac{S_t2019 - S_t2009}{P_t2019 - P_t2009}$$

$$EGCI1 = \frac{\dfrac{S2009}{V2009} - \dfrac{S2019}{V2019}}{\dfrac{S2009}{V2009}}$$

$$PCI = \left(\frac{P2019 - P2009}{P_02019 - P_02009} \right) \Big/ \left(\frac{S2019 - S2009}{S_02019 - S_02009} \right)$$

$$ECI = \left(\frac{V2019 - V2009}{V_02019 - V_02009} \right) \Big/ \left(\frac{S2019 - S2009}{S_02019 - S_02009} \right)$$

其中，PEI_t代表不同类型人口用地增长弹性系数，$PGCI_t$代表单位人口增长消耗新增建设用地量，P_t代表人口数量，S_t代表面积，t=1 代表城乡，t=2 代表城镇，t=3 代表乡村；$EGCI1$ 代表单位地区生产总值耗地下降率；PCI代表人口与建设用地增长贡献度，ECI代表地区生产总值与建设用地增长贡献度，P_0代表浙江省人口数量，V_0代表浙江省地区生产总值，S_0代表浙江省建设用地面积。

三、建设用地节约集约利用评价结果

（一）多市建设用地扩张过程粗放

浙江省第三次全国国土调查主要数据公报指出，浙江省要坚持系统观念，加强顶层规划，因地制宜，统筹推进生态建设。要坚持节约集约，提高土地开发利用效率。继续推动城乡存量建设用地开发利用，完善政府引导、市场参与的城镇低效用地再开发政策体系。强化土地使用标准和节约集约用地评价，大力推广节地模式。依据人口与城乡建设用地增长弹性系数（*PEI*1）指标计算结果，将人口增长集约用地利用趋势划分为四种类型，分别是：内涵挖潜利用、集约利用、稳定利用以及粗放利用（见表 4.13）。

表 4.13　人口增长集约用地利用趋势类型

原始数据基本特征描述	判定标准	土地利用趋势分类
随着人口增长，用地量减少或不变	—	内涵挖潜利用
随着人口增长，用地量增大	*PEI*1 大于 1	集约利用
随着人口减少或不变，用地量减少	*PEI*1 小于 1	集约利用
随着人口增长，用地量增大	*PEI*1 等于 1	稳定利用
随着人口减少，用地量减少	*PEI*1 等于 1	稳定利用
人口不变，用地量不变	—	稳定利用
人口增长或不变，用地量增大	*PEI*1 小于 1	粗放利用
随着人口减少，用地量减少	*PEI*1 大于 1	粗放利用
随着人口减少，用地量增大	—	粗放利用

用地弹性分析结果显示（见表 4.14），从人口与城乡建设用地匹配角度看，杭州市、宁波市、金华市的人口与城乡建设用地增长弹性系数均大于 1，即人口增长幅度快于城乡建设用地增长幅度，处于集约利用状态；其余地市小于 1，即建设用地增长幅度快于人口增长幅度，处于粗放利用状态。具体来看，浙江省 11 个地市十年间城乡建设用地增长幅度差异较小，"三调"时期建设用地面积普遍比"二调"时期高出 20%—40%。而各市十年间人口增长幅度差别较大，人口与城乡建设用地增长弹性系数较高的杭州市、宁波市、金华市，其经济水平在全省处于领先地位，依托于良好的经济发展形势，加上新经济、数字经济等的高速发展，吸引了大量的人口流入，十年间人口增长幅度位于全省前三；人口与城乡建设用地增长弹性系数较低的温州市、衢州市、舟山市等地，由于产业结构的调整，劳动密集型的低端制造业陆续外迁，减少了当地的就业机会，十年间人口增幅较低。

表 4.14　建设用地弹性分析

地级市	人口与城乡建设用地匹配情况				城镇人口与城镇用地匹配情况			农村人口与村庄用地匹配情况		
	人口增长幅度/%	城乡建设用地增长幅度/%	人口与城乡建设用地增长弹性系数	人口增长集约用地利用趋势类型	城镇人口增长幅度/%	城镇用地增长幅度/%	城镇人口与城镇用地增长弹性系数	农村人口增长幅度/%	村庄用地增长幅度/%	农村人口与村庄用地增长弹性系数
杭州市	39.34	38.68	1.02	集约利用	65.61	77.11	0.85	−21.13	14.92	−1.42
宁波市	27.75	26.78	1.04	集约利用	55.44	33.81	1.64	−39.54	28.22	−1.40
温州市	8.43	30.90	0.27	粗放利用	28.06	40.17	0.70	−25.80	25.40	−1.02
嘉兴市	23.55	33.01	0.71	粗放利用	70.60	76.70	0.92	−17.12	6.89	−2.48
湖州市	16.74	32.95	0.51	粗放利用	49.90	41.97	1.19	−17.67	39.17	−0.45
绍兴市	9.67	22.21	0.44	粗放利用	33.25	41.49	0.80	−19.97	13.00	−1.54
金华市	32.62	29.22	1.12	集约利用	53.53	36.27	1.48	−24.93	29.07	−0.86
衢州市	6.09	28.33	0.22	粗放利用	47.09	44.26	1.06	−14.91	24.13	−0.62
舟山市	7.27	32.30	0.23	粗放利用	22.27	48.13	0.46	−27.64	37.37	−0.74
台州市	12.64	25.00	0.51	粗放利用	34.44	33.78	1.02	−27.35	21.56	−1.27
丽水市	16.69	32.84	0.51	粗放利用	70.80	59.45	1.19	−12.53	22.26	−0.56

注：本表农村人口指代农村户籍人口。

从城镇人口与城镇用地匹配角度看，宁波市、金华市城镇人口与城镇用地增长弹性系数较高，分别为 1.64 和 1.48，舟山市城镇人口与城镇用地增长弹性系数较低，仅为 0.46。具体来看，宁波市受限于一般水平的土地资源总量，加上发展较早、前期开发建设用地较多，使得城镇用地增幅相对其他地市较低，城镇发展开始转向以存量更新为主，金华市因小商品经济的繁荣带来的义乌地区大量人口流入使得城镇人口增幅相对较高，在城镇用地增长幅度相对其他地市较低的情况下依然带来了较高的人口和经济发展效应。而舟山市城镇用地增幅较高，但由于就业、医疗和教育环境在省内处于下游水平，相对省内其他地市吸引力不高，有较多的人口流出，加之当地人口老龄化严重，人口自然增长率较低，人口增速缓慢，导致城镇人口与城镇用地增长弹性系数较低，城镇用地发展从人口角度来看处于粗放利用状态。此外，杭州市、嘉兴市的城镇人口增长幅度和城镇用地增长幅度均处于全省较高水平，杭州市作为省会城市，人口发展及城市建设领先其他地市，嘉兴市在长三角一体化背景下，承接来自上海的功能外溢，加速集聚资源要素，凭借区位优势发展交通等吸引就业人口。

　　从农村人口与村庄用地匹配角度看，浙江省各地市农村人口与村庄用地增长弹性系数均为负数，主要由于十年间各地市城镇化进程不断推进，有大批农村人口进城，加上户籍制度改革放开了城市和建制镇的落户限制，导致农村人口呈现下降趋势。与农村人口大量减少趋势对应的却是村庄用地面积的"不减反增"，主要是因为农村人口不断减少的同时，并没有大量退出宅基地，村庄用地被大量废弃或闲置，加上有较多地区村庄建设规划不合理，宅基地普遍"建新不拆旧"，导致村庄外延的异常膨胀和村庄内部的急剧荒芜，从而带来村庄空心化现象。具体来看各地市情况，宁波市属于城镇属性的村在十年间占比不断提高，且受奉化撤县设区等影响，有大量农村人口转为非农村人口，农村人口下降幅度相对较大，而与之对应的村庄用地增长幅度却超出多数地市，用地增长弹性较低，村庄用地粗放利用程度高；而嘉兴市农村人口下降幅度较小，与此同时村庄用地增长幅度最低，土地粗放利用程度相对较低。对于农村地区来说，劳动力必须与土地要素结合起来，才能形成生产力，但是就目前来看，农村面临空心化及人口老龄化、资源要素流动性较差等多种问题，提升农村地区建设用地的集约利用程度要注意让劳动力、土地、资金等要素双向流动，土地和宅院双向置换。

（二）人口承载强度下降，经济利用强度上升

　　根据浙江省"二调""三调"数据以及浙江统计年鉴数据，计算得到浙江省和 11 个地级市建设用地人口密度、地均生产总值及地均二、三产业产值十年间增长率（见表 4.15）。

表 4.15　建设用地利用强度分析

地区	2009 年建设用地人口密度/（人／公顷）	2019 年建设用地人口密度/（人／公顷）	2019 年建设用地地均生产总值/（万元／公顷）	二产地均产值增长率/%	三产地均产值增长率/%
浙江省	52	48	470.00	72.20	168.30
杭州市	53	56	735.74	51.92	212.04
宁波市	47	47	611.97	104.06	161.58

续表

地区	2009年建设用地人口密度/（人/公顷）	2019年建设用地人口密度/（人/公顷）	2019年建设用地地均生产总值/（万元/公顷）	二产地均产值增长率/%	三产地均产值增长率/%
温州市	95	75	517.85	59.36	129.10
嘉兴市	41	39	392.83	98.45	157.74
湖州市	36	31	293.11	92.79	157.46
绍兴市	48	43	472.13	63.35	161.44
金华市	49	50	331.14	54.87	166.67
衢州市	38	31	217.31	50.09	195.02
舟山市	38	31	367.83	47.55	147.23
台州市	59	52	404.51	74.04	127.18
丽水市	50	44	260.89	62.69	168.23

从人口强度来看，2019年浙江省建设用地人口密度相比2009年有所下降，除杭州市、宁波市、金华市三个地市外，各地单位建设用地人口承载量均呈现下降趋势，这与各市城区建设用地空间的大幅度扩张是密不可分的，在一定程度上可以反映出浙江省较多地市土地城镇化超前现象，这一现象在中国快速城镇化进程中具有普遍性。但结合"人多地少"、土地资源稀缺的现实情境，有必要严格控制建设用地的低效扩张，促进土地利用模式创新和土地利用效率提高。具体看各地市情况，杭州市十年间建设用地人口密度增加，宁波市、金华市、嘉兴市建设用地人口密度基本持平，这些地市也是浙江省人口净流入最多的地市，优越的自然地理条件和良好的经济发展水平使得这些城市对周围地区产生了较大的辐射作用，人口集聚程度相对较高；而温州市建设用地人口密度较高，但人口密度下降幅度也最大，由于温州平地面积局促且分散，可开发建设用地资源有限，建设用地人口承载力在全省远高于其他地市，但温州人口吸引力远不如杭甬等地，再加上劳动密集型产业的外迁，人口密度下降幅度较大；而舟山市建设用地人口密度一直处于较低水平，主要受人口总量较少及地形限制人口分布等影响，对于建设用地利用开发而言，如果人口集中程度过低，会对商业活跃程度和公共配套设施的利用率等产生影响。

从经济强度来看，浙江省2019年建设用地地均生产总值位于全国前列水平、经济强度较高，其中，杭州市作为浙江的省会城市利用建设用地空间发展经济的水平领先全省其他地市，宁波市、温州市作为浙江省四大都市圈的龙头同样具有较高水平。整体来看，相比2009年建设用地经济利用效率，"三调"时期浙江省各地市建设用地地均生产总值基本均呈现翻倍增长，具体看各产业发展，二三产业地均产值均大幅度提升。在第二产业发展方面，浙江省第二产业根基稳固并维持较高增速，主要是由于装备的更新，产业技术水平大幅度提高，若干传统产业实现高新技术产业化，制造业专业化空间集聚态势明显。其中，嘉兴市、宁波市等地在建设用地地均第二产业产值方面表现出更高幅度的增长，嘉兴市十年间着力打造"五大"先进制造业产业集群，即现代纺织、新能源、化工新材料、汽车制造群及智能家居等，提升建设用地利用强度成效明显；宁波市作为全国闻名的工业大市，传统制造业不断向集群化、数字化、品质化等方向转型，在制造业高质量发展方面卓有成效，推动了建设用地地均第二产业产值增长。在第三产业方面，浙江省多数地市地均第三产业产值增长率均超出150%，增长幅度接近地均第二产业产值的两倍，第三产业成为与第二产业一起推动浙江经济增长的重要力量，这主要是由于批发零售业、金融业、房地产业等产业的发展向好，且较多大城市中心区在"退二进三"或"优二进三"的基础上加快发展服务业，极大地提升了浙江省建设用地空间发展第三产业的强度与效率。其中，杭州市建设用地地均第三产业产值增长尤为明显，十年间有超过200%的增幅，这与杭州发达的互联网行业密不可分，互联网行业的区域聚集效应开辟了杭州更高阶的新经济模式，充分提升了当地建设用地空间经济利用强度。与各地明显大幅度提升的建设用地地均产值相比，舟山市建设用地地均产值增长幅度相对落后，主要受地理和交通等因素限制，有必要利用港口区位优势提升建设用地空间利用效率。

（三）人口增长耗地区域差异大，经济增长耗地呈下降趋势

根据浙江省"二调"及"三调"数据以及浙江统计年鉴的人口及生产总值数据，我们计算得到浙江省和11个地级市单位人口增长消耗新增建设用地量、单位地区生产总值耗地下降率，以及单位地区生产总值增长消耗新增建设用地量（见表4.16）。

表 4.16　建设用地增长耗地评价分析

地区	单位人口增长消耗新增建设用地量 /（公顷 / 万人）	单位地区生产总值耗地下降率 /%	单位地区生产总值增长消耗新增建设用地量 /（公顷 / 亿元）
浙江省	278.54	52.50	7.73
杭州市	153.73	56.29	4.91
宁波市	200.63	55.66	5.21
温州市	463.93	47.57	8.45
嘉兴市	318.19	53.21	9.37
湖州市	566.13	52.31	13.43
绍兴市	492.75	49.47	6.71
金华市	179.84	50.22	10.94
衢州市	1239.93	49.52	16.86
舟山市	1084.19	49.53	10.22
台州市	392.36	48.95	9.28
丽水市	410.90	50.60	15.56

　　从人口增长耗地水平来看，选取单位人口增长消耗新增建设用地量作为评价指标，反映人口增长消耗的新增城乡建设用地状况，该项指标为反向相关指标，指标理想值原则上越小越好。具体看各地市人口增长耗地，杭州市单位人口增长消耗新增建设用地量最低，近十年间以相对节约的土地资源利用方式来适应人口的快速增长，这与杭州城市建设空间相对饱和及人口流动状况有关，而衢州市、舟山市平均人口增长消耗新增建设用地量较高，建设用地利用相对粗放。

　　从经济增长耗地水平来看，选取单位地区生产总值增长消耗新增建设用地量指标进行分析，该项指标为反向相关指标，指标理想值原则上越小越好。具体看各地市经济增长耗地，十年间，杭州节约集约利用建设用地的效率处于全省领先水平，与杭州市深化供给侧结构性改革、加快产业转型、大力发展高附加值第三产业密不可分。衢州市、丽水市为代表的浙西南地区的经济增长耗地量相对较高，经济承载水平相对落后，需要加大力度发展第三产业以提升建设用地利用经济效率。此外，选取单位地区生产总值耗地下降率为指标进行分析，杭州市单位地区生产总值耗地下降率最高，十年间建设用地节约集约利用水平提升较大；温州市单位地区生产总值耗地下降率最低，十年间建设用地节约集约利用水平提升较小，在较多地市新增建设用地指标迫近极限的情况下，加大存量用地挖潜力度是提升节约集约用地水平的关键，需要采取存量建设用地收储与再开发等措施。

（四）多市人口经济增长贡献小于建设用地增长贡献

根据浙江省"二调"及"三调"数据以及浙江统计年鉴的人口及生产总值数据，以浙江省总人口增幅、地区生产总值增幅及建设用地面积增幅为标准，我们计算得到浙江省11个地级市人口与建设用地增长贡献度、地区生产总值与建设用地增长贡献度（见表4.17）。

表4.17　建设用地贡献比较评价分析

地区	人口与建设用地增长贡献度	地区生产总值与建设用地增长贡献度
杭州市	1.81	1.58
宁波市	1.39	1.48
温州市	0.60	0.91
嘉兴市	0.88	0.82
湖州市	0.49	0.58
绍兴市	0.57	1.15
金华市	1.55	0.71
衢州市	0.22	0.46
舟山市	0.26	0.76
台州市	0.71	0.83
丽水市	0.68	0.50

从人口贡献度指数来看，杭州市、宁波市、金华市等地人口与建设用地增长贡献度大于1，表明这三个地市人口增长对区域总人口贡献度要大于城乡建设用地增长对区域总城乡建设用地增长贡献度，其余地市情况相反。

从经济贡献度指数来看，杭州市、宁波市、绍兴市等地地区生产总值与建设用地增长贡献度大于1，表明这三个地市地区生产总值增长对区域生产总值贡献度大于建设用地增长对区域建设用地增长贡献度，其余地市情况相反。

具体来看，杭州市的人口增长与建设用地贡献度及地区生产总值与建设用地增长贡献度均最高，建设用地集约利用程度相对较高，主要由于杭州市作为省会城市，地理区位及交通条件等便于人口和经济要素的集聚，建设用地空间扩张带来的人口效应和经济发展效应相对更加明显，以 16% 的浙江省建设用地增长空间为浙江省贡献了将近 30% 的人口和经济产值增长；而衢州市的人口增长与建设用地贡献度及地区生产总值与建设用地增长贡献度均最低，建设用地集约利用程度低，主要受到地形限制及经济基础较差难以形成规模效应等因素的影响，建设用地空间扩张带来的人口效应和经济发展效应较弱，可以因地制宜通过充分利用当地丰富的旅游资源等方式，提升建设用地节约集约利用水平。

第七节 | 专题二——大都市区建设用地发展分析

全面实施大湾区大花园大通道大都市区建设，是浙江省委、省政府的一项重大决策部署，其中大都市区战略是大湾区的主引擎、大花园的主支撑、大通道的主枢纽，是浙江现代化发展引领极。2019 年《浙江省大都市区建设行动计划》发布，明确了四大都市区的空间范围和总体格局，以及建设的目标和主要任务。促进各类要素合理流动和高效集聚，提升吸纳集聚能力是浙江省大都市区建设的要点之一。在此战略指引下，本书以 2019 年浙江省县级行政区域作为基础研究单元（其中除杭州市富阳区和临安区、宁波市奉化区、温州市洞头区外，其余地级市的市区均作为整体统一考虑，最终确定 55 个研究单元），以 2019 年印发的《浙江省大都市区建设行动计划》确定的四大都市区范围及各自的核心区范围为基准，基于"二调""三调"数据，全国人口普查数据和统计年鉴数据等，定量分析 2009—2019 年间四大都市区范围内人口、经济、建设用地等要素集聚情况及变化特征，判断其与战略要求的匹配情况。

一、常住人口规模及变化特征

（一）区内人口分布向中心集聚，区间人口规模差距拉大

从人口总量分布看，杭、甬都市区常住人口占都市区总人口比重分别是 42.79%、28.31%，远大于温州、金义两大都市区，具有主导地位，是全省主要人口集聚地。

从人口增长规模看，从 2009 年到 2019 年 10 年间，四大都市区常住人口

增长总量为 981.56 万人，其中超过一半集聚到杭州都市区，超过四分之一集聚到宁波都市区，各个都市区之间人口规模的差距正在逐渐拉大（见图 4.13、图 4.14）。

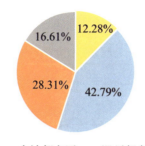

■ 杭州都市区　■ 宁波都市区　■ 温州都市区　■ 金义都市区

图 4.13　四大都市区常住人口占都市区总人口的比重
注：基于 2020 年七普人口数据。

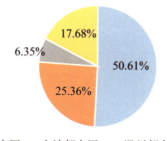

■ 杭州都市区　■ 宁波都市区　■ 温州都市区　■ 金义都市区

图 4.14　四大都市区常住人口增量占都市区总增量的比重
注：基于 2020 年七普与 2010 年六普人口数据对比。

　　从都市区内部的人口分布看，四大都市区中心城区人口集聚明显，其次是都市区核心区范围内除中心城区外的其他地区，人口分布具有核心—边缘递减的特征。从人口增量的分布看，杭、甬、金义都市区中心城区人口集聚效应不断扩大，同时带动都市区核心区人口集聚，外围圈层人口增加较少，尤其平湖市、淳安县、嵊州市、嵊泗县还出现了人口不增反减的情况，圈层向中心转移趋势更为明显。温州都市区中心城区人口外流严重，集聚效应发挥不足（见图 4.15、图 4.16）。

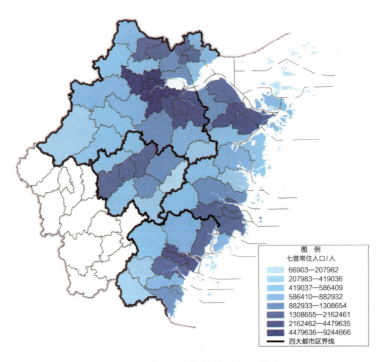

图 4.15 七普（2020年）常住人口分布

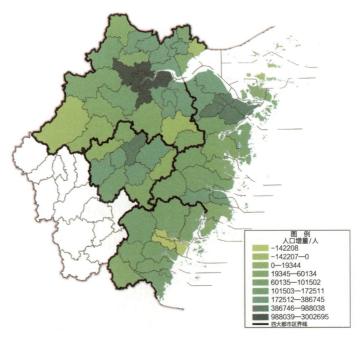

图 4.16 七普（2020年）较六普（2010年）常住人口增量分布

（二）区内人口联系紧密，区间人口联系较少

我们对全省各县（市、区）2018年12月普通一周移动手机信令数据的人口迁入、迁出情况进行分析，全省人口联系总体呈现了东北（嘉兴—杭州—绍兴）"一大片"，东部（宁波—鄞州、慈溪—余姚、临海—台州—温岭）、南部（永嘉—温州—瑞安—平阳—苍南）、中部（金华—义乌—东阳）"三小块"网络化分布，与四大都市区核心区范围基本一致，人口联系仍局限于地域邻近的都市区区域内。由于大都市区之间具有更大的空间距离，当前跨都市区的联系普遍少于都市区内邻近的县（市、区）。四大都市区中，杭州都市区人口联系显著强于其他三个都市区，但主要集中在中心城区；温州、金义都市区虽然人口联系总体水平不高，但各县（市、区）、圈层间分布较为均衡（见图4.17）。

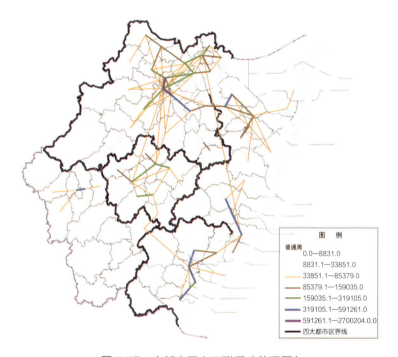

图4.17　大都市区人口联系（普通周）

设定迁入迁出人数均值与地区常住人口的比值来表示该地区人口流动活跃度情况，可以得到四大都市区人口流动活跃度指数分布图。可以看出，人口活跃度较高的地区主要分布在东北杭—嘉—绍一带，呈现为较为集中的分布，浙

南、浙西南地区则分布较少。大都市区总体具有活跃度圈层递减特征，中心城区具有较高的人口流动活跃度，但对远郊的辐射影响仍较低。杭州、宁波都市区中心城区极为活跃，其中杭州都市区整体水平较高，宁波都市区各圈层差异大；金义都市区各圈层活跃度较为平均（见图4.18）。

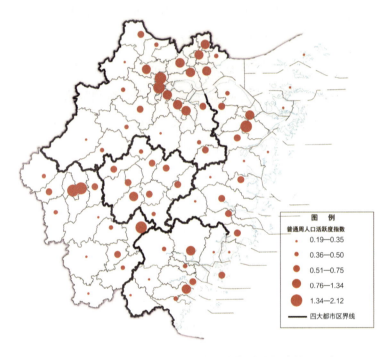

图 4.18　大都市区人口流动活跃度指数分布（普通周）

（三）区内人口密度分布稳定，区间人口密度差异明显

2010年与2020年四大都市区建设用地常住人口密度分布情况显示，两个年份的建设用地常住人口密度整体均呈现出省域范围内从东南部向西北部递减、都市区中心城区高于外围地区的特征，人口密度的空间分布特征相对稳定。各都市区间差异明显，人口密度最高的是温州市区，核心区与远郊区人口密度差距最大的是杭州都市区，核心区和远郊区人口密度分布最为平均的是宁波都市区（见图4.19至图4.21）。

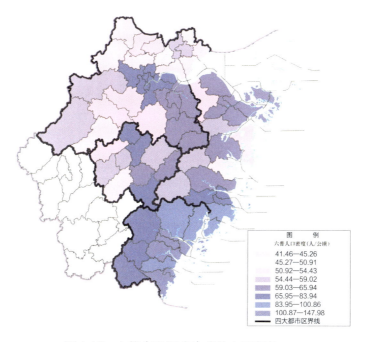

图 4.19　六普（2010 年）常住人口密度

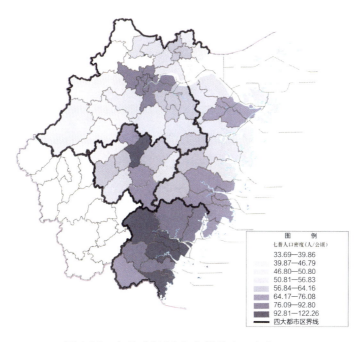

图 4.20　七普（2020 年）常住人口密度

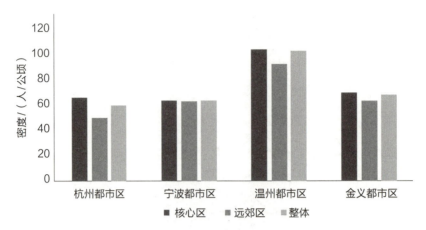

图 4.21　七普（2020 年）四大都市区各圈层建设用地常住人口密度

　　比较四大都市区建设用地常住人口密度近 10 年变化情况可知，杭州、宁波、金义三大都市区中心城区人口密度不断增加，外围圈层大多数地区的人口密度呈现减少的趋势。温州都市区中心城区由于人口流出较多，人口密度呈现出减小的态势（见图 4.22）。

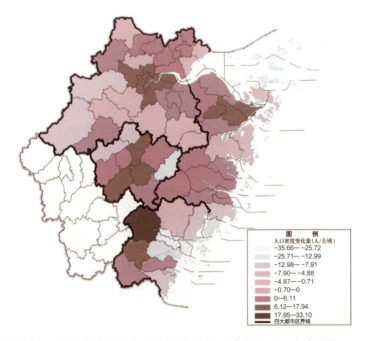

图 4.22　七普（2020 年）较六普（2010 年）常住人口密度变化

二、经济水平及变化特征

（一）经济总量向中心集聚，经济增量向外扩散

从2019年大都市区GDP总量分布看，全省GDP总量较高的区域集中在北部与东南部地区，其中东北（杭绍甬）、东南（温台）传统经济优势地区集聚特征明显，从都市区中心城区到远郊区GDP总量呈现递减的态势，中心城区经济要素集聚作用明显。从2019年较2009年大都市区GDP增量和2009—2019年大都市区GDP平均增速看，四大都市区核心区的集聚效应明显，尤其是杭州、宁波都市区核心区经济集聚优势越发显著。同时湖州市区、嘉兴市区、乐清市等周边地区GDP增量较大，温州南部、台州北部等周边地区GDP增速较快，经济集聚向周边核心地区扩散的情况普遍存在（见图4.23至图4.25）。

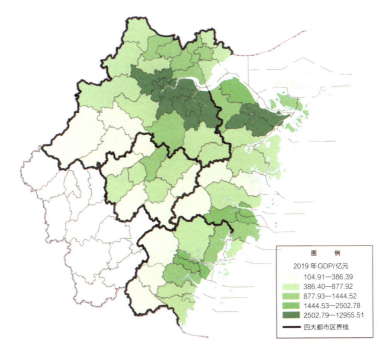

图4.23　2019年大都市区GDP总量分布

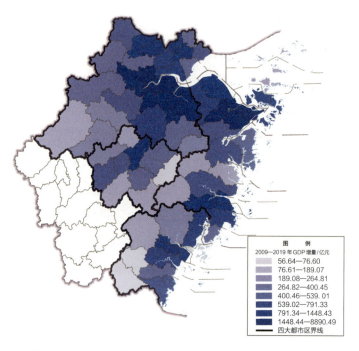

图 4.24　2019 年较 2009 年大都市区 GDP 增量分布

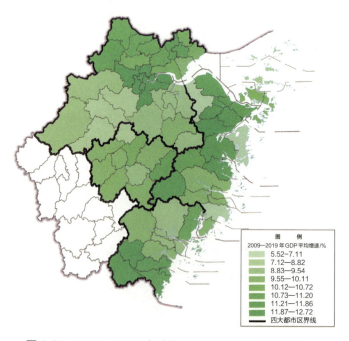

图 4.25　2009—2019 年大都市区 GDP 平均增速分布

（二）经济密度分布逐层递减，经济效益增速内高外低

从经济密度（单位建设用地GDP）分布现状看，四大都市区中心城区经济密度都远大于周边地区，且都市区内经济密度呈现中心城区—近郊—远郊逐层递减的状态。从2019年较2009年大都市区经济密度变化量分布看，杭、甬、温都市区中心城区经济效益提升速度远快于其他地区，都市区各圈层经济效益提升速度表现出"内高外低"的特点，中心城区的经济集聚效应不断加强；沿海地区的经济效益提升速度远快于除杭州市区和义乌市外的内陆地区，杭、甬都市区经济效益提升引领作用明显，金义都市区中心城区的经济带动力较弱（见图4.26、图4.27）。

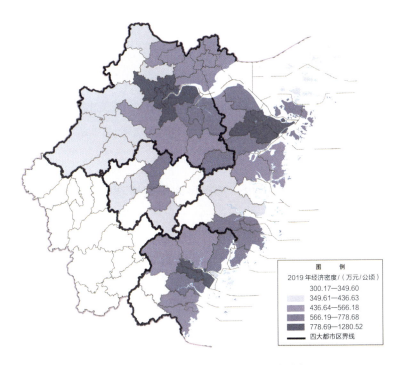

图例
2019年经济密度/（万元/公顷）
300.17—349.60
349.61—436.63
436.64—566.18
566.19—778.68
778.69—1280.52
四大都市区界线

图 4.26　2019 年大都市区经济密度分布

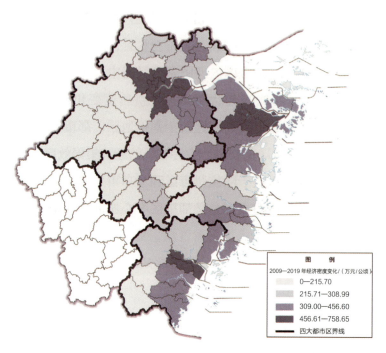

图 4.27　2019 年较 2009 年大都市区经济密度变化量分布

三、建设用地规模与效率及变化特征

（一）建设用地总量北多南少，都市区内集聚显著

从 2019 年和 2009 年建设用地分布情况看，全省建设用地主要分布在杭州湾沿岸、金义盆地和温台沿海地区，构成"亓"状结构，其中又以设区市市区为主要集聚地区，同时环杭州湾地区规模最大。从四大都市区层面看，杭、甬都市区用地集聚效应显著，凸显其引领发展的作用；都市区内建设用地主要集聚在中心城区，从中心向外围呈现逐层递减的特征（见图 4.28、图 4.29）。

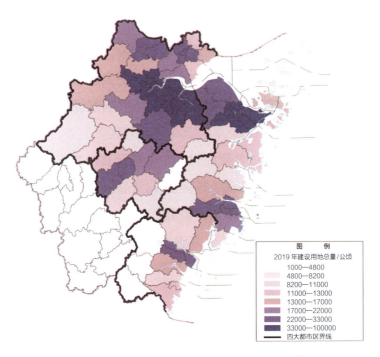

图 4.28　2019 年大都市区建设用地总量分布

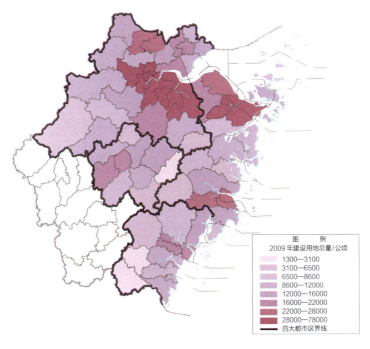

图 4.29　2009 年大都市区建设用地总量分布

（二）建设用地增量北多南少，都市区间差距拉大

从大都市区 2019 年较 2009 年建设用地增量看，浙江省北部环杭州湾地区增长规模较大，建设用地增长主要集中在传统优势发展地区。从大都市区圈层层面来看，中心城区建设用地增长最多，在新型城镇化的推动下集聚现象明显；近郊区建设用地增长少于中心城区，但远大于远郊区。

从四大都市区层面看，10 年间建设用地增长最多的是杭州都市区，其中心城区外围近郊和北部远郊区也实现了较多增长，出现向外扩散现象；宁波都市区仅次于杭州都市区，其建设用地增长主要集中在核心区范围内；金义和温州都市区的建设用地增长情况远低于杭、甬都市区，尤其温州都市区全域建设用地增长均较少（见图 4.30）。

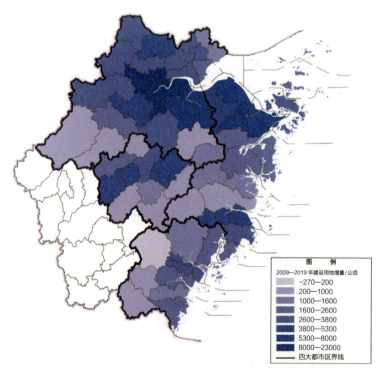

图 4.30　大都市区 2019 年较 2009 年建设用地增量分布

（三）人均建设用地面积多，集约程度有待提升

从四大都市区 10 年间人均建设用地变化看，整体人均建设用地面积从

149.1 平方米增加到 151.2 平方米，略有上升。四大都市区中，杭州都市区和金义都市区人均建设用地面积在 10 年间有所减少，宁波都市区和温州都市区则有所增加（见图 4.31）。

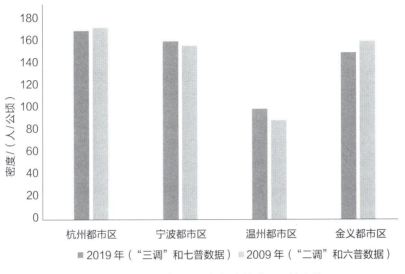

图 4.31　四大都市区 10 年间人均建设用地变化

根据《城市用地分类与规划建设用地标准》规定，城市规划人均建设用地指标分为四级，最低为 60 平方米，最高为 120 平方米。从四大都市区 2019 年（"三调"和七普数据）人均建设用地看，四大都市区平均 151.2 平方米，远超最高标准，可见其在优化土地使用、提高建设用地使用效率方面仍有较大空间。四大都市区中，建设用地利用最为集约的是温州都市区（人均建设用地 120.9 平方米），集约程度最低的是杭州都市区（人均建设用地 206.5 平方米）（见图 4.32）。

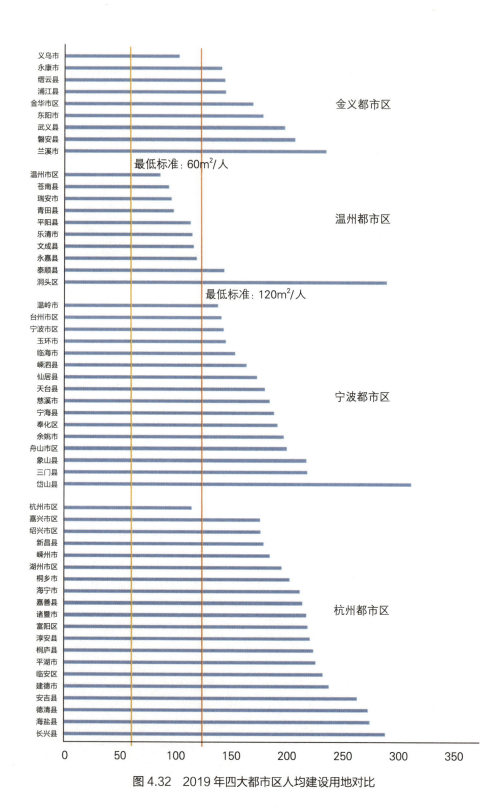

图 4.32　2019 年四大都市区人均建设用地对比

四、特征总结与主要问题

（一）人口、经济集聚效应明显，大都市区间互动不足

大都市区人口总量和密度分布均表现出核心—边缘递减特征，新增人口具有明显的向中心集聚趋势，其中杭、甬中心城区人口集聚不断加强，且活跃度高。从 2009—2019 年大都市区人口总量和增量看，杭、甬都市区是人口主要集聚地，新增人口集聚程度不断提高，并且向杭州、宁波等中心城市集聚特征明显。从人口流动看，大都市区间互动较少、都市区内网络化特征尚未全面形成，杭州都市区内人口联系最为频繁，杭、甬中心城区人口流动最为活跃。从人口密度看，四大都市区人口密度分化明显，但普遍存在中心城区相对密集、郊区聚集稀疏的"内密外疏"现象。

从 2009—2019 年大都市区经济总量和增量看，杭州湾地区和东南沿海地区等传统经济优势地区集聚特征明显，尤其杭、甬都市区核心区是经济集聚的重点区域，都市区内经济集聚由中心向外围递减，向近郊地区扩散现象普遍存在。从经济密度看，大都市区各圈层经济效益提升表现出"内高外低"的特征，杭、甬都市区经济效益提升引领作用明显，金义都市区中心城区的经济带动力较弱。

（二）建设用地分布不均，效益品质有待提升

从 2009—2019 年大都市区建设用地总量看，建设用地主要分布在环杭州湾地区，尤其杭、甬都市区用地集聚效应显著，都市区内部建设用地主要集中在中心城区，从都市区中心到外围建设用地分布逐层递减。从建设用地增量看，建设用地不断向浙江省北部和都市区核心区集聚，温州都市区增量最少。四大都市区之间建设用地分布存在不均的现象，大都市区内部建设用地分布均呈现中心集聚特征。

从人均建设用地看，四大都市区人均建设用地平均达 151.2 平方米，且 10 年间从 149.1 平方米增加到 151.2 平方米，尤其杭州都市区人均建设用地达 206.5 平方米，远超《城市用地分类与规划建设用地标准》规定的 60 平方米，最高为 120 平方米，四大都市区人均建设用地量偏高，建设用地的效益和品质有待提升。

CHAPTER 5

第五章 "绿水青山就是金山银山" 理念与土地生态文明建设

　　生态文明战略是指导我国现代化建设的核心战略,高水平推进人与自然和谐共生的现代化,打造生态文明高地是浙江省实现绿色发展的重要目标之一。随着城镇化的深入,人类对自然的掠夺式开发加剧了人地矛盾,生态问题愈发凸显,如今的城市发展状况,似乎已进入两难的境地。一方面,近几十年来,中国人口急速上涨,人口增长必然带来更多的生存需求、住房需求、交通需求等,此外,由于社会经济发展的推动,中国城镇化仍处在快速发展时期,城镇化率已从 26.44% 增长到 2022 年末的 65.22%。随着城镇化率持续走高,城镇化发展对于土地的需求自然大幅提升,城市发展空间对于生态空间的挤压,也带来了各种重要的生态用地(如森林、湿地、草地、水域等)的流失与退化问题。另一方面,生态文明被提到了前所未有的高度,新发展理念中绿色发展占有其一;"五位一体"总体布局,生态文明占有一席。随着新环保法等多部生态环保法律的陆续出台,我国生态文明的建设,已经有了坚实的保障。第十三届全国人民代表大会通过宪法修正案,更是将生态文明建设写入宪法之中。这些都说明生态文明的建设正前所未有地得到重视,人与自然和谐相处,生态可持续发展,是我国发展的必经之路。

　　2005 年,"绿水青山就是金山银山"的重要生态环保理念被提出,浙江由此深入践行该理念,强化生态文明意识和绿色发展理念,统筹推进新型城镇化与生态文明建设,开创高水平建设美丽浙江的新路子。该理念的实质是将生态资源转化为生态资产,自其诞生以来,浙江坚持生态文明和经济发展两手抓,坚定不移走生态优先、绿色发展之路,稳步推进高质量发展。浙江省作为"绿水青山就是金山银山"理念的萌发地和实践地,探究其生态文明建设现状、趋势及内涵,对于高水平统筹推进新时代美丽浙江建设,努力把浙江建设成为展示习近平生态文明思想的重要窗口具有一定的现实意义。

生态用地是城市与自然、社会复合的生态系统的重要组成部分，从生态文明发展和生态安全保护来看，保护生态用地意义十分重大。利用好生态用地，合理布局生态空间，发挥其服务价值，可以有效引导区域健康可持续发展，提高区域宜居性。生态用地被称作是一个区域生态环境质量好坏的"晴雨表"，具有非常重要的生态环境调节功能。做好生态用地的安排，就要围绕人类的需求，最重要的是，在满足人类生存需要的前提下有效提高生活质量，保证人类社会的生态安全、人与自然的和谐统一，实现土地利用的社会—经济—生态三效应、达到可持续发展的目的。

如今政界和学界都在积极探索建设生态文明、促进经济社会发展与生态环境相协调的路径，而生态用地的理论研究与实践探索正是其中十分重要的关键课题。当今社会，土地的供求正呈现出前所未有的紧张态势，这就导致生态用地的数量在十余年来飞速下降，土地的质量更是每况愈下。土地是人类赖以生存的根本，而生态用地因其所具有的生态功能，更是人类享受更高质量生活、更美好居住环境的基础。因此，生态用地利用与管控是实现"美丽浙江""绿色浙江"的基本保障。浙江人地矛盾突出的问题由来已久，而经济的快速发展，又不可避免地带来大量土地需求。如何积极转变发展方式，提升环境的承载能力，优化土地的生态功能，满足人民对美好生活的向往，将会是未来政府工作不可回避，需要积极面对的常新课题。

做好浙江省生态用地的研究，要全面结合浙江省多年发展的实际情况。立足于协调和绿色的发展理念，经济建设和生态文明的发展永远是有机一体、不可分割的。城镇化不仅仅是单纯的土地扩张，更是要合理地利用好生态用地，充分发挥其可能带来的环境效益和极高的服务价值。定量研究浙江省各地市生态用地的变化和流转过程，探索出相应的驱动机制，便能够为区域生态安全的实现、空间策略的研究提供科学而丰富的依据。因此，必须深入贯彻习近平新时代中国特色社会主义思想，以新发展理念为引领，以"八八战略"为总纲，不断深化"五位一体"总体布局和"四个全面"战略布局在浙江的实践，认真贯彻中央和省委、省政府关于生态文明建设的决策部署，按照"秉持浙江精神，干在实处、走在前列、勇立潮头"的新要求，坚持绿色兴省、生态强省，深耕浙江的实际情况，以问题为导向，不断优化浙江省的生态环境，充分利用好生态的系统性功能，落实"绿水青山就是金山银山"理念，更好地打造美丽中国的浙江样板，建设出一个经济与绿色齐发展、生态与创新共惠民的美好浙江。

鉴于此，本章内容主要探讨"绿水青山就是金山银山"理念视域下浙江省土地利用与高质量发展。从生态用地分布现状与时空演变入手进行分析，进一步探讨土地利用变化对浙江省生态系统及其服务价值的影响。在此基础上，建立生态足迹模型，对浙江省的生态与经济协调可持续发展状态进行研究，为制定土地资源的合理开发利用及适度人口政策提供科学的依据。从分析结果可以看出，浙江省现有人口的生态足迹消费量超过生态足迹供给，人均生态赤字略有下降但仍较为严重，人口与经济社会、资源环境仍处于一种不均衡、不可持续的发展状态。然而，浙江省经济的发展给环境带来了良性的影响，未来随着经济的持续发展，环境质量将得到改善，经济社会与资源环境将呈现出协调可持续的发展趋势。

第一节 "三调"生态用地分析

作为人类最主要的栖息地，城市的扩张即城镇化已成为 20 世纪以来人类社会发展的最显著特征。城市发展使原有的自然生态系统转变为自然–社会耦合系统，系统内物质流、能量流均发生显著变化，气候调节、水源涵养、土壤形成、废物处理、生物多样性维持等生态系统服务的数量与质量相应改变，进而产生城市热岛、大气污染、雨洪灾害等生态环境问题。土地作为人类社会生存和发展最根本的物质基础，提供了人类活动的基本空间载体，土地利用则是人类改变自然环境最突出的作用方式与驱动因素，它通过与土地覆被的内在关联将人类社会经济与自然生态环境密切耦合在一起。生态用地作为一种土地利用方式是区域复合生态系统的重要组成部分，具有重要的保护地域生态系统和生物栖息地、改善居民生活质量的作用，其数量和空间分布都会对区域生态安全产生重要影响，被视为统筹解决城镇化进程中人工建设扩展与自然生态保护矛盾的重要综合途径。

一、生态用地概念

随着可持续发展思想的普及，土地可持续利用与生态环境保护引起人们更多的关注，学术界对生态用地进行深入研究，主要涉及生态用地的定义、分类体系、时空格局等。然而，虽然"生态用地"一词屡次被提及，国内学术界的研究者也纷纷发表自己的观点，但未对生态用地的概念形成统一的界定，国际上也没有对生态用地的内涵有明确、统一的定论。

当前众多学者大多从不同角度对生态用地内涵进行了阐述或界定，概括地看，在区域尺度上主要形成三种观点：第一种观点是"生态要素决定论"[1]，主要从土地空间形态角度来定义生态用地。该观点将生态要素的空间定位统称为生态用地，按空间展布形态分为两类：一是成片森林、湖泊水体、湿地、农业用地以及开敞空间等属于斑块状生态用地，二是河流、交通走廊、沿海滩涂等属于线状或带状生态用地。第二种观点是"生态功能决定论"[2]，单纯从土地生态功能角度来定义生态用地。该观点认为凡是具有生态服务功能、对于生态系统和生物生境保护具有重要作用的土地都可视为生态用地，包括农田、林地、草地、水域和沼泽等在内的、地表无人工铺装的、具有透水性的地面等都可以纳入生态用地的范围。第三种观点是"主体功能决定论"[3]，侧重从土地主体功能角度来定义生态用地。该观点认为土地是一个综合的功能整体，应以土地的主体功能来划分生态用地和生态空间，生态功能是土地利用生产和生活功能实现的前提，对于以经济产出为核心目的的农业生产用地，如耕地、养殖水面等不作为生态空间考虑；生态用地以发挥自然生态功能为主，区别于生产和生活用途，其生态系统服务功能重要或生态环境脆弱、生态敏感性较高，包括为人类所利用、但用于农用和建设用地以外的土地，以及人类不直接利用，但在维护生物多样性、生态平衡以及地球原生环境等方面作用明显的土地。在实践中，生态用地的概念还包含西北干旱区、北方农牧交错带。

而在管理中，相关行政主管部门虽然一直未对生态用地的概念和内涵进行

---

① 董雅文,周雯,周岚,等.城市化地区生态防护研究——以江苏省、南京市为例.城市研究,1999(2):6-8,10.
② 宗毅,汪波.城市生态用地的"协调—集约"度创新研究.科学管理研究,2005(6):32-35,57.
③ 邓红兵,陈春娣,刘昕,等.区域生态用地的概念及分类.生态学报,2009(3):1519-1524.

专门界定，但"生态用地"一词却在政策文件中屡被提及，生态用地的生态功能更是得到突出强调。例如，《全国土地利用总体规划纲要（2006—2020）》提出，"充分发挥各类农用地和未利用地的生态功能，严格保护基础性生态用地，严格控制对天然林、天然草场和湿地等基础性生态用地的开发利用；（规划期内）具有重要生态功能的耕地、园地、林地、牧草地、水域和部分未利用地占全国土地面积的比例保持在 75% 以上"。《全国生态环境保护纲要（2000）》提出"加强生态用地保护，冻结征用具有重要生态功能的草地、林地、湿地"，此后在《全国生态功能区划》（修编版）中明确了我国生态保护的 63 个重要生态功能区，覆盖我国陆地国土面积的 49.4%。受限于管理职能的不同侧重点，不同部门在实施生态用地管制的范围上仍存在较大分歧。

总而言之，生态用地的定义可分为生态中心与人类中心两种类型。其中，生态中心视角基于生态学，强调生态系统的完整性与生态功能的发挥，其评判标准又可细分为广义生态中心、狭义生态中心两类。前者认为凡是具有生态功能的土地均应称作生态用地，包括具有生态功能的城市近郊农用地；后者则认为只有以生态功能为主体功能的土地才可视为生态用地，如以经济生产为主的农用地不能算作生态用地。人类中心视角是从法学角度出发，以人类为中心，突出人与生态用地的关系，强调生态用地保障人类生态安全的重要功能，关注生态用地的保护对土地权利人的权利和义务可能产生的影响。相较而言，广义生态中心视角的定义过于宽泛，因为理论上任何土地都会具有程度不一的生态功能，如此则丧失了土地类别划分的意义；狭义生态中心与人类中心视角均有合理之处但又不尽全面，因为城市是自然与人工耦合而成的复合生态系统，城市生态用地形成与演化不能单纯以"生态"或者"人类"为中心来看待，而应将自然与人类作为相互关联的组成要素平等对待。城市生态用地既有维持生态系统自身能量流、物质流、信息流稳定，保障城市发展生态基底安全的功能，又有着为人类提供供给、调节、支持与文化等多重生态系统服务的功效，同时拥有自然与社会属性。

基于此，本书认为生态用地是以保护和发展区域生态系统，实现其可持续性为目标，能直接或间接提供生态调节和生物支持等生态服务功能，且自身具有一定自我调节、修复、维持和发展能力的用地类型。

二、生态用地分类

生态用地分类一直是学术界研究争论的热点，不同学者从多个角度开展了探讨研究，并提出不同分类方案。鉴于目前对于生态用地的内涵、分类等未达成统一共识，本书对生态用地的分类是基于土地管理的视角对我国土地利用分类进行生态服务功能的归类，是对生态用地研究的探索和尝试，今后还要结合研究不断丰富和完善。

本书梳理形成了浙江省 1996—2019 年的生态用地土地划分和分类情况，共分为 1996—2001 年八大类、2002—2008 年《全国土地分类》（过渡期适用）、2009—2018 年"二调"工作分类和 2019 年"三调"工作分类四个时期。由于历年国土调查一级地类和二级地类划分和分类标准不同，所以不同年份相对应的生态用地类型分类也略有差异（见表 5.1 至表 5.4）。

表 5.1　浙江省生态用地类型分类演变（按八大类）

年份	生态用地类型分类	
	一级类	二级类
1996—2001	耕地	灌溉水田
		望天田
		水浇地
		旱地
		菜地
	园地	果园
		桑园
		茶园
		橡胶园
		其他园地
	林地	有林地
1996—2001	林地	灌木林
		疏林地
		未成林造林地
		迹地
		苗圃

续表

年份	生态用地类型分类	
	一级类	二级类
1996—2001	牧草地	天然草地
		改良草地
		人工草地
	居民点及工矿用地	盐田
		特殊用地
	水域	河流水面
		湖泊水面
		水库水面
		坑塘水面
		苇地
		滩涂
		沟渠
	未利用土地	荒草地
		盐碱地
		沼泽地
		沙地
		裸土地
		裸岩石砾地
		其他未用地

表 5.2 浙江省生态用地类型分类演变 [按《全国土地分类》(过渡期间适用)]

年份	生态用地类型分类	
	一级类	二级类
2002—2008	耕地	灌溉水田
		望天田
		水浇地
		旱地
		菜地
	园地	果园
		桑园
		茶园
		橡胶园
		其他园地

续表

年份	生态用地类型分类	
	一级类	二级类
2002—2008	林地	有林地
		灌木林地
		疏林地
		未成林造林
		迹地
		苗圃
	牧草地	天然草地
		改良草地
		人工草地
	其他农用地	坑塘水面
		养殖水面
		农田水利用地
	居民点及工矿用地	盐田
		特殊用地
	水利设施用地	水库水面
	未利用地	荒草地
		盐碱地
		沼泽地
		沙地
		裸土地
		裸岩石砾地
		其他未利用地
	其他土地	河流水面
		湖泊水面
		苇地
		滩涂
		冰川及永久积雪

表 5.3　浙江省生态用地类型分类演变（按"二调"工作分类）

年份	生态用地类型分类	
	一级类	二级类
2009—2018	耕地	水田
		水浇地
		旱地
	园地	果园
		茶园
		其他园地
	林地	有林地
		灌木林地
		其他林地
	草地	天然牧草地
		人工牧草地
		其他草地
	城镇村及工矿用地	风景名胜及特殊用地
	水域及水利设施用地	河流水面
		湖泊水面
		水库水面
		坑塘水面
		沿海滩涂
		内陆滩涂
		沟渠
		冰川及永久积雪
	其他土地	盐碱地
		沼泽地
		沙地
		裸地

表 5.4　浙江省生态用地类型分类（按"三调"工作分类）

年份	生态用地类型分类	
	一级类	二级类
2019	湿地	红树林地
		森林沼泽
		灌丛沼泽
		沼泽草地
		盐田

续表

年份	生态用地类型分类	
	一级类	二级类
2019	湿地	沿海滩涂
		内陆滩涂
		沼泽地
	耕地	水田
		水浇地
		旱地
	种植园用地	果园
		茶园
		橡胶园
		其他园地
	林地	乔木林地
		竹林地
		灌木林地
		其他林地
	草地	天然牧草地
		人工牧草地
		其他草地
	水域及水利设施用地	河流水面
		湖泊水面
		水库水面
		坑塘水面
		沟渠
		冰川及永久积雪
	其他土地	盐碱地
		沙地
		裸土地
		裸岩石砾地
	城镇村及工矿用地	公园与绿地
		包含城镇村及工矿用地范围内上述其他一级类所有二级类

注:"三调"对城镇村及工矿用地进行了进一步细分。为保持"三调"生态用地统计口径与"二调"一致,在与"二调"生态用地对比时,"三调"生态用地采用与"二调"相同的统计口径(即不细分城镇村及工矿用地),但在现状分析中关于城镇村及工矿用地范围内生态用地采用细分的统计口径。

此外，本书依据刘继来等学者的划分依据，按照生态用地的生态服务功能和属性，将生态用地分为强生态用地、半生态用地和弱生态用地三类[1]。其中，强生态用地包括林地、草地、湿地，水域及水利设施用地中的河流水面、湖泊水面和冰川及永久积雪，其他土地中的盐碱地，这些用地类型属于完全的生态用地。半生态用地包括耕地、园地。这些用地类型具有重要的农业生产功能，同时也是重要的人工生态系统用地，两者没有明显主次关系。弱生态用地包括草地中的人工牧草地，城镇村及工矿用地中的公园与绿地、水域及水利设施用地中的水库水面、坑塘水面和沟渠，以及其他土地。这些用地类型具有重要的生活功能或农业生产功能，其生态功能居次要地位（见表5.5）。

表 5.5　浙江省生态用地土地利用分类体系及归类依据（"三调"）

类型	一级类	二级类	归类依据
强生态用地	林地	乔木林地	有林地、灌木林地和其他林地，具有气候调节、大气调节、水土调节等生态系统调节功能，对生物多样性有重要作用，被称为"地球之肺"，是重要的生态用地。
		竹林地	
		灌木林地	
		其他林地	
	草地	天然牧草地	天然牧草地和其他草地具有提供生物产品、大气调节、气候调节、水涵养、水土保持、生态景观和休憩娱乐等功能，属于重要的生态用地。
		其他草地	
	湿地	红树林地	湿地作为"地球之肾"，有水涵养和净化的重要作用；属重要生态用地。
		森林沼泽	
		灌丛沼泽	
		沼泽草地	
		盐田	
		沿海滩涂	
		内陆滩涂	
		沼泽地	
	水域及水利设施用地	河流水面	河流、湖泊、水库和坑塘水面具有调节区域气温、稳定局部气候的重要作用；冰川及永久积雪具有水涵养、气候调节等功能，属重要的生态用地。
		湖泊水面	
		冰川及永久积雪	
	其他土地	盐碱地	盐碱地是天然的土地覆被类型，属重要的生态用地。

---

① 刘继来,刘彦随,李裕瑞.中国"三生空间"分类评价与时空格局分析.地理学报,2017(7):1290-1304.

续表

类型	一级类	二级类	归类依据
半生态用地	耕地	水田	耕地、园地具有提供粮食、水果和其他生物产品的生态系统供给服务功能，还具有气候调节、大气调节、营养物质循环、水土调节等生态系统支持功能，同时也是重要的农业生产用地，属半生态用地。
		水浇地	
		旱地	
	园地	果园	
		茶园	
		橡胶园	
		其他园地	
弱生态用地	草地	人工牧草地	人工牧草地具有一定的生态服务价值，但同时也是重要的生产用地，属于弱生态用地。
	城镇村及工矿用地	公园与绿地	为公众提供生态绿地，具有景观文化、局部气候调节、大气调节的生态服务功能，但同时也是重要的生活地，属弱生态用地。
	水域及水利设施用地	水库水面	水库、坑塘、沟渠具有重要的生态服务功能，是重要的水源涵养用地，同时具有一定的生产功能，属弱生态用地。
		坑塘水面	
		沟渠	
	其他土地	沙地	沙地、裸土地、裸岩石砾地在全国范围内虽属保护型生态用地，具有重要的生态功能，但在浙江省范围内的沙地、裸土地多属于人工形成，生态功能较弱，属弱生态用地。
		裸土地	
		裸岩石砾地	

三、生态用地现状分析

（一）生态用地覆盖率高，以强生态用地为主

浙江省作为生态强省，拥有"七山二水一分田"的地形地貌，生态用地规模较大，覆盖率较高。"三调"数据表明，2019年，浙江省生态用地总面积为9155.8千公顷，占全省总面积[①]的86.65%。生态功能较强的林地、草地、水域、湿地类占据了全省约72.91%的土地，共6675.7千公顷；耕地、园地等具有重要农业生产功能的半生态用地占了22.82%，共2088.9千公顷；弱生态用地占4.27%，共391.2千公顷。从地市级层面看，除嘉兴市以半生态用地类型为主外，其余10个地市均以强生态用地类型为主，其中丽水市强生态用地占比最高，占本辖区生态用地面积的86.19%；嘉兴市因地处平原地区，种植立地条件

---

① 全省总面积来源于统计局官网公开数据，下同。

优厚，耕地分布相对较广，因此半生态用地占据主导地位，占辖区内生态用地的 66.82%（见图 5.1）。

从生态用地各地类看，强生态用地中，林地面积最大，为 6114.1 千公顷，占生态用地的 66.78%。其次为河流、湖泊等水域，为 322.4 千公顷，占 3.52%。湿地面积 167.4 千公顷，占 1.83%，主要以沿海滩涂与内陆滩涂为主。此外，浙江省作为红树林种植最北省份，拥有红树林 0.1 千公顷。半生态用地为耕地、园地，分别为 1320.6 千公顷、768.3 千公顷，分别占生态用地的 14.42%、8.39%。弱生态用地以其他水面为主，占 4.27%（见图 5.2）。

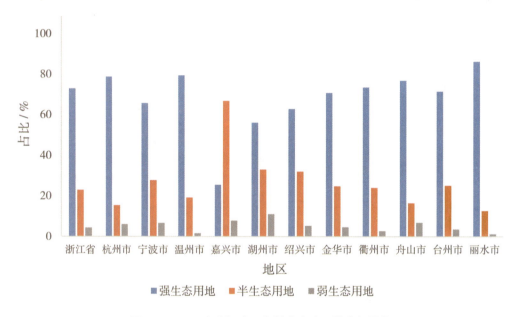

图 5.1 2019 年浙江省及各地市生态用地内部结构

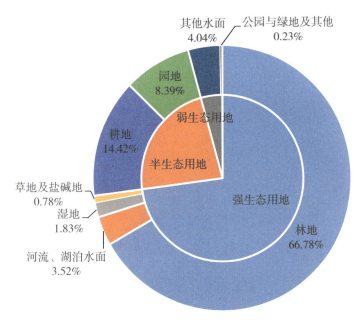

图 5.2 2019 年浙江省生态用地地类面积占比

（二）生态用地主要分布于山地丘陵地区

浙江省生态用地分布与地形地貌也趋于一致，主要集中分布于西南、西部山地丘陵地区。从地市级层面看，丽水市和杭州市生态用地面积占全省生态用地总面积的比例最大，生态用地面积分别为 1639.6 千公顷和 1476.8 千公顷；生态用地面积占比最小的是位于浙江省东北部地区的舟山市和嘉兴市，生态用地面积分别为 114.9 千公顷、294.8 千公顷。从覆盖率来看，丽水市、衢州市等生态发展地区生态用地占比达到了 90% 以上（见图 5.3 至图 5.5）。

山区 26 县作为生态发展县，其生态用地面积为 4277.1 千公顷，占全省生态用地的 46.71%，有着不容忽视的生态优势，有利于其特色生态产业平台提升发展。从规模上看，淳安县因森林覆盖率高、水库面积大，其生态用地规模在山区 26 县中位列第一，其次为龙泉市、永嘉县、遂昌县、青田县、开化县等，生态用地规模达到了 200 千公顷以上。

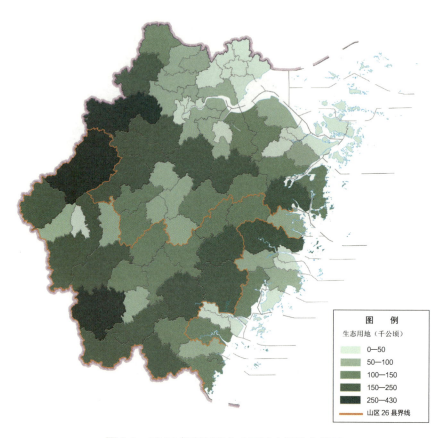

图 5.3　2019 年浙江省生态用地空间分布情况

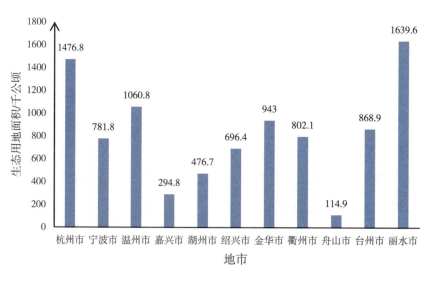

图 5.4　2019 年浙江省各地市生态用地规模

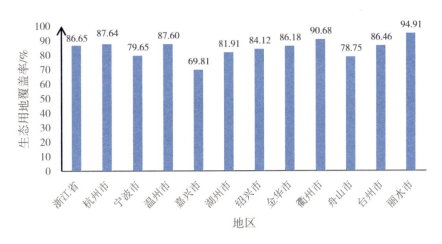

图 5.5 2019 年浙江省及各地市生态用地覆盖率情况

（三）人均生态资源紧约束问题

与周边省份相比，浙江省生态用地规模①处于较低水平，但生态用地覆盖率较高，高于全国平均水平 6.94 个百分点，仅次于江西省，生动实践了"绿水青山就是金山银山"理念。从人均生态用地上看，浙江省人均生态用地 1419.75 平方米，低于全国平均水平，也低于福建、广西、江西三个生态大省，这一方面是由于浙江省生态面积总量较小，另一方面也受浙江省人口总数较多这一因素影响。不过相较于长三角地区其他省份，浙江人均生态用地远高于江苏，江苏人均生态用地仅为 944.91 平方米。总体来看，浙江省人多、地少，依然存在生态资源紧约束问题（见表 5.6）。

表 5.6 2019 年全国及部分省份生态用地比较

区域	生态用地面积 / 千公顷	生态用地覆盖率 /%	人均生态用地 / 平方米
全国	755644.5	78.71	5358.88
浙江	9053.1	85.65	1419.75
福建	11289.6	91.05	2728.97
广西	22216.1	93.50	4426.41
江西	15082.4	90.37	3339.76
江苏	8010.0	74.72	944.91
安徽	11744.1	83.83	1927.79

注：因暂无全国及各省份城镇村及工矿用地内部土地利用数据，对城镇村不作细分，且不包含不公开地类。

---

① 采用与"二调"同口径计算，即对城镇村及工矿用地作细分。

（四）城镇生态用地是城市生态空间的主要功能区

城镇生态用地主要包括城镇村内部的所有生态用地地类和公园与绿地。根据"三调"成果，浙江省城镇生态用地102.7千公顷，占生态用地总面积的1.12%，其中公园与绿地面积为19.2千公顷，城镇村内部其他生态用地地类面积为83.5千公顷，占城镇村用地的9.93%。从地市级层面看，嘉兴市、舟山市城镇生态用地占城镇村用地比例相对较高，城镇村内部生态功能较优，人居环境相对较好，金华市、台州市、绍兴市比例相对较低（见图5.6）。城镇生态用地作为城市生态空间的主要功能区，能够有效缓解、抵御土地城镇化和城市扩张带来的生态安全问题。未来，浙江省可通过碳氧平衡法来确定建设用地和生态用地适宜比例，并通过横向比较国内外相关城市（新加坡、香港、北京、上海）生态建设情况，确定浙江省各市的城市绿地率、城市绿化覆盖率，在空间上将生态功能与土地利用更好地关联起来。

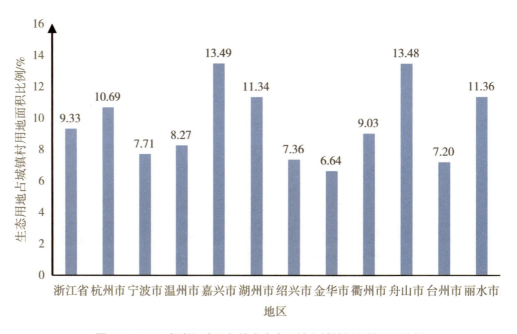

图5.6　2019年浙江省及各地市生态用地占城镇村用地面积比例

第二节 | 生态用地变化分析

一、"二调""三调"生态用地①变化情况

（一）总量持续减少，生态空间被过度挤占

"二调"以来，浙江省生态用地由9275.1千公顷下降为9053.1千公顷，降幅达2.39%。从长期看，1996年以来23年间，浙江省因经济发展迅速，建设用地急剧扩张导致生态空间被挤占，总体上看生态用地呈持续减少趋势，年平均下降22.8千公顷，年下降速率基本一致，约0.24%（见图5.7）。

从地市级层面上看，"二调"至"三调"期间，除舟山市因围填海及滩涂淤积增加了生态用地0.6千公顷外，其他各市生态用地均呈减少趋势。其中，杭州市生态用地面积总量最大，共减少47.5千公顷，降幅为3.16%；嘉兴市因生态用地规模小，降幅最大，降幅达9.23%；丽水市生态用地基本保持稳定，降幅仅有0.67%（见图5.8）。

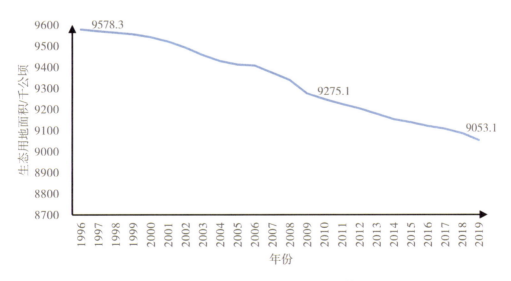

图5.7 浙江省生态用地面积变化趋势

---

① 为与"二调"统一，2019年生态用地采用同口径统计，即不对城镇村内部作细分。

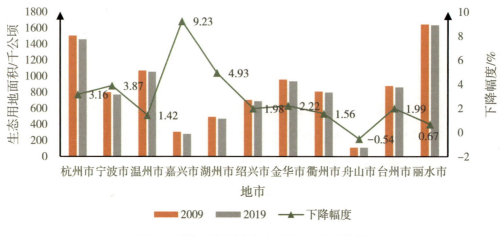

图 5.8　浙江省各地市生态用地面积变化趋势

　　从人均上看，浙江省人均生态用地面积过去十年逐步减少，不过减少的速度整体上是逐渐放缓的趋势，其中 2010 年减少了 3.41%，2016 年减少了 1.62%，仅为 2010 年减少率的一半，此后速率有小幅回升，2019 年人均生态用地面积减少了 1.95%（见表 5.7）。

表 5.7　浙江省人均生态用地面积和增长率变化情况

年份	人均生态用地 / 平方米	人均生态用地增长率 /%
2009	1758	
2010	1698	-3.41
2011	1656	-2.46
2012	1619	-2.25
2013	1587	-1.98
2014	1554	-2.07
2015	1527	-1.75
2016	1502	-1.62
2017	1476	-1.73
2018	1448	-1.88
2019	1420	-1.95

　　总体上看，受城镇化建设、未利用地开发、生态退化等综合因素影响，浙江省生态用地呈现逐年减少态势，生态用地被过度挤占，生态空间急剧缩小，

直接影响生态安全和人居环境。但随着"绿水青山就是金山银山"理念的贯彻落实和生态文明建设的大力推进，生态用地不断减少的情况将会得到有效遏制。未来，浙江省应合理地规划和配置生态空间，严守各类生态用地的生态红线。

（二）强生态用地增加，内部结构有所优化

"二调"至"三调"期间，浙江省强生态用地和弱生态用地面积均有增加，半生态用地面积大幅下降，内部结构占比由 68.44 ∶ 28.20 ∶ 3.36 优化为 73.28 ∶ 22.65 ∶ 4.07。其中，强生态用地面积增加了 286.4 千公顷，增长率为 4.51%；弱生态用地增加了 56.5 千公顷，增长率为 18.14%；半生态用地减少了 564.9 千公顷，增长率为 –21.60%。

从内部结构上看，强生态用地中，林地增加了 406.3 千公顷，增幅达 7.14%；湿地、草地及河流湖泊等强生态用地有所减少，分别减少了 64.9 千公顷、40.3 千公顷、13.1 千公顷，减幅分别为 28.21%、38.81%、4.03%。半生态用地中，耕地减少了 696.2 千公顷，减幅达 35.04%；园地有所增加，增加了 131.3 千公顷，增幅达 20.87%。弱生态用地中，坑塘水面增加了 77.8 千公顷，增幅达 57.34%。

究其原因，因农业结构调整或国土绿化，生产功能较强的大量耕地等半生态用地流向了强生态功能的林地；此外，因农业结构调整，农民自发种植经济作物、花卉苗木及进行水产养殖等，导致大量耕地流向了种植园用地、坑塘水面等地类，由此导致强、半、弱生态用地之间发生转化。

（三）生态用地流向建设用地现象显著，内部转化频繁

从外部转化看，"二调"至"三调"期间，浙江省生态用地总体上呈减少趋势，流出最多的生态用地类型为耕地、园地和林地。因经济发展导致建设用地扩张，生态用地主要流向了城镇村及工矿用地、交通运输用地等建设用地，合计 313.3 千公顷，占"二调"生态用地的 3.37%；其中城镇村及工矿用地占用 252.1 千公顷，占了流向建设用地总量的 80.48%。浙江省新增的生态用地主要为林地、园地和耕地，主要来源于废弃矿山或矿山修复工程，此外村庄复垦搬迁也是生态用地的主要来源（见表 5.8）。

表 5.8　浙江省生态用地与建设用地间的转换

生态用地减少去向	面积 / 千公顷	生态用地增加来源	面积 / 千公顷
交通运输用地	49.1	交通运输用地	13.2
水域及水利设施用地	12.1	水域及水利设施用地	4.5
城镇村及工矿用地	252.1	城镇村用地	13.8
		采矿用地	14.8
合计	313.3	合计	46.3

从内部流动看，浙江省强、半、弱生态用地之间流动频繁。"二调"至"三调"期间，213.8 千公顷的强生态用地流向其他生态用地，主要流向了耕地、园地等半生态用地，占强生态用地流出量的 82.17%；589.7 千公顷的半生态用地流向其他生态用地，主要流向了林地、坑塘水面、草地等强生态用地，占半生态用地流出量的 82.03%；47.5 千公顷的弱生态用地流向其他生态用地，主要流向了耕地、园地等半生态用地，占弱生态用地流出量的 58.05%（见图 5.9）。究其原因，浙江省农业经济活跃，农民自发调整种植结构导致农业结构调整频繁，耕地、园地、林地、草地、坑塘水面等地类之间流入流出频繁，即强、半、弱生态用地三者之间流动频繁。

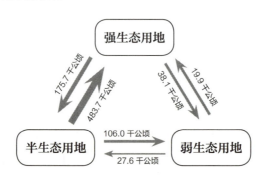

图 5.9　浙江省强、半、弱生态用地之间的流动

二、生态用地变化原因分析

人和土地的关系通过土地的利用来体现，生态用地的利用也是人地关系的表现之一。土地利用变化的驱动因素，主要包括自然因素和人文因素两个方面。人文因素是内因，包括人口、经济、交通、城镇化和区域发展政策等，这些因素中又以经济发展、城镇化和工业化进程对土地利用的影响最为突出。由于不

同地区自然特征、人地关系、发展情况存在差异，所以生态用地的利用也必然需要因地制宜。在此情境下，各类型生态用地利用的特点也不尽相同。对浙江省而言，除了部分自然因素，影响土地资源利用变化的人文因素主要包括人口数量与城镇化、经济的变革与工业化的进展、交通系统升级与政策因素等。

（一）浙江省快速的经济发展与生态用地保护存在冲突

改革开放以来，浙江省一直保持经济高速增长。快速城镇化背景下，城乡建设用地不断扩张，生态用地空间受到挤压，不同空间尺度都存在着人和自然之间、生产和生活活动之间、自然生态系统内部要素之间关系不尽协调的矛盾，如何在保持浙江省经济进一步快速增长的同时，提升土地利用效率，是当前时期必须考虑的问题。

从统计数据可以看出，浙江省GDP一直保持增长态势，从2009年的22833.74亿元上升到2019年的62462.0亿元，10年增长了39628.26亿元，增长率为173.55%；生态用地面积则持续减少，10年间减少了222.0千公顷，增长率为-2.39%；10年间每单位GDP增长消耗的生态用地面积呈现先增加后减少再增加的波浪形态势，其中2010年GDP每增长1万亿元会消耗59.6千公顷生态用地，2014年GDP每增长1万亿元会消耗95.2千公顷生态用地，而到2019年，GDP每增长一万亿元需消耗73.6千公顷生态用地（见图5.10、图5.11）。

图5.10 浙江省生态用地与GDP关联变化

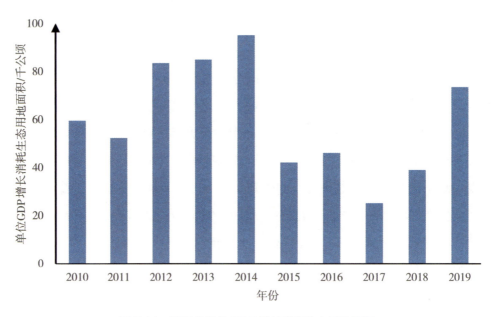

图 5.11　浙江省单位 GDP 增长消耗生态用地面积

（二）人口的城镇化发展导致了浙江省生态用地的城镇化

土地城镇化和人口城镇化是城镇化发展的两个方面。土地城镇化即土地利用由农业用地转变为城市建设用地的过程，人口城镇化即人口由农村地区向城市地区集中的过程。城市经济发展速度快，吸引更多的农村人口涌向城市，但土地资源有限，随着人口的增多，城市的扩张将占用生态用地，致使大量生态用地城镇化。2019 年末，浙江省全省常住人口为 6375 万人，城镇人口占总人口的比重（即城镇化率）为 71.6%，与 2009 年 57.9% 的人口城镇化率相比，上升了 13.7 个百分点。结合"二调"和"三调"数据可以发现，"二调"生态用地中有 313.3 千公顷流向了建设用地，其中有 252.1 千公顷流向了城镇村及工矿用地，占总流出建设用地量的 80.48%，城镇用地的加速扩张导致了生态用地的流失。

（三）道路交通加速发展导致生态用地的缩减

道路交通是一个地区产业集聚和扩散的基础，也是区域统筹发展的支撑。不同交通线路所占据的不同交通区位会对沿线土地资源利用的类型选择、结构分布和形态等产生巨大影响。例如，高速公路的规划与建设，一般都会带来高速公路沿线建设用地的扩张，同时导致周边土地利用景观发生变化，促进沿线土地的高强度高集中性开发，使该区段公路完全运转。城市交通系统的发展也会推动城市空间格局的演变，交通越便利意味着城市向外扩张越容易。交通会影响城市土地利用规划，发达的交通带来的区位优势会导致土地价格升高，进而反过来作用于土地，使土地得到开发利用。这样的相互作用导致了整个区域土地分布和利用的改变，更会对脆弱的生态用地产生巨大的影响。2019年底，浙江省公路总里程达到12万公里，其中高速公路4643公里，杭州湾跨海大桥、舟山跨海大桥等世界级大桥是浙江交通系统发展的代表之作。10年来，浙江省道路交通的高速发展带来了建设用地的不断扩展，省内高速、铁路密布，不可避免地导致了生态用地的缩减。

第三节 | 土地生态系统服务价值评估

长期以来，人类在经济社会发展中过分追求经济效益和社会效益，造成严重的自然环境污染、生态系统退化和资源过度消耗等问题，从而也会导致社会、经济和生态之间的矛盾更加突出，这种矛盾必然会成为制约国家可持续性发展的关键因素。在世界各国政府采取各种积极措施进行生态系统保护和开发的背景下，我国对生态系统保护和生态文明的建设已然不仅仅是经济发展和社会进步的迫切要求，更是一场国际政治生态环境上的突围。早在20世纪80年代，就有中国学者在国际上首先提出"人类社会与其赖以发展的生态环境构成经济—社会—自然复合生态系统"。自党的十八大以来，国家明确要求将生态效益纳入考核指标体系。习近平总书记关于"绿水青山就是金山银山"的科学论断深刻表明了以绿水青山为代表的高质量森林、草地、湿地等生态资产，为人们的生活生产提供了必需的生态产品与服务，产生巨大的生态效益。

生态系统服务功能评估有助于人们认知生态系统对经济社会发展的支持作用，推动生态保护和经济的协调发展，是评估区域可持续发展情形的重要视角。土地利用变化会引起生态系统的结构、格局及功能的改变，是影响生态系统服务功能变化的重要因素。生态系统服务功能的衰退和丧失也会大大影响土地利用系统的结构和效率，影响人类的可持续发展。分析土地利用变化对生态系统服务价值的影响，对于剖析区域生态环境状况变化，提高地区土地利用水平具有重要的现实意义。现阶段，学者们主要研究土地利用变化和可持续性，及其对生态系统服务价值的影响。

一、生态系统及其服务价值概念

生态系统（ecosystem）是指在自然界的一定的空间内，生物与环境构成的统一整体，在这个统一整体中，生物与环境之间相互影响、相互制约，并在一定时期内处于相对稳定的动态平衡状态[①]。"生态系统服务（ecosystem services）是指通过生态系统的结构、过程和功能直接或间接得到的生命支持产品和服务，形成和维持了人类生存和发展的环境条件与效用，是人类赖以生存的基础，并与人类福祉息息相关"[②]。生态系统服务分为支持、供给、调节和文化四种服务。20 世纪 70 年代以来，生态系统服务开始正式成为一个科学术语，大量研究认同生态系统服务的存在，到了 20 世纪 90 年代，生态系统服务的概念逐步被完善。目前关于生态系统服务的评估可分为价值量评估和物质量评估两类。1997 年，Costanza（科斯坦萨）等在 *Nature* 上发表的关于全球生态系统服务价值评估的文章，根据效用价值理论和均衡价值理论等方法计算了全球生态系统服务的经济价值，吸引了众多学者对生态系统服务及其价值量评估方法的关注[③]。谢高地等结合中国实际情况，对 Costanza 公布的生态系统服务价值量系数进行修正，得到了中国陆地系统的生态系统服务价值系数，被众多中国学者用来估算中国生态系统的价值变化[④]。很多研究都将土地利用面积作为生态系统服务价值变化的重要影响因子，具有较高生态服务价值系数的土地利用类型面积减少会导致区域生态系统服务价值的显著降低。李娜等指出，不同土地利用类型生态系统服

① 中国大百科全书总委员会《环境科学》委员会. 中国大百科全书. 环境科学. 北京: 中国大百科全书出版社, 2002.

② Balvanera, P., Cotler, H. Acercamientos al estudio de los servicios ecosistémicos. Gaceta Ecológica, 2007 (84−85): 8−15.

③ Costanza, R., d'Arge, R., De Groot, R., et al. The value of the world's ecosystem services and natural capital. Nature, 1997, 387(6630): 253−260.

④ 谢高地, 鲁春霞, 冷允法，等. 青藏高原生态资产的价值评估. 自然资源学报, 2003(2):189−196.

务价值与土地面积具有显著的正相关关系[①]。Martínez（马丁内斯）等研究发现，墨西哥安提拉瓜流域在 1973—2003 年间云雾林面积减少了 50%，导致该区域生态系统服务价值下降了 24%[②]。Estoque（埃斯托克）等研究表明，1988—2009 年菲律宾碧瑶市生态系统服务价值降低了 320 多万美元，其中约 98% 是由森林面积的减少导致的[③]。

二、生态系统分类

欧阳志云等结合植被覆盖度与生态系统植物群落构成特征，以全国遥感土地覆盖分类系统为基础，对生态系统进行 3 级分类，Ⅰ级分为森林、灌丛、草地、湿地、农田、城镇、荒漠、冰川/永久积雪、裸地 9 类，Ⅱ级分为 21 类，Ⅲ级分为 46 类[④]。研究根据《生态系统生产总值（GEP）核算技术规范陆域生态系统》分类体系转换标准，将"二调"与"三调"分类体系重分类至生态系统标准（见表 5.9、表 5.10）。

表 5.9　第二次全国土地调查分类体系与生态系统分类体系转换标准

"二调"分类体系				生态系统分类体系			
一级类		二级类		一级类		二级类	
编码	名称	编码	名称	编码	名称	编码	名称
01	耕地	—	—	5	农田生态系统	51	耕地
02	园地					52	园地
03	林地	031	有林地	1	森林生态系统	11	森林
		032	灌木林地	2	灌丛生态系统	—	—
		033	其他林地	1	森林生态系统	12	稀疏林
04	草地	—	—	3	草地生态系统	—	—
05	商服用地	—	—	6	城镇生态系统	—	—
06	工矿仓储用地						
07	住宅用地						

① 李娜,董立国,刘长宁,等.黄土丘陵区土地利用格局与生态系统服务价值分析——以中庄流域为例.水土保持研究,2013(1):144-147, 307.

② Martínez, M. L., Pérez-Maqueo, O., Vázquez, G., et al. Effects of land use change on biodiversity and ecosystem services in tropical montane cloud forests of Mexico. Forest Ecology and Management, 2009, 258(9): 1856-1863.

③ Estoque, R. C., Murayama, Y. Examining the potential impact of land use/cover changes on the ecosystem services of Baguio city, the Philippines: A scenario-based analysis. Applied Geography, 2012, 35(1-2): 316-326.

④ 欧阳志云,张路,吴炳方,等.基于遥感技术的全国生态系统分类体系.生态学报,2015(2):219-226.

续表

"二调"分类体系				生态系统分类体系			
一级类		二级类		一级类		二级类	
编码	名称	编码	名称	编码	名称	编码	名称
08	公共管理与公共服务用地	—	—	6	城镇生态系统	—	—
09	特殊用地						
10	交通用地						
11	水域及水利设施用地	111	河流水面	4	湿地生态系统	—	—
		112	湖泊水面				
		113	水库水面				
		114	坑塘水面				
		115	沿海滩涂				
		116	内陆滩涂				
		117	沟渠				
		118	水工建筑用地	6	城镇生态系统	—	—
12	其他土地	121	空闲地	6	城镇生态系统	—	—
		122	设施农用地				
		123	田坎	5	农田生态系统	—	—
		124	盐碱地	9	裸地	—	—
		125	沼泽地	4	湿地生态系统	—	—
		126	沙地	9	裸地	—	—
		127	裸地	9	裸地	—	—
20	城镇村及工矿用地	—	—	6	城镇生态系统	—	—

表5.10　第三次全国国土调查分类体系与生态系统分类体系转换标准

"三调"分类体系				生态系统分类体系			
一级类		二级类		一级类		二级类	
编码	名称	编码	名称	编码	名称	编码	名称
00	湿地	0303	红树林地	4	湿地生态系统	—	—
		0304	森林沼泽				
		0306	灌丛沼泽				
		0402	沼泽草地				
		0603	盐田				
		1105	沿海滩涂				
		1106	内陆滩涂				
		1108	沼泽地				

"三调"分类体系				生态系统分类体系			
一级类		二级类		一级类		二级类	
编码	名称	编码	名称	编码	名称	编码	名称
01	耕地	0101	水田	5	农田生态系统	51	耕地
		0102	水浇地				
		0103	旱地				
02	种植园地	0201	果园			52	园地
		0202	茶园				
		0203	橡胶园				
		0204	其他园地				
03	林地	0301	乔木林地	1	森林生态系统	11	森林
		0302	竹林地	1	森林生态系统		
		0305	灌木林地	2	灌丛生态系统	—	—
		0307	其他林地	1	森林生态系统	12	稀疏林
04	草地	0401	天然牧草地	3	草地生态系统	—	—
		0403	人工牧草地				
		0404	其他草地				
05	商务	05H1	商业服务业设施用地	6	城镇生态系统	—	—
		0508	物流仓储用地				
06	工用	0601	工业用地				
		0602	采矿用地				
07	住宅用地	0701	城镇住宅用地				
		0702	农村宅基地				
08	公共管理与公共服务用地	08H1	机关团体新闻出版用地				
		08H2	科教文卫用地				
		0809	公共设施用地				
		0810	公园与绿地				
09	特殊用地						
10	交通用地	1001	铁路用地	6	城镇生态系统	—	—
		1002	轨道交通用地				
		1003	公路用地				
		1004	城镇村道路用地				
		1005	交通服务场站用地				
		1006	农村用地				
		1007	机场用地				
		1008	港口码头用地				
		1009	管道运输用地				

续表

"三调"分类体系					生态系统分类体系				
一级类		二级类			一级类			二级类	
编码	名称	编码	名称		编码	名称		编码	名称
11	水域及水利设施用地	1101	河流水面		4	湿地生态系统		—	—
		1102	湖泊水面						
		1103	水库水面						
		1104	坑塘水面						
		1107	沟渠						
		1109	水工建筑用地		6	城镇生态系统		—	—
		1110	冰川及永久积雪		8	冰川—永久积雪		—	—
12	其他土地	1201	空闲地		6	城镇生态系统		—	—
		1202	设施农用地						
		1203	田坎		5	农田生态系统		—	—
		1204	盐碱地		9	裸地		—	—
		1205	沙地						
		1206	裸土地						
		1207	裸岩石砾地						
20	城镇村及工矿用地	201	城市		6	城镇生态系统		—	—
		202	建制镇						
		203	村庄						
		204	盐田及采矿用地						
		205	特殊用地						

三、土地生态系统及其服务功能分析

（一）生态系统现状及变化趋势

浙江省生态系统类型多样，包括了森林、农田、城镇、湿地、灌丛、草地和裸地七种一级生态类型（见图5.12）。

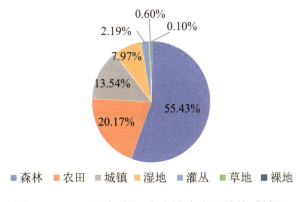

图 5.12 2019 年浙江省土地生态系统构成情况

森林生态系统分布最广，分布在省内超过 50% 的土地上，主要分布在浙西北和浙西南山地丘陵区，集中在西北部杭州市部分县（市、区）以及西南部丽水市和温州市部分地区，10 年间呈现扩张趋势。

农田生态系统面积在所有生态系统类型中居第二位，比例在 20% 左右，主要分布在浙北平原、浙东南沿海平原及浙中金衢盆地等地势平坦区域，集中在浙北杭嘉湖平原、宁绍平原以及浙中金华市、衢州市境内部分县（市、区），10 年间呈现出一定萎缩态势。

城镇生态系统占全省总面积的比例在 10% 左右，主要分布于杭州市、宁波市、嘉兴市、金华市和温州市境内部分县（市、区），呈急剧扩张趋势。

湿地主要由浙江省内陆广泛分布的河流和湖泊以及浙东沿海的滩涂、沼泽构成，近 10 年间呈现轻微增长趋势。

草地夹杂在林地及其他地类之间，主要由其他草地构成，主要分布在浙东北杭州湾附近和浙东南沿海地区，近 10 年面积经历了大幅减少（见图 5.13、图 5.14）。

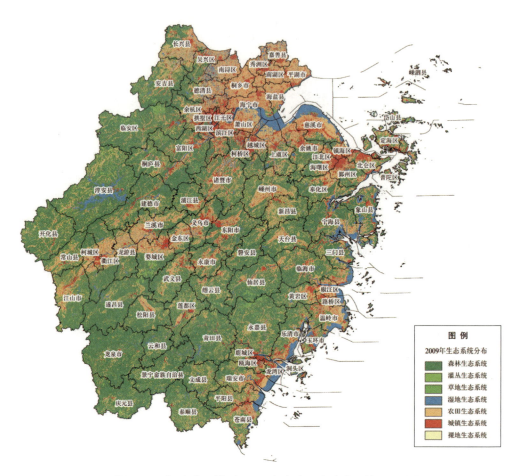

图 5.13 "二调"时期（2009 年）浙江省生态系统一级分布

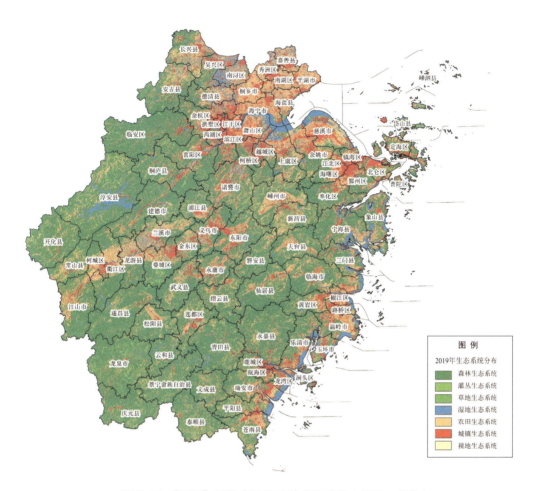

图 5.14 "三调"时期（2019 年）浙江省生态系统一级分布

10 年间，共有 1740.9 千公顷生态系统类型发生变化，占生态系统总面积的 16.47%。最主要的生态系统类型转换特征是农田生态系统的转出，农田生态系统转出总面积为 958.5 千公顷，主要转化为城镇和森林。森林主要转为农田、灌丛和城镇；湿地主要转为城镇和农田。生态系统的变化具有以下特征。

1. 森林生态系统面积十年间先小幅减少后再增加

"二调"至"三调"期间，森林所占比例始终居第一位且面积持续增加。森林生态系统面积由 2009 年的 5468.7 千公顷增加到 2019 年的 5861.7 千公顷，共增加 393 千公顷。除丽水市以外的 10 个地市的森林生态系统面积均呈现先小幅减少后增加的趋势，其中面积增加居前列的是杭州市、温州市和金华市（见表 5.11）。

表 5.11　2009 和 2019 年浙江省各地市森林生态系统面积　　单位：千公顷

年份	杭州	宁波	温州	嘉兴	湖州	绍兴	金华	衢州	舟山	台州	丽水
2009	948.5	365.4	624.5	2.5	207.1	344.9	564.7	528.9	42.7	489.6	1349.9
2019	1053.6	407.3	699.7	16.0	225.5	378.0	618.5	554.6	53.7	526.0	1328.8

2. 农田生态系统面积持续减少

农田生态系统由 2009 年的 2752.3 千公顷下降到 2019 年的 2133 千公顷，十年共减少 619.3 千公顷（见表 5.12）。

表 5.12　2009 和 2019 年浙江省各地市农田生态系统面积　　单位：千公顷

年份	杭州	宁波	温州	嘉兴	湖州	绍兴	金华	衢州	舟山	台州	丽水
2009	334.9	276.1	307.2	235.1	209.6	283.4	320.7	236.1	28.2	267.8	253.2
2019	225.8	215.6	216.1	188.3	153.5	226.9	240.1	196.2	19.2	222.1	229.2

3. 城镇生态系统面积急剧增加

城镇生态系统面积由 2009 年的 1125.7 千公顷增长到 2019 年的 1431.5 千公顷，共增加 305.8 千公顷。空间上，城镇扩展规模最大的区域主要是经济发达的杭州市、宁波市和温州市三大增长极（见表 5.13）。

表 5.13　2009 和 2019 年浙江省各地市城镇生态系统面积　　单位：千公顷

年份	杭州	宁波	温州	嘉兴	湖州	绍兴	金华	衢州	舟山	台州	丽水
2009	171.4	166.1	102.2	116.6	89.4	109	119.5	64.6	30.1	108.3	48.5
2019	221.4	207.3	139.5	145.2	114.5	131.3	148.6	80.9	38.4	136.6	67.7

4. 湿地生态系统面积近 10 年小幅减少

浙江省内陆广泛分布的河流、湖泊及浙东沿海的滩涂沼泽构成了湿地生态系统，相较其他生态系统，湿地所占生态系统比例较平稳，整体呈增长趋势。湿地生态系统面积由 2009 年的 843.2 千公顷增长到 2019 年的 843 千公顷，十年共减少了 0.2 千公顷（见表 5.14）。

表 5.14　2009 和 2019 年浙江省各地市湿地生态系统面积　　单位：千公顷

年份	杭州	宁波	温州	嘉兴	湖州	绍兴	金华	衢州	舟山	台州	丽水
2009	131.9	145.6	115.1	62.6	62	70.1	48.1	35.7	23.6	106.8	41.7
2019	131.2	133.9	103.5	70.1	79.9	72.3	55.0	36.1	24.1	96.2	40.7

5.草地生态系统占比很小，但近10年大幅减少

草地夹杂在林地及其他地类之间，主要分布在浙西北和浙西南山地丘陵区，但近10年间面积减少较严重。草地生态系统面积由2009年的103.8千公顷下降到2019年的63.5千公顷，10年间，草地持续萎缩，面积共减少40.3千公顷（各地市情况见表5.15）。

表5.15　2009和2019年浙江省各地市草地生态系统面积　　单位：千公顷

年份	杭州	宁波	温州	嘉兴	湖州	绍兴	金华	衢州	舟山	台州	丽水
2009	17.7	8.4	16.7	5.0	1.7	6.4	8.9	7.1	7	8.2	16.7
2019	5.3	11.1	8.1	3.7	2.4	4.5	4.0	4.2	5.4	9.7	5.1

6.灌丛生态系统面积较小，近10年先小幅减少后再增加

灌丛生态系统主要分布在浙西北、浙西南山地丘陵区，集中在杭州市、丽水市、温州市、金华市境内部分地区，近10年空间分布变化较大。灌丛生态系统面积由2009年的218.6千公顷增加到2019年的231.9千公顷，10年间整体面积变化较小，共增加13.3千公顷（各地市情况见表5.16）。

表5.16　2009和2019年浙江省各地市灌丛生态系统面积　　单位：千公顷

年份	杭州	宁波	温州	嘉兴	湖州	绍兴	金华	衢州	舟山	台州	丽水
2009	77	6.5	33.8	0.2	11.5	10.5	27.7	9.6	9.3	17.3	15.2
2019	47.2	4.4	40.4	0.4	6.2	14.4	27.6	12.2	9.4	14.4	55.4

7.裸地生态系统面积占比小，空间分布零散，近10年大幅减少

裸地空间分布较少，零星分布在浙西北、浙西南山地丘陵区的部分地区及部分沿海地区。裸地生态系统面积由2009年的38.1千公顷下降到2019年的9.8千公顷，近10年间全省裸地生态系统面积大幅减少，共减少28.3千公顷（各地市情况见表5.17）。

表5.17　2009和2019年浙江省各地市裸地生态系统面积　　单位：千公顷

年份	杭州	宁波	温州	嘉兴	湖州	绍兴	金华	衢州	舟山	台州	丽水
2009	3.6	3.3	6.9	0.2	0.7	3.5	4.5	2.5	4.6	5.9	2.4
2019	0.5	0.9	2.8	0.1	0.1	0.4	0.4	0.4	1.4	2.3	0.5

（二）生态服务功能分析

浙江省生态系统多样，结构复杂，调查与评价浙江省生态系统服务功能状况，可以揭示浙江省生态系统对生态安全和经济社会发展的支撑作用，以及人与生态系统相互作用的演变过程，为决策者提供充分的信息，这对社会经济发展、生态环境建设与保护、各级政府进行宏观决策以避免生态系统服务的短视经济行为都具有重要的科学意义。

以下部分以遥感影像、"二调"（2009 年）以及"三调"数据（2019 年）为基础，结合国家生态系统观测研究网络的长期监测数据，应用生态系统服务功能评估模型评估 2009 年和 2019 年浙江省生态系统水源涵养、土壤保持、洪水调蓄、碳固定、释氧和气候调节等服务功能状况及其空间特征，掌握生态系统服务功能现状及十年变化趋势和规律（见表 5.18）。

表 5.18　生态系统服务功能量指标计算公式及说明

核算指标	计算公式	说明
水源涵养	$Q_{wr} = \sum_{i=1}^{n} A_i \times (P_i - R_i - ET_i + C_i) \times 10^{-3}$	Q_{wr} 为水源涵养总量（米^3/年）；A_i 为 i 类生态系统的面积（米^2）；P_i 为产流降雨量（毫米/年）；R_i 为地表径流量（毫米/年）；ET_i 为蒸发量（毫米/年）
土壤保持	$Q_{sr} = R \times K \times L \times S \times (1-C) \times A_i$	Q_{sr} 为水土保持总量（吨/年）；R 为降雨侵蚀力因子［兆焦耳·毫米/（公顷·小时·年）］；K 为土壤可蚀性因子［吨·公顷·小时/（公顷·兆焦耳·毫米）］；L 为坡长因子；S 为坡度因子；C 为植被覆盖因子；A_i 为第 i 类生态系统的面积（公顷）
洪水调蓄	$C_{fm} = C_{fc} + C_{lc} + C_{mc}$	C_{fm} 为洪水调蓄总量（米^3/年）；C_{fc} 为森林、灌丛、草地洪水调蓄量（米^3/年）；C_{lc} 为湖泊洪水调蓄量（米^3/年）；C_{mc} 为沼泽洪水调蓄量（米^3/年）
碳固定	$Q_{CO_2} = \dfrac{M_{CO_2}}{M_c} \times NEP$	Q_{CO_2} 为陆地生态系统二氧化碳固定总量（吨二氧化碳/年）；M_{CO_2}/M_c 为 CO_2 与 C 的分子量之比；NEP 为净生态系统生产力（吨碳/年）

核算指标	计算公式	说明
释氧	$Q_{\mathrm{O_2}}=\dfrac{M_{\mathrm{O_2}}}{M_{\mathrm{C}}}\times NEP$	$Q_{\mathrm{O_2}}$ 为陆地生态系统氧气总量（吨氧气 / 年）；$M_{\mathrm{O_2}}/M_{\mathrm{C}}$ 为 O_2 与 C 的分子量之比；NEP 为净生态系统生产力（吨碳 / 年）
气候调节	$E_{\mathrm{tt}}=E_{\mathrm{pt}}+E_{\mathrm{we}}$ $E_{\mathrm{pt}}=\sum\limits_{i=1}^{n} EPP_i\times S_i\times D\times 10^6/(3600\times r)$ $E_{\mathrm{we}}=E_{\mathrm{w}}\times q\times \rho\times 10^3/3600+E_{\mathrm{w}}\times y$	E_{tt} 为生态系统蒸腾蒸发消耗的总能量（千瓦时 / 年）；E_{pt} 为植被蒸腾消耗的能量（千瓦时 / 年）；E_{we} 为水面蒸发消耗的能量（千瓦时 / 年）。EPP_i 为 i 类生态系统单位面积蒸腾消耗热量［千焦 /（米^2·天）］；S_i 为 i 类生态系统面积（千米^2）；r 为空调能效比，取值 3.0；D 为空调开放天数（天）；E_{w} 为水面蒸发量（米^3 / 年）；ρ 为水的密度，即 1 克 / 厘米^3；q 为挥发潜热，即蒸发 1 克水所需要的热量（焦耳 / 克）；y 为加湿器将 1 立方米水转化为蒸汽的耗电量（千瓦时）

模型和指标的计算结果显示，2009—2019 年生态服务价值及功能变化有以下特征。

1.水源涵养功能较强，10 年间不断提升

10 年间，浙江省水源涵养量不断增长，由 2009 年的 325.32 亿 m³/a 提升至 2019 年 384.12 亿 m³/a，增加了 58.80 亿 m³/a，增幅达 18.07%。高值区主要集中在浙西北以及浙西南植被覆盖度较高的低山丘陵地带，中部地区以及浙东北地带水文调节量相对较小。至 2019 年，设区市中，丽水、杭州、温州、衢州四市的水源涵养总量较高，均大于 40 亿 m³/a。嘉兴市与舟山市年均降水量较少，且植被覆盖度低，水源涵养总量较低。各县（市、区）中，淳安县、龙泉市、遂昌县、临安区、开化县等五个县（市、区）的水源涵养功能相对突出。这些区域水资源总量丰沛，水源涵养功能较强，而人口相对较少，水资源承载压力较小（见表 5.19、图 5.15、图 5.16）。

表 5.19　浙江省各地市水源涵养总量

单位:亿m³/a

行政区名称	2009 年	2019 年
杭州市	59.6	68.84

续表

行政区名称	2009 年	2019 年
宁波市	12.88	16.12
温州市	46.67	57.14
嘉兴市	0.27	1.94
湖州市	10.17	13.37
绍兴市	15.03	20.14
金华市	23.84	29.21
衢州市	38.94	46.83
舟山市	1.04	1.39
台州市	23.59	29.8
丽水市	93.29	99.32
总计	325.32	384.12

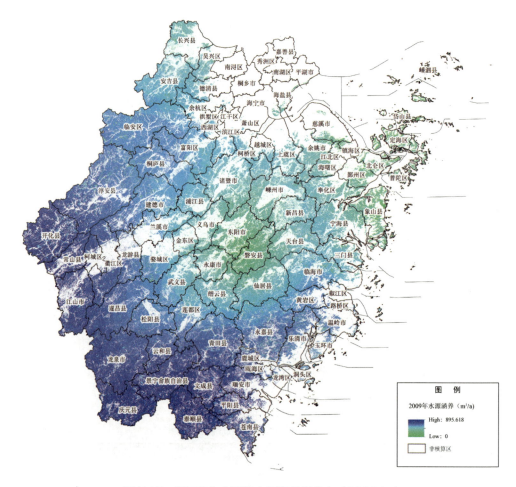

图 5.15　浙江省生态系统水源涵养量分布（2009 年）

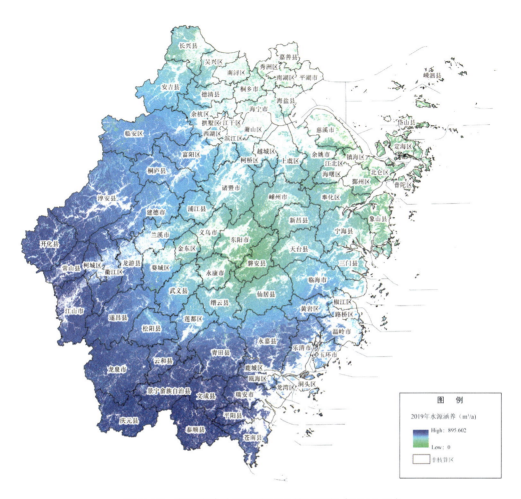

图 5.16   浙江省生态系统水源涵养量分布（2019 年）

2.土壤保持功能较好，土壤保持量稳中有升

10 年间，浙江省土壤保持量稳中有升，从 2009 年的 56765.20 万 t/a 提升至 2019 年的 58475.55 万 t/a，增加了 1710.35 万 t/a，增长了 3.01%，高值区主要集中在浙西北以及浙西南山地，低值区集中在沿海平原地区以及中部丘陵盆地地带。

　　浙江省设区市的平均土壤保持量数据跨度较大。至 2019 年，设区市中，丽水、杭州、温州、衢州四市的土壤保持总量较高，均大于 6000 万 t/a。各县（市、区）中，淳安县、龙泉市、遂昌县、永嘉县、青田县等五个县（市、区）的土壤保持功能相对突出（见表 5.20、图 5.17、图 5.18）。

表 5.20　浙江省各地市土壤保持总量　　　　　　单位: 万 t/a

行政区名称	2009 年	2019 年
杭州市	9795.50	10110.78
宁波市	2700.84	2851.07
温州市	8038.22	8659.61
嘉兴市	6.35	7.92
湖州市	1318.22	1280.92
绍兴市	2251.13	2361.08
金华市	4504.89	4652.25
衢州市	5956.78	6088.40
舟山市	220.46	229.97
台州市	5043.69	5257.76
丽水市	16929.10	16975.80
总计	56765.20	58475.55

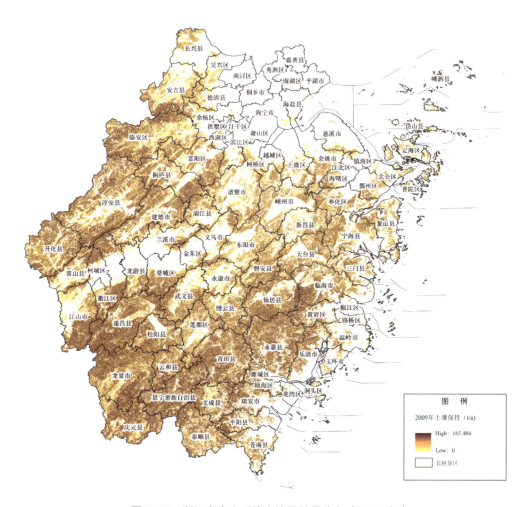

图 5.17　浙江省生态系统土壤保持量分布（2009 年）

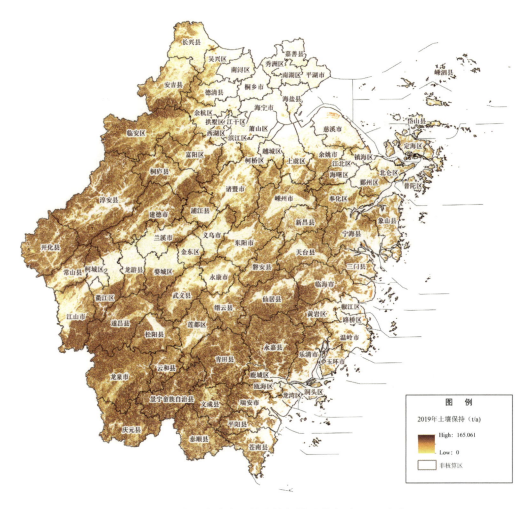

图 5.18　浙江省生态系统土壤保持量分布（2019 年）

3.洪水调蓄功能在 10 年间有所提升

10 年间，浙江省洪水调蓄总量提升了 15.08%，从 150.94 亿 m³/a 提升至 173.70 亿 m³/a，增长了 22.76 亿 m³/a。至 2019 年，设区市中，宁波、金华、丽水、台州四市的洪水调蓄总量较高，均大于 20 亿 m³/a。各县（市、区）中，庆元县、兰溪市、江北区、鹿城区、婺城区和龙游县等六个县（市、区）的洪水调蓄功能相对突出（见表 5.21、图 5.19、图 5.20）。

表 5.21　浙江省各地市洪水调蓄总量　　　　　　　　　单位: 亿m³/a

行政区名称	2009 年	2019 年
杭州市	14.96	17.33
宁波市	23.31	26.9
温州市	14.22	16.37
嘉兴市	8.93	10.81
湖州市	3.22	4.40
绍兴市	7.31	9.44
金华市	22.23	23.35
衢州市	16.48	18.32
舟山市	3.00	3.80
台州市	18.10	21.22
丽水市	19.17	21.76
总计	150.94	173.70

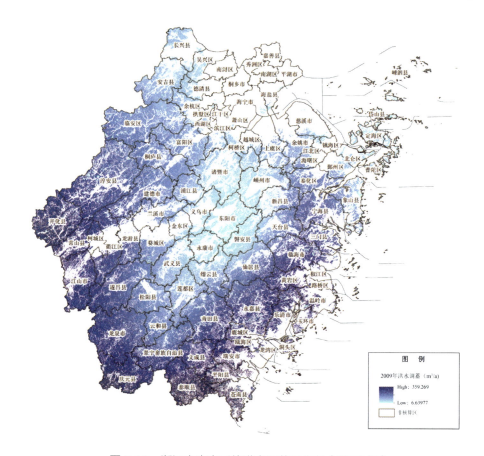

图 5.19　浙江省生态系统洪水调蓄量分布(2009 年)

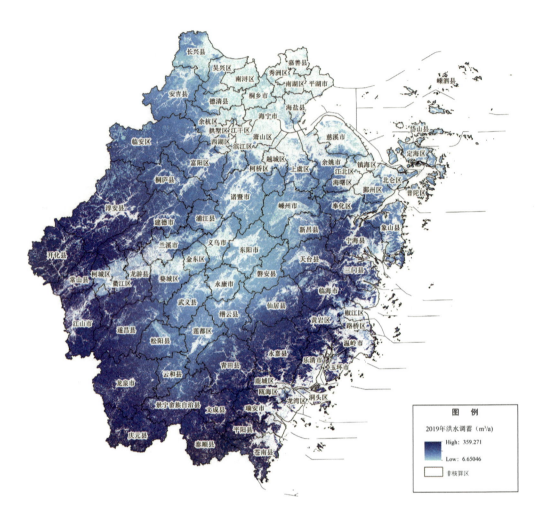

图例

2019年洪水调蓄（m³/a）

High: 359.271

Low: 6.65046

非核算区

图 5.20　浙江省生态系统洪水调蓄量分布（2019 年）

4. 碳固定功能较强，10 年间单位面积碳储量稳中有升

10 年间，浙江省陆地生态系统的二氧化碳固定总量提升了 14.05%，从 1096.58 万 $t \cdot CO_2/a$ 提升至 1250.66 万 $t \cdot CO_2/a$。至 2019 年，设区市中，丽水、杭州、温州、金华四市的二氧化碳固定总量较高，均大于 120 万 $t \cdot CO_2/a$。各县（市、区）中，淳安县、龙泉市、临安区、永嘉县、遂昌县和青田县等六个县（市、区）的碳固定功能相对突出（见表 5.22、图 5.21、图 5.22）。

表 5.22 浙江省各地市二氧化碳固定总量　　　　单位：万 t·CO_2/a

行政区名称	2009 年	2019 年
杭州市	171.60	208.47
宁波市	71.38	83.25
温州市	148.22	166.96
嘉兴市	1.82	4.63
湖州市	34.75	43.96
绍兴市	62.36	76.93
金华市	107.56	127.06
衢州市	97.93	112.55
舟山市	6.44	7.69
台州市	105.69	116.27
丽水市	288.82	302.90
总计	1096.58	1250.66

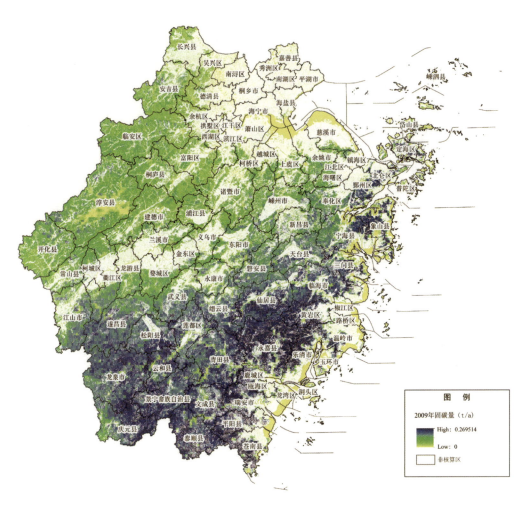

图 5.21　浙江省生态系统碳固定量分布（2009 年）

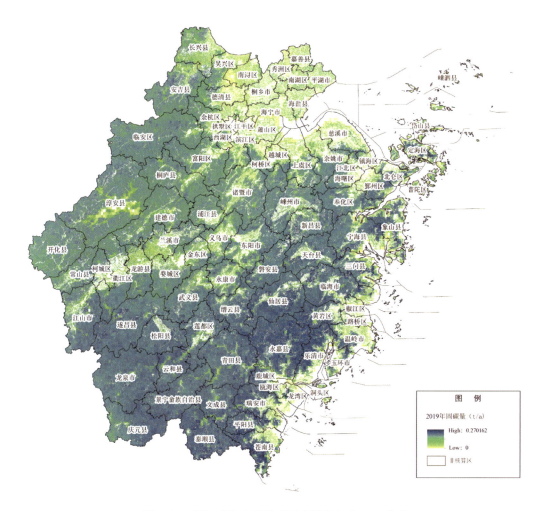

图 5.22 浙江省生态系统碳固定量分布（2019 年）

5.释氧功能在 10 年间不断提升

固碳释氧服务功能是指森林生态系统通过森林植被、土壤、动物和微生物固定碳素、释放氧气的功能。10 年间，浙江省陆地生态系统的氧气释放总量提升了 14.05%，从 797.51 万 t·O_2/a 提升至 909.57 万 t·O_2/a。至 2019 年，设区市中，丽水、杭州、温州三市的氧气释放总量较高，均大于 100 万 t·O_2/a。各县（市、区）中，淳安县、龙泉市、临安区、永嘉县、遂昌县和青田县等六个县（市、区）的氧气释放功能相对突出（见表 5.23、图 5.23、图 5.24）。

表 5.23　浙江省各地市释氧总量　　　　　　　　　　　　单位：万t·O₂/a

行政区名称	2009 年	2019 年
杭州市	124.80	151.62
宁波市	51.91	60.55
温州市	107.80	121.42
嘉兴市	1.33	3.37
湖州市	25.27	31.97
绍兴市	45.35	55.95
金华市	78.23	92.41
衢州市	71.22	81.86
舟山市	4.69	5.59
台州市	76.87	84.56
丽水市	210.05	220.29
总计	797.51	909.57

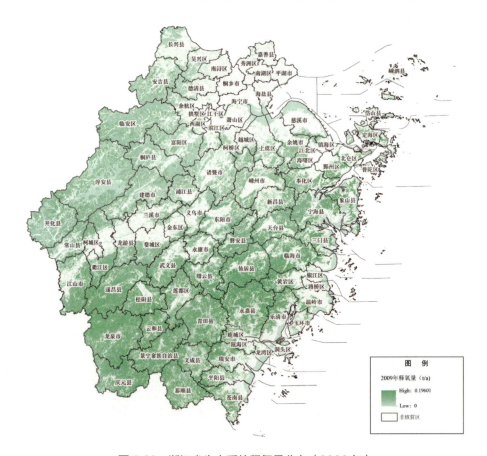

图 5.23　浙江省生态系统释氧量分布（2009 年）

图 5.24　浙江省生态系统释氧量分布（2019 年）

6. 气候调节功能在 10 年间较为稳定，呈现轻微下降

浙江省气候调节总量由 2009 年的 68501.56 亿 kWh/a 变为 2019 年的 67259.85 亿 kWh/a，10 年间气候调节总量略有下降。

至 2019 年，设区市中，杭州、宁波、温州、台州四市的气候调节总量较高，各县（市、区）中，淳安县、慈溪市、象山县、宁海县和上虞区等五个县（市、区）的气候调节功能相对突出（见表 5.24、图 5.25、图 5.26）。

表 5.24　浙江省各地市气候调节总量　　　　　　　　　　　　单位：亿kWh/a

行政区名称	2009 年	2019 年
杭州市	10887.67	10832.96
宁波市	10842.11	10085.67
温州市	9057.36	8871.26
嘉兴市	4201.22	4119.58
湖州市	4560.64	4454.15
绍兴市	5558.75	5404.00
金华市	4339.84	4410.82
衢州市	3449.76	3549.48
舟山市	1752.64	1648.55
台州市	8468.79	8228.85
丽水市	5382.79	5654.53
总计	68501.56	67259.85

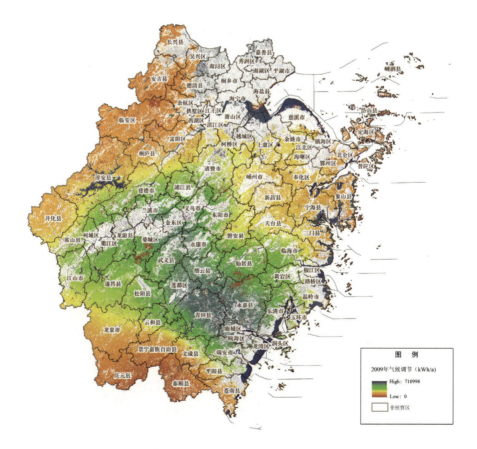

图 5.25　浙江省生态系统气候调节量分布（2009 年）

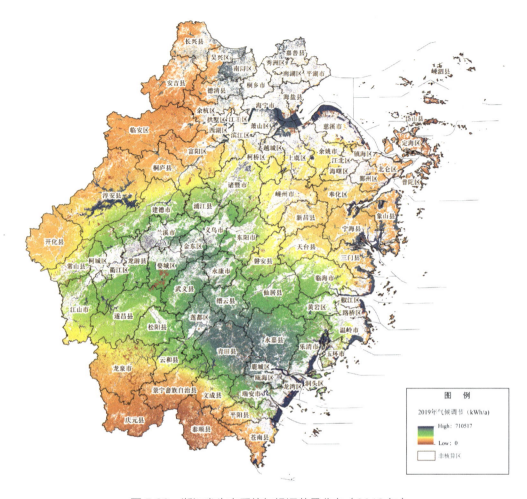

图 5.26　浙江省生态系统气候调节量分布（2019 年）

四、生态系统调节服务价值分析

（一）相关指标

在利用经济杠杆来协调人与环境的关系成为人类维持可持续发展的重要措施的今天，评估生态系统调节服务的价值，并尝试将其纳入国民经济核算体系，这一举措正日益成为区域可持续发展规划与决策的重要依据（见表 5.25）。

表 5.25　生态系统调节服务价值量计算公式

核算指标	计算公式	说明
水源涵养	$V_{wr}=Q_{wr}\times C\times\delta$	V_{wr} 为水源涵养总价值（元／年）；C 为水价（元／立方米）
土壤保持	$V_{sr}=\lambda\times(Q_{sr}/\rho)\times C$	V_{sr} 为土壤保持总价值（元／年）；C 为单位水库清淤工程费用（元／立方米）；ρ 为土壤容重（吨／立方米）；λ 为泥沙淤积系数
洪水调蓄	$V_{fm}=C_{fm}\times(C_{we}+C_{wo})$	V_{fm} 为洪水调蓄总价值（元／年）；C_{we} 为水库单位库容的工程造价［元／（立方米·年）］；C_{wo} 为水库单位库容的年运营成本［元／（立方米·年）］
碳固定	$V_{cf}=Q_{co_2}\times C_{co_2}$	V_{cf} 为固碳总价值（元／年）
释氧	$V_{of}=Q_{o_2}\times C_{o_2}$	V_{of} 为释氧总价值（元／年）
气候调节	$V_{tt}=E_{tt}\times P_e$	V_{tt} 为气候调节总价值（元／年）；P_e 为电价（元／千瓦时）
调节服务价值总量	$V=V_{wr}+V_{sr}+V_{fm}+V_{cf}+V_{of}+V_{tt}$	V 为调节服务价值总量（元／年）

（二）生态系统调节服务价值评估

1.生态系统调节服务价值现状分析

从 2009 年和 2019 年生态系统调节服务价值的空间分布来看，浙江省多数县（市、区）生态系统调节服务价值总量为 200 亿—800 亿元。随着浙江省的城镇用地向外扩散，其生态系统调节服务价值总量也在空间上大体呈现出以城区为中心向外辐射延伸的"低—高"格局。

浙江省东部沿海地区，西南、东南山地丘陵区的县（市、区），如淳安县、宁海县和象山县等，生态系统调节服务价值总量较高。上述区域林地、水域面积大，且受人类活动影响较小，因此生态系统调节服务价值总量都超过了 800 亿元。浙江省中部及北部的县（市、区）生态系统调节服务价值总量偏低，如杭州市下城区、拱墅区、上城区以及宁波市江北区等，此类县（市、区）地势平坦，交通便利，且多为市区人口聚集地，城镇用地布局集中且城镇用地面积较大，而行政区总面积较小，因此其生态系统调节服务价值总量均低于 20 亿元。

2019 年生态系统调节服务价值总量最高值出现在淳安县。"二调"至"三调"期间，淳安县森林生态系统面积增加较多，为浙江省森林生态系统面积最多的县（市、区）。该县有新安江流经且为千岛湖所在地，森林面积较多，水域面积广大，因此其生态系统调节服务价值总量高于 2700 亿元，在浙江省居于首位（见图 5.27、图 5.28）。

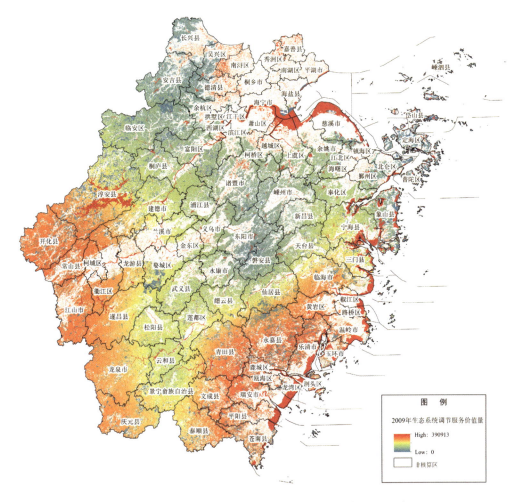

图 5.27　浙江省生态系统调节服务价值分布（2009 年）

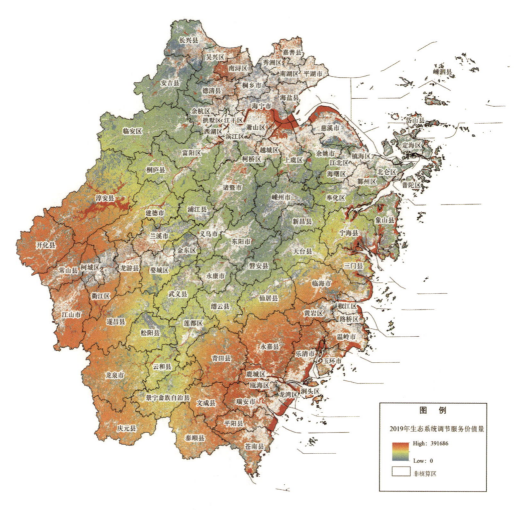

图5.28　浙江省生态系统调节服务价值分布（2019 年）

2.生态系统调节服务价值变化分析

从生态系统调节服务价值总量的时间变化来看，浙江省生态系统调节服务价值总量从 2009 年的 4.147×10^4 亿元增长至 4.531×10^4 亿元，共增长了 3.835×10^3 亿元，增长了 9.25%。

地市级层面上，由于气候调节功能所能提供的价值量在生态系统调节服务价值总量中权重较大，而湿地生态系统对气候调节功能影响很大，台州市 10 年间湿地生态系统呈减少趋势，因此台州市生态系统调节服务价值总量稍有减少。除台州市外，其余 10 个设区市的生态系统调节服务价值总量 10 年间均呈增长趋势。湖州市生态系统调节服务价值总量增长了 33.13%，金华市增长 25.11%。2019 年杭州市生态系统调节服务价值总量最高，总价值为 7.193×10^3 亿元。其次为宁波市、温州市和台州市，生态系统调节服务价值总量分别为 6.154×10^3 亿元、5.714×10^3 亿元、4.908×10^3 亿元。生态系统调节服务价值总量最低的为舟山市，总价值为 1.136×10^3 亿元（见图 5.29）。

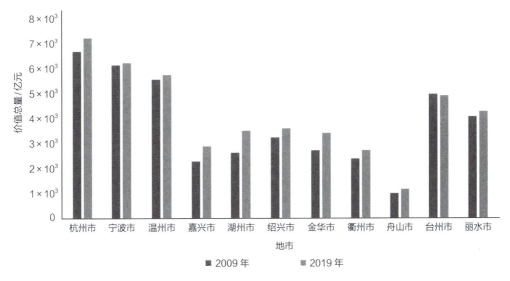

图 5.29　2009 和 2019 年浙江省各地市生态系统调节服务价值总量

（三）生态系统变化模式与生态系统调节服务价值的相关性分析

影响生态系统调节服务价值总量的主要因素就是森林、农田、城镇等生态系统变化的模式，因此可通过对上述各变量的相关性分析，发掘土地利用变化模式与生态系统调节服务价值量变化之间的有机联系。浙江省生态系统一级类共 7 类，由于各类生态系统间均存在互相转化的情况，因此共有 49 种（$7 \times 7 = 49$）生态系统变化模式。

1. 与气候调节价值相关性分析

在 49 种生态系统变化模式下，有 19 种生态系统变化模式与气候调节价值量变化存在相关性。其中有 11 种生态系统变化模式与气候调节价值量变化在 0.01 水平上显著相关，有 8 种生态系统变化模式与气候调节价值量变化在 0.05 水平上显著相关。湿地—城镇、湿地—农田和湿地—草地这三种生态系统变化模式与气候调节价值量变化相关性最高，均呈负相关，相关系数分别为 –0.840、–0.795 和 –0.780（见图 5.30）。这说明湿地的减少对气候调节价值量产生较大的负面影响，城镇、农田、草地等对气候调节服务价值量贡献极低。与浙江省生态系统一级类分布图及土地利用转移矩阵对比，可发现浙江省生态系统调节服务价值的空间分布与生态系统变化模式密切相关。

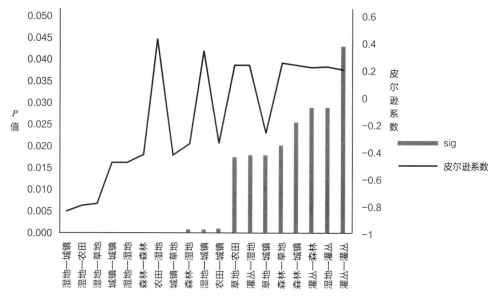

图 5.30　生态系统变化模式对气候调节价值量的影响

2. 与土壤保持价值相关性分析

在 49 种生态系统变化模式下，有 19 种生态系统变化模式与土壤保持价值量变化存在相关性。其中有 15 种生态系统变化模式与土壤保持价值量变化在 0.01 水平上显著相关，有 4 种生态系统变化模式与土壤保持价值量变化在 0.05 水平上显著相关。农田—森林、灌丛—森林和农田—灌丛这三种生态系统变化模式与土壤保持价值量变化相关性最高，均呈正相关，相关系数分别为 0.727、0.583 和 0.513。这说明森林的增加能有效增加土壤保持价值量，灌丛相比于农田对土壤保持价值量增加有一定的正向作用，而农田对土壤保持服务价值量贡献极低（见图 5.31）。

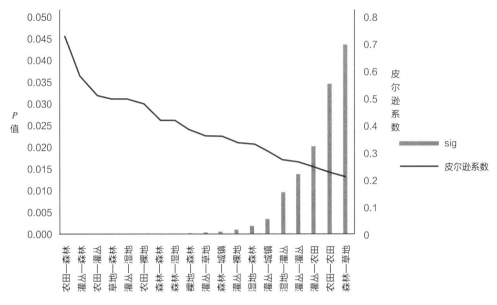

图5.31　生态系统变化模式对土壤保持价值量的影响

3.与水源涵养价值相关性分析

在49种生态系统变化模式下，有27种生态系统变化模式与水源涵养价值量变化存在相关性。其中有23种生态系统变化模式与水源涵养价值量变化在0.01水平上显著相关，有4种生态系统变化模式与水源涵养价值量变化在0.05水平上显著相关。农田—森林、农田—农田和森林—森林这三种生态系统变化模式与水源涵养价值量变化相关性最高，且均呈正相关，相关系数分别为0.755、0.675和0.674。这说明农田以及森林均对水源涵养服务有较大贡献（见图5.32）。

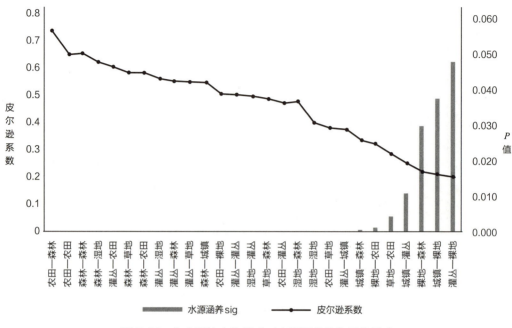

图 5.32 生态系统变化模式对水源涵养价值量的影响

4.与固碳释氧价值相关性分析

在 49 种生态系统变化模式下，有 27 种生态系统变化模式与固碳释氧价值量变化存在相关性。其中有 22 种生态系统变化模式与固碳释氧价值量变化在 0.01 水平上显著相关，有 5 种生态系统变化模式与固碳释氧价值量变化在 0.05 水平上显著相关。农田—森林、灌丛—森林和森林—森林这三种生态系统变化模式与固碳释氧价值量变化相关性最高，且均呈正相关，相关系数分别为 0.892、0.763 和 0.755，进一步证实森林是影响固碳释氧服务的最重要地类（见图 5.33）。

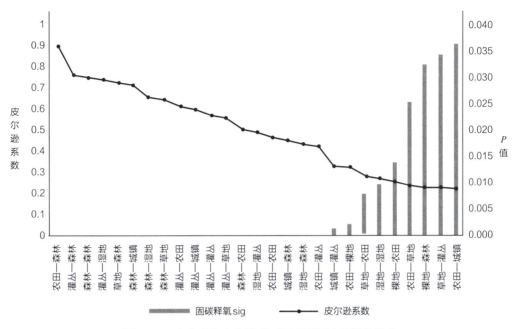

图 5.33 生态系统变化模式对固碳释氧价值量的影响

5. 与洪水调蓄价值相关性分析

在 49 种生态系统变化模式下，有 27 种生态系统变化模式与洪水调蓄价值量变化存在相关性。其中有 25 种生态系统变化模式与洪水调蓄价值量变化在 0.01 水平上显著相关，有 2 种生态系统变化模式与洪水调蓄价值量变化在 0.05 水平上显著相关。农田—森林、农田—农田和灌丛—森林这三种生态系统变化模式与洪水调蓄价值量变化相关性最高，且均呈正相关，相关系数分别为 0.676、0.630 和 0.593，这表明农田、森林等的增加有利于提升洪水调蓄价值量（见图 5.34）。

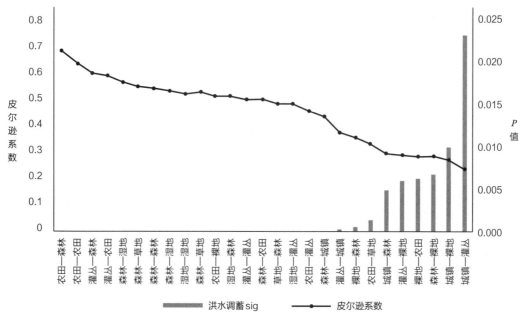

图 5.34　生态系统变化模式对洪水调蓄价值量的影响

森林与湿地的增减是浙江省 10 年来生态系统调节服务价值变化的主要原因，这可归因于森林面积较大且单位面积生态系统调节服务价值量高，而湿地提供的气候调节服务价值量在生态系统调节服务价值量中占比较大。所以重视森林与湿地的保护是提升区域生态系统调节服务价值总量的有效措施。

五、土地生态系统变化趋势预测

结合"二调"（2009 年）与"三调"（2019 年）数据，将其转化为统一的生态系统分类，将 FLUS（future land-use simulation）和马尔科夫（Markov）模型相结合，模拟 2029 年浙江省生态系统空间布局，对 2029 年浙江省的土地利用变化进行预测。

（一）模型使用

1.FLUS 模型

FLUS 模型是模拟人类活动与自然影响下的土地利用变化以及未来土地利用情景的模型。其主要用于模拟大尺度乃至全球尺度的未来各种土地利用类型在不同的土地需求情景下的空间分布情况，也是目前较为成熟且被广泛应用的土地利用优化配置模型。

该模型由基于神经网络（ANN）的适宜性概率计算和基于自适应惯性竞争机制的元胞自动机（CA）模块构成。前者主要通过对影响土地利用变化的驱动因子在空间上的分布进行样本采样和神经网络训练，得到各用地类型在各栅格上的适宜性概率；后者则基于适宜性概率分布计算出各栅格在规定时间上转化成某种用地类型的总概率，并且在元胞自动机迭代时间内将适宜性概率高的用地类型分配到栅格中，最终实现土地利用布局模拟。

该模型的原理源自元胞自动机，并在传统元胞自动机的基础上作了较大的改进，主要优势如下：（1）FLUS 模型采用神经网络算法从一期土地利用数据与包含人为活动与自然效应的多种驱动力因子（气温、降水、土壤、地形、交通、区位、政策等方面）中获取各类用地类型在研究范围内的适宜性概率。（2）FLUS 模型采用从一期土地利用分布数据中采样的方式，能较好避免误差传递的发生。（3）在土地变化模拟过程中，FLUS 模型提出一种基于轮盘赌选择的自适应惯性竞争机制，该机制能有效处理多种土地利用类型在自然作用与人类活动共同影响下发生相互转化时的不确定性与复杂性，使得 FLUS 模型具有较高的模拟精度并且能获得与现实土地利用分布相似的结果。

2.Markov模型

Markov模型主要用于预测国土空间类型在数量上的变化情况，具有无后效性和平稳性特征。在国土空间格局变化研究中，将国土空间类型变化过程视为 Markov 过程，将某一时刻的国土空间类型对应于 Markov过程中的可能状态，它只与前一时刻的国土空间类型相关，国土空间类型之间相互转换的面积数量或比例即为状态转移概率。

3.FLUS-Markov 耦合模型

Markov模型能够进行土地利用类型数量变化的预测，但不能显示空间格局的变化，而 FLUS模型中基于自适应惯性机制的元胞自动机模块具备处理空间计算的能力，但无法预测模拟数量。FLUS-Markov 耦合模型，其优势在于集合了 FLUS模型处理国土空间复杂系统在空间上变化的能力和 Mrakov在预测未来国土空间类型数量上的特点，进而在数量和空间两个方面实现对生态系统变化结果的模拟预测。

研究结合浙江省"二调"与"三调"的土地利用转移矩阵与经验分析，得到最终的土地利用转移概率，进而计算情景预测的土地利用规模，作为后续FLUS模型模拟的用地规模输入。

（二）浙江省土地生态系统变化预测分析

根据预测结果，2029年浙江省生态系统各地类面积情况为：森林仍为面积占比最高的地类，占比超过55%；其次为农田，共约1961.3千公顷，占比为18.54%；城镇面积约1525.4千公顷，占比为14.42%，与农田相近；湿地共约811.3千公顷，占全省地类面积的7.67%；其次为灌丛，总面积约为224.9千公顷，占比为2.13%；草地和裸地最少，面积分别为54.6千公顷和5.5千公顷，占比均不足1%（见表5.26）。

表5.26　浙江省2029年生态系统各地类面积预测

土地利用分类	面积／千公顷	面积占比／%
森林	5993.6	56.67
灌丛	224.9	2.13
草地	54.6	0.52
湿地	811.3	7.67
农田	1961.3	18.54
城镇	1525.4	14.42
裸地	5.5	0.05

2029年，浙江省农田面积占比仅为全省的18.54%，较2009年占比下降了8.66%，较2019年占比下降了1.63%。可以看到，在充分考虑近几年浙江省农田保护方面的政策因素（如加强永久基本农田保护、落实耕地占补平衡、征地管理制度改革等）后，预测结果显示，2029年浙江省农田面积减少速度将会放缓，但总体而言仍然呈现下降趋势。因此，未来浙江省应继续遵循"守住底线、改革创新"原则，坚持底线思维，进一步确保土地公有制性质不改变、耕地红线不突破、粮食生产能力不减弱、农民利益不受损，确保农村乱占耕地建房"八不准"落到实处，坚决守住耕地保护红线，扭转当前变化趋势（见图5.35）。

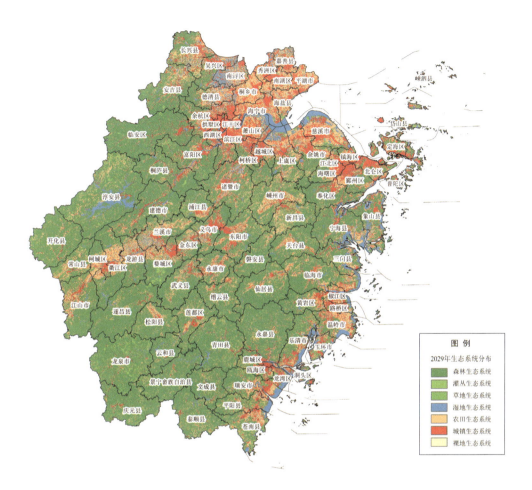

图 5.35 浙江省 2029 年生态系统分布预测

　　将 2019—2029 年情况与 2009—2019 年生态系统变化情况作对比,草地、农田、裸地三种地类面积持续减少,减少速度均明显放缓。草地前 10 年减少速率接近后 10 年的三倍,农田前 10 年减少速率为后 10 年的三倍多,裸地前 10 年减少速率接近后 10 年的两倍。森林和城镇两种地类面积持续增加,但增加速率均逐步放缓。城镇在 2009—2019 年期间扩张超 30%,根据预测,在 2019—2029 年将扩张 6.50%。灌丛和湿地两种地类均呈现先增加后减少的趋势,但前 10 年增加速率大于后 10 年减少速率,总体相较于 2009 年仍呈增长趋势(见表 5.27、图 5.36)。

表 5.27　浙江省生态系统变化情况（以上一基数年为基准）　单位：%

年份	森林	灌丛	草地	湿地	农田	城镇	裸地
2009	100.00	100.00	100.00	100.00	100.00	100.00	100.00
2019	106.59	105.36	60.46	104.23	74.33	141.80	26.10
2029	102.23	96.94	86.26	96.22	91.93	106.54	54.46

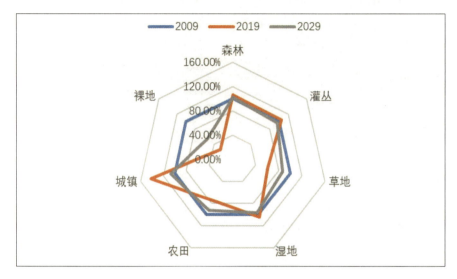

图 5.36　2009—2029 年浙江省生态系统变化情况（以 2009 年为基准）

（三）浙江省市域生态系统构成分析

与 2019 年相比，2029 年浙江省各地市生态系统的构成变化不大。森林生态系统在全省 11 个设区市都呈现出略微增加的趋势，而草地生态系统和裸地生态系统则呈现出大幅度下降的变化趋势。灌丛生态系统在除台州市、衢州市、温州市以外的区域都呈现出减少的趋势；湿地生态系统除了在杭州市呈现出增加趋势，在浙江省其他地级市的面积都有所减少；除舟山市以外的 10 个地级市的农田生态系统面积都呈现出下降的趋势，而城镇生态系统面积则呈现出上升的趋势（见表 5.28）。

表 5.28　浙江省各地市 2019 和 2029 年生态系统构成情况　　单位: 千公顷

地市	年份	森林	灌丛	草地	湿地	农田	城镇	裸地
杭州市	2019	1053.6	47.2	5.3	131.2	225.8	221.4	0.5
	2029	1079.8	42.6	4.0	127.1	196.8	234.8	0.2
宁波市	2019	407.3	4.4	11.1	133.9	215.6	207.3	0.9
	2029	414.7	4.0	9.9	129.8	197.9	223.6	0.5
温州市	2019	699.7	40.4	8.1	103.5	216.1	139.5	2.8
	2029	706.8	40.5	7.7	101.3	204.4	148.0	1.3
嘉兴市	2019	16.0	0.4	3.7	70.1	188.3	145.2	0.1
	2029	15.3	0.4	3.0	67.8	173.1	164.0	0
湖州市	2019	225.5	6.2	2.4	79.9	153.5	114.5	0.1
	2029	231.6	5.4	1.8	77.3	142.7	123.1	0
绍兴市	2019	378.1	14.4	4.5	72.3	226.9	131.4	0.4
	2029	392.1	13.2	3.8	69.0	209.8	140.0	0.1
金华市	2019	618.5	27.6	4.0	55.0	240.1	148.6	0.4
	2029	634.5	27.5	3.0	51.1	223.2	154.8	0.1
衢州市	2019	554.6	12.2	4.2	36.1	196.2	80.9	0.4
	2029	568.2	12.2	3.2	33.6	182.0	85.4	0.1
舟山市	2019	53.7	9.4	5.4	24.1	19.2	38.4	1.4
	2029	54.6	9.2	5.0	23.1	19.6	38.0	1.5
台州市	2019	526.0	14.4	9.7	96.2	222.1	136.6	2.3
	2029	539.1	14.4	8.7	92.6	206.0	145.1	1.2
丽水市	2019	1328.8	55.5	5.1	40.7	229.2	67.7	0.6
	2029	1356.4	55.5	4.4	37.2	205.7	68.3	0.1

注: 嘉兴市、湖州市 2029 年裸地由于数值较小, 分别为 23 公顷和 26 公顷, 无法正常显示。

第四节 | 浙江生态承载能力供需平衡分析

　　人类的生存与发展依赖于生态环境的生产功能与支持功能, 无论人类社会如何发展都无法脱离生态环境的支持与制衡。要实现可持续发展, 人类必须生存于生态系统的承载力范围之内, 生态承载力是人与自然相互依赖关系的重要度量。浙江省作为经济高速发展的人口大省, 人口基数较大, 人均资源较少, 资源环境面临巨大压力已成为不容回避的现实情况, 在这种背景下, 对浙江省生态承载力供需状况进行分析很有必要。

一、生态足迹模型的提出和发展

面对资源约束趋紧、环境污染严重、生态系统退化的严峻形势，必须树立尊重自然、顺应自然、保护自然的生态文明理念，走可持续发展道路。随着生态文明建设的大力推进，越来越多的人开始意识到人类的生存和发展需要自然生态系统，只有在自然生态系统的承载力范围内，人类才可能实现可持续发展。自 20 世纪 60 年代以来，为了测量人类对自然生态系统的影响，将人类对资源的开发使用行为量化，从而使得人类对自然资源的利用更加合理，生态足迹模型开始出现并不断得到完善。

长期持续供给资源并消耗废物的地域空间被称作生态足迹。生态足迹的含义主要指维持人类生存所需要的资源或容纳所排放的废物的地域面积。生态足迹模型的提出者是加拿大生态经济学家威廉（William）与其博士生瓦克纳格尔（Wackernagel），他们在 1992 年提出了该模型，1996 年马西斯·瓦克纳格尔（Mathis Wackernagel）等对该方法模型进行了完善。他们尝试通过计算自然资源的消耗量和废弃物的产生量来确定所需要的生产性空间面积，并与给定区域的生态承载力相对比，以此来对可持续发展状况进行评价。国际上学界开展了大量生态足迹概念和模型方法的相关研究，自 2000 年起，世界自然基金会（WWF）和监管者论坛（RF）两大世界非政府机构每年和每两年公布一次部分国家的生态足迹研究结果。

许多学者都对生态足迹模型进行了应用和完善。Wackernagel 等应用生态足迹分析方法，对世界上 52 个国家和地区的人类可利用的生态空间和生态占用空间分别做了测算，发现 1999 年全球人均生态承载力仅为 2.2hm²。生态足迹最大的是美国，人均 10.9hm²，最低的孟加拉国人均仅 0.6hm²[1]。在对区域和城市的生态足迹的测算方面，福尔克（Folke）等学者估计了北欧波罗的海地区和全球城市发展的生态足迹，发现波罗的海地区的城市对自然资本的消费占用了比该地区的城市面积大至少一倍的自然生态系统面积[2]。生态足迹模型也广泛应用于土

---

[1]　Wackernagel, M., Rees, W. E. Perceptual and structural barriers to investing in natural capital: Economics from an ecological footprint perspective. Ecological Economics, 1997, 20(1): 3−24.

[2]　Folke, C., Jansson, Å., Larsson, J., et al. Ecosystem appropriation by cities. Ambio, 1997: 167−172.

地生态承载力的研究。张茹倩等将生态足迹与自然资源资产负债表结合，分析了陕西省近20年的土地资源时空变化特征[①]。柯志成等基于生态足迹模型核算了2009—2018年福建省人均生态足迹和人均生态承载力[②]。赵立君等应用生态足迹模型分析了2010—2018年贵州仁怀市人均生态足迹、人均生态承载力及生态盈亏，发现2010—2018年仁怀市处于生态赤字状态，人均生态足迹和人均生态承载力均呈现出先降后升的趋势[③]。

本节基于生态足迹模型，对浙江省的可持续发展状态进行研究，为制定资源的合理利用及适度人口政策提供科学的依据。

二、浙江省生态足迹模型的应用与计算

生态足迹是指生产一定量人口所需要消费的所有资源和产生的废弃物所需要的生物生产总面积。在生态足迹的计算中，资源和废弃物往往被折算为耕地、草地、林地、建设用地、化石能源用地和水域6种面积类型。它的计算基于以下2个假设：人类可以确定消费资源以及产生废弃物的数量；资源和废物流量可以被转化为相应的具有生态生产力的土地面积。生态足迹的计算方式明确地指出某个国家或地区使用了多少自然资源，然而，这些足迹并不是一片连续的土地；由于国际贸易的关系，人们使用的土地与水域面积分散在全球各个角落，需要很多研究来决定其确定的位置。

生态足迹大小以土地面积表示，但由于不同区域自然资源的差异性，不能对土地面积进行直接比较。因此，为了能够进行直接比较，得出较为直观的生态盈余或生态赤字结果，可以引入均衡因子和产量因子将不同地区的土地面积转化为具有全球平均生产力水平的土地面积，进而计算出该区域的生态承载力。计算生态足迹的基本模型和方法如下。

---

① 张茹倩,李鹏辉,沈镭,等.生态足迹视角下的陕西省土地资源资产核算研究.干旱区资源与环境,2022(4):47-55.

② 柯志成,连海峰,陈奕,等.福建省2009—2018年人均生态足迹和人均生态承载力的时空动态.福建农林大学学报(自然科学版),2021(5):677-685.

③ 赵立君,杨帆,王楠,等.基于生态足迹模型的贵州省仁怀市可持续发展及其影响因素研究.生态与农村环境学报,2021(7):870-876.

（一）生态足迹消费模型

生态足迹消费模型的计算公式为：

$$aa_i = \frac{c_i}{p_i} = (P_i + I_i - E_i)/p_i$$

$$EF = \sum (aa_i \times k_i)$$

$$ef = EF/P$$

公式中，i代表消费不同商品的类型；P_i代表第i种商品的年生产量，I_i代表第i种商品的年进口量，E_i代表第i种商品的年出口量，aa_i代表第i种商品折算的生物生产性土地面积，c_i代表第i种商品的年消费量，p_i代表第i种商品的浙江省年平均生产能力，EF代表生态足迹，k_i代表均衡因子；ef代表人均生态足迹消费，P为人口规模。

（二）生态足迹供给（生态承载力）模型

生态足迹供给模型的计算公式如下：

$$EC = \sum a_j \times k_j \times y_j \, (j = 1, 2, \cdots, 6)$$

$$ec = EC/P$$

公式中，EC代表生态足迹总供给；j代表不同的土地类型；a_j代表j类生物生产性土地总面积；k_j代表均衡因子；y_j代表产量因子；ec代表人均生态足迹供给，P为人口规模。

由于实际生活中并没有预留土地用于吸收化石燃料燃烧释放出的CO_2，因此，本节只考虑除化石燃料地以外的5种土地类型。并且根据世界环境与发展委员会（WCED）的报告《我们共同的未来》的建议，预留出12%的生态足迹供给用于生物多样性保护。

三、浙江省生态足迹消费和生态足迹供给测算分析

（一）生态足迹消费测算

1.生物资源消费测算

生物资源消费部分包括谷类、豆类、薯类、棉花等农业产品，猪肉、牛羊肉等畜牧业产品，以及林业产品、水产品等。

在生物资源面积的折算中，采用《浙江统计年鉴》中经过核算的主要农作物单位面积产量，浙江省平均产量采用了2008—2010年、2018—2020年的平均

值，均衡因子采用的根据是WWF2008年公布的《生存星球报告2006》①，本节取耕地与建设用地为2.21，草地为0.49，林地为1.34，水域为0.36，能源用地为1.34（见表5.29、表5.30）。

表5.29 2009年浙江省生物资源消费测算

分类项目	浙江省平均产量/(kg/hm²)	浙江省生物量/t	总的生物足迹/千公顷	人均足迹/m²	均衡因子	生产面积类型
粮食	6086	7891500	2865.8	543	2.21	耕地
棉花	1398	28100	44.4	8	2.21	耕地
油料	2037	432400	469.1	89	2.21	耕地
茶叶	933	167411	396.6	75	2.21	耕地
蔬菜	28265	17647600	1379.9	262	2.21	耕地
牛奶	2013	199300	48.5	9	0.49	草地
猪肉	12420	1281700	50.6	10	0.49	草地
牛羊肉	276	27800	49.3	9	0.49	草地
禽蛋	4140	432800	51.2	10	0.49	草地
蜂蜜	788	88100	54.8	10	0.49	草地
水产品	5163	4296000	299.5	57	0.36	水域
水果	22612	7124100	422.2	80	1.34	林地

数据来源：2010年《浙江统计年鉴》。

表5.30 2019年浙江省生物资源消费测算

分类项目	浙江省平均产量/(kg/hm²)	浙江省生物量/t	总的生物足迹/千公顷	人均足迹/m²	均衡因子	生产面积类型
粮食	6098	5921500	2145.9	337	2.21	耕地
棉花	1364	8100	13.1	2	2.21	耕地
油料	2284	319300	309.0	48	2.21	耕地
茶叶	870	177184	450.0	71	2.21	耕地
蔬菜	29715	19030900	1415.4	222	2.21	耕地
牛奶	2599	154800	29.2	5	0.49	草地
猪肉	9879	601600	29.8	5	0.49	草地
牛羊肉	560	35700	31.3	5	0.49	草地
禽蛋	5153	335700	31.9	5	0.49	草地
蜂蜜	955	65600	33.6	5	0.49	草地
水产品	8909	6004000	242.6	38	0.36	水域
水果	23273	7441100	428.4	67	1.34	林地

数据来源：2020年《浙江统计年鉴》。

① WWF International.Living Planet Report 2006.[2023-12-02].http://www.foot-printstandards.org.

2.能源消耗测算

在计算消耗能源产生的生态足迹消费时，主要计算原煤、焦炭、原油、汽油、柴油、液化石油气和电力7种能源消耗所产生的生态足迹消费。计算时根据不同种类能源消耗产生的热量折算对应的化石燃料型土地面积，以单位化石能源生产性土地面积的平均发热量作为标准（见表5.31、表5.32）。

计算公式如下：

$EF=$（不同种类能源消费数量·折算系数）/（全球平均能源足迹·人口）

表5.31　2009年浙江省能源消耗产生的生态足迹

能源类型	全球平均能源足迹 /(GJ/hm²)	折算系数 /(GB/t)	消费量 /t	总消费量 /GJ	能源生态足迹 / 千公顷	人均足迹 /m²
原煤	55	20.9	132760000	2774684000	50448.8	9562
焦炭	55	28.4	5045100	143280840	2605.1	494
原油	93	43.12	25058000	1080500960	11618.3	2202
汽油	93	43.12	5086200	219316944	2358.2	447
柴油	93	42.71	8972300	383206933	4120.5	781
液化石油气	93	43.12	2895300	124845336	1342.4	254
电力	55	20.9	20109357.2	420285566	7641.6	1448

数据来源：2010年《中国能源年鉴》。表中电力折算系数单位为GJ/(kW·h)；消费量单位除电力为千瓦时外，其余为吨。电力千瓦时与热量折算系数是根据每万千瓦时耗煤1.229吨，再根据每吨煤发热量进行换算。

表5.32　2019年浙江省能源消耗产生的生态足迹

能源类型	全球平均能源足迹 /(GJ/hm²)	折算系数 /(GB/t)	消费量 /t	总消费量 /GJ	能源生态足迹 / 千公顷	人均足迹 /m²
原煤	55	20.9	136769000	2858472100	51972.2	8153
焦炭	55	28.4	3020200	85773680	1559.5	245
原油	93	43.12	34723000	1497255760	16099.5	2525
汽油	93	43.12	7892000	340303040	3659.2	574
柴油	93	42.71	7304800	311988008	3354.7	526
液化石油气	93	43.12	2663400	114845808	1234.9	194
电力	55	20.9	38293083.81	800325452	14551.4	2283

数据来源：2020年《中国能源年鉴》。表中电力折算系数单位为GJ/(kW·h)；消费量单位除电力为千瓦时外，其余为吨。电力千瓦时与热量折算系数是根据每万千瓦时耗煤1.229吨，再根据每吨煤发热量进行换算。

（二）生态足迹供给及生态承载力计算

基于"二调""三调"数据，对2009年和2019年浙江省生态足迹供给进行了计算（见表5.33、表5.34）。

浙江省2019年生态足迹的总供给面积是17284.4千公顷，扣除12%的生物多样性保护面积，剩余可以利用的生态总承载力为15210.3千公顷。

根据2019年浙江省的人口数量进行计算，可得人均生态足迹供给为3019m^2，人均生物资源足迹消费为1024m^2，人均能源足迹消费为18344m^2，人均生态足迹消费为19368m^2。从人均生态足迹供给和消费的数据可以看出，2019年浙江省的生态足迹消费显著大于生态足迹供给，人均生态赤字为16349m^2。

表5.33　2009年浙江省生态足迹供给

土地类型	总面积/千公顷	均衡因子	产量因子	生态足迹供给/千公顷
耕地	1986.7	2.21	1.66	7288.4
林地	5687.3	1.34	0.91	6935.1
牧草地	0	0.49	0.19	0
CO_2吸收	0	0.00	0.00	0
水域	843.2	0.36	1.00	303.6
建设用地	1022.7	2.21	1.66	3751.9

数据来源：第二次全国土地调查及2010年《浙江统计年鉴》，产量因子参考：胡孙坝,胡丕勇.基于生态足迹的浙江省土地人口承载力研究.经济论坛,2012(7):20-23。

表5.34　2019年浙江省生态足迹供给

土地类型	总面积/千公顷	均衡因子	产量因子	生态足迹供给/千公顷
耕地	1290.5	2.21	1.66	4734.3
林地	6093.6	1.34	0.91	7430.5
牧草地	0	0.49	0.19	0
CO_2吸收	0	0.00	0.00	0
水域	677.8	0.36	1.00	244.0
建设用地	1329.0	2.21	1.66	4875.6

数据来源：第三次全国国土调查及2020年《浙江统计年鉴》，产量因子参考：胡孙坝,胡丕勇.基于生态足迹的浙江省土地人口承载力研究.经济论坛,2012(7):20-23。

对比浙江省2009年和2019年的生态足迹可以发现，2009—2019年之间浙江省的生态足迹消费和人均生态足迹消费总体上呈现出减少的趋势，人均生物资源消费由1162m^2减少到809m^2，减少了约30.38%，人均能源消费足迹由 15189m² 减少到 14499m²，减少了约 4.54%。生态足迹供给呈现出下降的趋势，可利用的生态总承载力由 18279.0 千公顷减少到 17284.4 千公顷，减少了约 5.44%，人均生态足迹供给则由 2009 年的 3465m² 减少到 2711m²，减少了约 21.74%。2009 年和 2019 年浙江省生态足迹消费均高于生态足迹供给，但人均生态赤字呈现出减少的趋势，由 2009 年的 12886m² 增加到 2019 年的 12597m²，减少了约 2.24%。由此可以看出，浙江省在发展经济、建设城镇的过程中，注重生态保护，取得一定成效，但实现可持续发展仍需要关注生态系统的承载力，重视生态环境保护和对自然资源的高效利用，尊重自然、顺应自然、保护自然，坚持人与自然和谐共生。

（三）供需平衡关系分析

在对浙江省生态供给与需求状况进行评价的基础上，本节引入生态承载力供需平衡指数（ECCI）对区域生态供需平衡关系进行分析。ECCI 是指区域人均生态足迹与人均生态承载力的比值，反映了生态资源供给与需求的关系。公式如下：

$$ECCI = \frac{ef}{ec}$$

评价标准如表 5.35 所示。

表 5.35　基于 ECCI 的生态承载力供需平衡分类（级）评价标准

类型	生态承载状况	ECCI
生态盈余	富富有余	$ECCI \leq 0.5$
	富裕	$0.5 < ECCI \leq 0.7$
	盈余	$0.7 < ECCI \leq 0.9$
生态平衡	平衡有余	$0.9 < ECCI \leq 1.0$
	临界超载	$1.0 < ECCI \leq 1.1$
生态赤字	超载	$1.1 < ECCI \leq 1.5$
	过载	$1.5 < ECCI \leq 2.5$
	严重超载	$ECCI > 2.5$

2009 年和 2019 年生态足迹供给和生态足迹消费的数据测算结果显示，2009 年浙江省生态供需平衡指数为 4.72，2019 年浙江生态承载力供需平衡指数为 5.65，生态承载状况属于严重超载，在未来进行土地和城市空间规划、促进经济

社会发展的同时，也要关注和重视土地开发利用对生态环境的影响，将生态环境保护和促进人与自然和谐共生摆在重要位置，将生态承载力状况作为土地和环境政策制定与实施的重要依据。

2019 年浙江省各地市的生态供需平衡指数存在较大差异，人均生态足迹供给最多的是金华市、衢州市和丽水市，而最高人均生态足迹消费则出现在宁波市、嘉兴市和舟山市。供需平衡指数最低的是丽水市，仅为 0.38，生态承载状况属于富富有余；金华市和杭州市的供需平衡指数也相对较低，分别为 2.28 和 2.46，生态承载状况属于过载；其余各市的生态承载状况都属于严重超载，其中供需平衡指数最高的是宁波市和舟山市（见图 5.37）。生态供需平衡指数存在的差异提醒我们要关注各市生态承载状况的差异，根据各市生态足迹供给和消费的特征制定合理的土地开发和城市空间规划。

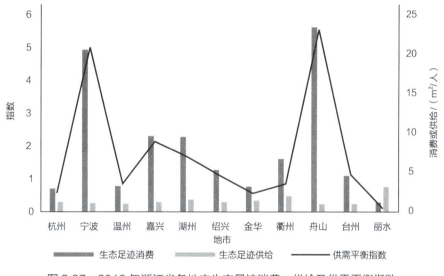

图 5.37　2019 年浙江省各地市生态足迹消费、供给及供需平衡指数

四、结论：生态足迹供需失衡，生态足迹供给仍具有较大缺口

当前浙江省的生态足迹消费量远超供给量，人均生态赤字略有下降但仍较为严重，人口与经济社会、资源环境仍处于一种不均衡、不可持续的发展状态。而未来较长时间内，伴随着经济增长，浙江省的人口总量很可能会呈现出持续

增加的趋势，从而导致人口、资源、环境、经济社会发展之间的矛盾越来越突出，资源的供给量已经远远不能满足不断增加的人口的消费能力和需求，浙江省的生态资源呈现出较为明显的供需不均衡。

第五节 | 城镇化与绿色经济发展

改革开放以来，我国城镇化水平显著提升。浙江省作为我国率先实行城镇化战略的经济发达省份，其城镇化水平更是高于全国平均水平。统计数据显示，2019 年末，我国常住人口城镇化率为 60.6%，浙江省达到 71.6%，杭州市高达82.6%。根据城镇化发展"S"曲线理论，一个国家城市人口占比超过 20%，意味着城镇化进入加速期；到 50% 左右则进入相对减速期；城市人口占比达 70%时，城镇化将趋于稳定。当前，浙江省已迈入城市型社会，城镇化的快速发展带来自然资源过度使用、生态环境恶化等一系列问题和挑战。

城镇化与经济发展之间的关系一直是经济学、地理学、人口学专家学者重点关注的话题，国内外的分析研究可以概括为以下三个方面：（1）通过回归模型等分析方法试图探究城镇化和经济发展效率间的相互关系。其中，尹鹏等学者认为城镇化有利于进一步提高经济效率[1]；陈明星等运用中国 31 个省份的数据，对中国城镇化和经济发展关系的空间格局进行描绘[2]；顾剑华等在探究新型城镇化和绿色经济之间的相互关系和作用机理时，加入了对生态环境子系统的分析[3]。（2）试图通过指标分析、构建绿色发展评价体系[4]；（3）在现有文献的基础之上，进一步梳理了新型城镇化和绿色发展、绿色经济之间的关系，认为两者相互影响、互为前提[5]。

---

① 尹鹏,刘曙光,段佩利.城市群城镇化效率与经济增长耦合协调关系的实证分析.统计与决策,2020(8):102-105.

② 陈明星,陆大道,刘慧.中国城市化与经济发展水平关系的省际格局.地理学报,2010(12):1443-1453.

③ 顾剑华,李梦,杨柳林.中国低碳绿色新型城市化系统耦合协调度评价及时空演进研究.系统科学学报,2019(4):86-92.

④ 刘曙光,尚英仕.中国东部沿海城市群绿色发展效率评价及障碍因子分析.城市问题,2020(1):73-80.

⑤ 翁异静,汪夏彤,杜磊,等.浙江省新型城镇化和绿色经济效率协调度研究——基于"两山理论"视角.华东经济管理,2021(6):100-108.

新型城镇化的本质是以科学发展推进城镇化建设，其发展为绿色发展提供实践载体，城镇化可以通过经济发展和绿色发展两个方面影响绿色发展效率。而绿色发展效率是新型城镇化的内在动力，经济发展是社会进步和生态文明建设的支撑，经济效率的提高能够为新型城镇化提供资金保障。

"绿水青山就是金山银山"理念作为我国生态文明建设的核心理念，其实质是将生态资源转化为生态资产，通过生态产品价值的实现推动绿色经济增长。在该理念的引领下，浙江省不断推进"绿色浙江""生态浙江"的生态战略，走出了一条具有浙江特色、生态优先、绿色发展的创新之路，取得了一系列生态文明建设的丰硕成果。因此，本节内容将在该理念视角下，将其发源地和主要实践地浙江省作为研究对象，基于耦合协调度模型，探讨浙江省新型城镇化和绿色发展效率之间的耦合关系，并运用Tobit模型进一步分析影响浙江省新型城镇化和绿色发展效率耦合协调度的因素，为浙江省实现高质量发展、乡村振兴提供路径支持。

一、城镇化与绿色发展

随着工业化的迅速发展，我国出现了资源匮乏、生态环境污染严重、产业结构单一低效等问题，为了更好地建设资源节约型、环境友好型社会，我国已经将节约资源、保护环境上升到国家战略高度。人类一切的生产生活都离不开土地，土地是人类社会生存发展的重要基础，而且是具有物质性、资源性和生态性等多属性的重要基础，同样地，土地也是人类社会活动产生的污染物的载体。土地是生态系统的重要一环，它具有吸收碳和净化污染的能力，但如果污染程度超过土地的承载力，就会对土地造成巨大损害，这种损害基本是不可逆的，并且会造成土地周边环境恶化，严重影响人民生命安全。

随着我国城镇化的迅速发展，越来越多的研究表明经济发展问题不局限于资源稀缺问题，更值得关注的是资源配置问题，古典经济学家认为土地是制约经济增长的重要因素，提高土地利用效率，优化土地资源配置对于推动经济可持续发展具有重要意义。所以只有加快社会的绿色转型升级、走向绿色可持续发展才能缓解我国经济发展与资源能源短缺、环境污染的矛盾。

土地利用效率这一概念经常被学者提及，但是关于它的确切含义目前还没有达成共识。有些学者认为土地利用效率就是单位土地面积的经济产出，还有一些学者更强调其包含土地要素的投入产出效率，他们主要的研究对象是城市土地，还有少量研究是针对工业用地、建设用地、林业农业用地的。大家对土地资源保护的关注越来越多，并在土地集约利用、可持续利用的思想上进一步挖掘，提出土地低碳利用这一概念，土地低碳利用不再强调人的主体地位，而是强调人与自然和谐共生协调发展。另有一部分学者在传统土地利用效率评价中加入了环境要素的影响，但他们没有考虑资源损耗的影响，并且就如何在评价体系中纳入环境效益具体指标也缺乏共识。

就我国土地资源利用现状来说，主要存在两个问题，分别是土地产出效率低和土地退化污染问题。本节充分考虑土地利用效率低下、土地资源紧张和生态环境脆弱的现状，提出了土地绿色利用效率评价体系（即在土地资源利用过程中兼顾土地的期望经济产出和能源环境消耗的非期望产出的效率评价方法）。对浙江省不同地级市的效率水平、制约因素等进行研究，探索不同类型城市土地资源利用绿色化发展的实现路径，做到既要保障经济发展，又要保护土地资源。

土地绿色发展效率和新型城镇化是互相促进、互相影响、互为前提的。新型城镇化的基本特点就是城乡统筹、节约集约、和谐发展，是城市城镇和乡村协调发展共同促进的城镇化。而绿色发展效率的重点是发展绿色生态来提高国民经济效益水平，比之前只强调产品要素投资更加合理。

新型城镇化对绿色发展效率的影响主要包括经济发展、生态发展两个方面。一方面，新型城镇化通过资本积累、产业结构转型升级和技术进步来提高经济效率。资本积累能够促进产业形态升级，同时为技术创新提供丰富土壤，是经济效率增长的重要动力。但过度城镇化会导致大量人口流入城市，城乡两极分化问题更加严重，同时超过城市的环境承载力，无法为居民提供就业岗位和物质生活保障，生产生活受阻。另一方面，新型城镇化以不牺牲生态环境为目标，用低碳方式促进产业优化转型，通过要素的节约集约提高资源利用效率，让人们生产生活更加绿色节能。

绿色发展效率是新型城镇化的内在动力。提高经济效率能够为新型城镇化提供资金支持。经济效率的提升有利于降低技术创新成本，进而加快资本流动、优化资源配置。绿色发展要求在新型城镇化的过程中优化发展模式，绿色发展效率以绿色发展理念为指导，注重环境和经济的协调发展，应在新型城镇化过程中融入新发展理念和新发展路径。绿色发展效率可以在提升经济发展水平的同时兼顾经济的可持续发展，为新型城镇化源源不断地提供动力。

二、新型城镇化和绿色发展效率指标体系模型

本节将从人口、经济、社会、生态四个维度共八个变量来测量新型城镇化，同时把绿色发展效率细分为投入、期望产出、非期望产出三个维度，包含全社会固定资产投资总额、年末全社会从业人员、地区生产总值、工业废水排放量、工业烟（粉）尘排放量、工业二氧化硫排放量等六个变量，指标体系中的数据主要来源于2010—2020年《浙江统计年鉴》《中国城市统计年鉴》及各地级市统计年鉴（见表5.36）。

表5.36 新型城镇化和绿色发展效率指标体系

一级指标	二级指标	三级指标	变量	单位	正负	权重
新型城镇化	人口城镇化	城镇人口所占比重	x_1	%	正	0.0875
	经济城镇化	人均GDP	x_2	元	正	0.0396
		城镇居民人均可支配收入	x_3	元	正	0.1505
	社会城镇化	每千人医院卫生院床位数	x_4	张	正	0.0851
		人均年用电量	x_5	千瓦时	正	0.0897
		教育支出占比	x_6	%	正	0.2188
	生态城镇化	建成区绿化覆盖率	x_7	%	正	0.0114
		工业固体废弃物综合利用率	x_8	%	正	0.0443
绿色发展效率	投入	全社会固定资产投资总额	y_1	亿元	正	0.0128
		年末全社会从业人员	y_2	万人	正	0.0412
	期望产出	地区生产总值	y_3	亿元	正	0.3342
	非期望产出	工业废水排放量	y_4	万吨	负	0.2121
		工业烟（粉）尘排放量	y_5	吨	负	0.0999
		工业二氧化硫排放量	y_6	吨	负	0.3052

耦合协调度模型常被用于分析事物的协调发展水平。耦合度指两个或两个

以上系统或要素之间的相互作用、相互影响，实现协调发展的动态关联模式，可以反映系统之间的相互依赖和相互制约的程度。而协调度通常指耦合相互作用关系中良性耦合程度的大小，它可以体现协调状况的好坏。本节运用耦合协调度模型来衡量新型城镇化和绿色发展效率之间的相互作用关系。

耦合协调度的计算步骤如下所示。

首先，计算新型城镇化和绿色发展效率两个指标的综合评价值，具体公式如下：

$$U_{pi}=\sum_{j=1}^{J}(w_{j}X_{pij}')$$

其中，X_{pij}' 表示第 i 年 p 市的第 j 个指标标准化后的值，$p=1,2,\cdots,m$，$i=1,2,\cdots,n$，w_{j} 为各项指标的权重，权重参考翁异静等的测算值[①]，指标标准化的方法为极差法。

其次，计算新型城镇化和绿色发展效率的耦合度，具体公式如下：

$$C=\frac{2\times U_{1}\times U_{2}}{(U_{1}+U_{2})^{2}}$$

其中，U_{1}、U_{2} 分别表示新型城镇化和绿色发展效率的综合评价值。C 的取值范围为 0—1，C 越大，说明两个系统间的耦合程度越高，反之说明两个系统间的耦合程度越低。

最后，计算耦合协调度，具体公式如下：

$$D=\sqrt{CT}$$

其中，$T=\alpha U_{1}+\beta U_{2}$，$T$ 为综合发展水平。本书认为新型城镇化和绿色发展效率两项指标相互影响，因此取 $\alpha=\beta=0.5$。耦合协调度等级划分为 7 个大类型、21 个小类型（见表 5.37）。

表 5.37 耦合协调度评价标准

耦合协调度 D	类型	U_1 和 U_2 的对比关系	协调发展类型
0.7 < D ≤ 1	高级协调发展	U_1-U_2 > 0.01	高级协调发展绿色经济效率滞后型
		U_2-U_1 > 0.01	高级协调发展城镇化滞后型
		0 ≤ |U_1-U_2| ≤ 0.01	高级协调同步发展型

---

① 翁异静,汪夏彤,杜磊,等.浙江省新型城镇化和绿色经济效率协调度研究——基于"两山理论"视角.华东经济管理,2021(6):100−108.

耦合协调度 D	类型	U_1 和 U_2 的对比关系	协调发展类型
$0.6 < D \leq 0.7$	中级协调发展	$U_1 - U_2 > 0.01$	中级协调发展绿色经济效率滞后型
		$U_2 - U_1 > 0.01$	中级协调发展城镇化滞后型
		$0 \leq |U_1 - U_2| \leq 0.01$	中级协调同步发展型
$0.5 < D \leq 0.6$	初级协调发展	$U_1 - U_2 > 0.01$	初级协调发展绿色经济效率滞后型
		$U_2 - U_1 > 0.01$	初级协调发展城镇化滞后型
		$0 \leq |U_1 - U_2| \leq 0.01$	初级协调同步发展型
$0.4 < D \leq 0.5$	勉强协调发展	$U_1 - U_2 > 0.01$	勉强协调发展绿色经济效率滞后型
		$U_2 - U_1 > 0.01$	勉强协调发展城镇化滞后型
		$0 \leq |U_1 - U_2| \leq 0.01$	勉强协调同步发展型
$0.3 < D \leq 0.4$	低度失调衰退	$U_1 - U_2 > 0.01$	低度失调绿色经济效率受损型
		$U_2 - U_1 > 0.01$	低度失调城镇化受损型
		$0 \leq |U_1 - U_2| \leq 0.01$	低度失调同步受损型
$0.2 < D \leq 0.3$	中度失调衰退	$U_1 - U_2 > 0.01$	中度失调绿色经济效率受损型
		$U_2 - U_1 > 0.01$	中度失调城镇化受损型
		$0 \leq |U_1 - U_2| \leq 0.01$	中度失调同步受损型
$0 < D \leq 0.2$	高度失调衰退	$U_1 - U_2 > 0.01$	高度失调绿色经济效率受损型
		$U_2 - U_1 > 0.01$	高度失调城镇化受损型
		$0 \leq |U_1 - U_2| \leq 0.01$	高度失调同步受损型

三、新型城镇化与绿色发展效率的耦合协调度分析

从新型城镇化综合评价值可以看出，浙江省新型城镇化水平呈现逐年稳步上升的趋势，其中，2011年以后增幅略有加大，2009—2015年浙江省绿色发展效率综合评价值呈小幅波动上涨态势，2015—2019年增长加快。

从两系统间的耦合度来看，浙江省新型城镇化和绿色发展效率耦合程度一直较高；从耦合协调度来看，2009—2010年浙江省新型城镇化和绿色发展效率的耦合协调度处于勉强协调阶段，2011年后进入初级协调发展阶段，2015—2016年处于中级协调发展阶段，2017年开始步入高级协调发展阶段（见表5.38）。

从协调发展的类型来看，2010年前，浙江省绿色发展效率滞后于新型城镇化程度，2011—2014年之间新型城镇化和绿色发展效率两个系统呈现协调发展态势，2014年后新型城镇化程度逐渐滞后于绿色发展。此外，值得一提的是，

浙江省 11 个地级市的耦合协调度存在较大差异，其中杭州市、嘉兴市和绍兴市的耦合协调度较高，而衢州市、舟山市和丽水市的耦合协调度则相对较低（见图 5.38）。

表 5.38　2009—2019 年浙江省新型城镇化和绿色发展效率耦合协调结果

年份	新型城镇化综合评价值 U_1	绿色发展效率综合评价值 U_2	耦合度 C	耦合协调度 D	U_1-U_2 值	耦合协调度类型
2009	0.2450	0.2346	0.9998	0.4896	0.0104	勉强协调发展绿色发展效率滞后型
2010	0.2456	0.2183	0.9983	0.4812	0.0272	勉强协调发展绿色发展效率滞后型
2011	0.2896	0.2821	0.9999	0.5347	0.0075	初级协调同步发展型
2012	0.3353	0.3290	1.0000	0.5763	0.0063	初级协调同步发展型
2013	0.3444	0.3467	1.0000	0.5878	−0.0024	初级协调同步发展型
2014	0.3603	0.3572	1.0000	0.5989	0.0031	初级协调同步发展型
2015	0.3613	0.3977	0.9988	0.6157	−0.0364	中级协调发展城镇化滞后型
2016	0.3705	0.5808	0.9753	0.6811	−0.2103	中级协调发展城镇化滞后型
2017	0.4005	0.6361	0.9738	0.7105	−0.2356	高级协调发展城镇化滞后型
2018	0.4185	0.6922	0.9692	0.7336	−0.2736	高级协调发展城镇化滞后型
2019	0.4349	0.7290	0.9676	0.7504	−0.2941	高级协调发展城镇化滞后型

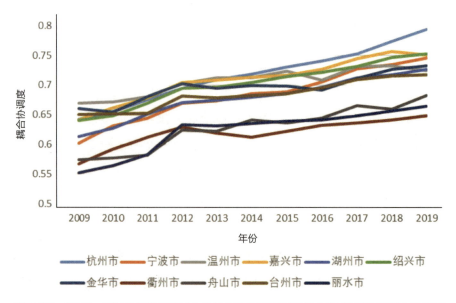

图 5.38　2009—2019 年浙江省 11 个地级市新型城镇化和绿色发展效率耦合协调度

四、结论

本节基于"绿水青山就是金山银山"理念构建了耦合协调度模型，分析浙江省新型城镇化和绿色发展效率的耦合协调水平，得到的主要结论和建议如下。

从时间维度来看，2009—2019年浙江省新型城镇化水平和绿色发展效率总体上稳步提高，两者的耦合协调度呈上升趋势，且在2010年和2015年增速明显，这得益于这两年绿色发展效率的快速提升，而城镇化水平在这两年的增速相对缓慢。因此，在坚持新型城镇化战略的同时，需进一步把生态文明理念融入城市建设中，大力发展绿色经济，为浙江新型城镇化高质量建设赋能。全省在全面推进新型城镇化建设的同时，进一步深刻领悟"绿水青山就是金山银山"理念，摒弃传统的粗犷发展模式，更加注意绿色经济发展的平衡和协调。

从空间角度来看，11个地级市的耦合协调度总体上都有明显的提高，但各地区差异明显。整体来看，杭州依托其经济规模总量领先发展，东部沿海地区以其自身地理位置优势和经济基础快速进步。就协调发展类型而言，2019年，杭州、宁波、温州、嘉兴、湖州、金华、台州和绍兴八个地级市都处于高级协调阶段，其中杭州作为省会耦合协调度最高，接近0.8，剩下七市的耦合协调度基本处于0.7—0.75这一范围。2019年，舟山、丽水和衢州为中度协调发展类型，丽水和衢州两者综合评价值都最低，说明相对薄弱的经济实力对生态经济的建设产生了一定阻碍作用。

第六节 | 政策建议

新时代土地利用要立足于提高资源供给质量效益，促进现代化经济体系建设。在发展理念上，把"绿水青山就是金山银山"理念进一步落地，形成包括绿色消费、绿色生产、绿色流通、绿色金融等在内的完整绿色经济体系，形成生态价值实现机制，将应对气候变化与绿色经济发展需求相结合，推动绿色发展，为构建生态文明发展新范式、建设韧性经济社会确立方向。

一、实施差异化生态系统综合管理

强化土地生态系统管理，划定空间管控红线，充分协调城市增长边界、基本农田保护红线和生态空间管控红线，优化和协同不同类型生态系统服务。

针对农田生态系统，应实行严格的基本农田保护制度，提高耕地资源的产品提供能力；重视对耕地资源的生态属性管理，提高耕地的生态功能，支持耕地在碳调节、水文调节、水质净化与生物多样性保护等方面的市场化建设，建立耕地生态系统服务与农户收益挂钩机制；在政策制定方面激发农民参与的积极性，充分协调耕地的生产、生活与生态属性，推进粮食安全保障功能与生态安全维护功能协同发展。

针对森林、草地、湿地、水域等生态系统，应严格控制开发和占用天然林、天然草地、湿地等基础性生态用地，提高生态系统的生态调节服务能力；进一步提高具有重要生态功能的湿地、河流、湖泊、滩涂、水田、林地、草地等生态用地比例，优化适合全省不同区域特色的国土空间布局。建立长效的生态补偿机制，加大生态补贴力度，并建立动态性和市场化的补贴标准。

二、加强对耕地资源的管控

实现耕地资源的"数量—质量—生态三位一体管理"向"多功能利用管理"转变，提高耕地生产能力和生态功能并提高耕地资源的产品供给和生态调节功能，提升耕地生态系统综合管理水平。划定重点粮食主产区，对区域内耕地实行特殊保护，推进以提高土地质量为核心的中低产田改造工程。依据耕地等级实施差别化管理，对多功能生态用地和水田等实行特殊保护。加强基本农田建设，建立基本农田建设集中投入制度，加大公共财政对粮食主产区和基本农田保护区建设的扶持力度，建立健全耕地保护的补偿机制和约束机制。加强土地综合整治，协调耕地保护与生态建设关系，从规划、设计、施工等不同层面建立土地整治的生态型模式，避免以牺牲生态环境为代价来增加耕地。全面防治污染，提高土地生态系统健康水平。土地管理部门应加强对污染土地的综合整治，将其放在耕地保护的首要位置，形成土地污染防治与土地利用协同耦合机制，协调各部门建立综合决策机制，严格控制耕地源头污染。

三、建立和健全土地生态系统管理和生态补偿法律体系和管理体制

加快生态补偿立法，形成长效补偿机制，明确其在国家规划体系、区域管理体系中的地位。加快对环境税、生态补偿税、"碳税"的立法，使其成为政府生态补偿资金的固定来源。完善土地生态补偿方面法律法规建设。健全土地生态系统管理和生态补偿管理体制，增强中央和各级地方政府管理部门的协调性，实施区域生态补偿，利用生态用地指标进行自然资源的宏观调控。在技术层面，建立全省土地生态系统监管网络，提高土地生态系统监测能力，为构建以土地为载体的多目标融合的多层面多尺度土地生态系统综合管理体系服务，为自然资源综合管理提供支撑。

CHAPTER 6

第六章　乡村振兴和共同富裕

实现共同富裕是社会主义的本质要求，是人民群众的共同期盼，而其中最大难点和最艰巨的任务在乡村。长期以来，我国受城乡二元体制思维影响，实施城乡分割的制度，阻隔了城乡要素互动，资金、土地、人口等要素由农村单向流入城市，造成乡村严重"贫血"。随着乡村振兴战略的重要部署，实现农民富裕以及农业现代化受到了高度重视。土地资源作为农村集体存量最大的"沉睡资产"，不仅是战略实现的重要支点，更是农民收入和社会保障的基础。然而，农村土地资源的直接价值和间接价值一直没有达到最优状态，实际上制约了乡村振兴的实现。农村土地问题不解决，乡村不能实现振兴，共同富裕便无从谈起。因此，进一步激发农村土地资源活力，挖掘农村土地价值，是提高农民收入、实现农业现代化的重要途径。只有科学合理实现土地资源优化配置，实现乡村振兴"产业兴旺、生态宜居、乡风文明、治理有效、生活富裕"的总要求，才能更好为做大做好共同富裕"蛋糕"提供坚实基础。

在此背景下，本章旨在从土地资源优化配置的视角研究浙江省乡村振兴与共同富裕的实现路径。首先，本章基于第三次全国国土调查成果分析浙江省乡村振兴和共同富裕发展进程，探究浙江省乡村发展面临的关键问题。其次，在此基础上，结合"三调"成果，剖析浙江省土地资源优化配置、土地制度深化改革等相关运行机制和实施绩效，提炼浙江省乡村振兴、共同富裕的主要经验。最后，以全域土地综合整治工作作为切入点，探究全域土地综合整治推动乡村振兴、促进共同富裕的内在机制和实施路径。

第一节 ｜ 基于"三调"的乡村现状分析

实现共同富裕，乡村振兴是必经之路。实施乡村振兴战略，就是要从根本上解决城乡发展不平衡、乡村发展不充分的问题，更好满足农民群众对美好生活的需要。2021 年，中共中央、国务院印发《关于全面推进乡村振兴加快农业农村现代化的意见》，对乡村现代产业体系公共基础设施建设、农业绿色发展、基本公共服务水平、农村人居环境整治等提出了新要求。乡村振兴要解决的首要问题就是破解"人、地、钱"制约，其中沟通"人"与"钱"的关键要素，是土地资源。

　　基于此，本节首先以浙江省"三调"数据为基础，筛选出其中与乡村发展息息相关的农村宅基地、公共管理与服务用地等用地类型，分析浙江省乡村土地的基本特征，并在此基础上总结归纳当前浙江省乡村振兴及共同富裕发展现状。

一、乡村土地基本特征

　　对照住房和城乡建设部《村庄规划用地分类指南》，本节以"三调"分类中的村庄范围内的农村宅基地、公共管理与公共服务用地、经营性建设用地、交通运输用地作为分析对象，总结浙江省乡村土地的基本特征。

（一）村庄用地

1.总量持续扩张，需加强总量管控

　　全省从 2009 年到 2019 年十年间村庄规模扩张超 104.1 千公顷，其中湖州市、宁波市村庄用地面积增长较多，均超过 15 千公顷，金华市、温州市、杭州市也有一定规模的增加，而嘉兴市和舟山市村庄扩张规模最少，低于 4 千公顷（见图 6.1）。

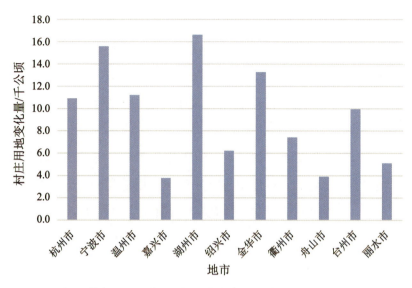

图 6.1 "三调"（2019 年）较"二调"（2009 年）各地级市村庄用地变化

　　细化到县市和地级市市区的尺度来看，全省有 59 个地区村庄面积有所增加，占比近 94%，其中增加幅度最大的是杭州市区，增幅超过 8 千公顷，增幅排名靠前的地区主要集中在杭州市、湖州市和宁波市。村庄用地减少的地区主要集中在嘉兴市，减少最多的是玉环市（见图 6.2）。

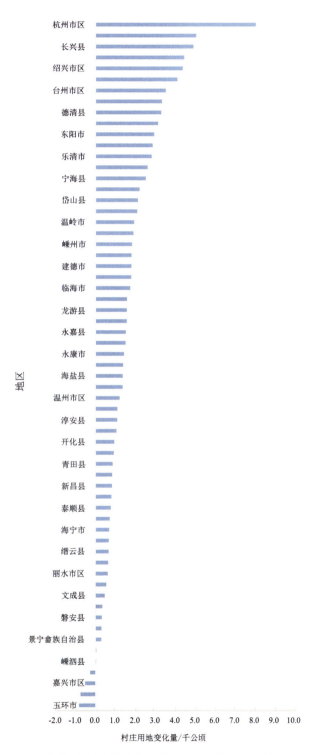

图 6.2　2019 年较 2009 年各地区村庄用地变化

农村中原有的建设用地不能有效退出，同时新需求导致用地不断增加，造成了农村"人减地反增"的现象。一方面，全省各地农村常住人口不断减少的同时，却没有同步退出农村宅基地，村庄用地被大量废弃或闲置，造成村庄空心化。特别是在村集体经济发达的地区或是距离城区较近的地区，由于外来务工人员和家庭作坊数量多、户籍人口城镇化率低、房价高等问题，农村宅基地退出更为困难。另一方面，农村中所蕴含的巨大人口总量，如外来非户籍人口等非本地农民，以及乡镇企业的发展和农村产业的壮大，对村庄用地存在现实的需求，导致村庄规模不断扩大。

2.村庄用地空间分布集聚

"二调"至"三调"期间，村庄用地总量持续扩张，从全省村庄用地空间自相关计算结果来看，浙江省村庄用地在空间分布上较为集聚，呈现出正相关特征。高–高聚集区主要分布在东北部平原一带、中部金衢盆地和东南部沿海温台平原地区，这类地区自然条件优越，分布有较多的村庄用地，且空间集聚性较强。低–高聚集区则在以上地区范围内相伴分布。低–低聚集区较多分布在西部和西南部山区 26 县范围内，高–低聚集区在其周边零星分布。

相较 2009 年，受城镇扩张影响，2019 年村庄高–高聚集区有所减少，但整体集聚度相差不大（见图 6.3）。

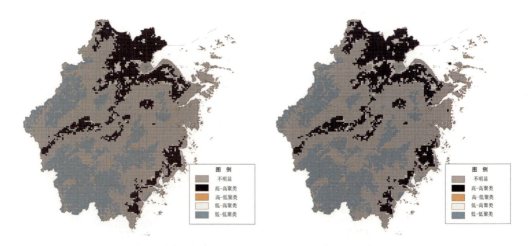

图 6.3　2009 年（左）、2019 年（右）村庄用地空间自相关分析

（二）农村宅基地

浙江省"七山一水二分田"的自然条件，使得浙江的宅基地利用问题尤为突出，面临着自然村数量多、居民点布局散乱、人口集聚水平低、宅基地闲置浪费、土地粗放利用等一系列问题。因此，盘活利用宅基地，一直以来都是浙江省国土工作的重点。

1.面积总量适中，地区分布基本平衡

农村宅基地是指在农村地区用于居民生活居住的土地。浙江省"三调"数据显示，2019 年浙江省村庄范围内的农村宅基地总面积为 329.5 千公顷，占全省总面积约 3%，根据相关学者对全国宅基地的测算[①]，浙江省宅基地总面积在全国排第 12 位。

细化到地级市层面，杭州市农村宅基地面积在浙江省位列第一，为 45.6 千公顷。金华市、宁波市、嘉兴市与台州市同样具有相对较大的农村宅基地面积，达到 30 千公顷以上。湖州市、衢州市农村宅基地面积分别为 29.6 千公顷与 26.9 千公顷。丽水市与舟山市受制于地形及行政区面积等因素，农村宅基地面积均低于 20 千公顷，分别为 17.5 千公顷以及 6.2 千公顷（见图 6.4）。

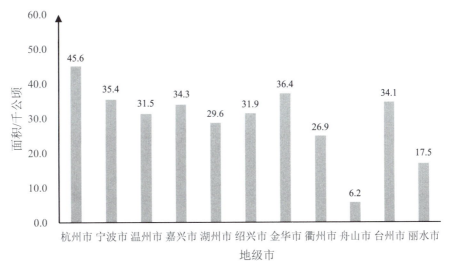

图 6.4　浙江省地级市农村宅基地面积

---

①　刘丹，巩前文.中国农村宅基地面积测算及其分布特征.世界农业，2021(6):81-91.

2.粗放利用明显，节约集约水平待提高

由于历史、文化、自然形成、继承或建新未拆旧等多种原因，农村一户多宅、"空心村"、空置住宅、超标准占地等问题依然存在。浙江省《关于加强农村宅基地管理工作的通知（代拟稿）》规定，各地应合理确定农民人均占有宅基地面积的最低标准，作为核定农户申请宅基地的重要依据。

人均宅基地面积通过 2019 年浙江省各地级市农村宅基地面积与乡村户籍人口计算得出。2019 年浙江省人均宅基地面积为 146.06 平方米。其中，嘉兴市、湖州市、宁波市的农村人均宅基地面积均高于 200 平方米，处于相对较高的水平，具有较大节约集约发展的潜力。丽水市、温州市农村人均宅基地面积相对较低，低于 100 平方米（见图 6.5）。

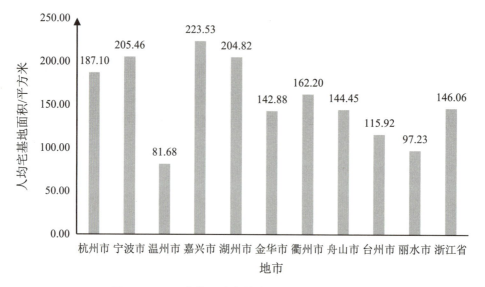

图 6.5　2019 年浙江省各地市农村人均宅基地面积

细化到县级尺度来看，浙江省人均宅基地面积呈现了"北高南低"的空间分布特征。除杭州市的滨江区、拱墅区等县（市、区）由于城镇化水平较高，宅基地分布较少之外，人均宅基地面积的高值均集中于杭州市其他县（市、区）和湖州市及宁波市的各个县（市、区）。其中，人均宅基地面积最大的余姚市，人均宅基地面积达到了 360.62 平方米。而在浙江省南部的青田县、苍南县等地，人均宅基地面积仅为 60 平方米（见图 6.6）。

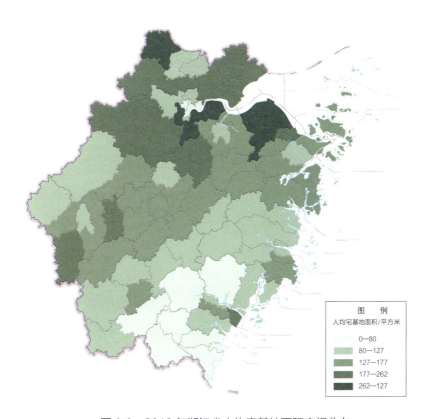

图 6.6　2019 年浙江省人均宅基地面积空间分布

3.闲置现象明显，仍需加强盘活利用

随着城镇化快速推进，农业转移人口数量不断增加，"一户多宅""建新不拆旧"和"举家进城"等现象的出现，使得农村宅基地闲置浪费问题日益突出。相关研究发现，中国 93.5% 的村庄有空心化现象，平均空心化率超过了 10%，空心化率最高的村庄达到了 62.18%[1]。若以"三调"数据中宅基地面积为基准，再根据相关研究测算得到的浙江省宅基地平均闲置率（4.36%）[2]，2019 年浙江省宅基地闲置总量可达约 14.4 千公顷。值得关注的是，在丽水市等经济相对落后的地市，由于农业转移人口数量更为庞大，宅基地空置率甚至达到了 30% 以上[3]。

---

① 宇林军,孙大帅,张定祥,等.基于农户调研的中国农村居民点空心化程度研究.地理科学,2016(7):7.
② 李风.唤醒"沉睡"的资产——浙江省探索盘活利用农村闲置农房和宅基地.浙江国土资源,2018(8):2.
③ 齐杰."三权分置"视域下农村宅基地制度改革的现实困境与路径研究——基于浙江省丽水市的实践.乡村论丛，2021(2):108−116.

（三）公共管理与公共服务用地

推进公共服务和公共资源均衡配置是为农村注入崭新动力的关键举措，同样也是广大农民平等参与改革发展进程、共同享受改革发展成果的一条必要途径。深入掌握浙江省公共管理与公共服务用地现状，可为浙江省基础设施建设、城乡公共服务均等化等工作的开展奠定基石。

公共管理与公共服务用地包括机关团体新闻出版用地、公共设施用地、科教文卫用地、公园与绿地。本节以村庄范围内公共管理与公共服务用地的"三调"数据为基础，分析浙江省乡村公共服务、基础设施建设现状特征。

1.公共资源地区分布不均匀

全省村庄公共管理与公共服务用地共计 25.1 千公顷，其中机关团体新闻出版用地 4.0 千公顷，科教文卫用地 10.6 千公顷，公共设施用地 7.3 千公顷，公园与绿地 3.1 千公顷（见表 6.1）。

表 6.1 2019 年浙江省各地级市村庄公共管理与公共服务用地面积与结构

地区	面积小计 /千公顷	机关团体新闻出版用地		科教文卫用地		公用设施用地		公园与绿地	
		面积 /千公顷	比例 /%	面积 /千公顷	比例 /%	面积 /千公顷	比例 /%	面积 /千公顷	比例 /%
浙江省	25.1	4.0	16.13	10.6	42.41	7.3	29.26	3.1	12.20
杭州市	4.0	0.6	14.06	1.8	45.56	1.1	27.53	0.5	12.84
宁波市	3.2	0.5	14.35	1.3	42.09	0.9	29.64	0.4	13.93
温州市	3.4	0.5	13.28	1.7	49.20	0.9	27.04	0.4	10.47
嘉兴市	1.5	0.3	18.75	0.4	28.94	0.5	33.79	0.3	18.52
湖州市	2.4	0.5	19.32	0.9	39.22	0.6	23.87	0.4	17.60
绍兴市	2.4	0.4	18.12	1.1	44.51	0.7	27.98	0.2	9.39
金华市	2.7	0.4	14.25	1.1	40.46	0.9	31.81	0.4	13.48
衢州市	1.2	0.2	16.92	0.6	45.02	0.4	29.29	0.1	8.77
舟山市	0.5	0.1	19.92	0.2	34.06	0.2	38.53	0.0	7.49
台州市	2.4	0.4	17.80	1.0	42.05	0.7	29.80	0.3	10.35
丽水市	1.3	0.3	20.42	0.5	39.17	0.5	36.63	0.0	3.78

注：舟山市、丽水市公园与绿地由于数值较小，分别为36.10公顷和48.24公顷，无法正常显示；数据未经调平。

细化到地级市层面，杭州市村庄公共管理与公共服务用地面积最大，达到

4.0千公顷。宁波市、温州市、湖州市、绍兴市、金华市与台州市村庄公共管理与公共服务用地面积则处于2千公顷—4千公顷之间。嘉兴市、丽水市、衢州市与舟山市村庄公共管理与公共服务用地面积相对偏小，均小于2千公顷（见图6.7）。

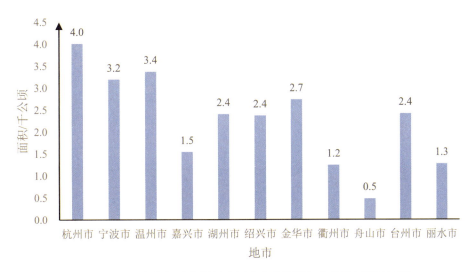

图6.7　2019年浙江省各地级市村庄公共管理与公共服务用地面积

2.结构总体基本合理，部分区域需改善

从全省层面来看，2019年浙江省村庄公共管理与公共服务用地共计25.1千公顷。其中，科教文卫用地面积较大，为10.7千公顷，公园与绿地面积最小，为3.1千公顷。

结构的合理度以各市村庄范围内二级地类面积占其村庄公共管理与服务用地面积比重为指标。以村庄科教文卫用地为例，温州市、杭州市、衢州市村庄科教文卫用地占村庄公共管理与公共服务面积比例达到了45%以上。湖州市、丽水市、舟山市与嘉兴市村庄科教文卫用地占村庄公共管理与公共服务面积比例较低，不足40%。

（四）经营性建设用地

产业振兴是实现乡村振兴的重要路径之一，发展乡村特色产业，可以在保障粮食安全的同时提升乡村非农劳动力的收入水平。本节以"三调"成果中村庄范围内的商业服务业用地、工矿用地为基础，分析浙江省村庄经营性建设用地现状特征。

1.总量地区分布不均匀

浙江省村庄商业服务业用地总面积为 12.3 千公顷，其中湖州市面积最大，达到了 2.0 千公顷，占村庄用地的比例达到了 3.47%。衢州市面积最小，仅为 0.5 千公顷，占村庄用地的比例为 1.38%（见图 6.8）。

图 6.8　2019 年浙江省各地市村庄商业服务业用地总面积与占村庄用地比例

全省村庄工矿用地总面积为 108.9 千公顷。其中，杭州市、宁波市与湖州市村庄工矿用地面积较大，均大于 13 千公顷。衢州市与丽水市村庄工矿用地面积相对较小，不足 4 千公顷。舟山市村庄工矿用地面积达到 5.3 千公顷，占村庄用地面积的 36.71%，所占比例为全省最高水平（见图 6.9）。

图 6.9　2019 年浙江省各地市村庄工矿用地总面积与占村庄用地比例

2.第三产业用地面积较少，乡村服务业发展亟需用地保障

综合比较浙江省用以发展乡村第二产业与乡村第三产业的用地现状可知，浙江省乡村工矿用地面积远高于商业服务业用地面积，分别为108.9千公顷与12.3千公顷。这既反映了浙江省乡村工业化发展具有较好的发展基础，又反映了浙江省需要为乡村商业服务业发展提供更多的用地保障。浙江省村庄商业服务业设施用地面积为10.0千公顷，为村庄商业服务业用地的主体。全省村庄工业用地面积为106.9千公顷，占到工矿用地的98.19%，采矿用地的占比很小（见表6.2）。

表6.2　2019年浙江省及各地市村庄商业服务业与工矿用地结构　　　单位：千公顷

| 地区 | 商业服务业用地 | | | | | 工矿用地 | | | | |
| | 面积小计/千公顷 | 商业服务业设施用地 | | 物流仓储用地 | | 面积小计/千公顷 | 工业用地 | | 采矿用地 | |
		面积/千公顷	比例/%	面积/千公顷	比例/%		面积/千公顷	比例/%	面积/千公顷	比例/%
浙江省	12.3	10.0	81.17	2.3	18.83	108.9	106.9	98.19	2.0	1.81
杭州市	1.7	1.5	87.97	0.2	12.03	18.0	17.7	98.35	0.3	1.65
宁波市	1.7	1.5	85.94	0.2	14.06	17.6	17.3	97.80	0.4	2.20
温州市	1.3	1.1	84.15	0.2	15.85	8.4	8.2	97.82	0.2	2.18
嘉兴市	1.0	0.8	84.96	0.1	15.04	8.7	8.6	99.31	0.1	0.69
湖州市	2.0	1.5	72.68	0.6	27.32	14.0	13.9	99.26	0.1	0.74
绍兴市	1.0	0.8	82.16	0.2	17.84	9.9	9.7	98.34	0.2	1.66
金华市	1.3	1.0	77.24	0.3	22.76	10.3	10.1	97.72	0.2	2.28
衢州市	0.5	0.4	84.17	0.1	15.83	3.6	3.5	97.08	0.1	2.92
舟山市	0.3	0.2	70.33	0.1	29.67	5.3	5.2	97.50	0.1	2.50
台州市	1.0	0.7	77.62	0.2	22.38	10.5	10.3	98.28	0.2	1.72
丽水市	0.4	0.4	81.09	0.1	18.91	2.6	2.5	95.31	0.1	4.69

（五）交通基础设施用地

乡村振兴，交通先行。交通基础设施是实现村庄发展的重要区位要素，是促进各生产要素集聚，提高生产效率的重要条件。交通是经济发展的命脉，加强农村交通基础设施建设是实现乡村产业兴旺的关键。本节以浙江省"三调"数据中的交通运输用地数据为基础，分析浙江省乡村交通基础设施的建设现状。

地级市中，杭州市、宁波市与温州市村庄交通运输用地比例显著高于其他地级市，且交通运输用地占村庄用地的比例均高于5%。优质的交通运输条件为这三个地级市乡村商品经济的发展提供了有力保障。舟山市受到自然地理条件的影响，村庄交通运输用地面积仅为0.4千公顷，占村庄用地的2.54%，处在全省的较低水平上，一定程度上制约了其乡村产业的发展（见图6.10）。

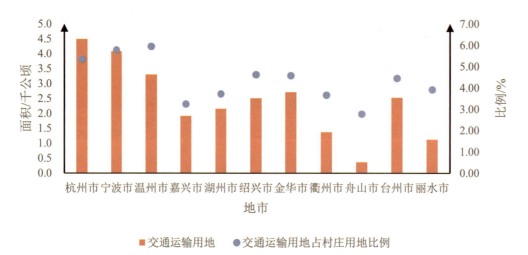

图6.10　2019年浙江省各地市村庄交通运输用地面积与其占村庄用地比例

浙江省村庄交通运输用地中，城镇村道路用地占比达到58.77%，为村庄范围内公共快速路、主干路、次干路等公共道路的用地。交通服务场站用地占比达到16.70%，主要为村庄内的公交枢纽及其附属设施、公路长途客运站、公共交通场站、公共停车场等用地。农村道路占比达到24.53%，主要为村庄内服务于农村农业生产的道路。三类村庄交通运输用地共同构成村庄交通运输网络，发挥着促进乡村发展的不同功能。浙江省各个地级市因乡村发展特征的差异，其交通运输用地结构也有所差异。以农村道路为例，嘉兴市作为浙江省农业发展的重要城市，其农村道路面积达到0.8千公顷，占全部村庄交通运输用地的43.36%，显著高于其他地级市。以城镇村道路用地为例，杭州市、宁波市、温州市与台州市城镇村道路用地占村庄交通运输用地的比例均达到60%及以上，显著高于其他地级市，一定程度上反映出这些地区乡村第二产业、第三产业发展较好（见表6.3）。

表6.3 2019年浙江省及各地市村庄交通运输用地结构

地区	面积小计/千公顷	城镇村道路用地		交通服务场站用地		农村道路	
		面积/千公顷	比例/%	面积/千公顷	比例/%	面积/千公顷	比例/%
浙江省	26.6	15.6	58.77	4.4	16.70	6.5	24.53
杭州市	4.5	2.9	63.94	0.8	17.01	0.9	19.05
宁波市	4.1	2.8	68.03	0.6	15.14	0.7	16.83
温州市	3.3	2.1	62.80	0.6	17.08	0.7	20.12
嘉兴市	1.9	0.9	44.63	0.2	12.02	0.8	43.36
湖州市	2.2	1.1	49.00	0.4	19.31	0.7	31.70
绍兴市	2.5	1.4	55.22	0.4	16.44	0.7	28.34
金华市	2.7	1.6	58.47	0.6	20.73	0.6	20.80
衢州市	1.4	0.7	51.27	0.2	16.43	0.4	32.30
舟山市	0.4	0.2	51.86	0.1	23.47	0.1	24.67
台州市	2.5	1.5	60.87	0.4	14.63	0.6	24.50
丽水市	1.1	0.6	50.79	0.2	16.64	0.4	32.57

二、乡村振兴发展现状

（一）农村产业持续高质量发展

浙江省深入实施"藏粮于地、藏粮于技"战略，农业综合生产能力和可持续发展能力显著提升。2020年，全省农林牧渔业总产值达到3497亿元，是1978年的53.2倍，1978—2020年年均增长4.0%（按可比价计算）（见图6.11）。另外，浙江围绕高效生态农业强省、特色精品农业大省目标，以农牧结合、农林结合、循环发展为导向，以主体功能区规划和优势农产品布局规划为依托，不断优化农林牧渔业产业结构，加快发展绿色农业。农、林、牧、渔业比重分别由1978年的77.3%、3.0%、14.3%和5.3%调整至2020年的45.6%、5.4%、13.5%和32.3%。

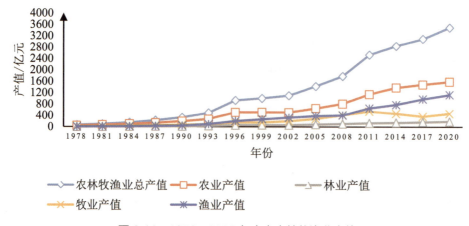

图 6.11　1978—2020 年全省农林牧渔业产值

数据来源：浙江省相关统计年鉴。

（二）农村生产、生活环境优化

2019 年，浙江实现了农村生活垃圾集中收集有效处理体系建制村全覆盖，61%的建制村实施了生活垃圾分类处理，干净整洁成为全省村庄的常态。510 万户农户生活污水实现截污纳管，90%建制村、74%农户的生活污水得到有效治理；乡村劣 V 类小微水体基本消除，广大农村水变干净、塘变清澈。全省农村卫生厕所普及率 99.65%，无害化卫生厕所普及率 98.55%。

农村等级公路比例达 99.7%，建制村客车通达率 100%。在全国各省区中率先实现县（市、区）域范围内城乡低保同标。所有县（市）建成至少一所二级甲等以上医院，公办乡镇卫生院和社区卫生服务中心标准化建设达标率分别达到 95% 和 89.9%，基本形成"20 分钟医疗卫生服务圈"。

（三）农民收入水平不断提升

浙江省始终把发展农村经济和增加农民收入、改善农民生活有机结合，大力实施助农增收行动，加快转变农民增收方式，努力促进农民收入多元化，农民收入实现持续较快增长。2021 年，浙江农村常住居民人均可支配收入 35247 元，比全国平均水平（18931 元）高 16316 元（见图 6.12），居全国 31 个省（区、市）第 2 位，仅次于上海，连续 37 年居全国省（区）第 1 位。

另外，在收入持续增长的同时，农村居民生活条件也明显改善。农村居民人均生活消费支出由 1978 年的 157 元增至 2020 年的 21555 元；恩格尔系数由 1978 年的 59.1% 降至 2020 年的 32.3%；农村常住居民人均住房建筑面积也由 2013 年的 60.8 平方米上升至 2020 年的 66.9 平方米。

图 6.12　浙江省农村常住居民人均可支配收入

数据来源：浙江省相关统计年鉴。

三、共同富裕发展进程

　　浙江省是全国的先富典型。浙江省在共同富裕道路上积累了丰富经验，也取得了显著成效。2021 年 6 月，中共中央、国务院印发了《关于支持浙江高质量发展建设共同富裕示范区的意见》，浙江在新发展阶段承担起在共同富裕方面探索路径、积累经验、提供示范的重要使命。本节从浙江省城乡收入差距水平、城乡公共服务均等化水平、城乡要素双向流动水平出发，探讨浙江省共同富裕发展进程。

　　（一）城乡收入差距不断缩小，全国领先

　　随着共同富裕进程的不断推进，浙江省城乡居民收入倍差从 2016 年的 2.07 缩小为 2021 年的 1.94（见图 6.13），同期全国平均城乡居民收入倍差为 2.50。浙江省也成了全国唯一所有设区市居民收入都超过全国平均水平的省份。

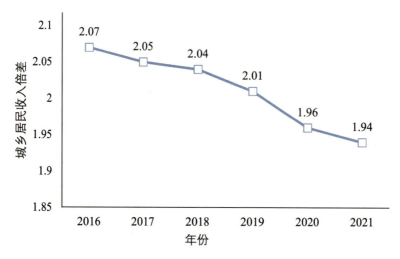

图 6.13　浙江省城乡居民收入比

数据来源：浙江省相关统计年鉴。

（二）城乡公共服务均等化成效显著

城乡一体化义务教育保障机制加快建立，农村标准化学校达标率为 98.6%，参加农村实用人才和高素质农民培训人数达 9.8 万人次，线上课程学习人数达 315.5 万人次。浙江推进城乡公共服务均等化，加快构建配置合理、功能完善、便捷高效的基本公共服务供给体系，规范化村级卫生室比例达 78.3%，居家养老服务中心实现乡镇全覆盖，新时代文明实践中心实现全覆盖，实践所站覆盖率达 80%。

2016 年，浙江省政府办公厅印发《浙江省基本公共服务体系"十三五"规划》（以下简称《规划》），对建立覆盖全省城乡居民的基本公共服务体系，提升基本公共服务质量和均等化水平提出明确要求。省发展改革委联合省统计局对 2019 年度全省及 11 个设区市基本公共服务均等化实现度的综合评价显示，2019 年全省基本公共服务均等化实现度 98.7%，比上年提高 1.9 个百分点，超过《规划》提出"十三五"末全省实现度 95% 的目标要求 3.7 个百分点。基本公共教育、基本就业创业等八大领域均等化实现度首次全部达到规划目标要求，11 个设区市基本公共服务均等化实现度也首次全部达标，这标志着浙江省城乡公共服务均等化已经进入全新阶段。

（三）城乡要素双向流动机制基本建立

破除不平等的壁垒，首先要化解农村要素收益低的问题，让城乡要素充分平等交换。一要建立城市人才入乡激励机制和农业转移人口市民化机制，促进人力资源的城乡双向流动。二要建立城乡统一的建设用地市场，让农村建设用地同等入市，同权同价，让农村在土地要素交换中获得同等的收益，有更多的积累用于支持农村发展。三要通过农村产业和各项农村建设事业的发展，促进农村扩大对资金的需求，并以充足的回报率遏制城市虹吸农村资金的不利现象。

浙江省积极引导要素资源向乡村流动，完善农村土地产权制度。建立"人—地－钱－业"耦合互动机制，提升金融对乡村的服务能力，给农村主体创造宽松的政策环境，激发乡村自主创业内驱力。同时完善土地的"三权分置"制度，提高土地经营权的流转效率，建立农村集体资产股份制改革推动机制，发挥乡镇资源的优势，鼓励农民分红。2021 年，浙江省 98.8% 的行政村集体经济总收入达到 20 万元且经营性收入达到 10 万元以上，共同富裕水平得到有效提升。同时发挥中心城市的辐射带动作用，将城市的资金、人才、科技等要素投入现代农业园区和粮食生产功能区高标准建设，农业现代化水平不断提高，实现了城乡良性互动。

第二节 | 聚焦土地资源配置推动乡村振兴

农村土地既是重要的自然资源，又是重要的生产要素，具有重要的生产功能、生活功能、生态功能，拥有巨大的市场价值和发展潜力。如何充分利用好、发挥好农村土地的功能作用，充分释放农村土地的市场价值，对乡村振兴至关重要。2018 年 9 月，中共中央、国务院印发《乡村振兴战略规划（2018—2022年）》，再次强调了做好乡村振兴用地保障的战略意义。浙江省以村庄规划作为核心引领，创新土地治理方式、生产模式、经营机制，取得了显著成效。

一、发挥村庄规划引领作用

村庄规划是法定规划，是国土空间规划体系中乡村地区的详细规划，是开展国土空间开发保护活动、实施国土空间用途管制、核发乡村建设项目规划许可、进行各项建设等的法定依据。习近平总书记强调"实施乡村振兴战略要坚持规划先行、有序推进,做到注重质量、从容建设"①,要"通盘考虑土地利用、产业发展、居民点布局、人居环境整治、生态保护和历史文化传承,编制'多规合一'的实用性村庄规划"②。各地的实践也表明,村庄规划在实施乡村振兴战略中发挥了不可替代的作用。做好村庄规划,有利于理清村庄发展思路,明确村庄定位、发展目标、重点任务;有利于科学布局农村生产生活生态空间,尽可能多地保留乡村原有地貌和自然生态,系统保护好乡村自然风光和田园景观;有利于统筹安排各类资源,集中力量,突出重点,引导城镇基础设施和公共服务设施向农村延伸,加快补齐农村基础设施和公共服务设施短板。坚持村庄规划引领,做到发展有遵循、建设有依据,确保乡村振兴始终沿着正确的方向发展。

（一）发展历程

浙江省村庄规划大体经历了三个阶段:第一阶段是从 2003 年到 2007 年,这一时期主要任务是从整治村庄环境"脏乱差"问题入手,着力改善农村生产生活条件,使农村局部面貌发生了较大的变化。第二阶段是从 2008 年到 2010 年,这一阶段主要是按照城乡基本公共服务均等化的要求,推进农村环境综合整治,使全省绝大多数村庄的面貌发生了整体的变化。第三阶段是 2011 年以后,这一阶段主要是按照生态文明建设要求,推进美丽乡村建设,使农村的面貌发生根本性的变化。安吉和桐庐的"中国美丽乡村"成为全国村庄规划与建设的学习对象。浙江省村庄规划在这一过程中逐渐形成了"村庄布点规划—村庄规划—村庄设计—村居设计"层级体系以及包括整治规划、美丽宜居规划在内的丰富类型,在贯彻理念、指导实施方面形成若干基本经验③。

（二）空间控制底线和强制性内容

乡村编制单元内的控制底线包括生态保护红线、永久基本农田、村庄建设

---

① 中央农办 农业农村部 自然资源部 国家发展改革委 财政部关于统筹推进村庄规划工作的意见. (2019-01-04) [2023-12-02]. https://www.gov.cn/zhengce/zhengceku/2019-10/22/content_5443115.htm.

② 习近平眼中的"强美富". (2020-12-28) [2023-12-02]. http://www.xinhuanet.com/politics/xxjxs/2020-12/28/c_1126916214.htm.

③ 张乐益, 张静, 吕冬敏, 等.基于"两山"理念的浙江乡村规划实践.上海城市规划, 2021(3):109-114.

边界、历史文化保护控制线、重要基础设施廊道控制线以及其他重要控制线的空间分布与坐标定位。

村庄规划的强制性内容包括上位规划的村庄建设用地边界线以及永久基本农田保护面积、生态保护红线面积、耕地保有量、城乡建设用地规模、村庄建设用地规模、补充耕地面积、建设用地复垦面积、生态修复面积、区块法定图则和地块法定图则中的强制性内容等。村庄规划中的强制性内容应在规划管理中被严格遵守，是对村庄规划实施进行监督检查的重要依据，须在成果中被明确标识。

在村庄规划中，规划者需要控制集体经营性建设用地、农村产业用地的强度、用途和布局；控制农村宅基地的规模和范围；控制土地综合整治与修复的范围；控制道路建设退距；控制主要市政设施和公共服务设施的规模和范围，尤其是邻避设施和公益性公共服务设施的位置和规模；控制避灾点的位置和规模、危险品生产仓储用地和通道；控制村庄居民点范围内的河道、湖泊等主要水域的范围。若村庄涉及历史文化保护工作，需确定历史文化保护名录、保护范围和保护要求。对于村庄风貌管控，规划要求村庄确定主要公共建筑的体量、高度、风格；村口、公共活动空间、主要街巷等重要节点的设计要求；村民自建房屋的高度、风格。

（三）用地布局

村庄规划中的用地布局可划分为生态用地、农用地、建设用地、公共服务设施用地以及景观风貌用地五个大类。

1. 生态用地布局

针对生态用地中的林地规划，明确新增林地面积、空间范围，落实林地保有量指标要求；落实上位（专项）规划确定的生态廊道，强化主要道路、河道两侧的林带建设，开展农田防护林布局，明确位置和宽度；明确林地种类，如生态公益林、商品林等类型；对于林业产业发展特色村，根据村庄林业产业发展潜力和需求，开展林相改造、公益林种植、林地结构调整、空间布局规划、保护与利用方向确定等规划。

针对生态用地中的湿地和陆地水域，明确湿地的类型，优化湿地空间布局，落实湿地面积指标要求。结合河道蓝线专项规划，确定规划范围内主要河道的宽度、长度、等级、航道等级，说明规划范围内需要拓宽、延伸和新开的水系；开展河道整治，包括河道清淤、生态护岸、岸坡绿化、生态湿地建设等；明确湖、库、水塘等水面水体的边界、保护范围界限；结合水利专业规划，明确防洪、排涝标准，划分圩区，确定圩区面积、流量及泵闸规划布局，说明需要新增或改建的主要泵闸设施；明确各水体的水质要求，落实水质达标率指标要求；确定单元内主要的灌溉与排水方式，提出生态沟渠的布置要求，明确位置、宽度和长度。

2.农用地布局

针对耕地规划，以耕地资源永续利用为目标，加强耕地保护，提高耕地地力和生产效益，结合上位规划的内容，根据"大稳定，小调整"的原则，将耕地保有量、永久基本农田保护面积、粮食功能区、高标准农田等落实到地块和责任人，确保数量不减少、质量不降低，功能有提升，并分别制定保护措施。根据宜耕后备资源潜力调查与分析结果，明确土地整治新增耕地的类型、数量和位置。此外，要加强对特色农产品、地理标志农产品、"菜篮子"、传统农耕文化种植空间的保护，对于具有农业规模经营、特色农产品生产特征的村庄，确定农业主导产业和特色农业精品产业等主题，明确特色农产品生产空间的位置和面积，提出促进农业产业发展的措施。针对园地规划，要优化园地空间布局，明确园地的空间范围，加强对特色农产品、地理标志农产品、传统农耕文化种植空间的保护，明确其分布位置和面积，提出保护措施。

3.建设用地布局

针对农村宅基地，要按照上位规划确定的农村居民点布局和建设用地管控要求，对农村人口进行预测，严格落实"一户一宅"，合理确定宅基地规模，在村庄建设边界内划定宅基地建设范围。规划应着重考虑无房户、危房户、困难户的住房需求以及因古建筑和传统风貌保护、公益建设和防灾减灾工程带来的安置区新增住宅用地刚性需求，新增宅基地规模应符合省市县有关要求。

针对其他农村居民点用地，要按照城乡基本公共服务均等化要求和乡村生活圈理念，充分结合村民生产生活方式，明确养老设施用地等农村社区服务设施用地、农村公共管理与公共服务用地、农村绿地和开敞空间用地等各类建设用地界线、用地性质、用地规模和控制要求。遵循节约用地的原则，公共服务设施宜相对集中布置，并考虑混合使用、形成规模，成为村庄的公共活动和景观中心。

针对农村产业用地，要统筹并合理安排集体经营性建设用地布局、用途和强度，引导优先使用存量集体经营性建设用地，合理确定新增集体经营性建设用地规模，鼓励乡村重点产业和项目使用集体经营性建设用地，合理保障农产品生产、加工、营销、乡村旅游配套等农村新产业新业态发展用地。

针对农业设施建设用地，要根据农业生产需求，合理配置种植设施建设用地、畜禽养殖设施建设用地、水产养殖设施建设用地，明确新增、保留、复垦及改造要求；严格控制其用地范围，明确新增和保留的农业设施建设用地的规模、布局、建设标准等相关规划内容。农业设施建设用地应尽量利用荒山荒坡、滩涂等未利用地和低效闲置土地，严禁占用永久基本农田。

针对其他建设用地，要明确农村工矿用地、交通设施用地、农村公用设施用地、村庄留白用地、特殊用地等用地的性质、规模、空间范围和控制要求。落实上位规划、专项规划中明确的交通设施、市政设施、水利、能源等项目，在空间布局和规模上做好项目落地的规划衔接。统筹布局各类村级基础设施用地。在摸清村内的矿产资源分布情况的基础上，做好矿地的开发管理规划。

4.公共服务设施与基础设施布局

公共服务设施规划需要落实上位（专项）规划对公共服务设施的要求，按照城乡基本公共服务均等化要求和乡村生活圈理念，结合村庄居民点布局以及村民实际需求，梳理村庄现状缺少及配置不达标的公共服务设施项目，合理配置各类村庄公共服务设施，具体包括村委会、文化礼堂、文化活动场所、健身场地、村卫生所、快递服务、农贸市场、养老服务设施、教育设施等。确定公共服务设施配置内容和建设要求，明确各类设施的规模、布局、标准等。

交通设施规划则包括道路规划、交通场站规划、市政设施规划、安全与防灾规划。例如，道路规划需要落实上位（专项）规划确定的各类道路交通设施，做好用地预留和布局衔接。根据需要因地制宜制定与过境公路相衔接的村道规划方案，细化路网布局，明确各类道路等级、走向和用地安排。根据村庄规模和集聚程度，选择相应的村庄内部道路等级与建设标准。规模较大的村庄可按照干路、支路等进行分级设置，规模较小、用地紧张的村庄可酌情确定道路等级与建设标准，明确各类道路宽度，有需要的可细化断面形式，提出道路沿线廊道控制、建设退距、绿化景观等管控要求。

交通场站规划则需要综合考虑农村实际需要，充分结合公共广场、路边等地，因地制宜规划布局公交站场和停车场地。多层住宅停车场地宜集中布置，低层住宅停车场地可结合农房宅院、宅前路分散布置，鼓励地下空间的使用。有特殊功能（如乡村旅游）的村庄，要考虑停车安全和减少对村民的干扰，可在村口、公共活动中心等附近集中布局一定规模的停车场，鼓励建设地下停车场，也可因地制宜设置用地复合的季节性停车场。

5.景观风貌与村庄设计要求

一是风貌特色保护引导，充分结合地形地貌、山体水系等自然环境条件，传承村庄历史文化，引导村庄形成与自然环境、地域特色相融合的空间形态，提出村庄与周边山水相互依存的规划要求。通过对村庄原有自然水系、街巷格局、建筑群落等空间肌理的研究，提出旧村改造和新村建设中空间肌理保护延续的规划要求。继承和发扬传统文化，适当建设标志性的公共建筑，突出不同地域的特色风貌。

二是公共空间布局引导，结合生产生活需求，合理布置公共服务设施和住宅，形成公共空间体系化布局；从居民的实际需求出发，充分考虑现代化农业生产和农民生活习惯，形成具有地域文化气息的公共空间场所。对公共空间和标志性公共建筑的规划设计提出要求，引导形成与山水格局、村庄肌理、既有建设相协调的、具有本地特色的建筑风貌。

三是绿化景观设计引导，充分考虑村庄与自然的有机融合，合理确定各类绿地的规模和布局，提出村庄环境绿化美化的措施，确定本土绿化植物种类；提出村庄闲置房屋和闲置用地的整治和改造利用措施；提出沟渠水塘、壕沟寨墙、堤坝桥涵、石阶铺地、码头驳岸等的整治措施；提出村口、公共活动空间、主要街巷等重要节点的景观整治措施。

四是建筑设计引导，村庄建筑设计应因地制宜，重视对传统民俗文化的继承和利用，体现地方乡土特色；充分考虑农业生产和农民生活习惯的要求，做到"经济实用、就地取材、错落有致、美观大方"，挖掘、梳理、展示浙江民居特色；提出现状农房、庭院整治措施，并对村民自建房屋的风格、色彩、高度、层数等进行规划引导。

五是环境小品设计引导，对环境设施小品提出设计引导要求，主要包括场地铺装、围栏、花坛、园灯、座椅、雕塑、宣传栏、废物箱等。

（四）编制规范

2022 年，为全面实施乡村振兴战略，有序推进村庄规划编制，浙江省自然资源厅先后印发《浙江省村庄规划"一评估两覆盖三提升"专项行动计划》《浙江省村庄规划编制技术要点（试行）》，对浙江省城镇开发边界以外的村庄规划编制的工作程序、现状调查与分析、规划内容、成果要求等方面作出规范。

浙江省各地在编制村庄规划的过程中按照《浙江省村庄规划"一评估两覆盖三提升"专项行动计划》要求，突出问题导向、目标导向和效果导向，按照"按需编制、应编尽编"的原则，对照聚集建设、整治提升、城郊融合、特色保护、搬迁撤并五种村庄类型准确找准定位，着力解决改善村民人居环境、加强村域用地管控、推动乡村土地全域综合整治与生态修复工程实施和现代农业发展等需求，从而助推乡村振兴、美丽浙江建设。根据各个村庄实际情况，分类推进村庄规划建设。

1.重新编制型

对于开展乡村全域土地综合整治与生态修复工程、城乡风貌整治提升、农村一二三产业融合发展、未来乡村建设、宅基地治理、农村人居环境整治等改革和试点，或者因为各种原因有较多开发建设、修复整治任务的村庄，应抓紧重新编制村庄规划。鼓励片区化、组团式整体谋划，按照《浙江省村庄规划编制技术要点（试行）》要求执行。

2.规划调整型

经评估，只需对现有村庄规划进行局部调整，即可满足村庄建设管理要求的村庄，适时开展规划调整。对照上位国土空间规划要求，通过规划修改、局部调整等方式落实各类管控底线与约束性指标，优化村庄空间布局和乡村风貌，调整村庄建设边界。

3.通则管理型

对于不进行开发建设或只进行简单的人居环境整治等情况的村庄，实施通则管理。在县、乡镇级国土空间总体规划中明确国土空间用途管制规则和建设管理与风貌管控要求，并符合《浙江省国土空间用途管制规则》（另行制定），作为实施国土空间用途管制、核发乡村建设项目规划许可的依据。

4.控规覆盖型

对于城镇开发边界内纳入城镇控制性详细规划统一管理的村庄，通过城镇控制性详细规划明确村庄地块用途、开发建设强度、公共服务配套设施、市政基础设施及建筑高度等空间形态管控要求。确需编制村庄规划的，应经市县级自然资源主管部门同意。

二、千村示范万村整治

自改革开放至21世纪初，浙江经济经历几十年的高速发展，从一个陆域资源并不充裕的省份一跃成为经济大省，经济社会发展和农民收入均位于全国前列，人民生活水平总体上已达到小康。城市的飞速发展伴随而来的是经济与社会、城市与农村发展不平衡不协调等一系列问题，尤其在生态环境保护、农村人居环境改善等方面矛盾凸显。各地秉持以创造经济价值为导向的发展模式，电镀、造纸、印染、制革、化工等重污染高耗能的乡镇龙头产业不断兴起，在给农村集体和全体农民带来显著增收的同时，却也给农村人居环境、生态保护带来了巨大的压力。农民因收入增加所带来的对美好生活的向往与实际农村落后的公共服务基础设施、糟糕的人居环境愈发显得格格不入。如何处理好发展和环境保护的关系，创造平衡、协调、可持续的发展模式，成了浙江省亟须解决的关键问题。

（一）主要内容

"千村示范、万村整治"工程，即"用五年时间，对全省10000个左右的行政村进行全面整治，并把其中1000个左右的行政村建设成全面小康示范村"。

以村庄规划为龙头，从治理"脏、乱、差、散"入手，加大村庄环境整理力度，完善农村基础设施，加强农村基层组织和民主建设，加快发展农村社会事业，使农村面貌有一个明显改变，为加快实现农业农村现代化打下扎实的基础。

"千村示范、万村整治"工程发轫于2003年，具体可分为以下四个阶段。2003—2007年为示范引领阶段，全省累计投入建设资金600多亿元，建成1181个全面小康示范村和10303个环境整治村。2008—2010年为整体推进阶段，3年对1.7万个村实施了村庄环境综合整治，基本完成第一轮村庄整治。2011—2015年为深化提升阶段，浙江省把生态文明建设贯穿新农村建设各个方面，5年创建58个美丽乡村先进县。2016年以来为转型升级阶段，浙江省将工作重心转移到全力打造美丽乡村升级版，从一处美向全域美、一时美向持久美、外在美向内在美、环境美向生活美转型。

（二）实施绩效

党的十八大以来，"千万工程"在习近平总书记直接关怀下不断取得新成就，浙江深入实施"八八战略"，积极践行"绿水青山就是金山银山"的重要理念，持续深化"千万工程"，造就了万千美丽乡村。2018年9月，"千万工程"以扎实的农村人居环境整治工作、生态宜居的美丽乡村建设成就，获得联合国环保最高荣誉——"地球卫士奖"。

三、"百千万"农田连片建设

（一）主要内容

"百千万"农田连片建设即百亩方、千亩方、万亩方永久基本农田集中连片整治，是推动永久基本农田从"小田"变"大田"，从"满天星"到"百千万"的重要手段。

"百千万"农田连片建设主要包括以下五个内容，一是耕地"非粮化"整治，耕地功能恢复。项目区内的即可恢复属性地类、工程恢复属性地类，开展耕地"非农化""非粮化"整治，采用工程措施，恢复耕地功能。二是耕地质量提升。项目区内修复或新建农田水利设施、机耕生产道路，提高灌溉保证率和耕种便利度；整合归并耕地地块，实施旱地改水田，提升耕地质量等级。三是整治补充耕地。项目区内其他农用地和未利用地，实施土地整治，开发为耕地，为建设项目提供耕地占补平衡指标。四是建设用地复垦。项目区内的零星建设用地实施建设用地整治，复垦为耕地，在提高耕地集中连片度的同时，复垦指标还可用于城乡建设用地增减挂钩，实现一举两得。五是耕地生态建设。项目区要采用生态化工程措施，建设生态渠、生态坎、生态田园，污染土壤要进行治理，把千亩方、万亩方建设成为生态田园、美丽田园。

浙江省规定，千亩方、万亩方永久基本农田集中连片整治项目参照土地整治项目管理，由县级人民政府负责立项，报省、市自然资源主管部门备案审核同意后实施。具体程序如下：首先是县（市、区）立项。县（市、区）自然资源主管部门会同农业、水利、林业、环保、财政等部门和项目区所在乡镇政府、村级组织，以第三次全国国土调查成果为基础，做好项目区选址、规划设计、投资概算等前期工作，经有关部门和专家论证通过后，报县（市、区）人民政府批准立项。其次是立项备案。项目由县（市、区）人民政府批准立项后，由县（市、区）自然资源主管部门逐级报市、省自然资源主管部门审核备案。再次是项目实施。项目经市自然资源主管部门审核同意后，由县（市、区）按照土地整治实施有关规定组织实施。最后是项目验收。项目实施完成后，由县（市、区）人民政府组织立项审核有关部门开展验收。验收合格的，由县（市、区）人民政府出具验收意见。项目复核。项目验收后，由县（市、区）自然资源主管部门申请市自然资源主管部门复核。复核通过后，省厅按照项目数的30%抽查复核，最后以省厅文件为准。省厅管千亩方、万亩方，百亩方由市局管。

（二）实施绩效

从"满天星"到"万亩方"，推动永久基本农田集中连片。根据文件《浙江省自然资源厅关于开展永久基本农田集中连片整治工作的通知》（浙自然资厅函〔2021〕389号），"十四五"时期，浙江省在耕地数量、质量、生态"三位一体"保护建设的总体要求下，大力推进百亩方、千亩方、万亩方永久基本农田集中连片整治工作，形成布局集中连片、农田设施完善、生态良好、适合规模种植和现代农业生产的优质永久基本农田250万亩以上，其中千亩方、万亩方项目区不少于 1000 个。浙江省通过实施"百千万"永久基本农田集中连片建设，整治土地，形成了一批布局集中连片、农田设施完善、生态良好、适合规模种植和现代粮食生产的百亩方、千亩方、万亩方优质耕地。

四、低丘缓坡等未利用地开发

浙江是全国首批开展低丘缓坡荒滩等未利用土地开发利用的试点省份之一。2006 年浙江省人民政府印发了《关于推进低丘缓坡综合开发利用工作的通知》，对相关政策机制提出了明确要求。

（一）主要内容

低丘缓坡综合开发利用是一项综合性的系统工程，涉及产业布局调整、城镇发展、农田水利建设、地质灾害防治、水土保持、生态环境保护等方面。工作过程始终坚持"保护、开发、利用"的原则。保护，就是要保护好耕地和生态环境。开发，就是要根据低丘缓坡的自然属性和区位条件，合理、适度地开发低丘缓坡和推进村庄整治。利用，就是要节约集约利用低丘缓坡资源，防止低水平重复建设。

（二）实施绩效

向城市低丘缓坡要空间，突破瓶颈制约。低丘缓坡等未利用地开发是向城市低丘缓坡要空间的重要手段，浙江省作为全国首批开展的省份，政策成效显著。以浙江省丽水市为代表的山区欠发达地区，由于平原面积少，可开发低丘缓坡潜力大等地区特征，在试点中承担了为全国提供借鉴经验的重任。丽水经济开发区是浙江省首个低丘缓坡开发利用试点。丽水市有可供开发利用的低丘缓坡面积约 192 万亩，其中适宜建设的约 27 万亩。2006 年至今，通过开山辟地、削峰填谷，丽水经济开发区已拓展工业用地空间 15.5 平方千米，工业总产值从 2003 年的 1.8 亿元，增加到 2011 年的 248 亿元，保护的耕地折算达 1.55 万亩。2011 年，国土资源部将丽水市作为全国低丘缓坡开发利用试点首批试点，首批给予丽水 3707 公顷的低丘缓坡开发规模指标。

五、点状供地，坡地村镇建设

在对低丘缓坡开发利用的基础上，浙江省持续探索对低丘缓坡资源的利用手段。2015年4月浙江省国土资源厅等九部门共同发起并开展"坡地村镇"建设用地试点工作，深化土地管理制度改革，严格保护耕地资源，扎实推进低丘缓坡综合开发利用。"低丘缓坡开发利用"逐步转型升级为"坡地村镇"与"点状供地"。

（一）主要内容

所谓生态"坡地村镇"建设，就是以"绿水青山就是金山银山"为理念，紧紧围绕实施乡村振兴战略，按照生产集约高效、生活宜居适度、生态山清水秀的要求，立足全省土地资源禀赋和优势，通过调整城乡土地利用布局、结构和方式，在保护耕地和保护生态的前提下，将具备建设条件的低丘缓坡非耕地开发为城镇、村庄和休闲度假等绿色产业建设用地，建设一批"房在林中、园在山中"的集山、水、林、田、房于一体的生态型村镇和绿色产业园区，促进新型城镇化、美丽乡村建设和生态经济发展，走出一条统筹"保耕地、护生态、促发展"的生态型土地利用新路子，为全省"两美""两高"建设提供土地要素保障。

"坡地村镇"建设的核心是"点状供地"。点状供地是指符合国土空间规划（土地利用规划、城乡规划）的，在城市建成区以外（可在城镇开发边界内），因乡村振兴的产业项目或基础项目建设需要，项目运作主体以出让、租赁、入股等方式获得原土地权利人的零星、分散建设用地和生态保留用地使用权，以项目为单位进行地块的整体性开发建设运营，能灵活搭配多种供地政策并实现全要素全过程管理的乡村用地方式。具体而言，项目占用多少建设用地面积即供应多少指标。将项目用地区分为永久性建设用地和生态保留用地，其中永久性建设用地建多少供多少，剩余部分可只征不转，按租赁、划拨、托管等方式供项目业主使用。项目容积率按垂直开发面积部分计，不按项目总用地面积计。

（二）实施绩效

生态"坡地村镇"建设是立足浙江资源禀赋进行的一项有益探索，旨在统筹保护耕地、保护生态、保障发展，为发展生态经济、促进农旅融合、助力乡村振兴提供实践样本。在农民日报社组织的2017年中国三农十大创新典型评选中，浙江生态"坡地村镇"建设入选2017年中国三农十大创新榜样。

1.向坡地要空间，助力农村新产业新业态发展

"坡地村镇"是发展平台，目的是推动农村经济发展。2015—2018年，浙江省共申报试点项目379个，建设用地1600hm^2，共核准实施了154个项目，建设用地约640hm^2，包括农旅类、绿色产业类、养生养老类、村庄类、城镇类等类型，其中以农旅类项目为主。这不仅拓展了城乡建设用地空间，也为乡村休闲度假旅游新产业新业态的孵育，以及地方生态经济和绿色产业发展提供了标杆和范本。

2.耕地资源零占用

"坡地村镇"建设用地试点充分利用山坡地资源进行建设用地开发，即通过减少占用平原优质耕地，从源头上保护耕地资源，从而使土地开发利用布局、结构、方式发生了根本转变，在一定程度上解决了耕地保护、生态保护、用地保障的统筹问题[1]。

六、以浙里"多规合一"场景强化空间资源精准配置

（一）主要内容

作为省级"多规合一"改革试点，浙江积极响应号召、发挥所能，创新规划体制机制，强化自然资源保护和要素保障，并以数字化平台为抓手，推动"多规合一"数字化改革，实现从国土空间规划"一张图"实施监督系统建设，到规划协同场景建设，再到"多规合一"综合应用建设的不断迭代。

"多规合一"综合应用的五大核心功能模块具体包括规划编制审批、规划实施监督、规划政策标准、规划分析决策和规划公众参与。相关部门围绕"多规合一"数字化改革这一根本要求，结合自身业务需求，在省域空间治理数字化平台和"多规合一"综合应用五大核心功能模块及基础工具的基础上，充分共享各类空间治理数据和功能服务，建设相关领域的专题子场景，形成了丰富多彩的"多规合一"数字生态。包括规划"一张图"、产业布局协同、城市生活圈、重要控制线动态监测预警、城乡风貌智控等。浙里"多规合一"不同领域

---

[1] 吴家龙，苏梦园，苏少青，等.浙江生态坡地村镇建设探析及对广东的启示.农业与技术，2020(22):157–160.

的专题场景，对科学编制浙江省村庄规划，从而强化空间资源精准配置具有重大意义（见表6.4）。

表6.4 浙里"多规合一"主要场景

序号	名称	主要内容
1	规划"一张图"	围绕自然资源部门国土空间规划业务管理需求，打造规划成果管理、编审管理、实施管理、评估管理等功能，实现空间资源一本账、空间规划一张图、编管协同一张表、空间管控一平台以及空间治理一张网的空间规划及治理目标
2	产业布局协同	围绕产业重大项目协同规划布局需求，衔接国土空间规划"一张图"，协调好各类产业项目选址、落地的空间需求与矛盾，建设维护重大产业项目库
3	城市生活圈	通过对教育、医疗、养老等各类公服设施类型、可达性、服务半径等进行分析，为专项规划调整、完善城乡公服设施提供决策依据
4	重要控制线动态监测预警	针对来自不同部门的29条重要空间管控底线，分别构建相应的动态监测预警子场景，联通规划数据、现状数据以及项目审批等业务管理数据，及时监测变化情况，共同实施指标管控和边界管护
5	城乡风貌智控	推动全省城乡风貌样板区建设，开展美丽城镇、美丽田园、美丽公路等美丽专项行动，将城乡风貌样板区建设和美丽系列专项行动方案纳入平台统一管理，衔接市县国土空间规划，开展项目进度追踪

（二）实施目标

2022年3月，浙江省自然资源厅印发《浙江省村庄规划"一评估两覆盖三提升"专项行动计划》的通知。通知强调，要以"多规合一"为基本要求，以"三调"为基础，规范基数转换，统一底图底数；加快制定村庄规划数据库标准，全面规范国土空间规划"一张图"管理；将耕地保有量、永久基本农田精准细化落实到图斑地块，确保图、数、实地相一致；持续推进村庄规划数据入库，开发乡村空间治理数字化场景，丰富村庄规划实施监督和动态完善功能，健全完善村庄规划动态维护机制和实施监督评估机制。探索建立村民自治监督机制，让村民成为规划编制、审批、实施的参与者，推动乡村产业发展和乡村治理可视化、数字化、智能化，形成数字乡村建设的合力。

七、"绿水青山就是金山银山"理念

2005 年 8 月 15 日，习近平同志在浙江省安吉县考察时，明确提出了"绿水青山就是金山银山"的科学论断[①]。缘起于浙江、践行于全国的"绿水青山就是金山银山"理念，作为习近平新时代中国特色社会主义思想的重要组成部分，为新时代推进生态文明建设、实现人与自然和谐共生提供了根本遵循。

（一）理论内涵

该理念不仅仅是"绿水青山就是金山银山"一句话，而是三句话构成的完整表述[②]："我们既要绿水青山，也要金山银山。宁要绿水青山，不要金山银山，而且绿水青山就是金山银山。"

"既要绿水青山，也要金山银山。""绿水青山"与"金山银山"之间、生态保护与经济增长之间并非始终处于不可调和的对立关系，而是对立统一的关系。只要坚持人与自然和谐共生的理念，尊重自然、敬畏自然、顺应自然、保护自然，就可以兼顾生态保护与经济增长，实现生态经济的协调发展。

"宁要绿水青山，不要金山银山。"在环境容量给定的情况下，要以此作为约束性的前提条件，再来考虑经济增长的可能速度。除非通过技术进步和制度创新，才可能在同样的环境容量下实现更高的经济增长。这说明，在条件约束下，无法做到兼顾的特殊情况下，要有所选择，要坚持"生态优先"。

"绿水青山就是金山银山。"绿水青山是实现源源不断的金山银山的基础和前提，为此，要保护好绿水青山。再深入一层理解，保护好生态环境、保护好生态产品就是保护好金山银山。与之对应，减少资源消耗和污染排放就是减少绿水青山的损耗，也就是保护金山银山。因此，"绿水青山就是金山银山"不能仅仅理解成生态经济化，而是生态经济化和经济生态化的有机统一。

（二）模式划分

自 2019 年来，浙江"两山银行"试点率先在大花园示范县创建单位先行先试，为全省"两山银行"建设探路，初步形成了一批典型做法，明晰了建设路

---

① 绿水青山就是金山银山. (2017-05-31) [2023-12-02]. http://www.xinhuanet.com/politics/szzsyzt/lsqs2017/index.htm.

② 沈满洪. "两山"理念的科学内涵及重大意义. 智慧中国，2020(8):25-27.

径、发展模式，为全面推进"两山银行"建设积累了宝贵经验，围绕生态资源交易的不同标的物，"两山银行"可以总结出以下模式：

生态不动产类"两山银行"。其特点是生态资源的唯一性，如以闲置的宅基地、农房、古宅、古村落等生态不动产资源为标的物。

生态资源类"两山银行"。根据生态资源是否可再生可以再分为两种类型：第一类是以不可再生的生态资源为标的物，如森林、矿产等。第二类是以可再生的生态资源为标的物，如水、空气、阳光等。

生态文化资源类"两山银行"。其特点是生态资源不仅稀缺，且有文化内涵，如以根雕、石雕等植入文化内涵的稀缺生态资源作为标的物。

海岛资源类"两山银行"。其特点是生态资源是稀缺的海岛，如以稀缺的生态海湾、海滩、海礁、海鲜等海岛旅游资源为标的物。

生态环境类"两山银行"。其特点是依托优质生态环境资源，形成相关生态产品并提供服务，如以生态旅游、康养休闲等优质生态产品服务为标的物。

（三）"两山银行"实践

2020 年，"绿水青山就是金山银山"理念诞生 15 周年，安吉以数字化改革为牵引，率先开展了"两山银行"建设。"两山银行"试点通过借鉴银行"分散化输入、集中式输出"的经营理念，打造生态资源与产业资本对接融合的中介服务平台，搭建政府引导、企业和社会各界参与、市场化运作的生态资源运营服务体系，有利于盘活生态资源价值，打通绿水青山转化为金山银山的"最后一公里"。

在经过调查摸底、确权登记的基础上，建立了安吉全县生态资源清单、产权清单、项目清单和保护、开发、监管全过程工作机制，努力实现县级"两山银行"平台以及配套的服务体系、制度体系、治理体系基本成熟，形成全县生态资源高水平保护、高质量经营的格局，完善生态资源变资产、资本的新模式。

"两山银行"通过构建"1+7+N"的主体架构，即 1 个县属生态资源资产经营公司（县级"两山银行"）；7 个试点乡镇生态资源资产经营公司（乡镇"两山银行"）；N 个多元主体参与建设。县级"两山银行"负责全县面上总体规划布局和重大项目的引进、实施；乡镇"两山银行"作为县级"两山银行"的全资子公司，委托给乡镇政府或乡镇平台公司，实行独立经营核算，负责资源筛选申报、县级重大项目前期和小规模项目的自主开发。安吉"两山银行"生态资源大数据平台如图 6.14 所示。

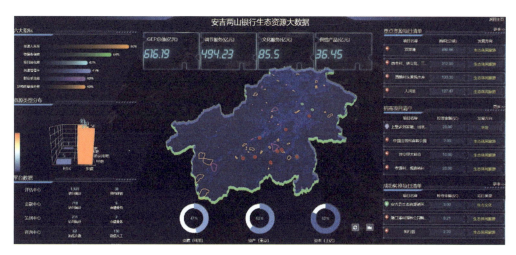

图 6.14　安吉"两山银行"生态资源大数据平台

相关数据显示，截至 2021 年 7 月，"两山银行"共投入资金 1.2 亿元用于资源收储、基础设施提升、第三方服务配套支持，梳理并管控重点生态资源项目 108 个，已成功转化文旅融合、闲置资源盘活等项目 19 个，实现营收 2.25 亿元，村集体经济增收 1100 余万元，解决 1430 余人就业[1]。

第三节 ｜ 深化土地制度改革促进共同富裕

党的二十大报告指出，"深化农村土地制度改革，赋予农民更加充分的财产权益"，这是实现中国式现代化、促进共同富裕的重要保障。农村农用地（承包地）所有权、承包权、经营权"三权分置"，允许集体经营性建设用地入市，与国有土地"同地同权"，以及宅基地所有权、资格权、使用权"三权分置"改革等一系列土地制度改革，有效地拓展了土地权能，丰富了土地功能属性，有助

---

① 胡安华. 浙江安吉解码"两山银行". 中国城市报，2021–07–12(8).

于发展壮大农村集体经济，并激活农民内生发展动力，促进农村实现物质富裕和精神富裕。

一、深化农村"三块地"制度改革

（一）宅基地改革

1.主要内容

2015 年 3 月义乌市和德清县被列入全国农村土地制度改革试点，各地在首轮改革实践中探索出了符合地方实际的农村宅基地改革之路。具体包括，三权分置，重构宅基地制度顶层设计；分类处置，改革宅基地取得和使用制度；自愿有偿，建立宅基地退出机制；活权赋能，拓展宅基地使用权能；开发利用，激活闲置宅基地和农房资源。

2020 年底，全国 104 个县（市、区）和 3 个设区市获批新一轮农村宅基地制度改革试点地区。其中，浙江省象山县、龙港市、德清县、义乌市、江山市入选，绍兴市列入整市推进试点，相关试点工作随即全面启动。试点区围绕改革要求，开展了以下四个方面的实践探索。

一是探索完善"住房保障"实现"应保尽保"。探索"宅基地＋保障房"为主的多元化资格权保障模式，在城镇开发边界外采用统建或联建公寓式住宅予以保障，在城镇开发边界内采用城市保障房、货币补偿等方式落实。

二是探索优化"盘活利用"推动"腾笼换鸟"。探索"权地不留＋留权不留地"两种宅基地退出路径，盘活闲置资源，腾挪发展空间。

三是探索鼓励"村级赋权"弘扬"民主自治"。充分赋予村集体宅基地所有权权能，强化村集体经济组织在规划、分配、审批、监管等过程中的权责，允许村集体在权限范围内自主制定宅基地有偿使用和有偿选位标准，支持村级发展。

四是探索强化"数字赋能"推进"整体智治"。探索数字化管理应用，建立农村宅基地规、批、供、用、管、查、登全流程管理机制，确保宅基地和农民建房审批"一件事"全流程网上办理。

2.浙江实践

（1）义乌模式："集地券"制度＋有偿调剂

义乌市先行先试开展宅基地所有权、资格权、使用权"三权分置"改革，取得了多项位居全国第一的改革成果。创新出台"集地券"制度。制定出台《义乌市"集地券"管理暂行办法》，将宅基地使用权人自愿退出的宅基地以及废弃闲置的农村建设用地等进行复垦，验收合格折算成建设用地指标，提高了建设用地集约利用水平。创新探索农村宅基地资格权有偿调剂。村民自愿退出全部或部分宅基地资格权的，由村里统一回购，再经街道委托农村土地整备公司，通过公开竞拍等市场配置方式，调剂给县域内符合条件的农民，直接获得宅基地建房、转让、抵押、继承等各项权能。

（2）象山模式：数字化盘活闲置宅基地

象山县以适度放活宅基地使用权为核心，开发建设"农村闲置宅基地盘活应用系统"，该系统集闲置感知、资源发布、资源招商、审批服务、过程监管五大功能应用，于2021年11月在浙政钉、浙里办APP上线。创新利用电、水数据对闲置宅基地进行智能识别，建立了真实、完整、动态的闲置土地资源库。创新利用"大数据"全程闭环监管，实现对履约付款、经营不善、权属纠纷等情况的智能预警，确保高效及时化解潜在风险，为乡村振兴注入共富动能。

（3）江山模式：探索建立宅基地农户资格权保障体系

江山市作为全省26个山区县唯一入选农村宅基地制度改革的试点县，致力于建立多元化、多层次的宅基地农户资格权保障体系，制定出台了农户资格权管理、农村村民跨村跨乡建房、"农民集聚"安居工程等政策文件，引导农村村民向中心村、中心镇、中心城区集聚。同时，计划在全市范围内新增跨村跨乡建房区域，允许全市范围内有建房资格的农户通过有偿选位、现场竞拍等形式，实现跨村跨乡建房。

3.实施绩效

宅基地改革是打破城乡二元分割体制，赋予农村居民平等的城市权利，提升农村居民财产性收入，是推进共同富裕一系列措施的关键着力点。浙江省以义乌市为代表的宅基地改革，以宅基地流转为基础，探索宅基地有偿转让、有偿调剂、有偿收回等方式，引导农村宅基地以多种形式规范有序退出。同时，优化了城乡土地资源配置，让城市更像城市、让乡村更像乡村，在促进农村宅基地集约节约使用、保障农民居住权益的基础上，在丰富宅基地用益物权的实现形式、增加农民财产性收入、促进农民向市民转变和城乡一体化发展等方面取得了积极成效。

（二）集体经营性建设用地入市改革

集体经营性建设用地作为农村"三块地"之一，是农村重要的要素资源。浙江义乌市、德清县作为全国土地制度改革试点，聚焦集体经营性建设用地产权制度、入市范围和途径、交易和监督服务规则、土地增值收益分配等机制创新，系统性破解长期以来集体经营性建设用地低效、无序利用的困局，解决"谁来入市、哪些地入市、怎么入市、钱怎么分"四大现实问题。

1.主要内容

以义乌市为例，义乌结合实际，开展深入细致的调查。查清全市92宗共868亩农村集体经营性建设用地的权利主体、分布范围、规划用途、利用现状等情况，并建立了唯一编码的存量农村集体经营性建设用地数据库。从完善农村集体经营性建设用地产权制度、明确入市范围和途径、建立交易规则和监督服务规则、建立兼顾国家、集体和个人的土地增值收益分配机制等方面制定了入市配套政策。

德清县则针对县域内集体经营性建设用地的利用现状，着重从"哪些地可以入市""谁来入市""怎样入市""入市收益怎么分"等方面制定入市政策（见表6.5）。

表6.5　德清县"一办法、两意见、五规定、十范本"入市政策体系

政策类型	政策文件
一办法	《德清县农村集体经营性建设用地入市管理办法（试行）》
两意见	《关于建立农村土地民主管理机制的实施意见》 《德清县鼓励金融机构开展集体经营性建设用地使用权抵押贷款的指导意见》

续表

政策 类型	政策文件
五规定	《德清县农村集体经营性建设用地入市收益分配管理规定（试行）》 《德清县农村集体经营性建设用地异地调整入市规定（试行）》 《德清县农村集体经营性建设用地入市土地增值收益调节金征收和使用规定(试行)》 《德清县农村集体经营性建设用地使用权出让规定（试行）》 《德清县农村集体经营性建设用地出让地价管理规定（试行）》
十范本	《德清县集体经营性建设用地入市申请书》 《德清县集体经营性建设用地入市审核表》 《德清县集体经营性建设用地入市决议》 《德清县集体经营性建设用地入市核准呈报表》 《德清县集体经营性建设用地入市核准书》 《德清县集体经营性建设用地入市委托书》 《德清县集体经营性建设用地使用权出让（租赁）公告》 《德清县集体经营性建设用地使用权出让（租赁）须知》 《德清县集体经营性建设用地使用权出让（租赁）成交确认书》 《德清县集体经营性建设用地使用权出让（租赁）合同》

2.实施绩效

浙江省以德清为代表的各个区县，通过诸多探索，一方面唤醒"沉睡"资产，缓解城市土地资源紧缺问题；另一方面实现还权赋能，让农民获得直接入市收益。截至2020年，德清县累计完成农村集体经营性建设用地入市226宗，面积1865.88亩，成交金额5.14亿元，农民和农民集体收益4.15亿元，惠及农民群众22万余人。除了直接可观测到的经济绩效，集体经营性建设用地入市还带来许多非经济效益。

（1）农村土地利用效率进一步提高

允许农村集体经营性建设用地直接入市，一定程度上盘活了农村建设用地资源，缓解了新增建设用地指标不足和小微企业拿地用地难等问题。一方面，"农地入市"减轻了部分愿意扎根农村的企业的用地顾虑，为农村产业建设提供了及时有效的用地空间，并带来了更大规模的投资。另一方面，在就地入市常态化的基础上，德清县借助异地调整入市模式规划集中入市区块，避免分散利用的集体经营性建设用地入市后仍然呈现"低小散"的发展状态，提高了土地利用的规模效率。

（2）城乡间、政府和农民集体间、农村内部的土地收益分配更加公平

集体经营性建设用地入市后的收益更多地留在农村，城乡间的发展差距有望进一步缩小，同时也以征收一定比例的土地增值收益调节金的方式保障了政府财政收入。70%以上的收益由村集体和村民获得，平均每亩地入市收益中至少有15万元留在了农村。而在征地制度下，征收前用途为建设用地的地块，失地村集体最高只可能获得每亩5万元的土地补偿（包含除房屋外的附着物补偿），大部分入市交易的收益都由地方政府获得。相比之下，在兼顾政府财政收益需求的条件下，入市制度改革激活了农村整体的经济发展潜力。

（3）农民个体的经济收益显著增加

德清县于2013年5月全面完成160个村经济合作社的股份合作制改革，经营性资产量化到人、发证到户，33万村民成为股民。集体经营性建设用地入市收益的一半以上归村集体和村民所有，多数村集体在提留一定比例的发展基金后，剩余部分可以进行有计划的投资经营，或者直接按户、按股分红，村民个体能够切实享受到改革红利。

（三）征地改革

1.主要内容

为贯彻落实新修正的《中华人民共和国土地管理法》，浙江省稳步推进省一类立法项目《浙江省土地管理条例》的修订和完善，自2021年11月1日起施行。条例草案对土地管理职责、土地所有权和使用权的登记、国土空间规划、耕地保护、建设用地等内容作了规定，同时将"标准地"改革、小微企业园用地和存量建设用地盘活等经验做法以立法形式予以固化，凸显了浙江特色。除了地方立法，浙江省政府及相关部门还陆续出台了一系列规定，主要包括《浙江省人民政府关于调整全省征地区片综合地价最低保护标准的通知》《浙江省土地征收程序规定（试行）》《浙江省被征地农民养老保障资金管理办法》等，这些政策制度一方面响应了新修正的《中华人民共和国土地管理法》的相关要求，另一方面结合浙江实际，回应了征地改革过程中群众的关切。具体而言，浙江省征地制度改革可包含以下几个重要内容。

（1）完善征地程序，平衡各方利益

浙江省自然资源厅印发了《浙江省土地征收程序规定（试行）》。抓住土地征收报批之前和之后两个阶段，进一步完善征地程序。一是确需征收土地的，在市、县（市）人民政府门户网站发布，并在拟征收土地的乡镇（街道）、村（社区）、村民小组所在地张贴土地征收启动公告。二是组织开展土地现状调查和社会稳定风险评估。三是编制征地补偿安置方案并公告。四是被征地的农村集体经济组织半数以上（不含半数）成员认为征地补偿安置方案不符合法律法规规定的，应组织召开听证会。五是组织相关部门与被征收土地的所有权人、使用权人办理征地补偿登记，签订征地补偿安置协议。六是组织有关部门测算并落实有关费用，保证足额到位。

（2）调整最低区片综合地价，提高补偿标准

浙江省自然资源厅组织印发了《关于调整全省征地区片综合地价最低保护标准的通知》（浙政发〔2020〕8号），指导全省各地进行征地区片综合地价政策的修改与完善，规定指出：征地区片综合地价由土地补偿费和安置补助费两部分组成。全省征收农民集体所有农用地区片综合地价最低保护标准：征收农用地（不含林地），一类地区不低于6.2万元/亩、二类地区不低于5.6万元/亩、三类地区不低于4.8万元/亩。征收农民集体所有建设用地，按征收农用地区片综合地价标准执行；征收林地和农民集体所有未利用地，按不低于征收农用地区片综合地价标准的60%执行。

（3）优化征地安置补偿，保障农民长远生计

2020年12月，浙江省人力社保厅等四部门联合印发《关于进一步做好被征地农民参加基本养老保险有关工作的通知》，明确要求"各地要对被征地农民养老保障资金单独建账、单独核算，确保被征地农民养老保障资金安全完整"。在资金筹集方面，明确了资金收入，主要包括：一是从征地成本中列支的社会保险缴费补贴、个人按规定缴纳的延长期一次性缴费、个人和集体出资额、政府资金安排转入等；资金来源的划拨，政府资金安排的，在批准后及时划入财政专户；二是用地单位按规定缴入的，在征地报批前缴入财政专户；三是个人按规定缴纳的延长期一次性缴费，一次性筹资中的个人和集体出资额，通过浙江政

务服务网统一公共支付平台等渠道收取，其中通过浙江政务服务网统一公共支付平台收取由社会保险经办机构定期按旬申请划入财政专户。在资金使用方面，明确要求资金使用范围包括发放过渡期专项补助、发放生活补贴、缴费补助、缴费补贴、个人和集体出资额、代缴职工养老保险延缴费用，并要求各级社会保险经办机构在现有支出户下增设被征地农民养老保障资金子账户，用于代缴养老保险费、发放待遇等。在资金管理与监督方面明确被征地农民养老保障资金科目核算、结余管理、信息共享、定期对账和监督检查等管理要求。

2. 浙江探索"阳光征迁"场景建设

长期以来，征地行为都在线下进行，信息化程度低，数据交叉，档案查询难，加大了监管难度。征地拆迁工作的核心内容是充分保障被征地农民的知情权、参与权、受益权，征地拆迁工作全过程要透明、多渠道公开，要保证公开信息精准推送、群众接收征地信息渠道畅通；要保证征地公告在正确的位置、合理的时间张贴，减少群众对征地工作的误解，减少因征地拆迁工作没做到位引起的行政诉讼复议，让征地拆迁工作自始至终接受社会公众监督，实现阳光征迁。

阳光征迁场景实现征地拆迁工作规范化、流程标准化、办事环节固定化、监测预警模型化，同时也能重点监管到容易出问题的关键节点。通过构建覆盖全省的征地全过程监管体系，对批前批后公告、协议、补偿、安置等实施全过程监管。

浙江省"阳光征迁"应用场景作为全国率先推出的省级征地拆迁数字化系统，于2022年9月1日正式上线。其中不仅添加了扫码查看、线上征地听证等保障被征地农民知情权、参与权的便民功能，也设置了在线查档、线上签约、自动预警等政务模块，切实减轻基层压力，有效提升治理效能。截至目前，全省累计创建项目近2700个。在"阳光征迁"应用场景的"驾驶舱"中，清晰展示了征地总览、成片开发、重大项目、回迁安置等子场景，通过数据驾驶舱，可实时查看征地业务办理及征地实施情况，及时掌握各类项目最新进度，实现对征地、拆迁、安置的全生命周期进行监督监管，农村居民仅需通过手机识别征地公告图中的二维码，就可以查询到被征地块的空间位置、现状调查信息、各环节公告、征地进度等公开信息。

二、城乡建设用地增减挂钩

城乡建设用地增减挂钩制度于 2004 年开始进行试点，经原国土资源部考察论证，最终为国务院所认可，被确立为一项特殊的土地整理、利用及管理制度。

（一）主要内容

城乡建设用地增减挂钩政策是依据土地利用总体规划，将农村建设用地"拆旧"整理并复垦为耕地或其他农用地，产生相应的建设用地指标用于城乡建设，实现建设用地总量不增加，耕地数量不减少、质量不降低，城乡建设用地布局得到优化，农村生产生活条件和生态环境有所改善。

浙江省城乡建设用地增减挂钩主要经历了"单一建设用地复垦阶段（2004—2006 年）"，增减挂钩试点与单纯建设用地复垦相结合阶段（2006—2010 年），增减挂钩工作全面推进阶段（2010—2016 年）到增减挂钩深入优化阶段（2016 年至今）。值得关注的是，浙江省于 2010 年提出以城乡增减挂钩为平台，大力推进农村土地综合整治，包括农用地整理、农村建设用地整理、小城镇建设等内容。

自 2018 年浙江省开展全域土地综合整治后，设立城乡建设用地增减挂钩节余指标（以下简称"节余指标"），是指按照"先复垦、后挂钩"的要求，经批准立项实施的建设用地复垦项目，在保障项目区内拆旧搬迁安置用地、配套设施建设用地、农村发展用地和解决无房户、危房户建房用地的前提下，节余的建设用地复垦面积用于其他城乡建设的建设用地指标。

（二）实施绩效

2009—2018 年，国土资源部（自然资源部）累计下达浙江省增减挂钩指标40 多万亩，浙江省共批准增减挂钩项目区 3660 个、批准周转指标面积 42.19 万亩。截至 2018 年 12 月 31 日，在批准的 3660 个项目中，1456 个项目完成竣工验收，累计批准周转指标面积 26.31 万亩。

1.优化城乡用地结构布局，推动城乡融合发展

相关研究以 1456 个竣工验收项目为观察对象，基于自然资源部"城乡建设

用地增减挂钩在线监管系统"导出的数据，从增减挂钩政策实施对城乡国土空间格局变动的影响、城镇空间价值的区际溢出成效以及引致的城乡人地关系变化效应三方面，就增减挂钩政策实施的空间效应作实证分析。结果显示，增减挂钩政策实施对农村建设用地减少贡献度为2.75%，范围内农民建新安置区集中度为27.11%，农村居住用地集中程度得到了显著提高。建新区中约1/5的土地用于农村基础设施、公共配套和产业融合发展等方面。增减挂钩政策实施后，城镇土地增值溢出强度为每亩79.92万元，农民人均纯收入实施后比实施前增长12.17%。

总的来说，浙江省城乡建设用地增减挂钩政策实施对城乡国土空间格局变动有显著影响，对城镇空间价值的区际溢出效应突出，但尚未根本扭转城镇化过程中农村人口减少与村庄用地增加的逆向运动格局[1]。

2.盘活农村存量低效建设用地

城乡建设用地增减挂钩制度的实施，改善了农村人居环境，促进了土地的节约集约利用。浙江省各地在充分征求农民意愿的前提下，通过拆旧建新、集中安置以及土地整治复垦等措施，对散乱、废弃、闲置的农村低效建设用地进行集中整治，整治后的建新指标中平均约20%用于当地基础设施建设和公共服务用地，较大程度地改善了农村的生产生活条件和整体环境。同时，安置建新区调低了过高的农村人均建设用地标准，提高了土地的集约利用水平和使用效率。

3.带动欠发达地区共同富裕

增减挂钩指标市场化配置所带来的巨额资金效应，有力地推动了欠发达地区特别是贫困地区的发展，助力了乡村振兴。浙江省建立城乡建设用地增减挂钩节余指标调剂平台，允许淳安等相对欠发达的26个县产生的增减挂钩节余指标在浙江省域内调剂使用，其指标价格由市场竞价产生，最高成交价格达180万元/亩（含空间规模、计划和占补平衡指标），全省指标均价达到了120万元/亩[2]。

---

① 宋佩华，邱滋璐，靳相木.浙江：增减挂钩推动城乡空间优化布局.中国土地，2020(10):55-57.
② 叶红玲.推进长三角一体化发展的用地保障政策优化思考——以增减挂钩政策的实践分析与创新思考为主线.中国土地，2020(11):4-9.

三、乡村一二三产业联动发展

乡村三产融合发展，既是提高农业比较收益和竞争力的重要途径，也是激发新型业态产生、扩大农业发展空间的重要举措。

（一）主要内容

2021年，浙江省自然资源厅、浙江省发展改革委、浙江省农业农村厅发布《关于保障农村一二三产业融合发展用地促进乡村振兴的指导意见》。坚持规划引领。科学编制国土空间规划，合理布局乡村产业。严格执行永久基本农田、生态保护红线和城镇开发边界的管控要求，遵循农村一二三产业融合发展的内在规律，规范项目选址。坚持耕地保护。落实最严格的耕地保护制度。严格耕地用途管制，严禁违规占用耕地，坚决遏制耕地"非农化"、永久基本农田"非粮化"。严禁违规占用永久基本农田。坚持节约集约。鼓励优先利用农村存量建设用地，提高土地节约集约利用水平。考虑农业农村优先发展新形势新任务，充分发挥市场机制在土地资源要素配置中的决定性作用，激发市场活力，提高农村一二三产业融合发展土地资源要素配置效率。坚持产业融合。利用乡村优势特色资源，扶持发展农产品加工、乡村休闲旅游等产业，推动农业"接二连三"，吸纳劳动力就业，带动农民增收，促进农村一二三产业融合发展，实现乡村产业兴旺。

同时，在县域范围内统筹优化农村三产融合发展用地布局，合理保障用地规模。新编县乡级国土空间规划应安排不少于10%的建设用地指标，重点保障乡村产业发展用地。各地可在乡镇级国土空间规划中预留不超过5%的建设用地机动指标，优先用于保障难以确定选址的农村三产融合发展等乡村产业项目用地需求。

（二）地方实践

在浙江，同类的实践早已展开，而一个个产业多元、景观多样的现代农业园区的建立，最终都指向同一个目标：延长农业产业链，增强主体内生动力，最终带动农民增收和农村发展。

1.绿景塘"多业态复合"案例

以杭州市大径山国家乡村公园内的绿景堂产业融合发展示范园为例，该项目占地约 6000 亩，离杭州中心城区 40 分钟车程。示范园遵循自然农法，通过探索"农业+N"的产业深度融合的新机制，打造成集生态农业、科技智慧、健康养生、自然教育、高端服务提供等"多业态复合"型的农村产业融合发展示范园区，引领和带动农民就业创业、增收致富，提升农村经济发展活力，经过 13 年的生态修复和重建，现已建设成农业及休闲旅游产业链完整、产业融合特色鲜明的生态庄园。2019 年 7 月被列入浙江省首批省级农村产业融合发展示范园。

2.大云镇"全域旅游"案例

嘉善县大云镇借助全省农村土地综合整治、美丽乡村建设的政策契机，发展了基于全域旅游的三产融合模式。大云镇打造了包括碧云花园现代农业产业园、西班牙橄榄园、智杕良壤（大云）有机生活度假区项目、歌斐颂巧克力小镇等一批产业融合创新综合体。同时，引入各类新品种农作物，实现农业底色个性化，重塑农业业态布局，深层次植入旅游、文化，在不断圈粉吸引游客的基础上，反哺农业产业，实现一二三产互利共赢、有效融合。

3.安吉县"茶旅融合"案例

安吉县鲁家村以"绿水青山就是金山银山"重要思想为指引，是推出全国首个家庭农场集聚区和示范区建设的地区。该村所打造的主题农场集聚区已经基本形成（主题核心吸引物片区+主题农场+加工区+仓储区+综合配套区的以农业生产与休闲度假旅游为主的新型产业发展集聚区）。"田园鲁家"田园综合体内，一、二、三产业占比为 70：5：25。以安吉盈元家庭农场休闲农业项目为例，该项目是一个集农业生产、养生度假、研学培训、茶产业加工销售、茶文化传播和会议等于一体的产业融合示范项目。加工业、休闲旅游业二三产和农业一产巧妙融合，深入挖掘农业的多种功能，走出了一条"夯实一产基础，推动二产两头连，促进三产走高端"乡村振兴新路子。

第四节 | 山区 26 县共同富裕土地综合施策

浙江山区 26 县特指衢州、丽水两市的所辖县（市、区），以及淳安、永嘉、平阳、苍南、文成、泰顺、武义、磐安、三门、天台、仙居等 26 个山区县。作为浙江重要的组成部分，26 县陆域面积约为浙江省的 45%，人口接近全省的 24%。浙江省要实现共同富裕，山区 26 县的发展问题是首要考量因素，而山区 26 县发展的短板在农村，弱项在产业，潜力在资源。

一、山区 26 县社会经济现状

（一）劳动力总体增长，部分区域流出严重

第七次全国人口普查以 15—59 岁为一个年龄段以及将其视为劳动年龄人口。2010—2020 年间，山区 26 县中共有 15 个区县实现劳动力净增长，其中 6 个区县人口增速净增长率高于全省平均水平（7.86%）（见表 6.6）。这说明，近 10 年来，山区 26 县劳动力增长总体情况良好，劳动人口外流的境况正在逐渐逆转。但同时，淳安县、龙游县、苍南县等区县的劳动力流失情况仍不容乐观。

表 6.6　浙江省 26 个山区县 2010—2020 年间 15—59 岁人口增长率

县（市、区）	增长率/%	县（市、区）	增长率/%	县（市、区）	增长率/%	县（市、区）	增长率/%
淳安县	-15.80	磐安县	-5.84	开化县	-6.45	松阳县	3.67
永嘉县	1.82	三门县	5.37	龙游县	-10.76	云和县	7.86
平阳县	3.18	天台县	19.42	江山市	-3.63	庆元县	-6.50
苍南县	-10.38	仙居县	23.95	莲都区	14.41	景宁畲族自治县	-5.12
文成县	34.68	柯城区	5.01	青田县	55.73	龙泉市	0.12
泰顺县	7.84	衢江区	-1.39	缙云县	5.22		
武义县	25.10	常山县	-2.51	遂昌县	-7.59		

数据来源：第七次、第六次全国人口普查主要数据公报。

（二）城镇化进程相对缓慢且内部差异较大

以城镇常住人口占该地区常住总人口的比重计算城镇化率。从整体城镇化水平来看，26 县 2020 年城镇化率为 58.1%，低于全省 14 个百分点。但单独来看区县数据，可以发现部分区县如柯城、莲都、云和和永嘉等的城镇化率已达

76.73%、76.43%、73.1% 和 72.16%，接近或略高于全省整体城镇化水平。这说明，山区 26 县内部城镇化水平存在较大差异，仍有待提高（见表 6.7）。

表 6.7　浙江省 26 个山区县 2020 年人口城镇化率

县（市、区）	城镇化率 /%	县（市、区）	城镇化率 /%	县（市、区）	城镇化率 /%
淳安县	46.70	天台县	52.95	青田县	53.10
永嘉县	72.16	仙居县	51.86	缙云县	56.82
平阳县	61.68	柯城区	76.73	遂昌县	55.03
苍南县	68.15	衢江区	45.71	松阳县	47.71
文成县	43.40	常山县	49.12	云和县	73.10
泰顺县	44.80	开化县	50.63	庆元县	63.50
武义县	62.25	龙游县	51.58	景宁畲族自治县	58.21
磐安县	52.60	江山市	58.51	龙泉市	66.53
三门县	53.48	莲都区	76.43	浙江省	72.17

数据来源：历年《浙江统计年鉴》（2006—2020 年）、国民经济与社会发展统计公报（2005—2020 年）。

（三）产业结构相对落后，提升空间较大

2010 年，浙江省山区 26 县的第三产业占比较低，仅 1/3 区县高于全省平均水平。2020 年，虽然所有区县在 10 年间第三产业占比有所提升，但整体愈发落后全省平均水平，仅淳安县、文成县等 6 个区县的第三产业占比高于全省平均水平。这说明，虽然在过去 10 年，山区 26 县产业结构已经逐步从"二三一"转向"三二一"，但优化升级的速度仍大幅落后省内其他地区。

相关研究指出，在产业规模方面，山区 26 县实力依旧偏弱。2022 年对山区 26 县降低认定标准后，其省级农业龙头企业数量仍仅占全省的 30%，除了淳安水饮料、永嘉泵阀、龙游碳基纸基新材料、天台轨道交通及汽车零部件、青田高端不锈钢、遂昌金属制品，其他山区县主导产业产值均未突破百亿元。

产业结构方面，山区 26 县产业层次提升空间较大。山区 26 县亩均效益约 15 万元 / 亩，远低于全省 26.3 万元 / 亩的平均水平。同样是木制品行业，庆元县亩均税收仅为安吉县的五分之一（见表 6.8）。

表 6.8　浙江省山区 26 县和浙江省产业结构

县（市、区）	第一产业占比 /%		第二产业占比 /%		第三产业占比 /%	
	2010 年	2020 年	2010 年	2020 年	2010 年	2020 年
淳安县	18.59	15.96	42.45	25.94	38.96	58.10
永嘉县	3.82	3.73	61.51	42.34	34.67	53.93
平阳县	5.41	3.85	50.25	46.35	44.34	49.80
苍南县	7.98	7.71	48.29	35.23	43.73	57.05
文成县	10.51	8.67	34.21	25.30	55.26	66.04
泰顺县	11.59	8.28	36.43	34.10	51.97	57.62
武义县	8.93	6.10	57.85	48.04	34.08	45.86
磐安县	15.10	10.65	53.67	38.14	31.25	51.22
三门县	15.18	12.77	46.16	41.78	38.66	45.45
天台县	8.65	5.51	44.44	39.83	46.91	54.65
仙居县	10.77	6.42	45.26	41.78	43.98	51.81
常山县	8.17	5.20	54.66	42.27	37.16	52.53
开化县	13.88	9.40	50.93	35.12	35.18	55.48
龙游县	8.82	6.15	58.49	42.07	32.69	51.78
江山市	9.56	7.67	58.10	43.64	32.35	48.69
青田县	4.66	4.02	60.66	39.26	34.68	56.73
缙云县	6.01	4.95	59.53	43.83	34.45	51.22
遂昌县	12.38	9.31	46.57	35.81	41.00	54.87
松阳县	19.56	11.21	41.41	37.80	39.03	50.98
云和县	9.88	5.64	52.70	50.57	37.42	43.79
庆元县	16.03	9.58	45.33	35.80	38.68	54.62
景宁畲族自治县	16.44	9.10	38.09	22.55	45.47	68.35
龙泉市	14.83	10.99	59.85	34.74	39.85	54.25
浙江省	4.91	3.36	51.58	40.88	43.52	55.76

数据来源：历年《浙江统计年鉴》（2006—2020 年）、国民经济与社会发展统计公报（2005—2020 年），缺柯城区、衢江区、莲都区数据。

二、山区 26 县土地利用现状

（一）耕地资源少、质量低

由"三调"数据统计可得，山区 26 县共有耕地 411.7 千公顷，占行政区土地总面积的 9.01%，明显低于全省 12.21% 的平均水平，其中淳安县耕地面积占比最低，仅为 3.42%，除此之外还有松阳县、遂昌县、庆元县、龙泉市、青田县、云和县、开化县、景宁畲族自治县、磐安县、仙居县等共 20 个县市区低于全省平均水平，这类地区主要分布在丽水市和台州市等地。从数量上来看，柯城区、松阳县、云和县耕地面积最少，均低于 7 千公顷，可见山区 26 县耕地资源少，农业基础较弱。此外由于山区地形地貌原因，易发生水土流失，跑水跑肥跑土问题突出，耕地质量总体较差，资源禀赋较低（见表 6.9）。

表 6.9　第三次国土调查浙江省山区县土地利用状况

县（市、区）	耕地 / 千公顷	占全省比重 /%
淳安县	15.1	1.17
永嘉县	25.1	1.94
平阳县	19.3	1.50
苍南县	22.4	1.74
文成县	14.4	1.12
泰顺县	17.9	1.39
武义县	14.3	1.11
磐安县	9.8	0.76
三门县	10.7	0.83
天台县	18.7	1.45
仙居县	17.4	1.35
柯城区	6.4	0.50
衢江区	22.1	1.71
常山县	12.2	0.95
开化县	16.2	1.26
龙游县	21.7	1.68
江山市	26.4	2.05
莲都区	13.6	1.05
青田县	17.1	1.33
缙云县	17.5	1.36
遂昌县	12.1	0.94
松阳县	6.6	0.51
云和县	6.9	0.53
庆元县	11.6	0.90
景宁畲族自治县	15.3	1.19
龙泉市	21.0	1.63
总和	411.7	31.90

此外，坡耕地比重较大，25度以上陡坡耕地占耕地总面积的7.8%，6—25度缓坡耕地占耕地总面积的45%，显著高于全省比重，分别是全省平均水平的2.5倍和1.9倍。山区土质多为砾石和含砂粒的粗土，增加了坡耕地的机械作业困难，地形地质对农机装备要求高，普通农机无法适应，影响机械化作业效率和经济效益，阻碍机械化生产的推广。

耕地还存在破碎化问题，"二调"到"三调"期间，耕地破碎化呈现严重化态势，尤以衢州西部的江山市、开化县较为明显（见图6.15）。

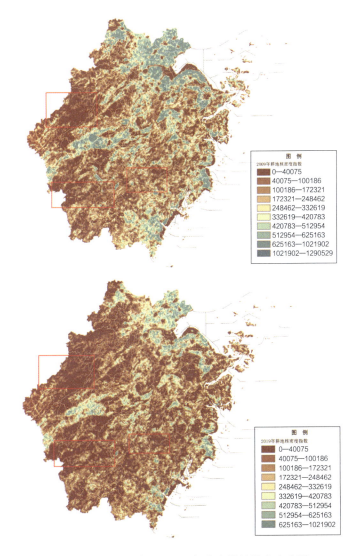

图6.15　2009年、2019年全省耕地核密度分析

（二）林地资源丰富，林下经济发展潜力巨大

林下经济产业正成为浙江省的林业主导产业，是打通"绿水青山就是金山银山"通道的重要举措，是中医药产业振兴发展的基础产业，是集体经济"消薄"和林农增收的直接手段。浙江省山区26县林地资源丰富，林下经济发展潜力巨大。山区26县林地总面积为3332.4千公顷，占全省林地面积的54.69%。在26个山区县中，绝大多数区县林地构成以乔木林地为主，例如，文成县乔木林地占区域内林地面积比重达到了90.84%，龙游县乔木林地占本辖区内林地面积比重最小，为42.93%（见表6.10）。

表6.10　第三次国土调查浙江省山区县土地利用状况

山区县	林地 / 千公顷	占全省比重 /%
淳安县	320.6	5.26
永嘉县	207.0	3.40
平阳县	53.5	0.88
苍南县	65.4	1.07
文成县	97.2	1.60
泰顺县	134.1	2.20
武义县	108.8	1.79
磐安县	92.5	1.52
三门县	56.7	0.93
天台县	97.3	1.60
仙居县	148.3	2.43
柯城区	25.0	0.41
衢江区	104.4	1.71
常山县	67.7	1.11
开化县	182.8	3.00
龙游县	55.2	0.91
江山市	131.8	2.16
莲都区	102.5	1.68
青田县	198.1	3.25
缙云县	105.8	1.74
遂昌县	212.6	3.49
松阳县	101.2	1.66
云和县	79.3	1.30
庆元县	162.5	2.67

山区县	林地／千公顷	占全省比重／%
景宁畲族自治县	159.9	2.62
龙泉市	262.4	4.31

数据来源：第三次国土调查成果。

（三）建设用地产出效率较为落后

依据"三调"数据和 2019 年浙江省国民经济和社会发展统计公报数据，2019 年底，浙江省建设用地地均 GDP 为 469.99 万元/公顷。然而，山区 26 县与全省平均水平相去甚远，建设用地地均 GDP 平均值为 262.78 万元/公顷，与全省差值达到了 207.21 万元/公顷。浙江省建设用地地均 GDP 总体呈现"北高南低"的空间分布特征，地均 GDP 小于浙江省平均值 262.78 万元/公顷的区县，有 70% 分布在南部的山区 26 县范围内。建设用地产出效率作为建设用地节约集约利用水平的衡量维度之一，在一定程度上可以反映当地的区域发展程度和经济集中程度。因此，山区 26 县作为建设用地产出效率较低的代表地区，有必要采取措施提高建设用地利用效率，提升经济发展水平（见图 6.16）。

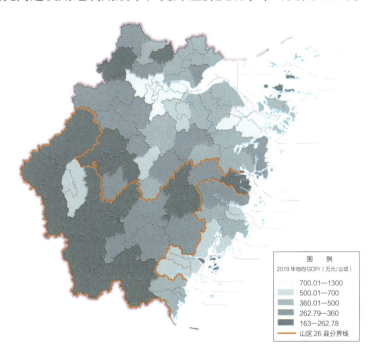

图 6.16　浙江省 2019 年地均产出效率

三、山区 26 县实现共同富裕的机遇与挑战

浙江山区 26 县要实现共同富裕，短板在农村，弱项在产业，潜力在资源。为了把握未来浙江省山区 26 县国土利用的战略方向，以实现浙江省乡村振兴与共同富裕的发展目标，需要结合上述针对山区县经济发展、社会状况以及农业发展状况的分析，梳理提炼浙江省山区县当前发展的内在条件以及外部环境，结合浙江省高质量发展建设共同富裕示范区的实施方案，确定并深入阐述未来与浙江省山区县社会经济发展相适应的国土利用规划战略选择。

（一）内部条件分析

1.自然资源丰沃，助力生态产品价值实现

浙江省山区 26 县的发展优势之一在于山区县拥有相对丰沃的自然资源条件。在"绿水青山就是金山银山"理念的引导下，曾经制约山区发展的崇山峻岭以及河流水域现如今已经成为重要的林地资源与水资源，可以通过绿色开发加以应用。

地处山区的坡耕地在耕种水稻等粮食作物时，很难开展较大规模的机械化运作，而高海拔为山区县引进北方经济作物提供了可能。高山气候对农产品具有较大的提质作用。以临安区为例，临安区海拔垂直落差大，其中海拔 500—800 米区域是南方地区稀有的具备可开发高效农业潜力的区域。通过种植猕猴桃、李等水果品种，发挥其独特的利用价值，将为临安区发挥自身区域比较优势，实现乡村振兴以及国土利用优化提供重要思路。此外，丰富的农用地资源为浙江省山区县发展生态农业提供了资源基础。浙江省开化县通过种植油菜、紫云英、荞麦、棉花、向日葵等优良的蜜源植物，在不占用耕地、投资较小的条件下实现了养蜂业的发展，带动了村民的收入增长。

浙江省已经成为中国竹业、木业，以及森林休闲观光旅游业大省，占据中国超过 10% 的林业总产值。安吉县等地区作为浙江省山区县发展竹产业的代表县，县委、县政府高度重视竹产业转型升级，通过围绕"竹"字做文章，形成了完整的竹业生产、加工、贸易产业链。山区县依附山区优势，将林业资源优势转化为林业生产优势，在推动浙江省农业发展，丰富种植类型，促进农户收

入增长方面显示出了资源要素的比较优势。

2.生态风光独特，打造乡村旅游

浙江省山区 26 县的第二个发展优势在于优美的自然风光以及良好的生态环境。在当代城市生活节奏快、压力大、空气污染相对严重的情况下，山区 26 县优质的生态环境有利于催生乡村休闲旅游需求，带动区域旅游业发展。浙江省松阳县通过大力发展民宿经济，带动乡村发展，实现美丽乡村、美丽经济和美好生活的"三美"融合的同时，也带动了村民致富，促进了乡村振兴与共同富裕。在"绿水青山就是金山银山"理念的引导下，山区县的自然环境优势为其未来的绿色发展带来可能。

3.地形地势起伏，制约交通发展

浙江省山区 26 县发展的劣势之一在于受山区地形地势起伏的影响，交通运输较为不便。山区修路费用相对高，而山区的常住人口数量与非山区区域相比较少，这使得在山区修路的相对成本较高。相关研究指出，交通基础设施对区域经济增长的产出弹性值合计约 0.05—0.07，且外地交通基础设施对本地的区域经济增长有空间负溢出效应[①]，这使得山区县的交通区位的条件劣势在区域经济发展方面被二次放大。但受益于多年来浙江省政府对山区基础设施的不断投入，浙江省山区的交通通信等基础设施条件大为改善。杭金衢改扩建二期、景文高速、临建高速、义东高速东阳段、瑞苍高速 5 个在建项目将有力提高浙江省山区县的交通运输便利程度，助力浙江省山区 26 县的区域发展 。

4.地质灾害频发，影响生产生计

浙江省山区县发展的第二个劣势在于气候条件不稳定，地质灾害易发，生产与投资风险相对较大。浙江是中国降雨型滑坡最频发的地区之一，其包括降雨引发的滑坡以及泥石流灾害。为了降低自然灾害对浙江省山区县居民生产生活带来的潜在风险，近几年，浙江省不断深化地质灾害防治工作，通过省市县三级联动，组织 1000 余名"驻县进乡"地质队员深入基层指导协助防灾工作，实时掌握灾情动态，实现地质灾害风险闭环管理。

---

① 张学良,Lin.交通基础设施促进了中国区域经济增长吗?——兼论交通基础设施对区域经济增长的空间溢出效应(英文).Social Sciences in China,2013(2):24−47.

（二）外部环境分析

1.浙江省高质量发展建设共同富裕示范区

浙江省山区县外部发展的一个重要发展机遇在于浙江省高质量发展建设共同富裕示范区的政策背景。浙江省未来的发展目标将从追求高速发展向追求高质量发展转变。在此目标下，山区县作为经济发展水平与居民人均收入相对较低的地区，会得到各类发展资源与机会的进一步倾斜。《浙江省生态环境厅关于支持山区 26 县跨越式高质量发展生态环保专项政策意见》指出，为了助力山区县实现绿色发展，省自然资源厅将加大省级生态环保专项资金支持力度，支持率先实现碳达峰、碳中和，支持生态修复和生物多样性保护、加大环评审批管理支持力度、支持发展先行先试等十项生态环保专项支持政策。在这些政策的引导下，浙江省山区县可以更高效地发挥自身的自然资源禀赋优势，实现区域高质量发展。

2.人口外流趋势逐步逆转

浙江省山区 26 县发展的另一机遇在于常住人口数量的进一步增长。人口是城市发展的现实动力，更是未来发展的潜力，劳动力规模和质量稳定提升，产生乘数效应，人口与产业之间能够很好地形成良性互动。前文分析，在 2010 年至 2020 年间，26 个山区县中有近九成山区县实现了常住人口增长，且外来人口流入是实现常住人口增长的一个重要动因。人口增长对区域经济发展具有劳动供给、技术进步、外溢效应等多种正向机制，也是区域经济发展的一个反馈结果，体现了浙江省山区县对外来人口的吸引力。在这种人口流入的外部环境下，浙江省山区 26 县更容易吸引高学历人才以及高技能人才流入，助力乡村振兴与共同富裕。

3.农村土地要素亟待激活

浙江省山区 26 县发展的外部挑战之一在于解决广大乡村面临的宅基地空置、建设用地低效利用等问题。农村土地没有发挥其应有价值，严重影响土地适度规模经营甚至粮食安全，是当前土地资源利用和管理中不容忽视并亟待解决的问题。例如，在丽水市的部分县（市、区），宅基地空置率达到了 30% 以上。大量闲置宅基地使一些乡村成为"空心村"，"空心化"的村庄令留守村民的人居环境恶化，基础设施配备不完善。如何盘活利用好农村闲置土地，是促进乡村振兴，农村经济发展，村庄有序治理的重要手段。

（三）共同富裕土地综合施策

实现山区 26 县"引进来"和"留得住"劳动力、提升城镇化水平、优化升级产业结构等一系列战略目标，离不开对土地资源这一核心生产要素的科学合理利用。基于对山区 26 县土地利用及社会经济现状情况的精准把握，浙江省自然资源厅在《支持山区 26 县跨越式高质量发展意见》共提出七项支持山区县实现共同富裕的具体举措，为浙江省 26 个山区县发展并实现共同富裕提出了自然资源方面的支持政策。

一是优化县域空间发展格局。通过加强引领浙江省山区 26 县的国土空间规划与"三区三线"的规划，优化山区 26 县的人才、资本与基础设施要素分配格局，提升区域全要素生产率，推动区域经济增长。

二是支持重大项目建设。2021 年中央 1 号文件指出要"完善盘活农村存量建设用地政策，优先保障乡村产业发展、乡村建设用地"。自然资源部同意农业农村部可用 10% 的建设用地发展乡村振兴产业。基于此，浙江省自然资源厅鼓励山区 26 县引进重大产业，对 26 县降低准入门槛，主要体现为在项目建设用地审批上，允许山区 26 县预支奖励新增建设用地计划指标。此外，对于浙江省山区 26 县涉及基础设施建设项目、民生服务与保障项目以及文化旅游等优质项目，省自然资源厅将给予 40% 的新增建设用地计划指标支持。

三是支持双向飞地建设。浙江省自然资源厅支持山区 26 县在省内其他地区建设产业飞地，也鼓励省内其他地区在山区县内设置产业园等产业飞地，从而形成双向飞地，加强山区县与省内其他地区的产业关联。具体而言，鼓励山区县在省级高能级平台等产业平台建设以先进制造业为主的产业飞地。当山区县在其他地区每建设规划面积不少于 1 平方千米的产业飞地时，省级统筹安排给每个县级行政单位不超过 1500 亩的产业飞地建设用地规划指标。

四是给予加快发展指标奖励和倾斜。为了激励山区县加快发展，省自然资源厅每年将安排 3000 亩用地计划指标，奖励发展实绩考核中位于第一、第二档次的山区县。此外，为了鼓励旅游业发展，每年还将安排 1000 亩规划建设用地指标，对旅游业发展前十名的山区县予以奖励。

五是创新土地利用政策。具体表现为审慎稳妥推进农村集体经营性建设用地入市工作，通过实现农村集体经营性建设用地与国有土地同等入市、同权同价，进而充分激活农村土地要素市场，实现山区县共同富裕。支持山区 26 县开展农民权益价值实现机制改革创新，推动闲置资产激活变现，鼓励山区 26 县参与闲置宅基地和闲置农房盘活数字化应用先行先试，拓展资产价值空间，增加农民财产性收入。

六是支持矿业发展和矿地综合利用。省自然资源厅将根据山区 26 县设矿需求，优先保障山区县建筑石料采矿权，将新设建筑石料矿山开采准入规模调整为 50 万吨/年。

七是支持地质勘查工作。为了充分保障山区县平稳发展，省自然资源厅将加大山区县地质灾害防治力度，实施重点地质灾害风险防范区综合治理项目，明确地质灾害隐患，并开展地质灾害隐患避让搬迁和治理工程相关政策，充分化解山区县生产经营的自然资源风险，保障人民群众的财产安全。

第五节 | 激发全域土地综合整治新动能

土地空间资源竞争日益激烈，催生了发展与保护的零和困境，引发了空间规划政策频繁修改、耕地破碎与抛荒、生态被严重破坏、土地利用粗放化等一系列问题。作为东部沿海发达地区，浙江省面临的农村用地矛盾也尤为突出。一方面，伴随着经济的增长，城市建设用地需求也不断增加，城市周边的许多农地逐步被占用；另一方面，许多农民选择进入城市务工，导致农村地区出现了"空心村"的现象，土地利用效率低下、村庄面貌破败。更重要的是，浙江省的自然开发潜力相对有限，"七山一水两分田"是浙江省农村整治所面临的真实写照。在这种社会背景下，通过土地整治，挖掘农村内部的土地利用潜力，成为浙江省的必然选择。

浙江省是全国率先开展农村土地整治工作的地区之一。1999 年公布的《浙江省城市规划纲要》首次提出了指标调剂的工作办法，形成了"折抵（复垦指标"政策。2001年开始，浙江省大量开展了城乡建设用地增减挂钩与土地复垦工作。2003年，浙江省提出了"千万工程"，即"千村示范、万村整治"，经过15年的投入和努力，推动了农村人居环境整治，有效促进了乡村振兴。2010年至今，浙江省增减挂钩工作全面铺开，在全省开展了农村土地综合整治示范村建设，取得了巨大成效。

与此同时，浙江省也很早就意识到了农村土地整治中的生态环境问题。在"绿水青山就是金山银山"重要理念的指导下，浙江按照"八八战略"的要求结合农村土地整治开展了生态保护与修复工作。2012年起实施的"四边三化"行动，对城市周边生态环境与卫生条件薄弱地区进行改造，提高农村地区的村容村貌，实现生态浙江的发展目标；而2014年启动的"五水共治"工作缓解了浙江省水资源供需缺口大、结构性矛盾突出、污染严重、有效利用率低等突出问题。这一系列工作都以精神文明建设为依托，为后续的全域土地综合整治奠定了坚实基础。

基于实践，浙江省率先提出了全域土地综合整治与生态修复，对一个乡镇、村或多个村范围内的各类土地进行生态、产业、建设空间的整体规划和布局，并进行全要素、多手段的综合整治、生态修复。2018年6月，自然资源部函复浙江省政府，对全省全域土地综合整治改革予以支持。同年10月，浙江省政府印发《全域土地综合整治与生态修复工程三年行动计划（2018—2020年）》，明确了全省全域土地整治的工作原则、目标和主要工作内容。浙江省按照"生态优先、保护优先、节约优先"的原则，大力推进全域土地综合整治，对乡村生态农业建设空间进行全域优化布局、对"田水路林村"进行全要素综合整治、对高标准农田进行连片提质建设、对存量建设用地进行集中盘活挂钩、对新农村和产业融合发展用地进行集约精准保障、对乡村人居环境进行统一治理修复。同时，加快农村土地利用规划编制实施工作，探索开展永久基本农田动态调优，实现建设用地增减挂钩节余指标全省调剂。

农村土地整理后新增耕地潜力小、居民搬迁成本高、农村发展的产业用地需求越发旺盛；同时，经济的发展、人口的增加对生态环境整治提出了更高的要求。因此，在坚守永久基本农田和耕地红线的前提下，调动和发挥好全域内的土地要素的作用，实现土地更高效合理利用，带动社会、经济、生态的全面发展，对浙江省的土地整治工作提出了更高的要求。目前，浙江省全域土地综合整治已成为优化国土空间开发格局、提升国土利用质量效率、打造"山水林田湖草生命共同体"的重要手段，是实现乡村振兴、生态文明建设目标的重要土地政策。

一、从土地整治到全域土地综合整治的 1.0 版本

（一）土地整治工程

最初的土地整治，是指为增加有效耕地面积、提高耕地质量，对未利用或者未合理利用的土地进行整理、垦造和开发，包括农用地整理、建设用地垦造为农用地和宜耕后备土地资源开发等活动。

（二）全域土地综合整治

伴随我国工业化、城镇化的快速发展，建设用地供需矛盾突出，乡村耕地碎片化、空间布局无序化、土地资源利用低效化、生态质量退化等综合性问题没有明显改观。土地整治范围开始由农用地向建设用地延伸，各地方在实践中开始尝试探索土地的综合整治。2018 年，浙江省委、省政府作出乡村全域土地综合整治与生态修复的决策部署，对农村生产、生活、生态空间进行全域优化布局，打造产业生态融合型、城郊低效建设用地整治型、现代农业引领型等实施模式，在促进乡村空间重构、产业重整、环境重生等方面取得明显成效。

为助推乡村振兴战略的发展，全域土地综合整治是对"山水林田湖草"实现全面综合的整治，是从单一的土地整治走向农用地整理、建设用地整理和乡村生态保护修复的综合整治，即实现乡村的"资源－环境－生态"三位一体的综合整治。在农用地整理方面，集中连片管理耕地，完善配套农用设施，改良耕地土壤，做到增地优地节地活地；在建设用地整理方面，治理人居环境，配齐水电路网，配套相应的文体卫养老设施，做到生产、生活、生态水平全面提升；在乡村生态保护修复方面，稳定生态系统，强化生态功能，改善生态环境，做到乡村宜居生活；真正实现"要素—结构—功能"的全面转型。

二、全域土地综合整治与生态修复的 2.0 版本

浙江省委办公厅、省政府办公厅印发《关于高质量推进乡村全域土地综合整治与生态修复工作的意见》，实施"3+X"模式，高质量打造具有浙江特色的乡村全域土地综合整治与生态修复 2.0 版。2.0 版本包含村庄整治、农田整治、生态修复等 3 项基本内容，同时开展低效工业用地整治、废弃矿山治理修复、历史文化名村保护、一二三产业融合发展等特色整治项目。

乡村全域土地综合整治与生态修复工程是以"多规合一"实用性村庄规划为依据，以乡镇或部分行政村为实施单元，统筹推进国土空间优化、美丽乡村建设、耕地保护、生态修复、产业发展和乡村治理等活动，解决乡村空间布局无序化、资源利用低效化、耕地分布破碎化、生态系统退化等问题，改善农村居住环境、促进农业产业结构优化、实现全域全要素综合整治，助推乡村全面振兴和城乡共同富裕的综合性平台。

（一）农田整治

以适应发展现代农业和适度规模经营需要为目标，统筹推进永久基本农田集中连片整治、高标准农田建设、旱地改水田、耕地质量提升、宜耕后备资源开发以及农田基础设施建设等工作，进一步夯实全省耕地数量、质量、生态"三位一体"保护。大力推进百亩方、千亩方、万亩方永久基本农田集中连片整治，形成布局集中连片、农田设施完善、生态美丽宜人、适合规模种植和现代农业生产的优质耕地和永久基本农田；合理开展宜耕后备资源开发，确保新增耕地数量和质量；大力推进生态化土地整治，改善农田生态环境，提高农业生态化生产水平。

（二）村庄整治

以建设宜居宜业美丽村庄、提升农村居住品质、促进节约集约用地为目标，遵循乡村山水格局、空间肌理和风貌特征，盘活乡村低效建设用地资源，优化村庄用地结构和布局，统筹推进农村人居环境提升、基础设施配套建设、产业发展要素保障等工作。大力推进农村宅基地、工矿废弃地以及其他存量建设用地盘活利用，完善村庄基础设施配套，开展农村居住环境整治，保护利用传统

民居，打造美丽村庄为农村一二三产业融合发展和城乡统筹发展提供土地要素保障。建设交通便捷、配套齐全、田沃宜耕、产业发展、环境优美、乡风文明的未来乡村。

（三）生态修复

以优化乡村生态安全格局、提升生物多样性水平、改善生态及人居环境为目标，统筹推进农村人居环境、河湖水系、海岸线、水土流失及污染土地等方面的整治修复。促进土地整治与生态环境保护、修复有机融合，加大水土流失治理力度，保护水源涵养地，开展"一村万树"行动，改善生态和人居环境，保护和恢复乡村生态功能，打造水清、天蓝、气净的乡村生态宜居环境，优化乡村生态空间格局。

（四）特色内容

根据当地自然人文地理状况、乡村历史文化保护、产业发展等方面的整治需求，因地制宜开展低效工业用地整治、废弃矿山治理修复、历史文化（传统）村落保护利用、一二三产业融合发展等若干类型的特色整治项目，丰富整治内容，提升乡村全域土地综合整治与生态修复水平。

三、跨乡镇全域土地综合整治的 3.0 版本

2022 年 11 月，浙江省人民政府发布《关于跨乡镇开展土地综合整治试点的意见》。2023 年起，以"先试点、后铺开、分批次"的方式循序渐进推进，以首批试点工程作为示范，后续采取分批滚动实施的模式，成熟一批、推进一批，并建立跨乡镇开展全域土地综合整治试点总结评价机制，不断总结可复制、可推广的经验。到 2025 年基本形成集空间整合、结构优化、功能提升、权益保护、价值实现于一体的全域土地综合整治新机制。与上文提到的"2.0 版本"相比，跨乡镇全域土地综合整治的"3.0 版本"的不同不仅体现在"跨乡镇"上，在农用地整治、村庄修复、低效工业用地和城镇低效用地整治、生态保护修复（三整治一修复）上也有新任务、新目标。

（一）农用地整治

以提升耕地整体质量、解决耕地碎片化问题为重点，按照"田成方、树成

行、路相通、渠相连、地肥沃、技生态"的要求，打造优质高产高效、绿色生态安全的美丽田园。实施永久基本农田集中连片整治，统筹推进高标准农田建设、"两非"整治，稳妥恢复耕地属性，做好耕地种植引导，推进抛荒耕地综合利用，提高耕地集中连片度。拓展补充耕地途径，严守耕地保护红线，加强耕地数量、质量、生态"三位一体"保护，实现耕地质量整体提升，农业空间布局明显改善。加强耕地向其他农用地及农业设施建设用地转换"进出平衡"用途管制，开展平原林地与山坡耕地、不稳定耕地的调整转换试点。

（二）村庄整治

以解决村庄布局杂乱无序、空心村等问题为重点，遵循乡村传统肌理、风貌格局，加快推进村庄规划管控全覆盖，推进村庄生态化有机更新和梳理式改造提升。按照人本化、一体化、生态化、数字化的要求，建设新时代未来乡村。在充分尊重农民意愿的前提下，推进搬迁撤并类村庄和零星农居点集聚，有计划开展农村宅基地、工矿废弃地以及其他存量建设用地复垦，实施"减量"和"盘活"联动，推动人地挂钩和以县城为重要载体的城镇化，提升农村节约集约用地水平，改善农村人居环境和生活品质，促进乡村有机更新。在城市周边区域开展"郊野公园"建设，通过"土地整治+"和跨界融合，进行精细化规划和产业导入，促进郊野区域生态空间、农业空间和城镇空间的布局优化和功能融合。同步推进城中村整治工程，提升城市品质、完善配套设施，促进城乡一体化发展。

（三）低效工业用地和城镇低效用地整治

以解决工业和城镇土地利用低效化问题为重点，开展工业区块有机更新和工业空间整治，推进工业用地向开发边界内和工业区块内集中，工业企业入园率达50%以上，基本消除100亩以下零星工业集聚点。结合新一轮制造业"腾笼换鸟、凤凰涅槃"攻坚行动，开展"两高"行业项目清理整治，建立完善低效工业用地收回机制，加强工业污染集中治理，推进工业园区循环化、生态化改造。加大存量建设用地挖潜力度，推动实施低效用地集中连片再开发，规范和完善二级市场建设，深化"标准地"改革，盘活存量资产。推动土地复合利用，提高土地开发利用效率，将低效用地再开发、城中村和老旧小区改造、"三改一拆"、未来社区和美丽城镇建设与储备土地前期开发等有机结合，发挥叠加效益，促进城市有机更新。

（四）生态保护修复

以解决生态系统质量退化问题为重点，通过"土地整治+"，统筹实施河网水系、森林植被、自然保护地生态保育与修复、流域和海岸带综合整治、矿山生态治理修复和地质灾害风险区综合治理，协同开展各类违法建设用地整治、城乡风貌整治提升、人居环境整治、美丽田园建设等行动，推进损毁、污染和退化土地修复，美丽生态廊道网络体系构建，实现山水林田湖草（海）等各种生态要素的协同治理，全面提升区域生物多样性水平和生态服务能力。

四、数字化全域智治激发整治新活力

2021年12月，浙江省域空间治理数字化平台在夯实"空间大脑"的基础上，形成了"一库一图一箱X场景"整体构架。通过建立健全"规划为引领、保护为前提、利用为重点、安全为保障"的空间治理应用体系，走出了一条"空间数字化、数字可视化、协同网络化、治理智能化"的空间整体智治新路径。

全域土地综合整治坚持全域规划、全要素整治、全产业链发展，是创造性张力牵引下的高质量政策供给，其本质是以"空间智治"带动政府"整体智治"。目前浙江省已通过搭建全域土地综合整治空间治理数字化场景，为全域土地综合整治科学谋划提供技术支撑。以杭州市桐庐县为例，数字化全域智治具体可体现在以下几个方面[①]。

精致空间强引领。以全流程、可协同、可传导的"精致空间"实用型规划编制统筹数字化场景为基础，构建"不动产智治"等应用场景。通过体系创新、数字赋能，让规划逐步成为现实图景。通过网上办、跑零次，实现建房指标精准配置、建房审批公平公正、建房审批职责清晰。强化农房管理公权力监管，提升群众获得感和满意感。

天巡地查防违建。依托全域土地综合整治场景，构建全周期监管模式，将

---

① 桐庐县"五项"举措高质量推进全域土地综合整治.浙江国土资源，2022(5):51-52.

试点项目区落点落图，对工程实施、验收、信息报备等进行跟踪检查，确保工程实施内容、过程、结果可控。建立自然资源动态监管和违法处置联动机制，实现对临时用地、设施农用地、新增违建及非法盗采等行为早发现、早提醒、早制止、早处理。

除险安居保安全。利用"地灾智防"APP和地灾防治"一张图"管理完善监测网络架构，提高群测群防水平，强化应急响应能力。该县推广"亲清地图"等系统相结合的地灾应用场景，积极推进地质灾害"双控"管理工作，落实"即查即治"制度。实施全县域民生地灾保险机制，全方位规范地质灾害综合防治体系，最大程度地维护人民群众生命财产安全。

五、全域土地综合整治推进模式创新

实践中，浙江省全域土地综合整治衔接乡村低效工业用地整治、历史文化名村及历史文化（传统）村落保护、一二三产业融合发展、废弃矿山修复等项目，由政府、企业、民间组织、村集体等多元主体共同参与，涌现了多样化的模式创新。

（一）典型模式一：土地整治+美丽乡村建设

"土地整治+美丽乡村建设"模式是由政府主导，以民间组织为主体，鼓励村民参与的综合治理模式，是实现乡村生态宜居的重要途径。杭州市双浦镇围绕"土地流转""清洁田园""水田垦造"三大整治内容，重构三生空间，重现"富春山居图"美景：一是全力盘活存量集体建设用地，通过整治复垦、腾挪集聚和增减挂钩，优化集体建设用地空间布局；二是严格控制保护，将建设用地复垦为新增耕地，与周边优质耕地连片化整理、集中保护，统筹推进零星耕地归整，优化农业生产空间；三是强化生态整治修复，建立土地整治激励机制，加大治水剿劣、矿山治理力度，优化生态环境保护格局。作为乡村振兴的总抓手，美丽乡村建设对于实现生态宜居这一战略目标具有重要的现实意义。浙江省在美丽乡村建设中坚持"规划先行，生态优先"，有效避免了土地整治的盲目性与无序性。提高整治规划编制的科学性与操作性，是推进"土地整治+美丽乡村建设"模式的关键着力点，尤其在基础设施建设中融入景观生态学、恢复生态学等的理论方法，形成与现有农田、林地等要素结合紧密的生态网络，突出乡村特色，为美丽乡村建设提供保障。

（二）典型模式二：土地整治+现代农业引领

"土地整治+现代农业引领"模式通过科学规划设计，实现农田小块并大块，并配套健全农业基础设施，提高农业生产条件，以适应农业产业规模化经营要求，是实现乡村产业兴旺和农民生活富裕的关键支柱。宁波市滕头村通过改土治水、造田等生态工程，平整全村土地，开挖引水沟渠，将贫瘠的"靠天田"变为肥沃的"高产田"。在组建蔬菜场、水果场、花卉苗木场、种猪场和特种水产养殖场过程中，将农业与传统文化、休闲观光等要素进行融合，强化产业链之间的关联，实现互惠共赢。在现代农业园区，滕头村与浙江大学、浙江省农科院等院校科研机构合作，成立国内领先的植物培育中心。同时采用新兴的生态种植技术，培育南瓜、西瓜、甜椒等优秀种苗，出口外销，初步形成集休闲观光、科技、精品、高效、生态、立体农业于一体的现代化农业格局。土地整治作为重要的平台，通过耕地集中连片、完善水利设施、修建田间道路，保证了土地流转的顺利进行，为传统农业向现代农业转变提供了坚实的基础保障。

（三）典型模式三：土地整治+传统古村保护

"土地整治+传统古村保护"模式遵循乡村聚落发展规律，以优先保护自然、乡土风貌与特色建筑等原则为指导，在土地整治项目实施过程中，尊重历史，延续文化，同时进行合理更新，特色塑造，是实现乡村文化振兴和乡风文明的重要手段。丽水市松阳县象溪一村在旧村改造中，遵循"天人合一"理念，坚持拆除与保护并重，修缮古建筑，加强对村落传统格局和历史风貌的保护。同时通过土地整治拆除危旧房，统一规划复垦地，保持新建楼房的外观与古建筑融为一体。乡村聚落尤其是古村落是土地整治与新农村建设最坚实的历史与文化基石。在土地整治过程中，历史乡村聚落应作为土地整治的重点保护对象，而非拆除对象。由于古村具有丰富的历史人文积淀，在土地整治过程中应避免村庄规划建设中的"千篇一律"现象，凸显当地乡村旅游资源价值，带动农村经济发展，促进古村落乡村振兴。

（四）典型模式四：土地整治+乡村旅游发展

"土地整治+乡村旅游发展"模式是以自然环境为基底，推动乡村旅游与全域土地整治及生态修复工作的融合，打造独具特色的乡村旅游品牌，是形成乡村产业兴旺新格局的重要动力。绍兴市下岩贝村试行土地利用规划、村庄规划和乡村旅游规划"三规合一"，以交通、河流水系等为主要界线，将村域划分为农村居民点集聚土地整治区、特色农业土地整治区、生态涵养土地区，优化三生空间布局。借助美丽乡村建设与村级长效增收"双轮驱动"，盘活村内资源，用于景观提升改造与公共服务配套建设，并丰富旅游业态，以"乡旅公司+管理运营公司+试点村"三合一的乡村旅游管理运营模式，设计村级经济增收项目，不断强化村集体经济的自我"造血"功能。与此同时，下岩贝村全面实施生态修复工程，加快旅游产业与生态环境融合发展，打造"茶乡体验游"项目与"乡村慢生活体验区"，建立了"云上茗居"村旅品牌。该模式旨在通过土地整治配套健全乡村旅游设施，将传统的农村空间打造成为城乡共享的自然休闲游憩空间和美丽绿色生态空间。